अनुसंधान : स्वरूप और आयाम

अनुसंधान

स्वरूप और आयाम

सम्पादक

डॉ. उमाकान्त गुप्त

डॉ. ब्रजरतन जोशी

वाणी प्रकाशन

वाणी प्रकाशन

4695, 21-ए, दरियागंज, नयी दिल्ली 110 002

शाखा

अशोक राजपथ, पटना 800 004

फ़ोन : +911123273167 फ़ैक्स : +911123275710

www.vaniprakashan.in
vaniprakashan@gmail.com
sales@vaniprakashan.in

ANUSANDHAN : SWAROOP AUR AAYAM
Edited by Dr. Umakant Gupt, Dr. Brijratan Joshi

ISBN : 978-93-5229-523-4
Criticism

प्रथम संस्करण

मूल्य : ₹ 695

सिटी प्रेस, दिल्ली-110 095 में मुद्रित

वाणी प्रकाशन का लोगो मक़बूल फ़िदा हुसेन की कूची से

अन्वेषण के राही अन्वेषियों के लिए

अनुक्रम

अनुसंधान का स्वरूप

डॉ. उदयभानु सिंह

अनुसंधान के विविध पक्षों का विवेचन करते समय पहला प्रश्न उठता है–अनुसंधान का स्वरूप क्या है ? आधुनिक हिन्दी साहित्य में अनुसंधान, शोध, गवेषणा, अनुशीलन और खोज शब्दों का प्रायः पर्याय रूप में व्यवहार होता है। प्रथम पांच शब्द संस्कृत वाङ्मय में भी बहुत प्रयुक्त हुए हैं। हिन्दी साहित्य में खोज का प्रयोग भी बहुत पुराना है। परन्तु डॉक्टरेट के सन्दर्भ में इन शब्दों का अर्थ बहुत कुछ परिवर्तित हो गया है। हिन्दी की आधुनिक अनुसंधान भावना का स्रोत अंगरेजी का रिसर्च है। इस प्रसंग में यह बात ध्यान देने योग्य है कि शब्दसागर में **रिसर्चवाची** उपर्युक्त शब्दों की रिसर्चपरक व्याख्या का सर्वथा अभाव है। रिसर्च, थीसिस, शोधप्रबंध आदि शब्द भी उसमें नहीं हैं। इसका स्पष्ट कारण यही है कि शब्दसागर के निर्माण के समय हिन्दी जगत् में रिसर्च की संकल्पना ही नहीं हुई थी। अंगरेजी रिसर्च का अर्थ भी थीसिस और डॉक्टरेट के साथ जुड़ा हुआ है। अतः अनुसंधान के स्वरूप की सम्यक् प्रतीति के लिए तीन शब्दों के अर्थ की स्पष्ट अवधारणा अपेक्षित है–रिसर्च, थीसिस और डॉक्टरेट।

'रिसर्च' शब्द का सामान्य अर्थ है – अवधानपूर्वक अथवा श्रमपूर्वक की गई सूक्ष्म खोज। 'थीसिस' और 'डॉक्टरेट' के प्रसंग में उसका अर्थ है–अध्ययनपूर्ण खोजबीन अथवा परीक्षण, विशेषतः आलोचनात्मक और व्यापक अन्वेषण अथवा प्रयोग परीक्षण, जिसका उद्देश्य है नवीन तथ्यों का उद्‌घाटन और उनका समीचीन आख्यान, स्वीकृत निष्कर्षों, सिद्धान्तों या विधियों का पुनरीक्षण। किसी लेख या पुस्तक आदि के रूप में किया गया वह उपस्थापन भी रिसर्च ही है जिसमें इस प्रकार के रिसर्च की जांच पड़ताल एवं उसके परिणामों की निबंधना की गई हो।

थीसिस का सामान्य अर्थ है – समर्थयितव्य प्रतिज्ञा। रिसर्च और डॉक्टरेट के प्रसंग में उसका अर्थ है – वह पक्ष या प्रतिज्ञा, जिसे कोई व्यक्ति जैसे किसी सारस्वत

समान का अभ्यर्थी प्रस्तुत और प्रतिपादित करता है अथवा तर्क के द्वारा प्रतिपादित करने का प्रस्ताव या प्रयत्न करता है। किसी विद्यार्थी द्वारा किसी उपाधि के लिए प्रणीत वह प्रबंध की थीसिस है जिसमें इस प्रकार ही प्रतिपादन किया गया हो।

डॉक्टर शब्द का पहला अर्थ है–वह धार्मिक व्यक्ति जो अध्यात्मशास्त्रीय पाण्डित्य एवं व्यक्तिगत पवित्रता में श्रेष्ठ हो और जो, सामान्यतः प्रतिष्ठित मूल का व्याख्याता तथा प्रतिरक्षक हो। इस अर्थ की दृष्टि से यह तथ्य लक्ष्य करने योग्य है कि सन् 1918 में परीक्षणार्थ प्रस्तुत किया गया हिन्दी विषयक शोधप्रबंध तुलसीदास का धर्मदर्शन–थियॉलॉजी ऑफ तुलसीदास था जिस पर श्री जे.एन. कार्पेन्टर को लन्दन विश्वविद्यालय से डी.डी. की उपाधि मिली थी। रिसर्च और थीसिस के सम्बन्ध से डॉक्टर शब्द का प्रयोग उस व्यक्ति के लिए किया जाता है जिसने अनेक वर्षों तक किसी विशिष्ट विषय का तत्त्वाभिनिवेशी अध्ययन करके, कोई संस्तुत्य प्रबन्ध लिख करके, और बहुत सी कठिन परीक्षाएँ पास करके किसी विश्वविद्यालय द्वारा प्रदत्त कोई उच्चतम सारस्वत उपाधि जैसे पीएच.डी. अर्जित की हो।

अब रिसर्च के पर्यायवाची हिन्दी शब्दों पर विचार कीजिये।

खोज

खोज का मूल है प्राकृत खोज, जिसका अर्थ है – पदचिह्न। तदनुसार उसका व्यापक अर्थ है – चिह्न या निशान। खोज का दूसरा अर्थ है – तलाश, गवेषणा, शोध और अनुसंधान। परन्तु अनवरत चिंतन और सूक्ष्म विचारणा की जो विशेषता अनुसंधान शब्द में है, वह ठेठ खोज में नहीं है। दूसरी बात यह है कि खोज से निष्पन्न खोजी, खोजक, खोजप्रबंध आदि शब्द बहुत खटकते हैं। अतः अनुसंधान के पर्याय में खोज का प्रयोग सामान्य नहीं है। अनुसंधान के क्षेत्र में सरलीकरण की परिहार्य प्रवृत्ति का स्वागत अमंगलकारी होगा।

अन्वेषण और गवेषण

इस का अर्थ है – चाहना, इष्ट को पाने का प्रयत्न करना। अन्विष् यानी अनु+इष् का अर्थ है– अभीष्ट को खोजना, खोजना। अन्वेष या अन्वेषण का अर्थ है – खोज, जाँच पड़ताल, गवेषणा, अनुसंधान।

गविष् या गवेष् का मूल अर्थ **था**–गाय की इच्छा करना, गाय **को** खोजना। आगे चलकर अर्थ विस्तार होने पर गवेषणा के सामान्य अर्थ हुए – उत्कट इच्छा करना, इच्छित की प्राप्ति के लिए प्रयत्न या खोजपूर्ण प्रयत्न करना, विचारणा या

छानबीन करना। अंततोगत्वा अन्वेषणा और गवेषणा शब्द पर्यायवाची हो गए। अन्वेषणा और गवेषणा में एषणा तत्त्व की प्रधानता है। चिंतन की धारावाहिकता, सूक्ष्मता और लक्ष्य संधान की कमी हैं। अतः ये शब्द बहुत हद तक रिसर्च के बोधक होते हुए भी उसके समीपतम पर्याय नहीं हैं।

अनुशीलन

शील् का अर्थ है – ध्यान, चिंतन, अभ्यास या अध्ययन करना। अनु और परि उपसर्ग उसके पौन पुन्य के द्योतक हैं। अनुशीलन या परिशीलन का अर्थ हे – पौनःपुनिक या अविच्छिन्न ध्यान, चिंतन, अभ्यास या अध्ययन। इन शब्दों से रिसर्च की चिंतनात्मकता और अध्ययनात्मकता का सम्यक् बोध होता है, परन्तु उसकी प्रविधि और प्रकिया की भावना उद्‌बुद्ध नहीं होती।

शोध

शुध् धातु का अर्थ है – निर्मल होना, संदेहरहित होना। शोध या शोधन का अर्थ है– प्रमाणीकरण, परिष्करण, दोष निवारण, खोज अन्वेषण, विचारणा, छानबीनपूर्वक अवधारणा, वस्तु के वास्तविक स्वरूप का निर्धारण। शोध शब्द रिसर्च की अधिकांश विशेषताओं का वाचक है। पाठालोचक लिपिक दोषों का परिहार करके रचना विशेष के मूलपाठ का तर्कसंगत निर्धारण करता है। अतः पाठानुसंधान की अर्थव्यंजना की सर्वाधिक समर्थता शोध शब्द में ही है। आधुनिक हिन्दी में रिसर्च के लिए शोध का रिसर्चर के लिए शोधकर्ता का, और रिसर्च स्टूडेंट के लिए शोधछात्र का अबाध व्यवहार हो रहा है। थीसिस के लिए तो शोधप्रबंध शब्द पूर्णतया प्रतिष्ठित है ही।

अनुसंधान

धा धातु का अर्थ हैं–रखना, दृष्टि आदि को किसी वस्तु पर स्थिर करना, किसी ओर लगाना, धारण करना। संधन का अर्थ है – संयोजन, लक्ष्य बांधना, निशाना लगाना। अनुसंधान के अर्थ है – पीछे लगना, सोचना विचारना, लक्ष्य बनाना, चिंतन या धारावाहिक चिंतन, अन्वेषण, निरीक्षण, परीक्षण, निर्धारण, प्रमाणोल्लेखन, योजना बनाना, प्रबंध या व्यवस्था करना, उपनय। आधुनिक रिसर्च की अधिकांश विशेषताएं विषय विशेष को निश्चित लक्ष्य बनाकर उसका अविच्छिन्न चिंतन, तदुपयोगी सामग्री का मनोयोगपूर्वक अन्वेषण, उसका निरीक्षण, परीक्षण, तथ्यों के संबंध का आख्यान, प्रमाणों का उल्लेख, प्रतिपाद्य विषय का योजनानुसार व्यवस्थित प्रतिपादन, परंपरा या

व्यवहृत अनुसंधान शब्द में न्यूनाधिक रूप से पाई जाती हैं। अतः अनुसंधान शब्द रिसर्च का निकटतम पर्याय है।

रिसर्च के पर्यायवाची अनुसंधान का परिनिष्ठित अर्थ है – किसी महत्त्वपूर्ण सुनिश्चित विषय का तत्त्वाभिनिवेशी वैज्ञानिक अध्ययन, तत्संबंधी तथ्यों का व्यवस्थित ढंग से अन्वेषण, निरीक्षण परीक्षण तथा वर्गीकरण, विश्लेषण, उपस्थापन। अपने व्यापक अर्थ में अनुसंधान डॉक्टरेट से अविनाभावेन संबद्ध नहीं है। श्री चंद्रधर शर्मा गुलेरी, आचार्य विश्वनाथप्रसाद मिश्र, पं. परशुराम चतुर्वेदी आदि ने भी अनुसंधान किया है। उन्होंने उपाधि प्राप्ति को अनुसंधान का लक्ष्य नहीं बनाया। उनका अनुसंधान उपाधिनिरपेक्ष है। जो अनुसंधान उपाधि की कामना से किया जाता है वह उपाधि सापेक्ष है। प्रस्तुत प्रसंग में उपाधि शब्द अंगरेजी डिग्री का पर्याय है। अनुसंधान और आलोचना के संदर्भ में उपाधि सापेक्ष अनुसंधान का सोपाधिब्रह्म के साथ गठबंधन विज्ञान और दर्शन के विषय में अनभिज्ञता का सूचक है। वेदांत के अनुसार उपाधि सापेक्ष और उपाधि निरपेक्ष दोनों ही प्रकार के अनुसंधान उपाधि के ही अंतर्भूत हैं। ब्रह्मवादी शंकराचार्य ने तो मोक्षशास्त्रों को भी अविद्यावद्विषयाणि कहा है। तो फिर कामरति के कवियों पर किये गये उपाधि निरपेक्ष अनुसंधान को निरुपाधि कैसे कहा जा सकता है? अस्तु। अपने संकुचित अर्थ में अनुसंधान शब्द उपाधि सापेक्ष अनुसंधान के अर्थ में भी प्रायः रूढ़ हो चला है। इस दृष्टि से अनुसंधान में अनुसंधेय विषय का चिंतन, अनुसंधान की प्रविधि प्रक्रिया और शोधप्रबंध का प्रणयन, इन सबका समाहार है। अनुसंधान के धर्मों का निरूपण एक प्रकार से शोधप्रबंध के धर्मों का ही निरूपण है।

विश्वविद्यालयों की नियमावली में अनुसंधान अर्थात् शोधप्रबंध के आवश्यक धर्मों का विधान प्रायः एक ही प्रकार की शब्दावली में किया गया है। उनकी प्रतीति के लिए निम्नांकित तीन उद्धरण पर्याप्त होंगे–

1. 30. The thesis shall comply with the following conditions to merit the award to the Degree :

    (a) It must be a piece of resech work, characterised either by the discovery of new facts or by a fresh approach towards interpretations of facts and theories, and shall state the material published or unpublished used by the candidate.

    (b) It should evince the candidate's capacity for critical examination and judgement.

    (c) It shall also be satisfactory so far as its literary presentation is concerned.

Banaras Hindu University

2. The thesis shall comply with the following conditions–
   (i) It must be a piece of resech work characterised either by the discovery of facts or by a fresh approach towards the interpretation of facts or theories. In either case it should evince the candidates's capacity for critical examination and sound judgement. The candidate shall communicate how far the thesis embodies the result of his own observations and in what respects his investigations appear to him to advance the knowledge in the subject.
   (ii) It shall be satisfactory so far as its literary presentation is concerned and must be in a form suitable for publication.

Agra University

3. 12. The candidate shall supply 4 printed or typed copies of his thesis which shall comply with the following conditions :-
   - It must be a piece of resech work characterised either by the discovery of new facts, or by a fresh interpretation of facts or theories; in either case it should evince the candidate's capacity for critical examination and judgements. It shall also be satisfactory so far as its literary presentation is concerned.

   13. The candidate shall indicate how far the thesis embodies the result of his own resech or observation and in what respects his investigaions appear to him to advance the study of the subject of his thesis.

Delhi University

उपर्युक्त उद्धरणों का तात्पर्य यह है कि शोधप्रबंध में तीन गुणों का होना आवश्यक है–

1. नवीन तथ्यों की खोज अथवा तथ्यों और सिद्धान्तों का नवीन दृष्टि से आख्यान।
2. आलोचनात्मक परीक्षण और ठोस निर्णय।
3 साहित्यिक दृष्टि से संतोषप्रद उपस्थापन शैली।

इन विशेषताओं की विस्तृत विवेचना आगे की जाएगी। यहाँ पर केवल नवीन संबंधी तीन बातों की ओर ध्यान आकृष्ट कर देना आवश्यक है–

1. नवीन शब्द मौलिकता का द्योतक है। मौलिकता या तो तथ्यों के अन्वेषण में हो सकती है या आख्यान दृष्टि में। इन दोनों के बाहर मौलिकता ढूंढ़ना निष्फल है।

2. ज्ञान क्षेत्र का सीमा विस्तार भी नवीनता के ही अंतर्गत है। जो तथ्यान्वेषण अथवा तथ्याख्यान ज्ञान विस्तार नहीं करता, वह अनुसंधान का विषय होने के योग्य ही नहीं है। अनुसंधेय विषय संबंधी तथ्य और आख्यान की नवीनता का विस्तार ही है। यही कारण है कि दिल्ली विश्वविद्यालय की नियमावली के 12वें अनुच्छेद में ज्ञान क्षेत्र के सीमा विस्तार का उल्लेख नहीं किया गया है। अभ्यर्थी को यह बतला देना चाहिए कि उसके शोधप्रबंध में उसके निजी अनुसंधान की निबंधना कहां तक हुई है, और वह प्रस्तुत विषय के अध्ययन या ज्ञान को किन रूपों में अग्रसर करता है – इस निर्देश का तात्पर्य उपर्युक्त नवीनता का स्पष्टीकरण है।
3. नवीन दृष्टि से आख्यान की चरितार्थता आख्यात तथ्यों एवं सिद्धान्तों के विषय में ही है। अनाख्यात तथ्यों एवं सिद्धान्तों का आख्यान तो नवीन होता ही है।

सत्य और तथ्य

अनुसंधान सत्य का अन्वेषण है। उसका साधन है – तथ्य। सत्य और तथ्य क्या है ? इनके स्वरूप निरूपण के लिए संस्कृत और अंगरेजी का सहारा लेना पड़ेगा।

1. पहले दोनों का व्युत्पत्यर्थ अवधारणीय है। सत् का अर्थ है – अस्तित्ववान् अर्थात् जिसका वस्तुतः अस्तित्व है, वह सत् है। सत् ही सत्य है। तथ्य का शब्दार्थ है– जैसा है वैसा ही होने का भाव अर्थात् यथार्थता।

2. शास्त्रों में सत्य की व्याख्या दो दृष्टियों से की गई है – पारमार्थिक और व्यावहारिक। पारमार्थिक दृष्टि से, जिस पदार्थ के निश्चित रूप में किसी प्रकार का विकार नहीं होता, वह सत्य है। **सत्यं ज्ञानमनंतं ब्रह्म** में सत्य का यही अर्थ है। व्यावहारिक दृष्टि से, प्रमाण के द्वारा ज्ञात अर्थ का उसी प्रकार भाषण सत्य है। शंकराचार्य ने कहा है कि देखने और सुनने से अपने को जिस प्रकार का अनुभव हुआ हो उसको दूसरे की बुद्धि तक पहुँचाने के लिए उसी प्रकार कही जाने वाली वाणी सत्य है। संक्षेप में, तथ्य की यथार्थाभिव्यक्ति को या यथार्थ कथन को सत्य कहते हैं। सत्य के इस अर्थ का संकोच भी हुआ है और विस्तार भी। **सत्यं ब्रूयात् प्रियं ब्रूयात् एवं हितं मनोहारि च दुर्लभं वचः** के सिद्धान्त को अनिवार्य बनाने के अभिलाषी धर्मदेशकों ने प्रियत्व और कल्याणकरत्व को भी सत्य का व्यावर्तक धर्म माना है। सत्य केवल वाचनिक अभिव्यक्ति और आचरण का ही नहीं, तदनुकूल मनोवृत्ति का भी ज्ञापक है। इस प्रकार सत्य, अपने विस्तृत अर्थ में, यथार्थ वाचनिक अभिव्यक्ति, तदनुकूल मनोवृत्ति उसी के अनुसार आचरण और इन सबकी समष्टि का भी द्योतन करता है।

3. सत्य और तथ्य पर्यायवाची भी है। असत्य के पर्याय रूप में व्यवहृत वितथ शब्द वस्तुतः तथ्य का ही विलोम है। यहां पर तथ्य का अर्थ है – सत्य। कालिदास ने स्वयं ही इसका संकेत कर दिया है। तामूचतुस्ते प्रियमप्यमिथ्या। मल्लिनाथ की टीका में उसका स्पष्टीकरण भी विद्यमान है। अमिथ्या सत्यम्। अन्यत्र भी उन्होंने कहा है – तथ्य सत्यम्। मनुस्मृति में प्रयुक्त तथ्येनापि ब्रुवन् की मन्वर्थदीपिका में कुल्लूकभट्ट ने भी तथ्य का अर्थ सत्य ही किया है। शब्दकल्पद्रुम, शब्दसागर आदि में भी सत्य का अर्थ तथ्य और तथ्य का अर्थ सत्य बतलाया गया है।

4. परन्तु इन व्याख्यानों के आधार पर आधुनिक अनुसंधान की आलोचना में व्यवहृत सत्य और तथ्य का सम्यक् स्वरूप निरूपण नहीं किया जा सकता। वैज्ञानिक शोध के संदर्भ में प्रयुक्त इन शब्दों का बहुत कुछ अर्थ परिवर्तन हो चुका है।

5. हिन्दी के एक प्रसिद्ध आचार्य ने एक विद्वत्संगोष्ठी के अवसर पर तथ्य और सत्य का भेद निरूपण करते हुए कथन किया – तथ्य केवल बोध ऐन्द्रिय अथवा बौद्धिक प्रत्यय का विषय है, और सत्य अनुभूति अर्थात् मर्म साक्षात्कार का विषय है। एक उदाहरण देकर उन्होंने अपने गृहीत आशय का स्पष्टीकरण इस प्रकार किया। मान लीजिये कि दो मालगाड़ियाँ लड़ गईं। उन गाड़ियों पर जिसका माल नहीं लदा था, जिसकी कोई हानि नहीं हुई, उसे इस दुर्घटना का अवबोध होता है। उसके लिए यह दुर्घटना तथ्य है। जिसका माल लदा हुआ था, जिसकी हानि हुई, उसे इस दुर्घटना की अनुभूति होती है। उसके लिए यह दुर्घटना सत्य है।

मेरे विचार से, उपर्युक्त दर्शनाभास कल्पित कथन न तो शास्त्रसम्त है, और न तर्कसंगत है। इस प्रसंग में यह स्मरणीय है कि अवबोध है और अनुभव के आधार पर ही विख्यात दर्शनशास्त्रज्ञ शंकराचार्य ने ज्ञान और विज्ञान का भेद निरूपित किया था –

ज्ञानं शास्त्रात् आचार्यतश्च आत्मादीनामवबोधः
विज्ञानं विशेषतस्तदनुभवः।
ज्ञानं शास्त्रोक्तपदार्थानां परिज्ञानं विज्ञानं तु
शास्त्रतो ज्ञातानां तथा एव स्वानुभवकरणम्।

यह भी ध्यान रखना चाहिए कि शंकराचार्य ने अवबोध और अनुभव की बात दार्शनिक दृष्टि से कही थी और अनुसंधान के विवेचन में सत्य और तथ्य का प्रयोग आधुनिक वैज्ञानिक दृष्टि से किया जाता हैं। विज्ञान का जगत् भौतिक जगत् है। भौतिक जगत् में तथ्य और सत्य दोनों ही वस्तुपरक हैं। आत्मपरकता का महत्त्व काव्य और दर्शन में है। दर्शन के गज से वैज्ञानिक शब्दावली की नापजोख कथमपि

विवेकसंगत नहीं है।

6. वास्तविकता यह है कि अनुसंधान के संदर्भ में प्रयुक्त तथ्य और सत्य शब्द क्रमशः fact and truth के हिन्दी पर्याय हैं। अंगरेजी के आप्त ग्रंथों में इन शब्दों का सर्वमान्य प्रामाणिक विवेचन किया गया है। उसके अपेक्षित अंशों को यहाँ उद्‌धृत कर देना उपयोगी होगा–

Fact : 3. a : something that has actual existence; event

b : an occurrence, quality or relation the reality of which is manifest in experience or may be inferred with certainly; specif icalug : an actual happening in time or space (fact in its primary meaning, as an object of direct experienc, is disti-nguished from truth)

4. b : physical actuality or practical experience as distinguished from imagination, speculation or theory.

5 : an assertion, statement, or information containing or pu rporting to contain something having objective reality. True : conformable to fact; in accordance with the actual state of affairs; not false or erroneous; not inaccurate.

Truth : 1, b : sincerity in character, action and speech; genuineness in expressing feeling or belief.

2. : something that is true or held to be true : as ..

a (1) : the real state of affairs; something that is the case: Fact.

(3) : often cap : a fundamental or spritual reality conceived of as being partly or wholly transcendent of percieved actuality; an experience.

b 2 : a judgement, proposition, statement or idea that accord with fact or reality, is logically or intuitively necessary or follows by sound reasoning from established or necessary truths.

c : the body of true statements and propositions; also : the body of sttatements and propositions accepted, studied, or proved in a field.

ऑक्सफोर्ड डिक्शनरी आदि में भी इसी से मिलती-जुलती व्याख्या द्रष्टव्य है।

अनुसंधान की दृष्टि से उपर्युक्त उद्धरणों का निष्कर्ष इस प्रकार है। तथ्य के अर्थ हैं-भौतिक वास्तविकता, यथार्थ घटना, प्रत्यक्षानुभव, वस्तुनिष्ठ यथार्थता पर आश्रित वृत्तांत या कथन। कल्पना, गप्प, मत, सिद्धान्त आदि से वह स्वभावतः भिन्न है। सत्य के अर्थ हैं–यथातथ्य, तथ्यानुरूपता, तथ्य या यथार्थ के अनुरूप अथवा प्रस्थापित

तथ्यों के आधार पर आभासरहित तर्क द्वारा साधित निर्णय, प्रतिज्ञा, कथन या विचार, यथातथ्य अथवा स्वीकृत, अधीत या सिद्ध कथनों और प्रतिज्ञाओं का समुदाय। तात्पर्य यह है कि भौतिक जगत् की यथार्थ घटना, वृत्तांत या कथन तथ्य है और उस तथ्य या उस प्रकार के तथ्यों के आधार पर किया गया तर्कसंगत कथन या निर्णय सत्य है। सत्य और तथ्य परस्परपूरक हैं, विरोधी नहीं। जिस सत्य की तथ्य से विलोमता बतलाई गई है वह आध्यात्मिक सत्य है।

इस प्रकार तथ्य भौतिक, लौकिक या प्रत्यक्ष विषय होता है, और आध्यात्मिक सत्य अभौतिक, अलौकिक या अपरोक्षानुभूत होता है। अपनी इस विशेषता के कारण ही वह बड़ी टी से लिखा जाता है। विज्ञान का सत्य तथ्यपरक ही होता है, अलौकिक नहीं। प्रत्येक घटना मालगाड़ी की दुर्घटना भी घटना ही है। प्रत्येक व्यक्ति के लिए चाहे उसके माल की हानि हुई या न हुई हो, सदैव तथ्य ही है। उसके आधार पर किया गया विचार, कथन या निर्णय ही सत्य कहलाएगा। लोक में सत्य और तथ्य का पर्यायवाची व्यवहार होने के कारण घटना के संबंध में भी सत्य का प्रयोग कर दिया जाता है। इस संबंध में यह अवेक्षणीय है कि सत्य का यह प्रयोग प्रायः विशेषण रूप में ही होता है, संज्ञा रूप में नहीं।

शोध प्रबंध में तथ्यों के आधार पर सत्य या सत्यों की प्रस्थापना की जाती है। एक उदाहरण लीजिए। तुलसीदास का दर्शन समन्वयवादी दर्शन है–यह तर्कसंगत प्रस्थापना सत्य है। विभिन्न शास्त्रों और तुलसी साहित्य से संगृहीत वे उल्लेख, जिनके आधार पर यह प्रस्थापना की गई है, तथ्य हैं। तथ्य अनंत है। वेदांत में सत्य एक ही है, किन्तु विज्ञान में सत्य भी अनेक हैं। truths of science विज्ञान के सत्य का व्यवहार इसी आधार पर किया जाता है। एक ही शोध प्रबंध मे अनेक सत्यों की प्रस्थापना की जाती है। तुलसी की जन्मभूमि, तुलसी का परिवार, तुलसी का जीवनवृत्त, तुलसी की रचनाएं, तुलसी भक्तकवि हैं, इत्यादि। इन सबकी अलग-अलग प्रतिज्ञा भी सत्य है और सबका समुदाय भी सत्य है। इनकी प्रस्थापना के साधन रूप में अधीत सोरों आदि की सामग्री, गजेटिअर आदि के उल्लेख, तुलसी की उक्तियां, आदि ये सब तथ्य हैं।

तथ्य के आधार पर सत्य का कथन किया जाता है। और उस सत्य के आधार पर दूसरे सत्य का भी कथन किया जा सकता है। एक आचार्य का कहना है कि जब एक सत्य के आधार पर दूसरे सत्य की प्रस्थापना की जाती है तब पहला सत्य तथ्य हो जाता है। उनका यह मत सुविचारित नहीं है। यथार्थ यह है कि सत्य सत्य ही रहता है, वह तथ्य नहीं होता। तथ्य के आधार पर प्रस्थापित सत्य के आधार पर भी दूसरे

सत्य की प्रस्थापना की जाती है। वस्तुत: दोनों ही सत्यों का मूलाधार तथ्य होता है। सत्य की परंपरा मात्र पूर्व प्रतिज्ञात सत्य के स्वरूप को परिवर्तित नहीं करती। हाँ, उपलब्ध तथ्यों के आधार पर प्रस्थापित आज का सत्य नये तथ्यों के प्रकाश में कल असत्य साबित हो सकता है। उस असत्य को तथ्य कहा जा सकता है। लेकिन स्वीकृत सत्य को सत्य कहना ही न्यायसंगत है।

अनुसंधान के स्वरूप के विषय में एक और प्रश्न विचारणीय है–अनुसंधान विज्ञान है या कला? उत्तर के पहले ही एक प्रश्न उठता है – विज्ञान और कला क्या हैं? यहाँ पर यह बतला देना समीचीन होगा कि प्रस्तुत प्रसंग में प्रयुक्त इन शब्दों का प्रत्यय संस्कृत वाङ्मय में बहुश: व्यवहृत विज्ञान और कला की अवधारणा से बहुत भिन्न है। ये शब्द क्रमश: अंगरेजी के साइन्स और आर्ट के हिन्दी रूपांतर हैं। व्यवस्थित ज्ञान को साइन्स कहते हैं। उस ज्ञान का सुष्ठु प्रयोग आर्ट है। इस प्रकार विज्ञान और कला एक–दूसरे के पूरक हैं। विज्ञान के जगत् में भी कला का महत्त्व है। उदाहरण के लिए – व्यवस्थित ज्ञान की वह संपूर्ण संतति, जिसके आधार पर रॉकेट की रचना की जाती है, विज्ञान है, किन्तु उस ज्ञान का प्रयोग अर्थात् रॉकेट की रचना कला है। विज्ञान तत्त्व की प्रधानता के कारण उसके कार्य को भी विज्ञान कह दिया जाता है।

किसी–किसी ने अनुसंधान को कला का विज्ञान कहा है। यह कथन केवल साहित्यिक विवेचन संबंधी अनुसंधान के विषय में है। इसका तात्पर्य यह हुआ कि अनुसंधान वह विज्ञान है जिसका विज्ञातव्य विषय कला है। इस कथन में अव्याप्ति दोष हैं। पाठालोचन और भाषावैज्ञानिक अनुसंधान इसकी परिधि के बाहर है। इसलिए अनुसंधान को कला का विज्ञान मात्र कह देने से प्रश्न का समाधान नहीं होता।

अनुसंधान की प्रक्रिया के दो स्पष्ट भाव हैं।

1. व्यवस्थित अन्वेषण, चिंतन या ज्ञान, 2. उस ज्ञानोपलब्धि का शोध–प्रबंध के रूप में उपस्थापन। अनुसंधान का पहला भाग विज्ञान है और दूसरा भाग कला। अनुसंधान शब्द अपने व्यापक अर्थ में इन दोनों के लिए ही प्रयुक्त होता हे। अत: इस दृष्टि से उसे विशेषकर साहित्यिक अनुसंधान को विज्ञान और कला दोनों मानने में कोई विप्रतिपति नहीं है। किन्तु यह स्मरण रहना चाहिए कि शोधप्रबंध में इस कला की कलात्मकता विज्ञान की तुलना में गौण है। किसी अन्य विषय के शोधप्रबंध की अपेक्षा साहित्यिक शोधप्रबंध में कलात्मकता अधिक होती है, दर्शन, इतिहास आदि के प्रबंध में उससे कम, और विज्ञान के प्रबंध में उससे कम। इतनी कम कि उसकी कलात्मकता को हम भूल ही जाते हैं।

एक उपप्रश्न उठता है – जब अनुसंधान विज्ञान और कला दोनों ही है तब फिर उसे विज्ञान क्यों कहा जाता है ? उत्तर है – विज्ञान तत्त्व की प्रधानता के कारण। प्राधान्येन व्यपदेशा भवन्ति। अनुसंधान के क्रम में विषय निर्वाचन से लेकर शोध प्रबंध की समाप्ति तक वैज्ञानिक प्रविधि और प्रक्रिया का पालन किया जाता है। प्रबंध शैली की साहित्यिकता या कलात्मकता उसका केवल उत्कर्षक गुण है।

अनुसंधान और आलोचना

इस विवेचन के आरंभ में दो बातों की ओर संकेत कर देना वाजिब है। 1. अनुसंधान और आलोचना के परस्पर संबंध और सापेक्ष महत्त्व की विचारचर्चा साहित्यिक अनुसंधान और साहित्यिक आलोचना से ही विशेष संबंध रखती है। ऐसी स्थिति में हिन्दी साहित्य पाठानुसंधान और शुद्ध भाषावैज्ञानिक अनुसंधान भी इस विवेचन की परिधि के अंतर्गत नहीं आते। साहित्येतर विषयों के अनुसंधान का तो प्रश्न ही नहीं उठता। 2. अनुसंधान और आलोचना के व्युत्पत्यर्थ, परिनिष्ठित रूप, प्रतिपाद्य विषय, प्रतिपादन पद्धति, प्रयोजन और अधिकारी के परिज्ञान की भूमिका में ही दोनों के साम्य, वैषम्य, परस्पर संबंध तथा सापेक्ष महत्त्व की सम्यक् अवधारणा की जा सकती है।

अनुसंधान के अर्थ की विवृति की जा चुकी है। आलोचना का अर्थ विचारणीय है। लोक जीवन में आलोचना का सामान्य व्यवहार गुण–दोष चर्चा अथवा केवल दोषचर्चा के अर्थ में किया जाता है। आधुनिक हिन्दी साहित्य में प्रचलित आलोचना का अर्थ है – ऐतिहासिक–सामाजिक परिस्थितियों, रचनाकार के व्यक्तित्व, सौन्दर्यशास्त्र, मनोविज्ञान आदि की भूमिका में किसी रचनाकार की प्रवृत्तियों तथा अंतर्वृत्तियों और रचना के गुण–दोषों का विवेचन एवं उसका उचित मूल्यांकन। अपने इस आधुनिक अर्थ में यह संस्कृत शब्द संस्कृत वाङ्मय में नहीं व्यवहृत हुआ।

लोच् या लुच् धातु का अर्थ है– देखना, प्रत्यक्षानुभवन करना, निरखना। लोचन का अर्थ है– ईक्षण। देखने वाला, जिसके द्वारा देखा जाए। आलोचन या आलोचना के माने है–देखना, परखना। जिन र्निविकल्प प्रत्यक्षानुभव, भावन, निरूपण, सर्वेक्षण, मानसबिंब–निर्माण। इस प्रसंग में अभिनव गुप्त का लोचन शब्द विशेष विचारणीय है–

यत्किंचिदप्यनुरणन्स्फुटयामि काव्यालोकं स्वलोचननियोजनया जनस्य।
किं लोचनं विनालोको भाति चन्द्रिकयापि हि।
तेनाभिनवगुप्तोऽत्र लोचनोन्मीलनं व्यधात्।।

ध्वन्यालोकलोचन, पृ. 2, 164

लोचनकार ने यहाँ पर लोचन के दो कार्य बतलाए हैं–

1. काव्यालोक का स्पष्टीकरण, विवृत्ति और 2. उसके द्वारा पाठक को वह दृष्टि प्रदान करना, जिनकी सहायता से वह काव्यालोक की सम्यक् प्रतीति कर सके। आधुनिक आलोचना में भी इन दो मूल धर्मों का निर्वाह किया जाता है। मूल्यांकन और कलात्मकता के तत्व उसमें विशेष रूप से जोड़ दिए जाते हैं। यह अंगरेजी की देन है।

वास्तविकता यह है कि हिन्दी का तत्सम आलोचना शब्द अंगरेजी के क्रिटिसिज्म का भाषांतर है। सामान्य अर्थ में आलोचना के विषयों की कोई परिधि नहीं है। विशिष्ट संकुचित अर्थ में, किसी कलाकृति अथवा साहित्यिक रचना के औचित्यपूर्ण एवं सारगर्भित विश्लेषण या मूल्यांकन को आलोचना कहते हैं। साहित्यिक प्रलेखों के मूल-पाठ, रचना, प्रकृति, इतिहास आदि के संबंध में की गयी वैज्ञानिक गवेषणा भी आलोचना मानी गई है। पाठालोचन इसी मान्यता का द्योतक है। परंतु आलोचक लोग पाठालोचन की गणना साहित्यिक आलोचना में नहीं करते। साहित्यिक आलोचना की प्रमुख विशेषताएं हैं–

1. साहित्य के मर्म की अनुभूति, और उस अनुभूति के संप्रेषण के लिए उसकी कलात्मक अभिव्यक्ति।
2. आलोच्य रचना का व्यापक परिप्रेक्ष्य में निरीक्षण-परीक्षण।
3. सौंदर्य आदि की दृष्टि से अपेक्षित तथ्यों का ग्रहण अनपेक्षित का त्याग, उनका व्याख्यान और विश्लेषण।
4. औचित्यपूर्ण निरीक्षण-परीक्षण एवं व्याख्यान विश्लेषण के आधार पर रचना का मूल्यांकन।

तुलनात्मक दृष्टि से साहित्यानुसंधान और साहित्यालोचना में अनेक बातों की समानता है–

1. दोनों के व्युत्पत्यर्थ में ही ईक्षण, निरीक्षण और चिंतन की विशेषता है।
2. अपने परिनिष्ठित रूप में दोनों ही साहित्य का अध्ययन प्रस्तुत करते हैं।
3. दोनों ही भावयित्री प्रतिभा के फल हैं।
4. दोनों ही अध्येतव्य वस्तु के यथार्थ स्वरूप का उद्घाटन करते हैं।
5. दोनों में ही तथ्यों के संकलन एवं उनके व्याख्यान विश्लेषण के आधार पर औचित्यपूर्ण निष्कर्षों की प्रस्थापना की जाती है।
6. कल्पना की बेपर की उड़ान, गप्पमार लफ्फाजी, दोनों में ही निषिद्ध है।
7. अनुसंधाता और आलोचक दोनों में ही विषयोचित अभिज्ञता, विवेचनसामर्थ्य, सत्यनिष्ठा, चिंतनशीलता, उपस्थापन कौशल आदि गुणों की अपेक्षा होती है।

8. अपने श्रेष्ठ रूप में, अनुसंधान और आलोचना, दोनों अविनाभाव से परस्पर संबद्ध है। अर्थात् उतम कोटि के अनुसंधान में आलोचना की और उत्तम कोटि की आलोचना में अनुसंधान की अनेक प्रमुख विशेषताओं की सत्ता अनिवार्य है।

इन समानताओं के कारण किसी-किसी को यह स्वाभाविक भ्रांति हो जाती है कि अनुसंधान और आलोचना पर्याय हैं, शोधप्रबंध और आलोचना ग्रंथ अभिन्न हैं। वस्तुतः ऐसा नहीं है। दोनों में तात्त्विक भेद हैं-

1. व्युत्पत्यर्थ

व्युत्पत्यर्थ के अनुसार दोनों में भेद। अनुसंधान में संधान पर विशेष बल है। उसमें लक्ष्यबंधान आवश्यक है। निर्दिष्ट लक्ष्य पर दृष्टि को केन्द्रित करके मनोयोगपूर्वक सूक्ष्म अन्वेषण अनिवार्य है। अनु के द्वारा चिन्तन की धारावाहिकता, पौनः पुनिकता का भी संकेत किया गया है। आलोचना में लोचन पर बल है। उसमें निरीक्षण परीक्षण की प्रधानता है। आ उपसर्ग समंतता, व्यापकता या सर्वेक्षण का द्योतक है। आलोचक लक्ष्यविशेष के तंत्र में बंधने के लिए बाध्य नहीं है। वह स्वतंत्र है।

2.3. स्वरूप और प्रविधि प्रक्रिया

अनुसंधान स्वरूपतः विज्ञानप्रधान है, बुद्धिप्रधान है, चिंतन से ओतप्रोत है। उसकी संपूर्ण प्रविधि प्रक्रिया वैज्ञानिक है। इसीलिए उसमें तथ्यशोध और वस्तुनिष्ठता के प्रति विशेष आग्रह है। तथ्यों के संग्रह, वर्गीकरण और विश्लेषण में वैज्ञानिकता का निर्वाह आवश्यक है। निष्कर्षों की स्थापना में तर्कसंगति अपेक्षित है। अनुसंधाता को अपने मत के समर्थन में पुष्ट प्रमाण देना पड़ता है। अपेक्षित उद्धरण और संदर्भोल्लेख शोधप्रबंध की अपरिहार्य शर्तें हैं। संदर्भ निर्देश रहित प्रबंध को शोधप्रबंध कहना इस शब्द का दुरुपयोग करना है। संदर्भोल्लेख का अधूरापन भी दोष ही है। अनुसंधाता को विषयांतर और कल्पना विलास करने का कोई अधिकार नहीं है। तथ्यविशेष के अभाव में पूर्वापर संबंध मिलाने के लिए प्रतिभा का उपयोग अनुसंधान की आवश्यकता है। वह कल्पनाविलास नहीं है। अध्यायों के विभाजन एवं उपविभाजन में आनुपातिक औचित्य की रक्षा करनी पड़ती है। शोधप्रबंध के पूर्वानुबंध के रूप में संकेत सूची, विषय सूची और प्राक्कथन की तथा पयचानुबंध के रूप में ग्रंथसूची और अनुक्रमणिका की योजना भी उसकी वैज्ञानिक व्यवस्था का अंग है। उपस्थापन शैली की साहित्यिकता या कलात्मकता शोधप्रंबंध का गौण एवं तटस्थ कादाचित्क लक्षण है। इस वैकल्पिक

धर्म के पालन की वांछनीयता केवल साहित्यिक विवेचन शैली की साहित्यिकता या कलात्मकता शोधप्रबंध का गौण एवं तटस्थ कादाचित्क लक्षण है। उनमें भी भावात्मकता, प्रभावात्मकता, आलंकारिकता आदि के लिए आदरणीय स्थान नहीं है। इसीलिए विश्वविद्यालयों की नियमावली में कलात्मकता या रमणीयता का उल्लेख न करके साहित्यिक उपस्थापन की दृष्टि से संतोषप्रद होने की बात कही गई है। पाठानुसंधान और भाषा–वैज्ञानिक अनुसंधान कलात्मकता के आग्रह से मुक्त हैं ही।

आलोचना स्वरूपतः कलाप्रधान होती है। आलोचक अपनी आलोच्यविषयक मर्मानुभूति को पाठकों द्वारा तदनुरूप ग्राह्य बनाने के लिए अपनी रचना में साहित्यिक अभिव्यक्ति की प्रभावोत्पादक विधाओं का भरपूर उपयोग करता है। उसमें रसात्मकता और भावात्मकता की विशेषता होती है। इसीलिए कुछ विद्वान आलोचना की गणना साहित्य की काव्यात्मक कोटि में करते हैं। आलोचना के लिए भी तथ्याधार आवश्यक है, परंतु उसमें तथ्यशोध और वस्तुनिष्ठता के प्रति विशेष आग्रह नहीं है। वह विषयप्रधान भी हो सकती है। असंबद्ध तथ्यों की श्रृंखला मिलने के लिए उसमें कल्पना का स्वच्छंदतापूर्वक उपयोग किया जाता है। उसमें तार्किक पद्धति के अवलंबन का बंधन नहीं है। अपने गृहीत प्रभावों की निर्बंध अभिव्यंजना के लिए आलोचक स्वतंत्र है। वह अपने कथनों या निष्कर्षों की प्रमाण पुष्टि के लिए उद्धरण देने या संदर्भोल्लेख करने को बाध्य नहीं है। जहां उद्धरण और संदर्भ दिए गए हैं वहां भी वैज्ञानिकता का निर्वाह प्रायः नहीं है। हिन्दी की उत्तमोत्तम आलोचनाएं भी असत्यापित उद्धरणों एवं अधूरे संदर्भोल्लेखों से भरी पड़ी हैं। आलोचक के विषयांतर पर भी कोई प्रतिबंध नहीं है। वह दाऐं- बाऐं कुछ भी कहने का स्वयंसिद्ध अधिकार रखता है। इस प्रकार, स्वरूप और प्रविधि प्रक्रिया की दृष्टि से भी अनुसंधान और आलोचना में भेद है।

4. विषय

दोनों में विषय भेद भी है। विषयों के समष्टिरूप की दृष्टि से आलोचना और अनुसंधान में व्यापक संबंध है। हिंदी के आलोचना ग्रंथों एवं शोधप्रबंधों के मिलान से ज्ञात होता है कि आलोचना के समस्त विषय अनुसंधान के वृत्त में समाविष्ट है। किंतु, अनुसंधान के अनेक विषय आलोचना के परिवेश में नहीं आते। शुद्ध भाषा–वैज्ञानिक अनुसंधान, और लोकसंस्कृति, इतिहास, शिक्षण आदि से संबंध रखने वाले विषय निश्चय ही आलोचना के बहिर्भूत है। कोशग्रंथों में क्रिटिसिज्म आलोचना

के अंतर्गत परिगणित पाठानुसंधान भी आलोचना अनुसंधान ही है। **यथार्थ यह है कि** शोधप्रबंध के संदर्भ में अनुसंधान अंगी है, आलोचना का सह-अस्तित्व उसके अंगरूप में ही है, तादात्म्यरूप से नहीं।

व्यष्टिरूप से शोधप्रबंध का विषय निश्चित रूप से लक्षित होता है। अनुसंधता को उसकी सीमित मर्यादा के भीतर कार्य करना पड़ता है। आलोचना ग्रंथ में इस प्रकार की मेड़बंदी नहीं होती। उदाहरण के लिए, कोई व्यक्ति केवल साहित्यिक दृष्टि से वाल्मिकि-**रामायण** और **रामचरितमानस** के तुलनात्मक अध्ययन पर एक पुस्तक लिखता है और उसका नाम रखता है – वाल्मीकि **रामायण** और **रामचरितमानस** का तुलनात्मक अध्ययन। उसके इस नाम में अतिव्याप्ति दोष है। परंतु, आलोचक ऐसा कर सकता है, करता है, बहुतों ने किया है। अनुसंधाता को यह अधिकार नहीं है। यदि वह अपने विषय का यही शीर्षक देता है तो उसे धर्म, दर्शन आदि की दृष्टि से भी अध्ययन करना पड़ेगा। यदि वह केवल साहित्यिक दृष्टि से अध्ययन करना चाहता है तो उसे विषय का शीर्षक देना चाहिए – वाल्मीकि रामायण और रामचरितमानस का साहित्यिक दृष्टि से तुलनात्मक अध्ययन।

5. प्रयोजन

दोनों में प्रयोजन भेद भी है। अनुसंधान का प्रधान प्रयोजन ज्ञान विस्तार है। इसीलिए विश्वविद्यालयों की नियमावली में इस शर्त का बल देकर उल्लेख किया गया है। आलोचना का मुख्य उद्देश्य साक्षात्कृत साहित्य मर्म का संप्रेषण है। आलोचक का लक्ष्य है पाठकों को साहित्यिक कृति के सौन्दर्य की उसी प्रकार अनुभूति करना जैसा कि उसने स्वयं की है। वैज्ञानिक और परीक्षोपयोगी तथाकथित आलोचना का प्रयोजन इससे सर्वथा भिन्न है।

अपने प्रयोजन के अनुरूप ही आलोचना भावयोगप्रधान होती है। अनुसंधान ज्ञानयोगप्रधान होता है। जहां आलोचना के द्वारा ज्ञान का सीमा-विस्तार भी होता है, अथवा जहां अनुसंधान के द्वारा मर्मानुभूति का संप्रेषण भी होता है, वहां दोनों का समन्वय है। उसे तादात्म्य समझना भ्रम है। साहित्यिकतारहित शोधप्रबंध जैसे – उद्योग शब्दावली आदि पर लिखित प्रबंध दोनो की भिन्नता के अन्यतम प्रमापक हैं।

प्रासंगिक रूप से, अनुसंधान और आलोचना के संबंध में दो अन्य प्रश्न विचारणीय हैं। पहला प्रश्न है – क्या उत्तम अनुसंधान और उत्तम आलोचना अभिन्न हैं ? इसका सीधा उत्तर है – अभिन्न नहीं हैं, भिन्न हैं। बड़ी विचित्र बात है कि एकाध आचार्य अनुसंधान और आलोचना में भेद मानते हुए भी उत्तम आलोचना और

उत्तम अनुसंधान में अभेद मानते हैं। अनुसंधान और आलोचना पर्याय नहीं है – इस सिद्धान्त का प्रतिपादन कर देने के अनंतर वे यह भी प्रस्थापित कर देना चाहते हैं कि उत्तम आलोचना अनिवार्यतः उत्तम अनुसंधान भी है और उत्तम साहित्यिक अनुसंधान अपनी चरम परिणति में आलोचना से अभिन्न हो जाता है। मेरे विचार से, खींचतान करके भी दार्शनिक भेदाभेदवाद को इन भौतिक वस्तुओं पर नहीं घटाया जा सकता। हाँ, मध्व के दर्शन को द्वैताद्वैतवादी बतलाने वाले समर्थ विद्वान् यहाँ भी भेदाभेदवाद की प्रतिष्ठा करने का उद्योग कर सकतें हैं। सत्य यह है कि उत्कर्ष के उच्चतम शिखर पर पहुँच कर भी आलोचना आलोचना ही रहती है। शक्कर में मिलने पर घी शक्कर नहीं हो जाता और घी में मिलने पर शक्कर घी नहीं बन जाती वस्तुतः दोनों का सम्मिश्रण होता है। सम्मिश्रण अभेद नहीं है। अनुसंधान और आलोचना की स्थिति भी ऐसी ही है। श्रेष्ठ साहित्यकार अनुसंधान या श्रेष्ठ साहित्यिक आलोचना में दोनों का समन्वय होता है। समन्वय अभेद नहीं है।

दोनों के तथाकथित अभेद पर दूसरी दृष्टि से भी विचार कीजिये। अनुसंधान और आलोचना के लक्षण उनके उत्तम रूप को ही दृष्टि में रखकर बतलाए जाते हैं। यथार्थतः किसी भी पदार्थ का लक्षण उसके उत्तम रूप को ही लक्ष्य बनाकर निर्धारित किया जाता है। अनुत्तम, निकृष्ट या अशुद्ध रूप के आधार पर परिभाषा नहीं बनाई जाती। एक उदाहरण से यह कथन स्पष्ट हो जाएगा। मनुष्य की सामान्यतः स्वीकृत परिभाषा है – मनुष्य विवेकशील प्राणी है। मनुष्य का यह लक्षण उत्तम मनुष्यों को ही लक्ष्य बनाकर किया गया है, अनुत्तम मनुष्यो के आधार पर नहीं। विवेकशीलता के धर्म से हीन हो जाने पर भी यह द्विपद प्राणी मनुष्य ही कहलाता है। चारित्रिक गुणों के चरम उत्कर्ष की अवस्था में भी वह मनुष्य ही रहता है। परमोदात्त मनुष्य के लिए देवता या वज्रमूर्ख के लिए गदर्भ का प्रयोग लाक्षणिक है। सच्चरित्रता की पराकाष्ठा पर पहुंचे हुए मनुष्य और देवता में अथवा मूर्खता के गर्त में गिरे हुए मनुष्य तथा गदर्भ में अभिन्नता नहीं हो सकती। निष्कर्ष यह है कि चरम परिणति की स्थिति में भी मनुष्य स्वभावतः मनुष्य ही रहता है। अनुसंधान और आलोचना के विषय में भी यही सत्य है।

आचार्य रामचंद्र शुक्ल हिन्दी के सर्वश्रेष्ठ आलोचक हैं। उन्होंने अपनी आलोचना कृतियों में मार्मिक रहस्यों का उद्घाटन किया है। आत्मा का अनुसंधान किया है, तत्त्व दर्शन किया है। उनकी ये रचनाएँ आलोचना की उत्कृष्टतम कोटि में प्रतिष्ठित हैं। परवर्ती अनुसंधाताओं के विशालकाय शोधप्रबंधों की तुलना में अत्यंत गौरवाशालिनी हैं, यह सब ठीक है। लेकिन, रहस्यों के उद्घाटन, आत्मा के अनुसंधान और तत्त्वों के

दर्शन का आधार क्या है? तथ्य ही न! और एक बार यह मान लेने पर कि उन रचनाओं में तथ्याधार स्पष्टतः दुर्बल है, यह भी मानना पड़ेगा कि उनकी अनुसंधानयिता खंडित है। अनुसंधान के लिए प्रमाणपुष्ट तथ्यों का आधार अनिवार्य है। तथ्यों के संदर्भों का उल्लेख अनिवार्य है। संदर्भोल्लेख की पूर्णता अनिवार्य है। उल्लिखित रचनाओं के संस्करण आदि का निदर्शन अनिवार्य है। विषय का सुनिश्चित परिसीमन अनिवार्य है। अभिधानानुसार विषय का तर्कसंगत विभाजन उपविभाजन अनिवार्य है। शुक्लजी की आलोचनाओं में यह सब कहां है?

उन्होंने जायसी, सूर, तुलसी आदि के योगदान का सर्वेक्षण किया है। उनके साहित्य के विशिष्ट पक्षों का स्वतंत्रतापूर्वक मर्मोद्घाटन किया है। उस क्रम में संस्कृत, फारसी, अरबी, अंगरेजी आदि के वाङ्मय स्रष्टाओं का नामोल्लेख किया है, उनके उद्धरण भी दिये हैं। किन्तु संदर्भ कहां हैं उनके? एकाध सन्दर्भ, और वे भी अधूरे, अपवादस्वरूप हैं। गोस्वामी तुलसीदास जैसी विख्यात कृति संदर्भोल्लेख से सर्वथा शून्य है। उल्लिखित रचनाओं के संस्करण निर्देश आदि की बात तो दूर ही रही। उनके दर्जनों उद्धरण भी असत्यापित हैं। केवल स्मृति के आधार पर ही जो मन में आया, लिख दिया है। ये सब बातें अनुसंधान के विरुद्ध हैं। अनुसंधानोचित वैज्ञानिकता के प्रतिकूल हैं।

मेरी इस आलोचना का लक्ष्य शुक्लजी की रचनाओं का अवमूल्यन नहीं है। उन्हें। आउट ऑफ डेट मानने वालों को भी उनकी महत्ता स्वीकार करनी पड़ती हैं। मैं तो उन्हें हिन्दी का महतम आलोचक मानता हूं। लेकिन महतम अनुसंधाता नहीं। उनकी रचनाओं में आलोचना तत्व प्रधान है, अनुसंधान तत्त्व गौण है। अतएव वे अनुसंधानात्मक आलोचनाएं हैं। उन्हें आलोचनात्मक अनुसंधान कहना भी न्यायसंगत नहीं है।

अनुसंधान और आलोचना के तात्त्विक भेद को न समझ कर उनके साधर्म्य पर ही दृष्टि को केन्द्रित करने का, दोनों में अभेद की कल्पना के प्रचार का, एक घातक दुष्परिणाम यह होता है कि परिश्रमाधीना विद्या से कतराने वाले कल्पनाविहारी आलोचना की गप्पमार पद्धति को ही अनुसंधान का पक्का राजमार्ग मानने लगते हैं, तथ्यसंग्रह की कष्टकर साधना से पराङ्मुख उपाधि लोभी अभ्यर्थी शक्तिमानों द्वारा अभिमंत्रित आलोचना के तावीज के सहारे अनुसंधान की महतम उपाधि प्राप्त करने के लिए आलोचना के लघुतम मार्ग का अनुसरण करने लगते हैं।

किसी भी प्रकार का अतिवाद हेय है। इसमें कोई संदेह नहीं कि अतिशय तथ्यवाद से अनुसंधान की श्रेष्ठता प्रतिहत होती है। परंतु, दूसरी ओर, तथ्यों की

अवहेलना और अतिशय आलोचनावाद से अनुसंधान का स्वरूप ही नष्ट हो जाता है। अनुसंधान के स्वरूप की रक्षा अनुसंधान का प्रथम कर्तव्य है, उसके उत्कर्ष का विधान द्वितीय स्थानीय है।

दूसरा प्रश्न है – क्या आलोचना के बिना भी अनुसंधान हो सकता है ? उत्तर है – हो सकता है। यह स्मरण रखना चाहिए कि बिना शब्द अत्यंताभाव का वाचक नहीं है, अतिगौणता का ज्ञापक है। तथ्यपरक प्रबंध में भी कुछ न कुछ आलोचना की सत्ता रहती ही है। कारण स्पष्ट है कि आलोचना अनुसंधान का अनिवार्य धर्म नहीं है, उसका उत्कर्ष हेतु है – उसी प्रकार जिस प्रकार अलंकार अलंकार्य का उत्कर्षक होता है, अलंकार के बिना भी अलंकार्य का अस्तित्व हो सकता है। विश्वविद्यालयों की अनुसंधान नियमावली में अनुसंधाताओं की आलोचक प्रतिभा वाली शर्त शोधप्रबंध की उत्कृष्टता को दृष्टि में रखकर लगाई गई है। तथ्यों के संग्रह त्याग, निरीक्षाण परीक्षण, वर्गीकरण विश्लेषण आदि में आलोचना-शक्ति की उपयोगिता सर्वमान्य है। जिस शोधप्रबंध में प्रखर आलोचना शक्ति का सदुपयोग करके तथ्यानुसंधान और निष्कर्ष स्थापन किया जाता है, वह निश्चय ही श्रेष्ठ है। परंतु, यह कथन भी निस्सार नहीं है कि अनेक विषय ऐसे हो सकते हैं जिनके अंतर्गत तथ्यान्वेषण से भी काम चल सकता है, कम से कम पीएच.डी. की उपाधि के लिए उतना पर्याप्त हो सकता है।

हिन्दी में संदर्भ ग्रंथों की बड़ी कमी है। जो हैं, वे भी अपूर्ण और दोषपूर्ण हैं। मेरा सुझाव है कि इस न्यूनता की पूर्ति के लिए हिन्दी अनुसंधान के प्रामाणिक आधार के निर्माण के लिए, तथ्यशोध को भी प्रोत्साहन दिया जाए। विभिन्न प्रदेशों में उपलब्ध हिन्दी अनुसंधान की सामग्री, हिन्दी साहित्य में उल्लिखित या संकेतित पौराणिक कथाओं की स्रोतसंदर्भ प्रमाणपुष्ट अनुक्रमणिका आदि से संबद्ध विषयों पर व्यवस्थित योजना के अनुसार तथ्यशोध कराया जाए, जिसके आधार पर परवर्ती अनुसंधाता आलोचनात्मक शोधप्रबंध प्रस्तुत करें।

अनुसंधान के मुख्य प्रकार

अनुसंधान सामग्री के आधारभूत तथ्य दो प्रकार के होते हैं – ज्ञात और अज्ञात। ज्ञात तथ्यों के भी दो रूप हैं – आख्यात और अनाख्यात। आख्यात तथ्यों के पुनराख्यान में आलोचन-शक्ति की अपेक्षाकृत अधिक आवश्यकता होती है, अनाख्यात तथ्यों के आख्यान में उससे कम, और अज्ञात तथ्यों के आख्यान में उससे भी कम से काम चल सकता है।

स्वरूप की दृष्टि से अनुसंधान के तीन प्रकार हैं – तथ्यशोधप्रधान, आलोचनाप्रधान और उभयात्मक। प्रतिपाद्य वस्तु का गुण–दोष विवेचन, मूल्यांकन आदि न करके यथार्थ के स्वरूप का अन्वेषण, वस्तुनिष्ठ वैज्ञानिक खोज, तथ्यशोधप्रधान अनुसंधान है। अलीगढ़ क्षेत्र की बोली के आधार पर कृषक जीवन संबंधी शब्दावली, कबीर ग्रंथावली का पाठ आदि शोधप्रबंध इसी प्रकार के है। जिसमें अनुसंहित वस्तु से गृहीत प्रभावों के आकलन, उसके गुण–दोष विवेचन, मूल्यांकन आदि को गौरव दिया जाए, वह आलोचनातत्त्व का विशिष्ट प्राधान्य है, ऐकान्तिकता या केवलता नहीं। कहा जा चुका है कि तथ्यशोधप्रधान अनुसंधान में भी किसी न किसी अंश में आलोचना का अस्तित्व रहता ही है। आलोचना के लिए भी तथ्याधार अनिवार्य है। जिसमें उक्त दोनों रूपों का समन्वय होता है। दोनों को गौरव दिया जाता है वह उभयात्मक अनुसंधान है, जैसे– तुलसीदास, अष्टछाप और वल्लभसम्प्रदाय आदि। अपनी व्यापकता के कारण, अनुसंधान और आलोचना दोनों के उद्देश्यों की पूर्ति करने के कारण, यह तीसरा रूप अधिक प्रभावशाली और महत्त्वपूर्ण है।

उभयात्मक अनुसंधान प्रथम दो रूपों के अतिरिक्त कोई स्वतंत्र वस्तु नहीं है। अत: अनुसंधान के मूलत: दो ही रूप मानना असमीचीन नहीं है। कुछ लोग अनुसंधान के दो रूप मानते हैं – तथ्यपरक और तत्त्वपरक। तत्त्वपरक से उनका अभिप्राय आलोचनाप्रधान से ही है। आलोचनाप्रधान के लिए तत्त्वपरक शब्द का व्यवहार उपपतिविरुद्ध है। तत्त्व आलोचना नहीं है। तत्त्व तत् .त्व का भी अर्थ है – वस्तु का स्वरूप, यथार्थ, तथ्य। अनुसंधान के संदर्भ में उसका यही अर्थ ग्राह्य है। अत: तत्त्वपरक तत्वत: तथ्यपरक ही है। उससे भिन्न नहीं है। प्रत्येक अनुसंधान तत्त्वानुसंधान है। तथ्यप्रधान अनुसंधान में भी तत्त्व तथ्य, सत्य का अनुसंधान किया जाता है और आलोचनाप्रधान अनुसंधान में भी। इसलिए, तथ्य या आलोचना में से किसी एक की मुख्यता और दूसरे की गौणता के आधार पर की गई अभिधान व्यवस्था ही तर्कसंगत है।

यह भी नहीं कहा जा सकता कि तत्त्वपरक में प्रयुक्त तत्व का तात्पर्य सूक्ष्मतत्त्व या परतत्त्व है, क्योंकि उस ब्रह्मवादी तात्त्विक दृष्टि से तो भाषा साहित्य संबंधी समस्त अनुसंधान वाचारंभण मात्र है। तत्त्वदर्शी वेदांतियों ने तो मोक्षपरक शास्त्रों को भी अविवाद्विषयाणि माना है। ऐसी दशा में – देव, बिहारी, मतिराम आदि की कामरतिविषयक रचनाओं की तत्त्व महिमा का अनुमान पाठक स्वयं लगा लें।

अनुसंधान की विशेषताएँ

अब तक के विवेचन का निष्कर्ष यह है कि जब हम हिन्दी अनुसंधान कहते हैं, तब हमारा निश्चित अभिप्राय होता है – हिन्दी भाषा अथवा हिन्दी साहित्य के किसी अंग या पक्ष का उसके व्यापक संदर्भ में वैज्ञानिक अध्ययन। विषय का अनवरत चिंतन, तत्संबंधी सामग्री का अन्वेषण तथा निरीक्षण-परीक्षण, तथ्यों की छानबीन और उपयोगी तथ्यों का संकलन, संकलित तथ्यों का वर्गीकरण, विश्लेषण, उनके आधार पर सत्यों की तर्कसंगत प्रस्थापना एवं शोधप्रबंध के रूप में इन समस्त प्रयत्नों का सुष्ठु शैली में निबंधन। यह सब अनुसंधान है।

1. सत्यान्वेषण और ज्ञान विस्तार

सत्यार्थदर्शन ही ज्ञान है। अतः यहाँ पर एक ही विशेषता के अन्तर्गत सत्य और ज्ञान दोनों का उल्लेख किया गया है। अनुसंधाता स्वभावतः सत्यान्वेषी है। उसका अविकल्प कर्तव्य है कि वह तथ्य की यथार्थता का गवेषण एवं उद्घाटन करे, सत्य की प्रस्थापना करे और इस प्रकार ज्ञान का विस्तार करे। इस धर्म का निर्वाह बड़ा कठिन है। विशेष करके संप्रदाय विशेष या वर्तमान साहित्यकारों पर अनुसंधान करने वाले विद्यार्थी के लिए। कभी कभी अनभिज्ञता, राग, द्वेष, लोभ आदि के कारण असत्य और अज्ञानपूर्ण कथन कर दिये जाते हैं, जो शोध प्रबंध के गौरव के प्रतीक हैं। अनुसंधाता को जागरूक रहना चाहिए।

2. अनवरत चिंतन

किसी भी बाह्य रचना के पूर्व उसकी मानस कल्पना आवश्यक हुआ करती है। **तैत्तिरीयोपनिषद्** पर भाष्य करते हुए शंकराचार्य ने कहा है कि सृष्टि के पूर्व उस ब्रह्म ने सृज्यमान जगत् की रचना के विषय में आलोचना की इसका अभिप्राय यह है कि पहले मानस बिंब का निर्माण हुआ और तत्पश्चात् उसे दृश्य विश्व के रूप में कार्यान्वित किया गया। ऐसी ही बात तुलसीदास ने भी रामचरितमानस की रचना के विषय में कही है। **रचि महेस निज मानस राचा पाइ सुसमउ सिवा सन भाखा।** शोध प्रबंध के संबंध में भी यह तद्वत् सत्य है। अनुसंधाता भी शोधप्रबंध की रचना के पूर्व रचनीय वस्तु का मानस बिंब निर्मित करता है, और फिर उसे प्रबंध के रूप में लिपिबद्ध करता है। इस मानसबिंब निर्माण के लिए अनवरत चिंतन की आवश्यकता है। जब तक विषय के सतत भावन से अनुसंधाता का चित्त विषयाकारता धारण नहीं

कर लेता तब तक उसका भलीभांति व्यवस्थित एवं प्रांजल प्रतिपादन संभव नहीं है। दूसरों को कुछ समझाने के पहले अपने अंतःकरण पर से व्यामोह का आवरण हटा देना अनिवार्य है। इसके लिए अविच्छिन्न अध्ययन और मनन की अपेक्षा है।

अनवरत चिंतन के लिए तत्परता अनिवार्य है। **गीता** में भगवान् श्रीकृष्ण की आप्तोक्ति है कि तत्पर श्रद्धावान् को ज्ञान की उपलब्धि होती है – **श्रद्धावांल्लभते ज्ञानं तत्परः संयतेन्द्रियः।** रामचरितमानस के ज्ञानदीप प्रकरण में गोस्वामी तुलसीदास ने भी भाव बच्छ सिसु पाइ पेन्हाई कहकर भाव शब्द के द्वारा इसी तत्परता का द्योतन किया हैं। अनुसंधाता भी ज्ञान साधक है। वह ज्ञान की उपलब्धि का प्रयत्न करता है। उस उपलब्धि को दूसरों की बुद्धि तक पहुंचाने के लिए शोध प्रबंध की रचना करता हे। तत्परता में कमी आने पर विचारधारा विच्छिन्न हो जाती है। कभी कभी तो कई दिनों या सप्ताहों तक मनन करते रहने के पश्चात् जब मानसबिंब स्पष्ट होने लगता है तभी कोई अप्रत्याशित क्षेपक आ पड़ता है। परिणाम यह होता है कि विचार श्रृंखला टूट जाती है। कुछ समय बाद, कार्य के अनुकूल अवसर मिलता है तब फिर नये सिरे से बिंबविधान करना पड़ता है। जो अनुसंधाता अपने जीविकोपार्जन के कामधंधों से थोड़ा-बहुत अवकाश निकालकर शोधकार्य में प्रवृत्त होते हैं उन्हें इस तरह की विघ्नबाधाओं का प्रायः सामना करना पड़ता है। उनको और भी सावधान रहना चाहिए।

3. विषय की एकतानता

अनुसंधान में निश्चित लक्ष्य बाँध कर आगे बढ़ना पड़ता है। उसके विषय की सीमा नियमतः निर्धारित रहती है। उस मर्यादा का उल्लंघन नितांत वर्जित है। तथ्यों के संग्रह, विवेचन-विश्लेषण, प्रेरक तत्त्वों और प्रभावों आदि का आकलन करते समय लक्ष्यपथ से दूर जाना अहितकर है। अनुसंधानकर्ता को इसका ध्यान रखना चाहिए। भूमिका का अनावश्यक विस्तार भी विषयांतर है। कभी कभी भूमिका को ही इतना गौरव दे दिया जाता है कि मूल विषय गुणीभूत हो जाता है। इससे शोधप्रबंध के गौरव की हानि होती है। किसी प्रबंध की भूमिका उसके षष्ठांश या पंचमांश से अधिक नहीं होनी चाहिए।

4. व्यापक पटभूमिका

उपर्युक्त विषय की एकतानता का यह अर्थ नहीं है कि अनुसंधाता अपनी दृष्टि को संकुचित बनाकर कूपमंडूक हो जाए। उसका तात्पर्य इतना ही है कि उसे इधर-उधर

की गप्प नहीं हांकनी चाहिए। असंबद्ध लाप से बचना चाहिए। परंतु किसी विषय के सम्यक् निरूपण के लिए अनुसंधाता की मति और संवेदना का क्षितिज व्यापक होना चाहिए। कूपमंडूकता उच्चकोटि के शोधप्रबंध के प्रणयन में बहुत बाधक है। यथास्थान तुलनात्मक समीक्षण, अध्येतव्य साहित्यकार के उत्तमर्णों के प्रभाव, उसकी जीवनी, इतिहास, संस्कृति, समाज आदि की पृष्ठभूमि में भी विषय का विवेचन अपेक्षित है।

5. प्रमाणोल्लेख

व्यवस्थित ज्ञानवत्ता के कारण अनुसंधान मूलत: विज्ञान है। अतएव उसकी पद्धति वैज्ञानिक है। इस वैज्ञानिक पद्धति में तीन बातें विशेष ध्यान देने योग्य हैं। प्रमाणोल्लेख, विभाजन वर्गीकरण और विवेचन विश्लेषण। शोधप्रबंध की अनिवार्य विशेषताओं में प्रमाणोल्लेख का स्थान अन्यतम है। अनुसंधाता को यह भूलना नहीं चाहिए कि अनुसंधान केवल सर्च नहीं है वह रिसर्च है। अतएव, प्रमापक तथ्यों का उल्लेख करते समय वह इस बात के लिए बाध्य है कि अपने कथन को, निष्कर्षों की स्थापना को, आप्त सिद्ध करने के लिए अपेक्षित प्रमाणों का निश्चित संदर्भ भी दे दे। यदि वह आप्तता या विश्वसनीयता की सिद्धि के लिए अपेक्षित प्रमाणों का संदर्भ नहीं देता हैं तो उसका अनुसंधान अनाप्त ही समझा जाएगा।

6. तर्कसंगत विभाजन और वर्गीकरण

किसी भी विषय के सम्यक् अध्ययन के लिए अधेतव्य वस्तु का वैज्ञानिक विभाजन आवश्यक है। विभिन्न अध्यायों का उपविभाजन भी होना चाहिए। उनके अंतर्गत भी उपयुक्त शीर्षकों एवं उपशीर्षकों की योजना की जानी चाहिए। अव्याप्ति और अतिव्याप्ति से यथासंभव बचना चाहिए। अध्याय विशेष या प्रकरण विशेष को अपने में पूर्ण बनाने के लिए पुनरावृत्ति करना अनुचित नहीं है। लेकिन, किसी विषय का विस्तृत विवेचन केवल एक स्थल पर ही होना चाहिए, बार-बार नहीं। अन्य स्थल या स्थलों पर संक्षिप्त उपस्थापना या सांकेतिक निर्देश करके अन्यत्र किये गये विस्तृत विवेचन का हवाला दे देना चाहिए।

विषय विभाजन के अनुसार ही संकलित तथ्यों का वर्गीकरण करके शोध-प्रबंध की रचना में प्रवृत्त होना चाहिए। आगमनात्मक विधि से किये जाने वाले अनुसंधान की रूपरेखा बनाते समय कामचलाऊ विभाजन ही किया जा सकता है। संकलित तथ्यों के वर्गीकरण के बाद उसके अध्यायों और उसके उपविभागों में

आवश्यकतानुसार परिवर्तन विधेय है। प्रतिपाद्य विषय की सामग्री, प्रवृत्तियों, अंगों और रूपों, विशेषताओं आदि के तर्कसंगत विभाजन और वर्गीकरण की अवहेलना इधर-उधर से प्रामाणिक और अप्रमाणिक, ग्राह्य और त्याज्य, साहित्यिक और असाहित्यिक, अनुसंधेय और अननुसंधेय ढेर सी सामग्री कहीं स्वकीय और कहीं सहायकों के पुरुषार्थ से जोड़-बटोर कर एक भारी भरकम पोथा, एक भानुमती का पिटारा, तैयार कर दिया गया है। संकलित सामग्री के यथोचित सम्बन्ध निर्वाह और उसके व्यवस्थित उपस्थापन का अभाव अनुसंधान प्रबंध के लिए ग्लानिकारक है।

7. विवेचन और विश्लेषण

शोधप्रबंध की निष्पन्नता के लिए विवेचन और विश्लेषण की आवश्यकता है। प्रस्तुत प्रसंग में विश्लेषण का अर्थ है - संश्लिष्ट तथ्यों या तथ्यगत तत्वों का पृथक्करण। विवेचन का अर्थ है - उन तत्त्वों या तथ्यों का विवेकपूर्ण परीक्षण, उनकी तर्कसंगत मीमांसा। विश्वविद्यालयों की अनुसंधान विषयक नियमावली में उल्लिखित तथ्याख्यान का तात्पर्य है - विवेचनविश्लेषणपूर्वक तथ्यों के परस्पर संबंध का निरूपण। सत्य की प्रस्थापना के लिए यह आख्यान जरूरी है।

शोधप्रबंध दादी की कहानी, व्यासजी की कहानी, पर्यटक के वर्णन या विक्रेता के विज्ञापन से सर्वथा भिन्न वस्तु है। अतएव अनुसंधाता का कर्तव्य है कि वह जिस सामग्री के आधार पर निष्कर्षों की स्थापना करना चाहता है उसका सूक्ष्मेक्षिकापूर्वक विधिवत् विवेचन तथा विश्लेषण करे। अन्यथा, उसकी मान्यताएं कल्पना की श्रेणी से ऊपर नहीं उठ सकेंगी, उसका प्रबंध बातों का संग्रह मात्र रह जाएगा। अनुसंधान का विषय जितना ही सीमित होगा, सूक्ष्म विवेचना की आवश्यकता उतनी ही अधिक होगी। तथ्यप्रधान अनुसंधान में भी विषय विभाजन, ग्राह्य के ग्रहण, त्याज्य के त्याग, तथ्यों के वर्गीकरण आदि के लिए भी विवेचन-शक्ति का उपयोग अनिवार्य है।

8. तत्त्वाभिनिवेशी दृष्टि

अनुसंधान चाहे जिस विषय पर किया जाए, उसका रूप चाहे जो भी हो, अनुसंधाता में उसे समझने-समझाने की भावकोचित आलोचना-शक्ति और दृष्टि नैर्मल्य का होना आवश्यक है। यदि उसका अध्ययन प्रौढ़ नहीं है, यदि उसकी सूक्ष्मेक्षण शक्ति का यथेष्ट विकास नहीं हुआ है, तो वह अनुसंधान का अधिकारी ही नहीं है। आजकल विज्ञापनबाजी ने पल्लवग्राही पांडित्य और पांडित्याभास को सरस्वती के

मूर्धन्य पर प्रतिष्ठित कर रखा है। इसकी लपेट में हिंदी अनुसंधान की भी क्षति हो रही है। मेरे कहने का यह आशय नहीं है कि अनुसंधित्सु आदर्शवाद की मृग मरीचिका में भटकते रहें। मेरा मंतव्य इतना ही है कि वे अपने को अधिकाधिक योग्य बनाने की चेष्टा करें। उक्त प्रकार की योग्यता से संपन्न न होने पर भी जो विद्यार्थी अनुसंधान करना ही चाहते हैं, उन्हें चाहिए कि वे अपने शोधप्रबंध के लिए कोई तथ्यप्रधान विषय चुनें और परिश्रम के बल पर सफलता प्राप्त करें। यदि दुर्भाग्य से उन्होंने कोई समीक्षापरक मूढ़ विषय चुन लिया तो उन्हें दुर्दम्य कठिनाई का सामना करना पड़ेगा।

9. सत्यनिष्ठ मौलिकता

अनुसंधान या शोधप्रबंध की एक अत्यन्त महत्त्वपूर्ण एवं आवश्यक विशेषता है – मौलिकता। अनुसंधान के क्षेत्र में मौलिकता का अर्थ है – अनुसंधेय विषय की अज्ञात एवं अनाख्यात सामग्री का आख्यान, अथवा आख्यात सामग्री का नूतन दृष्टि से पुनराख्यान। अनुसंधान का मुख्य प्रयोजन ज्ञान विस्तार है। पिष्टपेषण या चर्वितचर्वण से ज्ञान विस्तार नहीं हो सकता। अतः अनुसंधाता का धर्म है कि वह अपने मौलिक योगदान से संचित ज्ञानराशि को अभिवृद्ध करने का प्रयत्न करे। शोधप्रबंध में यह आवश्यक नहीं कि अनुसंधाता के प्रत्येक वाक्य या उसकी प्रत्येक मान्यता पर मौलिकता की छाप हो।

कुछ लोग कल्पना को ही मौलिकता समझते हैं। निरालंब भावना के चामत्कारिक वाग्विलास से अपने प्रबंध को सर्वथा मौलिक बनाने का प्रयास हास्यास्पद है। शोधप्रबंध में भी कल्पना की उपयोगिता है लेकिन उसकी मर्यादा है। किसी अध्येतव्य साहित्यकार के बिखरे हुए विचारों की शृंखला मिलाते समय यथासंभव उसी की रचनाओं से सहायता लीजिये। यदि ऐसा न हो सके तो उसके आधार ग्रंथों का सहारा लीजिये। यदि यह भी संभव न हो तो उसके युग की समानधर्मा प्रवृत्तियों एवं अपने प्रमाण समर्थित, स्वतंत्र, किंतु तर्कसंगत विवेचन के आधार पर यथास्थान व्यवस्था स्थापित कीजिये।

अनुसंधानकर्ता सत्यान्वेषी है। अतः उसकी मौलिकता सत्यनिष्ठ होनी चाहिए। ईमानदारी उसका साधारण धर्म है। मौलिकता के नाम पर कभी-कभी चौरकर्म का प्रचंड दुस्साहस भी देखने में आता है। यह कांड लज्जाजनक है। दूसरों की उपलब्धियों का उपयोग करते समय उनका उल्लेख कर देना अनुसंधाता का आवश्यक कर्तव्य है। जो केवल परार्जित ज्ञानसंपत्ति से ही अपने प्रबंध का भंडार भर कर

अनायास ही डॉक्टरेट की महासिद्धि प्राप्त कर लेना चाहते हैं, उन्हें अनुसंधान के प्रति इतना घोर अन्याय नहीं करना चाहिए। उचित यह है कि अन्यत्र अनुसंहित विषयों पर शोधप्रबंध लिखते समय पूर्वप्रणीत शोधप्रबंधों को पढ़कर, उनसे आगे बढ़कर कुछ नयी और उपादेय बात कही जाए। यदि किसी नगण्य तथाकथित कवि पर अनेक विश्वविद्यालयों में शोधप्रबंध लिखाये जाते हैं तो यह स्वयंसिद्ध है कि उन सभी में डॉक्टरेट उपाधि के योग्य मौलिकता का दर्शन नहीं हो सकता।

समरथ कहुं नहिं दोष गुसाई।

10. सुष्ठु प्रतिपादन शैली

हिन्दी साहित्य की डॉक्टरेट उपाधि के लिए प्रस्तोतव्य शोध प्रबंध एक साहित्यिक कृति है। इसलिए विषय के अनुसार उसकी उपस्थापन शैली भी साहित्यिक होनी चाहिए। प्रत्येक साहित्यिक रचना में, और विशेषकर उच्चतम उपाधि के लिए लिखित प्रबंध में, शब्दार्थ संतुलन का सम्यक् निर्वाह अपेक्षित है। अभिव्यंजना के तीन विशिष्ट गुण हैं – शुद्धता, मिताक्षरता और स्पष्टता। अन्य गुण हैं – प्रसन्नता, स्वच्छता, प्रभावोत्पादकता, शिष्टता, धारावाहिकता, संबंध निर्वाह, अर्थगौरव, औचित्य, संगति, निष्ठा आदि। साहित्यिक शोधप्रबंध में इन गुणों का साहित्य अभीष्ट है। सरलता की झोंक में निम्नस्तरीय सरलीकरण, और आलंकारिकता की उमंग में धक्कामार शब्दाडंबर की प्रवृत्ति से शोधप्रबंध कलुषित होता है। अन्य साहित्यकारों की भांति शोधप्रबंध लेखक को भी च्युतसंस्कृति, असमर्थता, निहितार्थता, अवाचकता, शैथिल्य, ग्राम्यत्व, विधेयाविमर्श, संकीर्णता, व्याहति, विरुद्धता आदि दोषों से बचना चाहिए।

सारभूत निष्कर्ष के रूप में कहा जा सकता है कि अनुसंधाता को निम्नलिखित आदर्श प्रतिज्ञा के समुचित पालन का सदैव ध्यान रखना चाहिए।

मम शोधप्रबंधेऽस्मिन् ज्ञानविस्तारकारके।
नामूलं लिख्यते किन्चितन्नानपेक्षितमुच्यते।।

अर्थात् मेरे इस ज्ञानविस्तारकारक शोधप्रबंध में ऐसा कुछ भी नहीं लिखा जा रहा है जो अप्रामाणिक हो, ऐसा कुछ भी नहीं कहा जा रहा है जो अनपेक्षित हो।

यह मूलमंत्र दृष्टिपथ से कभी ओझल नहीं होना चाहिए।

1. खोज मारि रथ हांकहु ताता। –रामचरितमानस, 2/85/4
   रथ कर खोज कतहुं नहिं पावहिं। –रामचरितमानस, 2/86/1
2. सो सीता कर खोज कराइहि। –रामचरितमानस, 4/4/2

तासु खोज पठइहि प्रभु दूता। –रामचरितमानस, 4/28/4

3. न रत्नमन्विष्यति मृग्यते हि तत्। –रामचरितमानस, 5/45

4. किं वृथा तर्केण अन्विष्यते – अभिज्ञानशाकुन्तल

रन्ध्रान्वेषणदक्षाणाम् – रघुवंश, 12/11

1. गवेषमाणं महिषीकुलं जलम्। – ऋतुसंहार, 1/21

2. सखि किमर्थगवेषणया रिगं किरति सेथमनर्थमयीं मयि। – नैषधीयचरित, 4/107

3. पर्येषणाा परीष्टिश्चान्वेषणा च गवेषणा। – अमरकोश, 2/7/32

4. आनुकूल्येन कृष्णानुशीलनं भक्तिरुतमा। – हरिभक्तिरसामृतसिन्धु, 1/1/11

विज्ञातसाराण्यनुशीलनेन–किरातार्जुनीय, 16/28

तत्र हेतुस्तथाविधालौकिककाव्यार्थपरिशीलनम् – साहित्यदर्पण, 3/3–3 पर वृत्ति

5. अद्भिर्गात्राणि शुध्यन्ति मनःसत्येन शुध्यति। – मनुस्मृति, 5/108

6. न शध्यति मेऽन्तरात्मा। – मृच्छकटिक

7. लिखितपत्रादेः प्रमाणीकरणम्। यथा। लेख्यशोधनमाह कात्यायनः।

– शब्दकल्पद्रुम शोधनार्थं ममैकचः। – वाल्मीकि रामायण, 7/95/6

8. मंदिर मंदिर प्रति करि सोधा। – रामचरितमानस, 5/5/3

9. सोधि सुमृति सब वेद नुरानपा। – रामचरितमानस, 2/170/3

10. तात धरम मतु तुम्ह सबु सोधा। – रामचरितमानस, 2/65/1

11. ब्रह्मात्मनोः शोधितयोर्यदीत्थम् – विवेकचूड़ामणि, 243

तत्त्वंपदार्थशोधनम्। – वेदान्तसार, पृ. 9

जिन्ह जग मगु परमारथु सोथा। – रामचरितमानस, 2/275/1

1. हृदय न कछु फल अनुसंधाना। – रामचरितमानस, 1/156/1

2. स्वार्थानुसन्धानगुणेन चित्तम्। – विवेकचूड़ामणि, 96

स्वस्वरूपानुसन्धानं भक्तिरित्यभिधीयते। – विवेकचूड़ामणि, 32

3. यस्तर्केणानुसन्धते – मनुस्मृति, 12/106

पुरावृतकथानुसन्धेया – कुमारसम्भव, 1/21 पर मल्लिनाथ

4. दुर्गशोधनमनुसन्धातव्यम् – हितोपदेश

1. सदैव सत्यम्। – तैत्तीरीयोपनिषद्, 2/1 पर शांकरभाष्य

2. यद्रूपेण यन्निश्चितं तद्रूपं न व्यभिचरति तत्सत्यम्।

– तैत्तरीयोपनिषद्, 2/1 पर शांकरभाष्य

3. सत्यं प्रमाणेनाव बुद्धस्यार्थस्य तथैव भाषणम्। – गीता, 10/4 पर गूढार्थदीपिका

4. यथादृष्टस्य यथाश्रु तस्य च आत्मानुभवस्य पर बुद्धिसंक्रान्तये तथा एव उच्चार्यमाणा वाक् सत्यम्। – गीता, 10/4 पर शांकरभाष्य।

5. देखिये- मनुस्मृति, 6/62 पर मन्वर्थदीपिका।
6. मनुस्मृति, 4/138
7. किरातार्जुनीय, 1/4, 14/63
8. सत्यं यथार्थप्रियवचनम्। - याज्ञवल्क्यस्मृति, 3/66 पर मिताक्षरा
सत्यं यथादृष्टविषयं भूतहितरूपं वचनम् - गीता, 10/4 पर रामानुजभाष्य
1. तदनुगुणा मनोवृत्तिः इह अभिप्रेता। - गीता, 10/4 पर रामानुजभाष्य
2. सत्यं तथ्यमृतं सम्यक्-अमरकोश, 1/6/23
3. रघुवंश, 14/6
4. सा तथ्यमेवाभिहिता भवेन। (कुमारसंभव, 3/62) पर मल्लिनाथ की टीका
1. क्रमशः - गीता, 3/41 और 6/8 पर शांकरभाष्य
1. रूपं दृश्यं लोचनं दक् तद्दृश्यं हक्तु मानसम्
दृश्या धीवृतयस्साक्षी दृगेव न तु दृश्यते। - दृगदृश्यविवेक, 1
2. सम्मुग्धवस्तुदर्शनमालोचनम्। - सांख्यकारिका, 28 पर सांख्यतत्त्वकौमुदी
3. आलोचयन्तो निरूपयन्तः - भट्टिकाव्य, 7/40 (आलोचयन्तो विस्तारमम्भसां) पर जयमंगला
4. सृज्यमानजगद्रचनाविषयामालोचनामकरोत्।
-तैत्तीरीयोपनिषद्, 2/6/1 पर शांकरभाष्य
1. तत्त्वेन यथावत्त्। तत्त्वतो यथावत्त। तत्वं याथात्म्यम्
- क्रमशः - गीता, 4/9, 7/3 और 18/1 पर शांकरभाष्य
तत्त्वान्वेषात् वस्तुवृत्तान्तान्वेषणया - अभिज्ञानशकुन्तल, 1/21 पर अर्थद्योतनिका
देखियेः- मनुस्मृति, 3/96 और 9/42 पर मन्वर्थदीपिका
तत्त्व = थिंग्ज - संस्कृत-इंग्लिश डिक्शनरी (आप्टे)
2. देखिये - ब्रह्मसूत्र पर शांकरभाष्य का उपोद्घात

Research - 1. Careful or diligent search : a close search in

2 a : studious inquiry or examination esp: critical and exhaustive investigation or experimentation having for its aim the discovery of new facts and their correct interpretation, the revision of accepted conclusions, theories and laws.

b : A presentation (as an article or book) incorporation the finding of a particular research.
Webster's third New International Dictionary of the English Language.

1. Thesis - proposition to be maintained; dissertation, esp. one by candidate for degree, - Oxford Dictionary

Thesis - a position or proposition that a person (as a candidate for scholastic honours) advances and maintains or offers to maintain by argument.

- Webster's ....Dictionary

2. Doctor - 1.a: a religious scholar who is eminent in theological learn-ing and personal holiness and usually an expounder and defender of established doctorine.

b : a person competent by reason of skill and knowledge to teach or expound authoritatively a subject or field of knowledge.

c : a person who has earned one of the highest academic degrees (as a P.H.D.) conferred by a University usually by spending several years in advanced study of a specialized field, by writing an acceptable dissertation and by passsing mymerous rigorous examinations.

d : a persoon awarded an honcrary doctorate (as an LLD or Litt D) by a College or University - Webster's ....Dictionary

1. Webster's Third New Internation Dictionary of the English Language.

1. Criticism 3: the art of evaluating or analyzing with knowledge and propriety works of art or literature; broadly : similar consideration of other than literary matters.

4: The scientific investigation of literary documents in regard to such matters as origin, text, composition, character or history.

- Webster's ... Dictionary.

नवीन शोध विज्ञान और हिन्दी साहित्य के अनुसंधान में उपयोगिता

डॉ. नगेन्द्र

यों तो हिन्दी भाषा और साहित्य के क्षेत्र में अनुसंधान का प्रारम्भ आज से लगभग पचास वर्ष पूर्व से माना जा सकता है जबकि श्री जे.एन. कारपेन्टर ने लन्दन विश्वविद्यालय से डॉक्टर ऑफ डिविनिटी की उपाधि प्राप्त की थी, परन्तु उसका स्वरूप वर्तमान शताब्दी के चतुर्थ दशक में ही व्यवस्थित हुआ। भारतीय विश्वविद्यालयों में विधिवत् शोधकार्य वस्तुतः 1940 ई. के बाद ही हुआ, उससे पहले देश के विभिन्न विश्वविद्यालयों से सब मिलाकर पाँच-छः शोधग्रंथ ही स्वीकृत हुए थे। आज कोई तीस संस्थाओं में शोधकार्य पूरे वेग से चल रहा है और इस बढ़ते हुए वेग के कारण तरह-तरह की समस्याएं सामने आ रही हैं। साथ ही अनेक प्रकार के आक्षेप भी हो रहे हैं। इनमें से कुछ समस्याएं निश्चय ही अवास्तविक हैं और अनेक आक्षेप द्वेष से प्रेरित हैं। फिर भी, पच्चीस वर्ष की इस अत्यन्त सक्रिय शोध साधना के बाद अपनी सिद्धि और असिद्धि का पुनरीक्षण करना अनुचित न होगा।

हिन्दी में स्थूल रूप से दो क्षेत्रों में अनुसंधान हो रहा है - भाषा के क्षेत्र में और साहित्य के क्षेत्र में। इनमें भाषा के क्षेत्र में तो अभी अनन्त अवकाश है क्योंकि हिन्दी के विराट् कलेवर में अनेक उपभाषाएं और बोलियां अन्तर्भुक्त हैं और भाषा विज्ञान में शोध की नित्य नवीन प्रणालियों का विकास होता चला जा रहा है। यह मेरा विषय नहीं है, फिर भी इतना तो स्पष्ट ही है कि इस दिशा में हमारे यहां विशेष प्रगति नहीं हुई। कारण अनेक हैं- साधनों का अभाव, प्रशिक्षित शोधकर्ताओं और शोधनिर्देशकों का अकाल और साथ ही विदेश की, विशेषकर अमेरिका या रूस की, अत्याधुनिक यांत्रिक प्रक्रियाओं को यथावत् स्वीकार करने में भारतीय विद्यार्थी की मनोवैज्ञानिक असमर्थता। हमें इनका उपयोग करना है, परन्तु विवेक के साथ-साथ यह मानकर कि भाषा केवल जड़ ध्वनि-समूह नहीं है, वरन् मानव अनुभूतियों का चैतन्य माध्यम

है। हिन्दी साहित्य के क्षेत्र में अब तक शोध की अनेक पद्धतियों का अवलम्बन होता रहा है, जिनमें मुख्य हैं–

1. सर्वेक्षण पद्धति

इसके द्वारा हिन्दी साहित्य के किसी कालखण्ड, अंग विशेष अथवा प्रवृत्ति विशेष का क्रमबद्ध विवरण उपस्थित किया जाता है। यद्यपि वह पद्धति अधिक गम्भीर और उत्कृष्ट नहीं है, फिर भी शोध की आरम्भिक अवस्थाओं में इसका अवलम्बन अनिवार्य होता है क्योंकि अधिक सूक्ष्म गहन अध्ययन के लिए भूमि इसी के द्वारा तैयार होती है।

2. आलोचनात्मक पद्धति

यह अपेक्षाकृत गंभीर पद्धति है। इसमें अनुसंधाता का ध्यान कवि अथवा कृति आदि पर केन्द्रित रहता है और वह उसके विभिन्न साहित्यिक पहलुओं का सांगोपांग विवेचन प्रस्तुत करता है। यह अध्ययन कई प्रकार का हो सकता है :

(क) काव्यशास्त्रीय अध्ययन – इसमें कवि अथवा कृति के काव्यपक्ष के विविध अंगों का – काव्यरूप, अभिव्यंजना-शिल्प, भाषा-शैली, भाव-तत्त्व तथा प्रभाव गुण आदि का व्यवस्थित और युक्तियुक्त विवेचन रहता है।

(ख) समाजशास्त्रीय अध्ययन – यहां साहित्य के सामाजिक तत्त्वों अर्थात् अपने सामाजिक परिवेश के साथ उसके प्रत्यक्ष और परोक्ष सम्बन्धों का तथा नैतिक दार्शनिक तत्वों का अध्ययन रहता है। इसे व्यापक अर्थ में ऐतिहासिक पद्धति भी कहते हैं।

(ग) भाषा वैज्ञानिक तथा शैली वैज्ञानिक पद्धतियां – ये पद्धतियां भी शास्त्रीय पद्धतियों के समकक्ष हैं। भाषा और शैली की संरचना का भाषा विज्ञान तथा शैलीशास्त्र की दृष्टि से विश्लेषण इनका लक्ष्य होता है। शैली-शास्त्र वास्तव में काव्यशास्त्र और भाषा विज्ञान का मध्यवर्ती अनुशासन है।

(घ) मनोवैज्ञानिक पद्धति – इसमें कृतिकार की अंतश्चेतना के द्वारा कृति का अध्ययन विवक्षित रहता है। यह रचना को चैतन्य क्रिया मानकर साहित्य का विवेचन प्रस्तुत करता है।

3. समस्यामूलक पद्धति

इसमें केन्द्रीयकरण की प्रवृत्ति और भी अधिक रहती है और शोधकर्ता का लक्ष्य

सांगोपांग अध्ययन नहीं होता - वह एक विशिष्ट सूत्र का अनुसंधान करता है, जो साहित्य की किसी मौलिक समस्या को उभारकर सामने रखता है। उदाहरण के लिए आधुनिक हिन्दी कहानी में त्रासदीय तत्त्व, हिन्दी प्रेमगाथा काव्य में सूफी तत्त्व आदि।

4. तुलनात्मक पद्धति

यहां दो या दो से अधिक भाषाओं के समान कवियों, कृतियों तथा प्रवृत्तियों आदि के समान-असमान तत्त्वों का विवेचन प्रमुख रहता है। इसके द्वारा अध्ययन को व्यापक परिप्रेक्ष्य मिलता है।

5. वर्गीय अध्ययन

इसके अंतर्गत अध्ययन का विषय विशेष लेखक या कृति न होकर लेखकों या कृतियों का वर्ग विशेष होता है। यों तो प्रत्येक कृतिकार का अपना वैशिष्ट्य है, परन्तु अनेक कृतिकार वर्ग के रूप में भी साहित्य साधना करते हैं - वे कुछ सामान्य सिद्धान्त और लक्ष्य लेकर चलते हैं, जो व्यक्ति-वैचित्रय रहने पर भी उनके साहित्य को समान रूप से अनुप्राणित करते रहते हैं। अंग्रेजी में लेक पोइंट्स आदि का और प्राचीन हिन्दी साहित्य में अकबरी दरबार के कवियों का या नए साहित्य में सप्तक के कवियों का वर्ग सापेक्ष अध्ययन हुआ है।

6. क्षेत्रीय अध्ययन

इस पद्धति के अनुसार किसी क्षेत्र विशेष की साहित्यिक प्रवृत्तियों का अध्ययन उन्हें प्रतिफलित करने वाले लेखकों और कवियों के साहित्य के माध्यम से किया जाता है। एक विशेष परिवेश में उद्भूत साहित्य का उस परिवेश के संदर्भ में अध्ययन करना भी अपने ढंग से अत्यन्त सार्थक हो सकता है और इस दृष्टि से प्रस्तुत पद्धति का अपना पृथक् महत्त्व है। दिल्ली के कहानीकार, अवध के कवि, बुंदेलखण्ड के वीर-गीत, हरियाणा के लोकगीत आदि इसी प्रकार के शोध प्रयास हैं।

इसके अतिरिक्त विषय विवेचन की दो और प्रमुख पद्धतियां हैं-

7. अनुगम पद्धति और निगमन पद्धति

जो सामान्यतः अध्ययन पद्धति के प्रायः सभी प्रकार भेदों में आधार रूप से विद्यमान

रहती है। शास्त्रीय अध्ययन अनुगम विधि से भी हो सकता है और निगमन विधि से भी। शास्त्र के अंगों को सामने रखकर उनके आलोक में जो विवेचन किया जाएगा वह निगमन पद्धति से ही होगा और साहित्य के अंगों का विश्लेषण करने के बाद उपलब्ध तथ्यों का शास्त्र के तत्त्वों और नियमों के अनुसार जो अध्ययन होगा उसकी पद्धति अनुगम पद्धति होगी। काव्यशास्त्रीय, समाजशास्त्रीय, ऐतिहासिक, दार्शनिक, मनोवैज्ञानिक – सभी प्रकार के अध्ययन उक्त दोनों पद्धतियों से हो सकते हैं।

यहां एक बात स्पष्ट हो जाती है और वह यह कि साहित्यिक अनुसंधान के उपर्युक्त सभी प्रकार आलोचना के भी प्रकार भेद हैं और इसका कारण यह है कि साहित्यिक अनुसंधान और साहित्यिक आलोचना की जाति ही नहीं, उपजाति भी एक हैं। ये दोनों एक ही विद्या, साहित्य विद्या के दो उपभेद हैं। मेरी यह स्थापना आज भी विवाद का विषय बनी हुई है, परन्तु मैं आधुनिक अनुसंधान के विधि विज्ञान से सम्बद्ध दो-एक प्रसिद्ध ग्रंथों के उद्धरण देकर अपने मत का पोषण करना चाहूंगा। पश्चिम में अनुसंधान की पद्धति और क्रियाविधि आदि पर प्रचुर साहित्य उपलब्ध है, जिसमें प्रत्येक अंग को लेकर अत्यन्त सूक्ष्म और व्यवस्थित विवेचन किया गया है। इनमें से अधिकांश ग्रंथों का सीधा सम्बन्ध सामाजिक विज्ञान और भौतिक विज्ञान विषयक अनुसंधान से है। परन्तु हम उनके मूल सिद्धान्तों और नियमों का साहित्यिक अनुसंधान के लिए भी विवेकपूर्वक उपयोग कर सकते हैं। इस विषय की एक प्रसिद्ध पुस्तक है- **अनुसंधान की पद्धतियाँ-मेथड्स ऑफ रिसर्च**, लेखक **कार्टर गुड** और **डगलस स्केट्स**, जिसका सम्बन्ध प्रमुख रूप से शिक्षा वैज्ञानिक, मनोवैज्ञानिक और समाज-वैज्ञानिक अनुसंधान से है। इनके अनुसार अनुसंधान का लक्ष्य, सामान्य रूप से इस प्रकार परिभाषित किया जा सकता है –

ज्ञान के प्रति मनुष्य की आकांक्षा की पूर्ति, उसकी विवेक-शक्ति का विकास और क्षमता की वृद्धि – उसके श्रम भार को कम करना, कष्टों को दूर करना और अनेक प्रकार से जीवन की सुख-सुविधाओं का विस्तार : ये ही अनुसंधान के प्रमुख एवं मौलिक उद्देश्य हैं। अन्त में, जीवन की समृद्धि और मानव के उत्कर्ष में योगदान करना ही अनुसंधान की चरम सार्थकता है।

उपर्युक्त उद्धरण चूंकि शिक्षाशास्त्रीय एवं समाजशास्त्रीय अनुसंधान से सम्बद्ध है, अतः इसमें जीवन के व्यावहारिक पक्ष पर अधिक बल दिया गया है। जीवन के स्थान पर चिंतन और अनुभूति शब्दों का प्रयोग करने से यही साहित्यिक अनुसंधान मानव चेतना की समृद्धि और परितोष ही साहित्यिक अनुसंधान का चरम लक्ष्य है। उधर साहित्यिक आलोचना का भी चरम लक्ष्य इसके अतिरिक्त और क्या हो सकता

है ? दोनों में जो भेद है, वह लक्ष्य का नहीं है, बलाबल का है। अनुसंधान में ज्ञान पक्ष प्रबल है, और आलोचना में संस्कार। लक्ष्य की यह एकता ही पद्धतियों के साम्य के लिए उत्तरदायी है।

पाश्चात्य शोध संस्थानों में क्रियाविधि के प्रशिक्षण पर बड़ा जोर दिया जाता है। पर इन संस्थाओं का सम्बन्ध भी प्रायः सामाजिक विज्ञानों का शुद्ध विज्ञानों से अधिक है। इनमें जो शोध विषयक शोध हो रही है, वह प्रायः उक्त क्षेत्रों में ही हो रही है। साहित्य के क्षेत्र में भी प्रायः वैज्ञानिक तथा समाजशास्त्रीय क्रियाविधि को ही आवश्यक संशोधन के साथ उपयोग में लाने की चर्चा रहती है। क्रियाविधि के प्रमुख अंग है – सामग्री संकलन, परीक्षण प्रमाणीकरण, त्याग और ग्रहण, विश्लेषण – संश्लेषण, निष्कर्ष और निर्णय।

इनमें प्राथमिक अंग है सामग्री संकलन – जिसकी विभिन्न विधियों का निर्देश संक्षेप में इस प्रकार किया जा सकता है –

(क) सूत्र संग्रह या टिप्पण विधि – अनुसंधान की यह प्रायः सर्वसामान्य विधि है, जिसके द्वारा अनुसंधाता विभिन्न स्रोतों से प्राप्त सूचना को संक्षिप्त टिप्पणियों के रूप में, बाद में उपयोग करने के उद्देश्य से, एकत्र करता है। इसके लिए तरह-तरह के उपायों का प्रयोग किया जाता है, जिनमें सबसे अधिक सुगम है कार्डों का उपयोग। यह विधि यों तो प्रायः सभी प्रकार के शोधकार्यों के लिए आवश्यक है – परन्तु साहित्यिक अनुसंधान के लिए यह अनिवार्य एवं सर्वाधिक उपयोगी है। वास्तव में, साहित्यिक अनुसंधान में तो पहला व्यावहारिक कदम यही है।

(ख) प्रश्नोत्तर विधि – इसमें अनुसंधाता विषय के विभिन्न पक्षों से सम्बद्ध प्रश्नावली तैयार करता है और विभिन्न वर्गों के व्यक्तियों से उत्तर प्राप्त कर, उनके आधार पर तथ्यों का संकलन करता है।

(ग) साक्षात्कार विधि – इसके अनुसार विषय से सम्बद्ध व्यक्तियों से साक्षात् वार्तालाप कर सामग्री संकलन तथा मत-संग्रह किया जाता है जो अन्त में सामग्री का ही अंग बन जाता है।

अंतिम दोनों विधियों का आजकल समाजविज्ञान, नृतत्वशास्त्र, मनोविज्ञान, भाषाविज्ञान आदि के क्षेत्र में बड़ा प्रचार है, चारों ओर संग्रहकर्ताओं का एक जाल बिछा रहता है जो सम्बद्ध व्यक्तियों से सम्पर्क स्थापित कर वैज्ञानिक रीति से प्रश्नों के उत्तर एकत्र कर उनका सम्पादन करते हैं। देखा-देखी साहित्य में भी अब इनका उपयोग होने लगा है। परन्तु हमारे क्षेत्र में इनकी – प्रश्नोतर विधि और साक्षात्कार विधि, दोनों की ही – उपयोगिता इतनी सीमित है कि इनका अविचारित उपयोग

करने से अनुसंधाता को मार्ग –भ्रम और दिग्भ्रम हो सकता है। इनका उपयोग सामान्यतः समयसाध्य है और अपने यहां के लोगों की मनोवृत्ति ऐसे कार्यों के अनुकूल नहीं है – जिस देश के साहित्यकार अत्यन्त आवश्यक व्यावहारिक पत्रों का भी उत्तर देना असाहित्यिक कर्म समझते हों, वहाँ क्रमबद्ध प्रश्नावली के व्यवस्थित उत्तर देने का प्रश्न ही नहीं उठता। वास्तव में लिखित और मौखिक प्रश्नोत्तर के लिए प्रश्नकर्ता और उत्तरदाता दोनों के लिए ही एक विशेष प्रकार के प्रशिक्षण की अपेक्षा रहती है, जो अभी सर्वत्र उपलब्ध नहीं है। फिर भी, मैं मानता हूँ कि साहित्यिक अनुसंधान में भी उक्त दोनों विधियों का सही और सार्थक उपयोग हो सकता है और होना चाहिए। उदाहरण के लिए, वर्तमान युग की साहित्यिक प्रवृत्तियों और साहित्यकारों से सम्बद्ध शोधकार्य में साक्षात्कार पद्धति और प्रश्नावली पद्धति – दोनों की उपयोगिता असंदिग्ध है। प्रसाद और मैथिलीशरण गुप्त के व्यक्तित्व तथा कृतित्व के सम्बन्ध में उनके निकटस्थ व्यक्तियों से साक्षात्कार कर अनेक ऐसे प्रामाणिक तथ्य सहज ही उपलब्ध किये जा सकते हैं, जो अन्यथा दुर्लभ हैं। पंत की रचनाओं के संदर्भों का प्रामाणिक ज्ञान प्राप्त करने के लिए स्वयं कवि के साथ प्रश्नात्मक वार्तालाप जितना उपयोगी हो सकता है, उतने अन्य उपाय नहीं हो सकते। परन्तु यहां भी अनुसंधाता को सावधान रहकर कार्य करना होगा क्योंकि इस प्रकार प्राप्त सभी उत्तर व्यक्ति संसर्गों से लिप्त होते हैं। जब कोई शोधार्थी मुझसे मेरी अपनी आलोचना पद्धति के विषय में प्रश्न करता है तो मुझ जैसा व्यक्ति भी, जो अनुसंधान के स्वरूप और प्रयोजन से अवगत है और जिसका पेशा ही दूसरों को तटस्थ परिपृच्छा की शिक्षा देना है, निस्संग नहीं रह पाता। ऐसी स्थिति में कृतिकार से, जो इस प्रकार के शिक्षण में होकर नहीं गुजरा, यह आशा कैसे की जा सकती है कि वह अपने कृतित्व के विषय में सर्वथा काटने का शिक्षण और अभ्यास होना चाहिए।

क्रियाविधि का दूसरा अंग है सामग्री का परीक्षण एवं प्रमाणीकरण अथवा शुद्धाशुद्ध का निर्णय। इसके लिए शोधविज्ञान में अनेक उपायों की व्यवस्था है, जिनमें वैज्ञानिक परीक्षण जैसे सम्बद्ध पदार्थों के रासायनिक परीक्षण, मनोविज्ञान अथवा जीवविज्ञान आदि की पद्धतियों से मानसिक क्रियाओं तथा व्यवहार आदि के परीक्षण, और नाना प्रकार के समाजवैज्ञानिक अथवा मनोवैज्ञानिक प्रयोगों का उल्लेख किया जा सकता है। वास्तव में ये पद्धतियां भौतिक विज्ञान, सामाजिक विज्ञान, मनोविज्ञान आदि के लिए अधिक उपयोगी है। साहित्य के क्षेत्र में भाषा–सम्बन्धी अनुसंधान में तो इनका प्रभावी उपयोग है। साहित्य के क्षेत्र में भाषा संबंधी अनुसंधान में तो इनका प्रभावी उपयोग होता है। परन्तु अन्यत्र इनकी सार्थकता

सीमित ही है। कागज, स्याही आदि के रासायनिक परीक्षण से पाठ विज्ञान की अनेक समस्याएं हल करने में सहायता मिलती है और उधर मनोविज्ञान आदि में प्रयुक्त पद्धतियों के द्वारा लेखकों की मनोवृत्तियों एवं मानसिक प्रक्रियाओं के विषय में प्रामाणिक निष्कर्ष प्राप्त करना अधिक सम्भाव्य हो जाता है। परन्तु इनके विषय में हमें ज्यादा हड़बड़ी करने की जरूरत नहीं है क्योंकि साहित्य में इनकी उपयोगिता प्रायः अप्रत्यक्ष ही होती है, कभी-कभी इस प्रकार के कच्चे-पक्के प्रयोगों के द्वारा अनुसंधाता साहित्य के मर्म से दूर हटकर तरह-तरह के कौतुक करने लगते हैं, जिनसे साहित्य के अध्ययन में कोई सहायता नहीं मिलती।

सामग्री के परीक्षण के उपरान्त त्याग और ग्रहण का प्रश्न आता है। जो अशुद्ध और अप्रमाणिक है उसका तो स्वतः ही त्याग हो जाता है, परन्तु उसके बाद भी काफी सामग्री ऐसी रह जाती है जो अनावश्यक अर्थात् विषय से असम्बद्ध होती है। यह संयोजन का कार्य है और सामाजिक विज्ञानों में संयोजन अपने आप में एक महत्त्वपूर्ण विषय है जिसकी अपनी विधि और अपना शास्त्र है। सामग्री का उचित संयोजन करने में इन विधियों और नियमों का पालन निश्चय ही उपयोगी हो सकता है। शोध का अंतिम सोपान है निष्कर्ष और निर्णय, जो शोध साधना का गुणनफल है। शोध के नवीन विधि विज्ञान में निष्कर्ष आदि प्राप्त करने में सांख्यिकी की विधियों को बड़ा महत्त्व दिया जा रहा है। निष्कर्षण प्रक्रिया में प्रायः विशेष से सामान्य की सिद्धि - विशेष तथ्यों से सामान्य नियमों का विधान प्रमुख है। इसमें प्रायः और सामान्य गुणनफल आदि निकालने की पद्धतियों का प्रत्यक्ष अथवा परोक्ष रूप से प्रयोग किया जाता है। निष्कर्षों और परिणामों को अधिकाधिक प्रामाणिक बनाने के लिए सांख्यिकी की विधियों का प्रयोग क्रमशः सभी अनुशासनों में बढ़ता जा रहा है और अनुसंधानों के विशेषज्ञों का मत आज प्रायः यह बन गया है कि निष्कर्षों को व्यक्तितत्व से मुक्त रखने के लिए इनका उपयोग हो रहा है। साहित्य में कलाकार की प्रतिभा के विभिन्न गुणों के आकलन का, किसी कृति के गुणात्मक प्रभाव आदि का निर्धारण करने का प्रश्न अनेक प्रकार से उपस्थित होता है और वहां अनुसंधाता को अपने निष्कर्ष प्रस्तुत करने के लिए प्रायः अनुमान और कल्पना का आश्रय लेना पड़ता है, पर नवीन शोध विज्ञान ठोस आंकड़ों पर आश्रित सांख्यिकी की पद्धतियों का अवलम्बन अधिक प्रामाणिक मानता है। उदारहण के लिए यदि सूर और तुलसी की कल्पना शक्ति का सापेक्षिक मूल्यांकन करना हो तो सांख्यिकी का विशेषज्ञ इस बात की चिन्ता नहीं करेगा कि इन दोनों कवियों के काव्य से उसकी या किसी अन्य प्रमाता की कल्पना कहाँ तक उद्‌बुद्ध होती है: वह तो दोनों कवियों की

कल्पना-शक्ति के मूर्त परिणामों - जैसे बिम्बों और अलंकारों आदि- की गणना को ही मुख्य प्रमाण मानेगा। यह वास्तव में एक छोटा सा उदाहरण है- सांख्यिकी शास्त्र में अत्यन्त सूक्ष्म विधियों का विकास हो चुका है जिनको समझना भी साहित्य के विद्यार्थी के लिए कठिन है, उनका उपयोग करना तो दूर की बात रही।

इस प्रकार पश्चिम में - यूरोप के देश में, विशेषकर अमेरिका में, शोध विज्ञान विविध अनुशासनों की प्रामाणिक पद्धतियों का उपयोग करता हुआ एक स्वतंत्र विज्ञान के रूप में विकसित हो रहा है और वहाँ प्रतिवर्ष ऐसे ग्रंथों का प्रकाशन होता है जिनमें अनुसंधान के अंग-प्रत्यंग का विस्तार के साथ सूक्ष्म एवं व्यवस्थित विवेचन रहता है।

हिन्दी साहित्य के शोधार्थी के लिए उक्त शोध विज्ञान और इसकी क्रियाविधि का सम्यक् ज्ञान प्राप्त करना लाभप्रद है, इसमें सन्देह नहीं। परन्तु उसके प्रयोग में विवेक से काम लेना भी उतना ही आवश्यक है। पश्चिम के देशों में, विशेषकर उन देशों में, जिनके पास अपार भौतिक साधन हैं, इन साधनों का उपयोग करने का लोभ इतना बढ़ता जा रहा है कि उससे गंभीर चिंतन को खतरा पैदा होने लगा है। प्रत्येक क्षेत्र में अनुसंधान का विधि विज्ञान अधिकाधिक यांत्रिक होता जा रहा है और ऐसा लगता है जैसे सभी प्रकार का ज्ञान-विज्ञान मानव चेतना की क्रिया न होकर केवल भौतिक क्रियाओं का संघात मात्र है।

इसलिए साहित्य के अनुसंधाता को सतर्क होकर इस यंत्रव्यूह में प्रवेश करना चाहिए - और कुछ ऐसे सिद्ध मंत्र हैं जिनका ध्यान बराबर रखना चाहिए। ये मंत्र संक्षेप में इस प्रकार हैं -

साहित्य मानव चेतना की परिष्कृत अनुभूतियों की वाणी है - उसका भूमि के साथ सहज सम्बन्ध है, परन्तु वह भूमि से लिपटा न रहकर निरन्तर ऊपर की ओर उठने के लिए व्यग्र रहता है, अतः यांत्रिक विधियों से उसका उचित विवेचन एवं मूल्यांकन नहीं किया जा सकता। अन्य अनुशासनों की प्रवृत्ति जहां बहिर्मुखी है, वहां मानविकी विद्याओं - विशेषकर दर्शन और साहित्य की प्रवृत्ति मूलतः अन्तर्मुखी होती है, अतः उनके साधन और उपकरण साहित्य तथा दर्शन आदि से सम्बद्ध अनुसंधान में यथावत् प्रयुक्त नहीं किये जा सकते।

साहित्य में आत्मतत्त्व की प्रधानता है, अतः साहित्य के अध्ययन में आत्मतत्त्व का बहिष्कार कर एकांत वस्तुपरक अध्ययन की संभावना नहीं है। इस प्रकार का अध्ययन वस्तु से उलझकर जड़ बन जाएगा - क्योंकि साहित्य तत्त्वतः वस्तु नहीं है, अनुभूति है।

साहित्य का बाह्य पक्ष - काव्यबंध, काव्यरूढियाँ, भाषा-शैली, लय विधान आदि - भी अत्यन्त महत्त्वपूर्ण होता है, इसमें सन्देह नहीं और उधर उसका सामाजिक पक्ष भी कम महत्त्वपूर्ण नहीं होता, परन्तु इन सबकी मूल प्रेरणा है सौन्दर्य भावना, जो मान मन की अत्यन्त सूक्ष्म तरल वृत्ति है। अतएव काव्य के बाह्य उपकरणों तथा सामाजिक तत्त्वों का अपने-आप में स्वतन्त्र मूल्य नहीं है - और आधुनिक शोध विज्ञान की विधियों द्वारा उनका यांत्रिक अध्ययन काव्य के अध्ययन में एक सीमा तक ही योगदान कर सकता है। अपनी मूल प्रेरणाओं से विच्छिन्न होकर जहाँ इस प्रकार का अध्ययन स्वतंत्र बन जाता है वहाँ उसका उद्देश्य ही नष्ट हो जाता है और वह साधक न होकर बाधक बन जाता है।

आवश्यकता इस बात की है कि साध्य और साधन तथा आत्मा और शरीर के भेद को स्पष्ट रूप से समझते हुए साधन का उपयोग साध्य की पूर्ति के लिए और शरीर का उपयोग आत्मा या चेतना के संवर्धन के लिए किया जाए। जीवन में भौतिक शरीर साधना का बड़ा महत्त्व है, आज से नहीं आरम्भ से ही, '**शरीरमाध्यं खलु धर्मसाधनम्**' का सिद्धान्त मान्य रहा है। और इसलिए भौतिक जीवन के संवर्धन के सभी उपाय -उसके निमित्त होने वाले नव-नव आविष्कार निश्चय ही काम्य हैं। परन्तु शरीर साधना जीवन का लक्ष्य नहीं है, और इस दृष्टि से उसका स्वतंत्र महत्त्व भी नहीं है। शरीर का संवर्धन इसीलिए आवश्यक है कि उसके माध्यम से चेतना का संवर्धन होता है - स्वतंत्र रूप में शरीर साधना पशुओं का धर्म है। साहित्यिक अनुसंधान के क्षेत्र में नवीन विधियों का उपयोग इसी दृष्टि से होना चाहिए।

पश्चिम के देशों में इस समय उद्योग विज्ञान का विकास और विस्तार हो रहा है और उसकी यंत्र-दृष्टि का आक्रमण साहित्य तथा दर्शन आदि पर भी होने लगा है, जिसका परिणाम इन क्षेत्रों में उत्पन्न गतिरोध तथा स्तरों के अध:पात में स्पष्ट रूप से लक्षित हो रहा है। बुद्धिमानी इसमें है कि अपने चिन्तन की परम्पराओं और उनसे मर्यादित अपनी आवश्यकताओं के अनुसार हम केवल उपयोगी या अनुकूल विधियों एवं उपकरणों को ग्रहण करें और जिनसे पाश्चात्य विद्याओं का अपना ही अपकर्ष हो रहा है, उनका अंधानुकरण न करें।

साहित्य का अपना स्वारूप्य है - यद्यपि इसमें विज्ञान के तत्त्व भी हैं और दर्शन के भी, फिर भी वह न विज्ञान है, न दर्शन - उद्योग विज्ञान से उसकी प्रक्रिया और उद्देश्य दोनों ही अत्यन्त भिन्न हैं। अत: साहित्य के अध्ययन के लिए मुख्य रूप से साहित्यिक विधियों का अवलम्बन ही श्रेयस्कर है, अन्य विधियां भी उपयोगी सिद्ध

हो सकती हैं, किन्तु उनका उपयोग साहित्य के उद्देश्यों और क्रियाविधि के सन्दर्भ में ही होना चाहिए।

उपनिषद् में दो मित्र पक्षियों के रूपक द्वारा ब्रह्म और जीव के भेद का सुन्दर व्याख्यान है। इनमें से एक पक्षी ऐसा है जो सर्वथा तटस्थ एवं निर्विकार है और दूसरा फलों का स्वाद ले रहा है। मुझे लगता है कि वर्तमान युग में वृक्ष पर एक पक्षी और आ बैठा है जो फलों के स्वाद में रुचि न लेकर उनकी गणना और साज-संवार में लगा हुआ है। इनमें पहला पक्षी दर्शन या शुद्ध विज्ञान का प्रतीक है जो निर्विकार रूप से जगद्दर्शन करता है, तीसरा पक्षी उद्योग विज्ञान का प्रतीक है जो जीवन की साज-संवार में लगा हुआ है और दूसरा पक्षी साहित्य का प्रतीक है जो जीवन का रस ले रहा है। हमें इसी दूसरे पक्षी का उचित रीति से पोषण करना है, जिससे कि यह निरन्तर जीवन का रस ग्रहण करता रहे।

अनुसंधान की जटिलता

डॉ. देवराज उपाध्याय

साहित्यिक अनुसंधान में संलग्न साधक को सत्य शोधन में कितनी जटिल तथा कण्टकाकीर्ण परिस्थितियों का सामना करना पड़ता है इसकी कल्पना सबको नहीं हो सकती। उसी को ही हो सकती है जो इस शोध व्यापार में निरत है और कभी-कभी वह असहाय होकर देखता है कि अथक परिश्रम के बाद कौड़ी-कौड़ी माया बटोरकर, अनेक प्रमाणों, उद्धरणों, साक्षियों और समर्थनों के आधार पर खड़ी की गई सत्य की इमारत एक हल्की-सी वायु-तरंग के स्पर्श से ढह पड़ती है। सारे प्रमाण वर्तमान हैं जो किसी प्रमेय का समर्थन करते हैं, अन्तरंग तथा बहिर्साक्ष्य भी उसी तथ्य का प्रतिपादन करते हैं, तब तक एक छोटी-सी घटना निकल आती है, जिसकी संगति इस संगठन में ठीक से नहीं बैठती। अतः शोधयुक्त खोज करनी पड़ती है अथवा अपने मत में परिवर्तन करना पड़ता है।

उदाहरण के लिए स्विनबर्न की एक मुक्तक कविता है, **The Triumph of time**, हिन्दी में इसका अनुवाद कर लीजिये समय की प्रबलता, अथवा समय प्रबल है। इसमें एक निरादृत, अस्वीकृत, भग्न हृदय प्रणयी का करुणोद्‌गार है। कहा जाता है कि लन्दन निवासी एक प्रसिद्ध डॉक्टर की दत्तक पुत्री जेन फाकनर से कवि का प्रेम था। एडमंड गॉस जैसे सतर्क विद्वान् ने लिखा है कि स्विनबर्न ने इस हिंसात्मक तथा अशोभनीय ढंग से प्रणय प्रस्ताव उपस्थित किया कि वह लड़की हक्काबक्का हो गई और सारी सदिच्छा के बावजूद भी हँस पड़ी। कवि को यह बहुत बुरा लगा और वह कटुता के भावों से पूर्ण लौट आया। वहाँ से नॉर्दम्बरलैण्ड चला गया और कविता के रूप में भावों को अभिव्यक्त कर उसने हृदय के भार से मुक्ति पाई।

यह घटना सहज संभाव्य है। किसी घटनावेग से प्रेरित होकर निर्मित कविता के उदाहरणों से देश तथा विदेश का सारा साहित्य भरा पड़ा है। भारतीय साहित्य का

साधारण सा विद्यार्थी **निषादविद्धांडजदर्शनोत्थ: शेकत्वमापद्यस्य शोक:** से अच्छी तरह परिचित है। इस घटना को स्वीकार कर लेने में किसी को भी आपत्ति नहीं होनी चाहिए और अधिकांश विद्वान् इसकी सत्यता को स्वीकार करते भी आए थे। पर जॉन एस. मेफील्ड ने English Miscellany Rome IV (1953) में एक लेख प्रकाशित किया Swinburne's Boo और इस घटना को गलत बताया। उन्होंने सरकारी रेकार्ड को देखकर पता लगाया कि जेन का जन्म 4 फरवरी, 1952 के हुआ था, और प्रणय-भंग वाली घटना 1962 में घटी। स्पष्ट है कि उस समय केवल दस वर्ष की थी। दस वर्ष की लड़की के प्रति एक पच्चीस वर्ष का युवक प्रणय प्रस्ताव करे यह असंभव तो नहीं है। लोग होते हैं जिनके हृदय में छोटी-छोटी बालिकाओं के लिए यौन आकर्षण होता है। पर यह स्वस्थ व्यवहार नहीं असाधारण है। यह एक तरह का मनोविकार है, Psychological case है। स्विनबर्न में भी कुछ असाधारणता हो पर किसी प्रकार की यौन विकृति की बात उसके सम्बन्ध में किसी ने भी नहीं कही। अत: तिथि के छोटे से चमत्कार के कारण लोगों की पाली-पोसी दुनिया उलट-पुलट हो गई। लोगों का विश्वास अब भी यही है कि यह कविता चोट खाए हुए हृदय की आह है पर हृदय पर चोट किसने की, किसने घाव किया इसका ज्ञान नहीं। कम से कम बू को इसका श्रेय नहीं दिया जाता।

भारतीय साहित्य के इतिहास में भी ऐसे उदाहरणों का अभाव नहीं, जिनकी रचना के पीछे इसी तरह प्रणयापमान तथा प्रणयभंग अपनी पूरी शक्ति से काम कर रहा था। सबसे प्रसिद्ध कथा कालिदास के सम्बन्ध में कही गई अस्ति कश्चित् वाग्विशेष: वाली उक्ति है। यदि ध्यान से देखा जाए तो यह भी एक निराश प्रणयी की ही कहानी है। हो न हो कालिदास के हृदय में वेदना थी जिसका उपचार काव्य रचना रूपी भैषज्य से हुआ। पर वह वेदना देने वाला स्रोत कहाँ था इसके बारे में मतभेद है।

कहने का अर्थ यह है कि यदि कोई सच्चा अनुसंधानकर्ता होना चाहता है तो उसका प्रथम कर्तव्य यह है कि वह पूर्ण रूप से संशयवादी बने, thorough going sceptic। तथ्यों की जाँच पड़ताल में उसकी मुद्रा निषेधात्मक हो, तर्क और बुद्धि की कसौटी पर पूरी तरह जाँच किए बिना वह किसी बात को स्वीकृति न दे। अपने दैनिक व्यवहार के जीवन में वह खूब ही उदार तथा विश्वासी हो सकता है, अपने बंधु-बांधवों की बातों पर विश्वास कर सकता है पर अनुसंधानकर्ता के रूप में उसे पक्का नास्तिक, अनुदार तथा संशयालु होना पड़ेगा। संशय अनुसंधान की पहली शर्त है।

तिस पर भी एक ही घटना के सम्बन्ध में भिन्न-भिन्न अधिकारी व्यक्तियों के द्वारा इतनी परस्पर विरोधिनी बातें पढ़ने को मिलती हैं कि इस झमेले में पड़कर सत्य का निर्णय करना असंभव हो जाता है। कृष्ण ज्ञान की श्रेष्ठता बतला रहे थे, पर साथ ही अर्जुन को घोर कर्म में प्रवृत्त होने को भी उत्साहित कर रहे थे। अतः अर्जुन बेचारा घबरा गया। उसने कहा, हे भगवन! मिलेजुले वचनों से तो मेरी बुद्धि ही विमोहित हो गई है। कृपया एक निश्चित बात कहिए ताकि मेरा कल्याण हो।

ज्यायसी चेत्कर्मणस्तेमता बुद्धिर्जनार्दन।
तत्किं कर्मणि घोरे मां नियोजयसि केशव।।
व्यामिश्रेणेव वाक्येन बुद्धिं मोहयसीव मे।
तदेकं वद निश्चित्य येन श्रेयोऽहमाप्नुयाम्।।

अर्जुन को तो कदाचित् कोई निश्चित वस्तु प्राप्त हो गई पर अनुसंधायक कभी किसी निश्चय पर पहुँच सकेगा, इसका भरोसा नहीं। और इसका भी भरोसा नहीं कि जिस आधार को वह निश्चित समझ रहा है वह न जाने कब उसके हाथ से छिन जाए।

अनुसंधान क्या है ? हमारे सामने अनन्तकाल का प्रवाह बह रहा है, बह गया है। हम उसी अनन्त प्रवाह से एक लोटा पानी निकालकर अपने ज्ञान की तृष्णा बुझाना चाहते हैं। इसे ही प्रकारान्तर से अनुसंधान कार्य करना कहा जाता है। पर शर्त यह है कि जो जल हम लोटे में भरते हैं उसमें बेक्टिरिया के असंख्य कीटाणु हैं। यदि हम उन्हें ज्यों का त्यों पी लेते हैं तो प्राणों को खतरे में डालते हैं। शुद्ध जल से ही हमारी तृष्णा बुझ सकती है। अतः हम जल नदी के तटस्थ प्रवाह से नहीं लेंगे, कोशिश करेंगे कि जल वहीं से लिया जाए जहां नदी की धारा स्वच्छन्द तीव्र प्रवाह से बहती है। यदि फिर भी उसमें विजातीय द्रव्य के मिश्रण की आशंका हुई तो तरह-तरह के उपचार से उसे निर्मल बनायेंगे, छानकर शुद्ध करेंगे, इत्यादि।

अनुसंधान प्रवाह के जल में कितनी ही तरह के कीटाणु मिल जाते हैं। परन्तु दो चार की जानकारी प्राप्त कर लेने से हमें बहुत सुविधाएं प्राप्त हो सकती हैं। मौलिक अभिलेखों की नकल करने में भूल, साक्षी की नैतिक, राजनीतिक तथा वैयक्तिक अभिरूचि, तथ्य की कीमत पर भी कलात्मक सौन्दर्य वृद्धि की प्रवृत्ति, बहुत बड़ी अवधि के पश्चात् घटनाओं को यथातथ्य रूप में स्मृतिपटल पर ला सकने की असक्षमता, छापे की भूल, घटना तथा तथ्य पर प्रकाश डालने वाले सब प्राप्य एवं सम्भाव्य सूचना स्रोतों की सहायता न लेना, समान नामधारी व्यक्तियों को एक ही समझ लेना, किसी तरह की भूल जो किसी तरह से प्रवेश कर गई पर बाद में वही पुनरावृत्त और स्वीकरणीय होकर तथ्य बन गई - इत्यादि कुछ बातें हैं जो साहित्यिक

अनुसंधान क्षेत्र के दूषण हैं और वहां पर अनाचार की सृष्टि कर मिथ्या प्रचार करती है।

अनुसंधानकर्ता को कितनी सतर्कता और जागरूकता से काम लेना चाहिए और एक ही घटना के सम्बन्ध में भिन्न-भिन्न विश्वसनीय व्यक्तियों के नाती सदृश वक्तव्यों में कितनी सूक्ष्मेक्षिकता की आवश्यकता पड़ती है। इसका उदाहरण जॉनसन के जीवन के सम्बन्ध में कही जाने वाली एक घटना से मालूम हो सकता है। वह घटना जॉनसन के प्रामाणिक जीवनवृत्तकार के रूप में प्रसिद्ध है ही। उन्होंने भी इस घटना की चर्चा की है। इसी घटना का उल्लेख श्रीमती थ्रेल ने अपनी पुस्तक **Anecdote of the Late Samuel Johnson (London, 1786)** में, **रिचर्ड कम्बरलैण्ड** ने अपनी पुस्तक **Memories of Richard Cumberland (London, 1807)** में, **सर जॉन हाकिन्स** ने अपनी पुस्तक **Life of S.Johnson (London, 1887)** में, विलियम कुक ने **European Magazine XXIV 1793** में प्रकाशित एक लेख में किया है। इन उल्लेखों को पढ़िये और देखिये कि इनमें कितना अन्तर आता गया है :

बॉसवेल

इस वक्तव्य के सम्बन्ध में बॉसवेल का कथन है कि उन्होंने जॉनसन के मुख से जैसा सुना है, ठीक ज्यों का त्यों उल्लेख कर रहे हैं। जॉनसन ने कहा कि एक दिन प्रातःकाल मुझे बेचारे गोल्डस्मिथ का पत्र मिला कि वे बड़ी विपत्ति में फंस गए हैं और वे स्वयं आ सकने की परिस्थिति में नहीं है। अतः मैं ही उनकी प्रार्थना पर यथासंभव शीघ्र ही उनसे मिलूं। मैंने तुरन्त उनके पास एक गिनी भेज दी और आने की प्रतिज्ञा की। मैंने तुरन्त कपड़े पहने और उनके यहाँ पहुँचा तो देखता हूं कि उनकी मकान मालकिन ने उन्हें किराये के लिए गिरफ्तार करा लिया है, जिस पर वे भयानक रूप से क्रुद्ध और उत्तेजित हैं। मैंने देखा कि उन्होंने मेरी गिनी को तुड़वा लिया है और शराब की बोतल तथा गिलास पास लिये बैठे हैं। मैंने बोतल में काग लगा दिया, उन्हें चित्त को शान्त करने के लिए कहा और उनके साथ मिलकर विचार करने लगा कि किस तरह संकट से उनका उद्धार हो। उन्होंने गोल्डस्मिथ से कहा कि एक उपन्यास की प्रति प्रेस के लिए तैयार है मुझे उसे दिखलाया भी। मैंने उसे देखा, पाया कि पुस्तक अच्छी है। मैंने मकान मालकिन से कहा कि मैं अभी तुरन्त लौट कर आता हूँ। एक पुस्तक विक्रेता के पास गया और साठ पौंड में उसको बेच दिया। मैंने धन गोल्डस्मिथ को लाकर दिया और उसने किराया अदा कर दिया। परन्तु साथ ही

अपनी मकान मालकिन को अपने साथ बुरा व्यवहार करने के लिए भला बुरा भी कहना नहीं छोड़ा।

श्रीमती थ्रेल का वक्तव्य मैं भूल गई हूं कि कौन-सा वर्ष था। पर मेरे जानते 1765-66 के बाद का नहीं हो सकता। हमारे घर डिनर रात्रि भोजन पर वे बैठे थे कि अचानक उनकी बुलाहट हुई और उन्हें जाना पड़ा। तीन घंटे के उपरान्त लौटने पर उन्होंने बताया कि वे एक प्रक्षुब्ध लेखक के यहां गये थे जिसे मकान मालकिन किराया देने के लिए जोर दे रही थी और बाहर पुलिस खड़ी थी। लेखक महोदय शराब पीकर गम को गलत करने की चेष्टा करते तथा एक उपन्यास को लेकर उलटते-पलटते, जो समाप्त होने पर उनकी जमा पूंजी थी। पर वे घबराहट में न तो उसे पूरा कर पा रहे थे और न दरवाजे से बाहर निकलकर उसकी बिक्री की ही व्यवस्था कर सकते थे। जॉनसन महोदय ने शराब की बोतल दूर फेंक दी। एक पुस्तक विक्रेता के पास जाकर उस पुस्तक की प्रशंसा की और कहा कि कुछ आर्थिक सहायता की तात्कालिक आवश्यकता है। वे रुपये लेकर लेखक के पास लौटे, मकान मालकिन को सीधे ही बुलाकर मदिरापान में सम्मिलित होने के लिए आमंत्रित किया और आनन्दपूर्वक समय व्यतीत किया।

कम्बरलैण्ड

मैंने डॉ. जॉनसन को उस परिस्थिति का बड़े ही मजे लेकर वर्णन करते हुए सुनाया है कि किस तरह गोल्डस्मिथ एक अजीब संकट में पड़ गये थे। उनकी पुस्तक **Vicar of Wakefield** को उनकी ओर से डॉड्स्ले को बेचकर मेरे जानते शायद पन्द्रह पौण्ड में उनका उद्धार किया। अपनी मकान मालकिन का कर्ज उन पर लद गया था। और वह समझ नहीं पा रहे थे कि वह किस तरह कर्ज को अदा करके अपने सिर के साये की रक्षा करें सिवा इसके कि वे माथा चकरा देने वाला प्रस्ताव स्वीकार कर उसे पत्नी के रूप में स्वीकार करें। उस नारी में कोई खास आकर्षण वाली बात भी नहीं थी। भाग्य की इसी संकटापन्न स्थिति में उसे इस दुखद विकल्प पर विचारमग्नावस्था में विसूरते हुए पाया। उसने जॉनसन को **Vicar of Wakefield** की पांडुलिपि दिखलाई, परन्तु इसके सामने इसके आधार पर न तो कुछ अर्थ-प्राप्ति की योजना ही थी और न ही इसकी आशा ही थी। जब जॉनसन ने उसे देखा तो कुछ आशा बंधी और वे तत्काल उसे डॉड्स्ले के पास ले गए जिसने तत्काल ही नकद दाम चुका दिये और भविष्य में उसकी बिक्री पर शर्त लगा दी। जॉनसन ने कहा कि कितनी रकम उसे प्राप्त हुई यह बात गुप्त रखी गई केवल सावधानी के लिए और उसने विवेकपूर्ण

रूप से एक बार एक गिनी देकर अदा किया। अन्त में उसने मकान मालकिन के कर्ज को अदा किया और अपने मित्र को उसके प्रणय चंगुल में फंसने से बचाया।

सर जॉन हॉकिन्स (एक पूर्व बॉसवेल जीवनी लेखक)

पुस्तक विक्रेताओं में, जिन्हें गोल्डस्मिथ मित्र कहते थे, एक का नाम न्यूबरी था। कैननबरी भवन में इस व्यक्ति ने कमरे ले रखे थे, जहां पर अपने कर्जदारों की निगाहों से बचने के लिए गोल्डस्मिथ प्रायः छिपे पड़े रहते थे। आवश्यकताओं के दबाव में पड़कर उन्होंने Vicar of Wakefield *की रचना की और उसके लिए न्यूबरी ने उसे अस्सी पौण्ड दिये।*

विलियम कुक

गोल्डस्मिथ न्यूबरी के तैयार लेखक का काम करते थे। न्यूबरी से परिचय के पश्चात् तुरन्त ही गोल्डस्मिथ अपने वासस्थान को बदलकर वाइन ऑफिस कोर्ट, फ्लीट स्ट्रीट में ले गये जहां उन्होंने Privateer *की रचना समाप्त की और उस पर उनके मित्र न्यूबरी ने उन्हें बीस गिनियां दीं। डॉक्टर गोल्डस्मिथ कहते हैं कि एकमुस्त इतनी रकम की प्राप्ति मेरे लिए इतनी अनहोनी घटना थी कि नाटक के पात्र कैप्टन ब्रेजन की तरह असमंजसपूर्ण मानसिक स्थिति में पड़ गया था कि इस रकम का क्या करूं? एक नाव* Privateer *बनाऊँ या एक नाटक-गृह का निर्माण करूं?*

जार्ज स्टीवन्स (London Magazin, 1975)

इसी से मिलती-जुलती घटना कही जाती है, पर वह गोल्डस्मिथ के आर्थिक संकट के बारे में नहीं, स्वयं जॉनसन के आर्थिक संकट की बात है। जार्ज स्टीवन्स जॉनसन मण्डली सदस्य थे। स्वयं जॉनसन ने इस घटना का उल्लेख उनसे किया था।

क्लारिसा के लेखक रिचर्डसन ऐसे अवसरों पर उनके स्थायी मित्र थे। जॉनसन ने कहा मुझे याद है कि मैंने एक हिरासत से उनके पास पत्र लिखा था। मुझे उनकी कृपा तथा उदारता से संकट से मुक्त होने का इतना भरोसा था कि उत्तर आने के पूर्व ही मैं जानता था कि जिस दुष्ट ने मुझे हिरासत में ले रखा है उसके साथ मैं बखूबी मजाक कर सकता हूं। और मैंने किया भी। उसके साथ ही शराब पी, जिसकी कीमत चुकाने के लिए मेरे पास पैसे नहीं थे।

एक ही घटना को लेकर साम्य तथा वैषम्य के विभिन्न उल्लेखों की अराजकता के सामने एक अनुसन्धानकर्ता इस बात का निर्णय किस तरह करे कि इसमें कितना अंश सही है। ध्यान से विचार करने पर पता चलेगा कि निम्नलिखित बातें सही

मानी जा सकती हैं–

1. इस तरह कोई घटना घटी अवश्य थी। गोल्डस्मिथ कर्जदार अवश्य थे और कर्ज की अदायगी में उन्हें कठिनाई का सामना करना पड़ा था। श्रीमती थ्रेल के कथन में थोड़ी-सी असंगति यह मालूम पड़ती है कि वे कहती हैं कि यह घटना 1965 से पुरानी नहीं हो सकती। पर स्वतन्त्र आधारों पर यह निश्चित किया गया है कि यह लेन-देन का व्यापार 1962 में ही सम्पन्न हुआ था। (यहां पर Later का अर्थ पुराना किया गया है। पर यदि इसका अर्थ बाद माना जाए और वाक्य का अर्थ यह लिया जाए कि घटना 1965 के बाद की नहीं हो सकती तब तो मेरे जानते कोई असंगति नहीं हो सकती।)

2. किस प्रकाशक के साथ पुस्तक की सौदेबाजी हुई और कितने रूपयों पर हुई इस पर मतभेद अवश्य है। पर यह भी कोई बड़ी बात नहीं है।

3. पर कम्बरलैण्ड के कथन में जो गोल्डस्मिथ की वयस्क मकान मालकिन वाले प्रणय प्रस्ताव की रंगीनी आ गई है वह कवि कल्पना सी ही प्रतीत होती है। उन दिनों नाटक तथा उपन्यासों में इस तरह के हास्यास्पद पात्रों की योजना एक मान्य साहित्यिक प्रथा सी थी। कम्बरलैण्ड ने अपने कथन में रोचकता लाने के लिए थोड़ी प्रबन्ध-वक्रता से काम लिया हैं। बस और कुछ नहीं। तथ्य की दृष्टि से इस कथन के इस अंश के प्रति **संदेहो हि वरम्।**

4. सबसे विचित्र बात तो जार्ज स्टिवन्स के उल्लेख में पाई जाती है। इसमें गोल्डस्मिथ कहीं भी चित्र में नहीं आते, उनकी कहीं भी चर्चा नहीं। एक लेखक के आर्थिक संकट से मित्र की सहायता से उद्धार की बात तो है। शराब की बात भी आती है पर यह आर्थिक कष्ट गोल्डस्मिथ का नहीं, स्वयं जॉनसन का है और उद्धारकर्ता रिचर्डसन है। यहां पर दो अनुमान किये जा सकते हैं–

(क) यह स्वयंमेव एक स्वतंत्र घटना हो, गोल्डस्मिथ जॉनसन उपाख्यान से इसका कुछ भी सम्बन्ध नहीं है। यह रिचर्डसन जॉनसन उपाख्यान हो। यदि अनुसन्धान के अभिक्रम में इस तरह की दो स्वतंत्र घटनाओं का पता चल जाय तो सारे विवाद समाप्त हो जाएं। पर जब तक इस तरह के तथ्य उपलब्ध नहीं हो जाते तब तक वह सम्भावना तो बनी ही रहेगी कि

(ख) कहीं न कहीं अपमिश्रण है। दोनों घटनाएं मिलकर एक हो गई हैं। शौण्डिकापणगमन सादयं कादम्बरी साक्षिक सौहृद के उदाहरणों की कमी नहीं और यह सजह संभाव्य है। (**महतरस्त्वं प्रियवयस्क इदानीं मे संवृतः। कादम्बरीसाक्षिकमस्माकं प्रथमसौहृद्यमिष्यते।**)

यहां पर भी कादम्बरी साक्षिक सौहार्द ही है। पर जार्ज स्टीवन्स साहित्य के इतिहास में अपनी विश्वसनीयता के लिए उतने प्रसिद्ध नहीं है। साहित्य का इतिहास ऐसे उदाहरणों से भरा पड़ा है। जहां पर गप्पेबाजों ने हथेली पर पौधे उगाकर दिखा दिये हैं- जहां कोई घटना नहीं भी है, वहां घटनाओं की काल्पनिक सृष्टि करा दी है। यदि जार्ज स्टीवन्स के कथन पर विश्वास किया जाए कि जॉनसन ने अपने सौहार्द पर्व समारोह को कादम्बरी की साक्षिकता में मनाया तो सम्भव है कि गोल्डस्मिथ वाली घटना का उल्लेख करते समय जॉनसन को अपनी घटना की स्मृति हो आई हो और उन्होंने समान धार्मित्व के आधार पर उसे गोल्डस्मिथ की कथा के साथ संलग्न कर दिया हो। कहा नहीं जा सकता कि वास्तविकता क्या और कितनी है। इतिहास की घटनाओं के साथ इस तरह के उपचय और अपचय, उत्कर्ष और अपकर्ष जुड़ते और टूटते ही रहते हैं। अनुसंधान इस तरह की अभिवृद्धि तथा अपवृद्धि, जोड़ तथा घटाव से रक्षित कर घटनाओं की मौलिक विशुद्धता की रक्षा करने का प्रयत्न करता है।

साहित्यिक तथा वैज्ञानिक अनुसंधानों में साम्य वैषम्य : साहित्यिक अनुसंधान के आयाम

डॉ. रवीन्द्र कुमार जैन

अनुसंधान ज्ञान की साधना है। किसी अल्पज्ञात या अज्ञात महत्त्वपूर्ण विषय का कठोर परिश्रम, विवेक एवं पूर्ण लगनपूर्वक किया गया निष्कर्षमूलक अध्ययन अनुसंधान है। अनुसंधान में किसी समस्या या वस्तु के रचनातंत्र के विश्लेषण के द्वारा उसके गुणात्मक अंत:रहस्यों को उद्घाटित किया जाता है। अनुसंधान मूलतया तीन प्रकार के विषयों पर किया जाता है। वे हैं – वैज्ञानिक विषय, साहित्यिक विषय एवं मानविकीपरक विषय। मानव जाति की ज्ञानवृद्धि एवं सुख समृद्धि के लिए उक्त तीनों शोध क्षेत्र अत्यंत उपयोगी एवं महत्त्वपूर्ण हैं। विज्ञान भौतिक जगत् का, साहित्य भाव जगत् का तथा मानविकी (समाजशास्त्र, दर्शन, इतिहास, राजनीति एवं मनोविज्ञान आदि) बुद्धि अर्थात् विचार जगत् का प्रतिनिधित्व करती है। प्रस्तुत निबंध में इन तीनों के पारस्परिक साम्य वैषम्य पर विचार किया जा रहा है।

वैज्ञानिक अनुसंधान

विशिष्ट ज्ञान विज्ञान है अर्थात् वह शुद्ध एवं स्पष्ट ज्ञान, जो अज्ञान, भ्रम एवं माया से पूर्णतया पृथक्, स्वतंत्र एवं विशिष्ट हो, विज्ञान है। इस विज्ञान में भौतिक पदार्थ, विचारतत्त्व एवं मनोरोग सम्मिलित हैं। विश्वकोशों में विज्ञान का सामान्य स्वरूप इसी प्रकार का दिया गया है। ब्रिटानिका विश्वकोश एवं वेब्स्टर के विश्वकोशों का विज्ञान संबंधी विवरण इस प्रकार है–

1. Possession of knowledge as distinguished from ignorance or misunderstanding.
2. Knowledge as a personal attribute.
3. Knowledge possessed or a tained through study or practice.

4. A trained skill.
5. Accumulated and accepted knowledge that has been systematised and formulated with reference to the discovery of general truths or the operation of general laws.
6. Knowledge classified and made available in work, life, or the search of truth.
7. Comprehensive, profoun or philosophical knowledge.
8. Knowledge obtained and tested through use of scientific method.
9. Such knowledge concerned with the physical world and its phenomena.

ऑक्सफोर्ड कोश एवं कोलम्बिया विश्वकोश के अनुसार विज्ञान का अर्थ है–

1. The state or fact of knowledge.
2. Knowledge as personal attribute.
3. Knowledge acquired by study.
4. Trained skill.
5. Accumulated and systematised learning.

उक्त उद्धरणों का आशय स्पष्ट है, अर्थात् शुद्ध एवं स्पष्ट ज्ञान, व्यक्तिगत विशिष्ट क्षमता, अध्ययन प्रस्तुत या प्रयोगोद्भव ज्ञान, प्रशिक्षित मेधा, वह संचित एवं स्वीकृत ज्ञान जो स्थापित नियमों एवं विधियों के संदर्भ में हो तथा व्यवस्थित हो, वर्गीकृत एवं प्रत्यक्ष ज्ञान विज्ञान है।

यह विज्ञान की आरंभिक सामान्य एवं विशद व्याख्या है। अध्ययन ज्यों-ज्यों विशेषज्ञतामूलक होता गया, विज्ञान के अर्थ एवं सीमा क्षेत्र में भी संकोच एवं स्पष्टता आती गई है। आज विज्ञान के अंतर्गत प्राकृतिक विज्ञान एवं भौतिक विज्ञान को भी स्वीकृत किया जाता है। अन्य विषय भाषा विज्ञान, मनोविज्ञान, समाजविज्ञान आदि भी विज्ञान कहे जा रहे हैं, परंतु वे विज्ञान के पारिभाषिक अर्थ में विज्ञान नहीं हैं। वे प्रक्रिया के आधार पर अर्धविज्ञान ही है। अतः वैज्ञानिक शोध के अंतर्गत केवल भौतिक विषय ही आते हैं। ये विषय इंद्रिय बोधगम्य तथा परीक्षण योग्य होते हैं। विज्ञान के निर्णय अटल, अपरिवर्तनीय एवं निर्मम होते हैं। विज्ञान की इस विशिष्ट व्याख्या के आधार पर वैज्ञानिक अनुसंधान के स्वरूप को सहज ही समझा जा सकता है। अपने सैद्धांतिक एवं पारिभाषिक अर्थ में वैज्ञानिक शोध वस्तुमूलक है और उसका परिणाम भी वस्तुपरक है।

इस अनुसंधान में ज्ञान वस्तु के माध्यम से प्रतिपादित होता है। वस्तुमूलक अनुसंधान के अंतर्गत किसी वस्तु तत्त्व की महत्त्वपूर्ण शक्तियों का उद्घाटन या आविष्कार किया जाता है। आज विद्युत्, रेडियो, चलचित्र, टेलीफोन एवं टेलीविजन

आदि इसी शोध के परिणामस्वरूप हमारे समक्ष हैं। वस्तु या द्रव्य सत्स्वरूप है अर्थात् सदा अस्तित्ववान है। आचार्यों ने द्रव्य के विषय में कहा है – सद्रव्य लक्षणम् अर्थात् द्रव्य सदा अस्तित्ववान होता है। सत् या सत्ता के विषय में लिखा है – ऊत्पादव्यय ध्रौव्ययुक्तं सत् अर्थात् जिसमें उत्पत्ति, विनाश और ध्रुवता, स्थिरता सदा विद्यमान रहे, वह सत् अर्थात् द्रव्य है। द्रव्य की इसी त्रिविध स्थिति से अनुप्राणित हो कर वैज्ञानिक अनुसंधान आगे बढ़ता है। इसमें प्रकृति एवं जीवसृष्टि के संघटक तत्त्वों तथा उनकी शक्तियों का अनुसंधान कर के उन्हें प्रतिष्ठित किया जाता है। सामाजिक या मानविकी के विषयों के अनुसंधान का लक्ष्य मानव की जिजीविषा के विविध स्तरों का उद्घाटन है अर्थात् विज्ञान में शुद्ध वस्तुमूलक एवं मानव संबंध निरपेक्ष एवं चौकस अनुसंधान को ही स्थान है।

सामाजिक विज्ञानों में मानव संदर्भ भी जुड़ा है। अतः स्पष्ट है कि वस्तुपरक अनुसंधान ही शुद्ध वैज्ञानिक अनुसंधान है। इसमें किसी भौतिक विषय जल, पृथ्वी, अग्नि, वायु, ध्वनि आदि का प्रत्यक्ष प्रमाणों के आधार पर प्रयोगात्मक रीति से विश्लेषण करके निष्कर्ष निकाला जाता है। यह निष्कर्ष ठोस एवं वास्तविक होता हे। यह असाधारण मेधा, अनवरत श्रम एवं लगन का परिणाम होता है। इस शोध में व्यक्तिगत मान्यता, रुचि, अरुचि, भावना या कल्पना का कोई स्थान नहीं होता। इसमें भाषा एवं शैली की अतिसाधारण भूमिका होती है। अतः वस्तुमूलकता और वैज्ञानिक दृष्टि वैज्ञानिक शोध की पहली शर्त है। प्रयोग एवं परीक्षण इस शोध की दूसरी अनिवार्य शर्त है। यह शोध तत्त्व एवं तथ्यपरक है। अतः स्पष्ट एवं सीमित है। वैज्ञानिक अनुसंधान एक परम विरागी एवं योगी है। पूर्ण निर्लिप्तता एवं अविराम कर्मण्यता का निर्वाह उसे करना होता है।

वैज्ञानिक शोध यद्यपि वस्तुपरक है, फिर भी शोधक शोध्य वस्तु के उस अंतिम अंतस्तल के अणु परमाणु का पूर्ण विश्लेषण करता है कि जिसके बाद और विश्लेषण संभव नहीं होता। आशय यह है कि वैज्ञानिक अनुसंधाता प्रकृत्या तत्त्वग्राही एवं गुणग्राही होता है। अतः उस वस्तु की रूपात्मक सुंदरता अथवा साधारणतया, तुच्छता अथवा पवित्रता अथवा अपवित्रता से प्रभावित या अप्रभावित नहीं होता, अपितु वह वस्तु की दृश्य अनंत क्षमताओं एवं प्रतिबद्ध ऊर्जाओं और चैत्तय पर अपनी दृष्टि केन्द्रित करता है। जिन वस्तुओं को अनादिकाल से हम तुच्छ, अपवित्र, हेय एवं घृणास्पद मानते रहे हैं, वैज्ञानिकों ने अपनी तटस्थ शोध साधना के द्वारा उनके मानवोपकारी अनेक तत्त्वों का उद्घाटन किया है। आज वैज्ञानिक अनुसंधानों ने पृथ्वी

को सच्चा स्वर्ग बना दिया है। कहने को वैज्ञानिक अनुसंधान का आधार प्राय: जड़ स्थूल तत्त्व है, परंतु उसने मानव जाति की चेतना को जितना अधिक शोधित एवं अनुप्राणित किया है इसे आज कौन नहीं जानता?

साहित्यिक अनुसंधान

ज्ञान पिपासा की तृप्ति, सांसारिक विवेक एवं मानव क्षमता का ऊयन अनुसंधान का मूल लक्ष्य है। मानव के कष्टों एवं श्रमभार को यथासंभव कम करके उसके जीवन को सुख-समृद्धि प्रदान करना अनुसंधान का अंतिम ध्येय है। अनुसंधान का यह उद्देश्य एवं ध्येय विज्ञान एवं समाजशास्त्रीय शोध पक्षों से संबंधित है और इसमें सांसारिक जीवन के भौतिक एवं व्यावहारिक पक्षों का प्राधान्य है। भौतिक जिजीविषा की पूर्ति के परे पर्याप्त वृहत्तर एवं गंभीरतर मानव चेतना और अनुभूतियों का विश्व है, जहां वैज्ञानिक शोध की गति नहीं है। अत: वैज्ञानिक शोध द्वारा जीवनेच्छा की आंशिक एवं आरम्भिक पूर्ति ही होती हे। जहां वैज्ञानिक अनुसंधान समाप्त होता है वहीं से साहित्यिक अनुसंधान आरंभ होता है अर्थात् भौतिक जिजीविषा की पूर्ति के अनंतर मनोरागात्मक, अनुभूतिपरक एवं मानव चेतना की समृद्धि के विश्व का प्रारंभ होता है और इसी विश्व की उर्जाओं का आकलन एवं उद्घाटन करना साहित्यिक अनुसंधान का लक्ष्य है।

वैज्ञानिक अनुसंधाता का शोध पथ, शोध कार्य एवं शोध उद्देश्य पूर्णतया प्रत्यक्ष, निश्चित एवं ठोस होता है, अत: एक सतर्क नियमितता के अंतर्गत वह लगातार काम करता है। इसमें उसके ळाटन कजाने की संभावना प्राय: नहीं है। इससे स्पष्ट है कि उसका क्षेत्र निरापद है एवं उत्तरदायित्व सीमित है। साहित्यिक अनुसंधाता का कार्य प्रकट तथ्यों से प्रारंभ हो कर भावपरक एवं अनुभूतिजन्य सत्य तक जाता है। तथ्य उसके साधन हैं, जिनसे उसे सत्य साध्य प्राप्त करना होता है। भावसत्य अरूपी, निरंतर विश्लेषण साध्य, प्रसरणशील एवं देशकाल सापेक्ष होने के कारण पर्याप्त कठिनाई से ही प्राप्त एवं स्थापित्त किया जा सकता है। अत: साहित्यिक अनुसंधाता का उत्तरदायित्व पर्याप्त जटिल, विराट् एवं गंभीर है। उसे वस्तुपरक तथ्यों के साथ साथ देशकाल के अनुरूप परिवर्तित विकसित होती हुई मानव चेतना के संदर्भ को भी साथ ले कर चलना है। साहित्यिक अनुसंधाता का पथ प्राक्कल्पना, कल्पना, विपरीत कल्पना एवं परिकल्पना के मोड़ों से गुजरता हुआ अपने लक्ष्य तक पहुंचता है। इतने अनुमानप्रधान एवं कल्पना प्रधान मोड़ों में कहीं भी लक्ष्य-भ्रष्ट या यत्किंचित् स्खलित हो जाने की संभावना के कारण इस अनुसंधान का सत्य स्थापना संबंधी उत्तरदायित्व और अधिक

बढ़ जाता है। उसकी बौद्धिक ईमानदारी, भावनागत पवित्रता एवं विषयगत नैष्ठिकता की भूमिका निश्चित रूप से गंभीर हो जाती है।

विचारप्रधान (बौद्धिक) शोधकार्य

वैज्ञानिक एवं साहित्यिक अनुसंधान की यत्किंचित् मध्यवर्ती रेखा के रूप में मानविकी एवं शिक्षाशास्त्र से संबंधित शोध विषय आते हैं। इनमें वस्तुतत्त्व एवं भावधरा का योग रहता है। प्रधानतया ये विषयवस्तु घटना एवं समस्यामूलक चिंतन से संबंधित हैं। विचारप्रधान शोध कार्य के अंतर्गत चिंतनप्रधान, संभावनासंपन्न, घटनाप्रधान एवं विश्लेषणात्मक मानविकी इतिहास, दर्शन, राजनीति, समाजशास्त्र, घटनाप्रधान मनोविज्ञान एवं शिक्षाशास्त्र से संबंधित विषयों पर कार्य किया जाता है। इसमें मानव की विवेकपूर्ण एवं तलस्पर्शिनी प्रतिभा एवं मेधा का समाज, राष्ट्र एवं विश्व के मनन चिंतन एवं आचरण की दिशा में नये द्वारों के उद्घाटनार्थ प्रयोग किया जाता है। इसमें मुख्यता चिंतन और निष्कर्षों की होती है परंतु इसका आधार मुख्यतया प्रकृति की गतिविधि, स्वानुभव, परानुभव एवं सामाजिक नैतिक मूल्य होते हैं। यह चिंतन या विचारप्रधान शोध कोरा उहात्मक चिंतन या बुद्धिविलास नहीं है। इसमें चिंतन एवं विचार की वास्तविकता का पूरा ध्यान एवं प्रमाणीकरण अपेक्षित होता है। विचार या चिंतनप्रधान शोध अत्यन्त महत्त्वपूर्ण है। सुकरात एवं प्लेटो जैसे प्रख्यात विचारकों ने विचारतत्त्व को सृष्टि विकास का मूल आधार माना है। किसी भी क्रिया या रचना का जन्म सर्वप्रथम हमारे मन में या मेधा में ही होता है।

वैज्ञानिक शोध में भी विचारतत्त्व अत्यंत महत्त्वपूर्ण है। बस, यहां विचारवस्तु के गुणों के संदर्भ में ही संभव है, निरपेक्ष या स्वतंत्र नहीं। यह प्रश्न बहुत प्राचीन एवं विवादग्रस्त है कि वस्तु प्रथम है या विचार ? इन दोनों में से किसका जन्म पहले हुआ है? कारण कार्य की अपेक्षा सूक्ष्म एवं पूर्ववर्ती होता है। अतः विचार या आवश्यकता से वस्तु या कार्य का आविष्कार होना ही संगत प्रतीत होता हे। परंतु वस्तु या पदार्थ के अभाव में विचार जन्म लेकर भी तो अकिंचित्कर रह सकता है। अतः वस्तु की महता भी स्वयंसिद्ध है। यह भी स्मरणीय है कि विचार चेतन है और स्वामी है, जबकि वस्तु जड़ है और अधीन है। अतः वैचारिक शोध की महत्ता भी स्वयंसिद्ध है और वस्तुपरक शोध से वृहतर है। आधारभूत वस्तु या अन्य सामग्री जो कि आरंभिक सामान्य महत्व का कच्चा माल है साधारण योगयता के द्वारा जुटाया जा सकता है कि ऐसे सामान्य कार्यकर्ता को तुरन्त बदला भी जा सकता है परन्तु

सुकरात, प्लेटो, अरस्तू, पाणिनी, वेदव्यास और पतंजलि की मेधा की पूर्ति अन्य से संभव नहीं। शिल्पी, इंजीनियर एवं कलाकार तो सर्वथा मौलिक एवं अद्वितीय होते हैं।

इस विचारप्रधान, चिंतनप्रधान या सिद्धान्तप्रधान शोध को अध्ययन एवं वैचारिक सुविधा की दृष्टि से पांच शाखाओं में विभाजित किया जा सकता है–

1. वस्तुपरक पर आधारित चिंतन
2. शुद्ध विचार पर या सिद्धान्त पर आधारित चिंतन
3. आध्यात्मिक दार्शनिक मीमांसा
4. मनोविज्ञानपरक चिंतन विश्लेषण
5. जिजीविषा एवं कल्पनात्मक चिंतन

वास्तव में प्रकृति एवं लक्ष्य की दृष्टि से वैज्ञानिक एवं साहित्यिक अनुसंधानों का अंतर स्पष्ट है। वैचारिक या प्रशिक्षणात्मक अनुसंधान जीवन के व्यावहारिक पक्ष की ओर अधिक सचेष्ट है और इस प्रकार वह प्रायः विज्ञान के समान जिजीविषा के प्रति कटिबद्ध है। साहित्यिक चेतना के अंश भी वैचारिक शोध में यदा–कदा उभर उठते हैं। वैज्ञानिक एवं साहित्यिक अनुसंधान के अंतर को अधोलिखित युक्तियों के आधार पर सार रूप में इस प्रकार समझा जा सकता है।

वैज्ञानिक अनुसंधान

1. पूर्णतया भौतिक तत्त्वों पर आधारित
2. प्रयोग साध्य
3. वस्तुमूलक निष्कर्ष
4. तत्त्व, विचार, व्यवहार एवं ज्ञानमय
5. तथ्यप्रधान
6. तथ्य साध्य
7. भाषाशैली की केवल सामान्य उपयोगिता मूलक आवश्यकता
8. जड़ पदार्थ एवं दृश्य प्रकृति विज्ञान सुप्त चैतन्यमय वनस्पतियों पर आधारित स्थूलता के कारण सीमित।
9. पूर्ण निर्लिप्तता एवं विषयगत प्रामाणिकता अपेक्षित है।
10. वैज्ञानिक शोध में जिजीविषामूलक जिज्ञासा ही मूल है और वही अंत भी।

साहित्यिक अनुसंधान

1. मूलतः एवं अंततः चैतन्य अनुभूति पर आधारित। भौतिक तत्त्व साधन रूप में
2. अनिवार्य नहीं
3. भावमूलक एवं ज्ञानमूलक निष्कर्ष
4. मनोराग, भावना एवं सहज कल्पनामय
5. सत्यप्रधान
6. तथ्य साधन
7. भाषाशैली की विषयानुकूलता, सुगठिता एवं सहज प्रभावकता अपेक्षित है। सार संप्रेषण में महत्वपूर्ण भूमिका है। विषय प्रायः भावप्रधान होता है, अतः उसे संवेद्य, बोधगम्य तथा सहज चैतन्यमय बनाने में

11. वैज्ञानिक शोध एवं निश्चित एवं प्रक्रिया एवं नियम के अंतर्गत की जाती है। इसके सिद्धान्त अपरिवर्तनीय एवं अटल है।
12. वैज्ञानिक शोध अंग है।

भाषाशैली का महत्व है।
8. अपार चैतन्यमय मानव, उसकी शक्ति, कल्पना, मनगत सहजता एवं भाव–गंभीरता पर आधारित, अतः असीम।
9. शोधक अपने सर्वसंगत सहज रागों एवं प्रभावों को तथा अनेक अर्थछवियों को भी प्रकट कर सकता है।
10. साहित्यिक शोध में भौतिक नहीं, आध्यात्मिक एवं रसात्मक जिजीविषा को ही महत्व दिया जाता है।
11. साहित्यिक शोध के सांचे कमजोर जड़ हो जाने पर त्याग दिये जाते हैं, और तुरंत नये परिवर्तनीय सहज एवं तर्कसम्मत सांचे स्वीकार कर लिये जाते हैं।
12. साहित्यिक शोध अंगी है।

शोधार्थी एवं शोध निर्देशक : मूलभूत अर्हताएँ

बैजनाथ सिंघल

शोध शब्द प्रक्रियाबोधक और उपलब्धि का अभिधान सूचक शब्द है। शोध प्रक्रिया में एक निश्चित वैज्ञानिक कार्यविधि का पालन करते हुए तथ्यों के आकलन पर शोधार्थी की दृष्टि रहती है और उपलब्धि रूप में आकलित तथ्यों के विश्लेषण और तर्कपूर्ण परीक्षण द्वारा उपलब्ध निष्कर्षों को वह प्रस्तुत करता है। इस प्रकार शोध ज्ञान के प्रसार का माध्यम है। लेकिन किसी भी क्षेत्र अथवा दिशा में किए शोध का यह अर्थ कदापि नहीं होता कि उस दिशा अथवा क्षेत्र में ज्ञान विस्तार की सभी भावी संभावनाओं को समेट लिया गया है। इसके विपरीत एक काल विशेष में दृष्टि विशेष से किया गया शोध भावी शोध के लिए प्रवेशद्वार का कार्य करता है। इस प्रकार शोध ज्ञान क्षेत्र की असीम अपार भावी संभावनाओं को देखते हुए कच्चे माल का काम भी करता है। यह पक्ष शोध की दार्शनिक चेतना या शोध उद्देश्य की दार्शनिकता को उद्घाटित करता है इस रूप में शोध साहित्य का तात्त्विक विश्लेषण एवं मूल्यांकन करता है।

अस्तु, शोधार्थी चाहे उपाधि निरपेक्ष स्तर पर शोधरत हो अथवा उपाधि प्राप्ति की इच्छा से। उसके लिए यह अनिवार्य माना जाता है कि तथ्यों के आकलन, अनुशीलन, परिशीलनख् विश्लेषण मूल्यांकन के माध्यम से यह तर्क या तथ्याख्यान द्वारा अपने परिकल्पित विषय की ज्ञान खोज के रूप में प्रतिष्ठा करे। इन दोनों प्रकार के शोधार्थियों में जहां उद्देश्यगत समानता दिखाई पड़ती है, वहीं दोनों में कार्यविधिगत अंतर अवश्य रहता है क्योंकि सौपाधिक शोधार्थी को एक निश्चित वैज्ञानिक कार्यविधि का अनुपालन करना होता है जबकि केवल तत्त्वान्वेषी शोधार्थी के लिए यह अनिवार्य नहीं है।

शैक्षिक योग्यता

यहां हमारा उद्देश्य उपाधि की इच्छा से शोधरत होने वाले शोधार्थी की अर्हताओं पर विचार करना है। इन अर्हताओं में सबसे पहले शैक्षिक योग्यता के संबंध में जान लेना चाहिए। विभिन्न विश्वविद्यालयों में पीएच-डी. करने के इच्छुक छात्रों के लिए जो नियमावलियां मिलती है उनमें शैक्षिक योग्यता के प्रतिमान भिन्न-भिन्न होते हुए भी सभी में ऐसे छात्रों के लिए स्नातकोतर होना तो मूलभूत योग्यता मानी गई है। कई विश्वविद्यालयों में यह प्रावधान भी है कि शोधार्थी किसी भी विषय में स्नातकोत्तर हो सकता है। वास्तविकता यह है कि इस प्रावधान के अधीन शोध करने की छूट प्राय: नहीं मिलती है। केवल दो चार उदाहरण ही इस प्रकार के मिलते हैं। अत: शैक्षिक योग्यता की दृष्टि से इस प्रावधान में मिलने वाली छूट को हमें सभी शोधार्थियों के लिए एक प्रकार से अपेक्षित योग्यता नहीं मानना चाहिए। इसके विपरीत शोध क्षेत्रीय विषय अर्थात् संकाय में ही विद्यार्थी के स्नातकोत्तर होने को शैक्षिक योग्यता के रूप में गिनना चाहिए। उदाहरण के लिए यदि कोई हिन्दी में शोध करना चाहता है तो उसे हिन्दी विषय में ही एम.ए. होना चाहिए।

संबद्ध विषय में स्नातकोत्तर होने से भी पीएच.डी. में प्रवेश मिल ही जाएगा यह निश्चित नहीं होता। इससे आगे शोधार्थी के लिए एम.ए. में द्वितीय श्रेणी या पचास प्रतिशत व इससे अधिक अंक प्राप्त करना जरूरी शर्त होती है। प्राय: सभी विश्वविद्यालयों की नियमावलियों में यह शर्त मिलती है। अर्थ यह है कि एम.ए. में तृतीय श्रेणी पाने वाले छात्रों के लिए पीएच.डी. में प्रवेश करना कठिन नहीं बल्कि असंभव बना दिया गया है। कई विश्वविद्यालयों में कुछ वर्षों से एम.ए. में द्वितीय श्रेणी पाने वाले और कभी कभी प्रथम श्रेणी पाने वाले छात्रों को भी सीधे पीएचडी में प्रविष्ट नहीं किया जाता। ऐसे विश्वविद्यालयों में प्री पीएच.डी. रूप में एम.लिट् या एम.फिल् करने की योजना बनाई गई है। इससे शोधार्थी को निश्चय ही बहुत लाभ होता है।

एम.फिल. या एम.लिट् को पीएच.डी. से पूर्व पीएच.डी. के लिए एक आवश्यक प्रशिक्षण की संज्ञा दी जा सकती है। इस स्तर पर विद्यार्थी शोध कार्यविधि और शोध के अंतरंग स्वरूप से पर्याप्त रूप से परिचित हो जाता है। उसे अपने ज्ञान और क्षमता का भी अनुमान हो जाता है। सीधे पीएच.डी. में प्रवेश लेने पर उसे जो छह मास या कभी कभी एक वर्ष तक का समय शोध कार्यविधि और अपने विषय को समझने, स्पष्ट करने में लग जाया करता है, वह बच जाता है। इस काल में विद्यार्थी का शोध दृष्टि से अध्ययन करने पर मानसिक विकास होता है और शोध क्या होता है- यह स्पष्ट होने लगता है। विषय के चयन के लिए अपेक्षित क्षमता भी उसे अपने भीतर

दिखाई पड़ने लगती है। विश्वविद्यालय अनुदान आयोग की नई शर्तों के अधीन प्रायः प्रत्येक विश्वविद्यालय में एम.फिल् की योजना या तो लागू हो चुकी है या हो रही है। इस प्रकार शोधार्थी के लिए अब पहले एम.फिल. कर लेना अनिवार्य हो गया है, यद्यपि प्रथम श्रेणी में उत्तीर्ण छात्रों के पीएच.डी. में सीधे प्रवेश के अपवाद अब भी मिल जाते हैं।

एम.फिल् में एक प्रश्न पत्र के रूप में लघु शोध प्रबंध लिखना अनिवार्य होता है। कहना न होगा कि यह लघु शोध प्रबंध पीएच-डी. स्तर पर किए जाने वाले शोध की दिशा में प्रशिक्षण की दृष्टि से अत्यन्त महत्त्वपूर्ण कदम है। इसका महत्त्व इसलिए और अधिक बढ़ जाता है कि उसके साथ ही शोध कार्यविधि का अध्ययन भी एम.फ्लि् में एक पृथक् प्रश्न पत्र के रूप में किया जाता है। इस प्रकार इस स्तर पर विद्यार्थी को शोध के अंतरंग और बहिरंग, सिद्धान्त और व्यवहार पक्ष का ज्ञान साथ-साथ हो जाता है। इससे पूर्व भी कई विश्वविद्यालयों में एम.ए. स्तर की लघु शोध प्रबंध लेखन का एक वैकल्पिक प्रश्न पत्र के रूप में प्रावधान है। एम.फ्लि् योजना से पूर्व पीएच.डी. के इच्छुक छात्रों के लिए यह लघु शोध प्रबन्ध लेखन का प्रश्न पत्र वरदान ही था। परन्तु साथ में शोध कार्यविधि संबंधी ज्ञान हेतु कोई योजना नहीं थी। अस्तु, एम.फिल् का पीएच-डी. से पूर्व अनिवार्य कर दिया जाना शोधार्थी के हित में ही है।

संबंद्ध विभाग द्वारा योग्यता निर्धारण

अब शोध से संबद्ध विभागीय भूमिका पर भी तनिक विचार कर लेना उचित है। परोक्ष रूप में, विभागीय भूमिका का संबंध शोधार्थी में अपेक्षित योग्यता के मूल्यांकन से ही है। विभाग से अभिप्राय शोध विषय के पंजीकरण करने वाले मंडल, विभागाध्यक्ष तथा अन्य विभागीय अध्यापकों से है, जिन्हें शोधार्थी की योग्यता की परख होती है।

हिन्दी में शोध की दृष्टि से विभागीय भूमिका प्रायः निंद्य रही है। यद्यपि हिन्दी में उच्च-स्तरीय शोध कार्य भी हुआ है। फिर मात्रात्मक और गुणात्मक - दोनों दृष्टियों से हुए निम्नस्तरीय शोधकार्यों के लिए विश्वविद्यालयों के संबद्ध विभाग ही उत्तरदायी रहे हैं। एम.लिट् या एम.फ्लि की योजना के लागू होने से पूर्व तक हिन्दी में प्रायः कोई भी पचास प्रतिशत अंक पाने वाला विद्यार्थी शोध में प्रवेश प्राप्त कर लेता था और कभी कभी ऐसे विद्यार्थियों में से कुछ को शोध छात्रवृत्ति भी मिल जाया करती थी। स्पष्ट ही ऐसे विद्यार्थियों की पहुंच सीधे ही पंजीयक मंडल,

विभागाध्यक्ष या किसी विभागीय प्राध्यापक से होती थी।

विभागाध्यक्ष तथा अन्य विभागीय सदस्यों को इस बात के प्रति सचेत रहना चाहिए कि शोधार्थी के रूप में जिसे वे भरती कर रहे हैं क्या उसमें अपेक्षित सूझ-बूझ और अर्हताएं हैं। लेकिन इसके विपररत जब निहित स्वार्थों को महत्त्व दिया जाता है तब प्रत्येक प्राध्यापक जी जान से अपने गुट के विद्यार्थियों के लिए प्रत्येक सुविधा जुटाने में प्रयत्नशील हो उठता है जिनमें शोध में प्रवेश दिलाना भी एक काम होता है। ऐसी स्थिति में योग्य विद्यार्थी जो, अध्ययन मनन में विश्वास रखते हैं और गुटबन्दी से दूर रहते हैं, बहुधा शोध मंदिर में प्रवेश नहीं पाते।

इस स्थिति का कुपरिणाम यह होता है कि विश्वविद्यालय नियमावली के अधीन प्रत्येक अध्यापक अपने निर्देशन में अधिकतम भरती कर लेता है, विषय चाहे कुछ भी हो, बाद में विषय के साथ वह न्याय नहीं कर पाता। ऐसा निर्देशक अपने संबंधों का लाभ उठाकर कुछ को पीएच.डी. दिलवा देता है, मगर अधिकांश शोधार्थी बीच में ही छोड़ जाते हैं। जिन्हें पीएच.डी. मिल जाती है, उनके शोध कार्य की गुणवत्ता का अनुमान सहज ही लगाया जा सकता है। ऐसे कई उदाहरण मिल सकते हैं जहां निर्देशकों ने अपने निर्देशन में तीस से लेकर साठ तक पीएच.डी. करवाकर एक लंबी लिस्ट तैयार कर रखी है। इस प्रकार से पीएच.डी. प्राप्त किये व्यक्ति भविष्य में गुरु परम्परा पर चलेंगे और परिणाम होगा शोध स्तर में भयानक गिरावट, जिसके हम प्रत्यक्षदर्शी हैं।

अस्तु, संबद्ध विभाग की इस दिशा में एक निश्चित पद्धति होनी चाहिए। विभागाध्यक्ष से लेकर प्रत्येक प्राध्यापक को यह देखना चाहिए कि क्या शोधार्थी में वास्तविक शोध योग्यता है? जहां तक हो सके सीधे एम.ए. करते ही विद्यार्थी को पीएच.डी. में प्रवेश नहीं देना चाहिए। अपवाद हो सकते हैं। यदि कोई विद्यार्थी एम.ए. स्तर पर ही असाधारण प्रतिभा का परिचय देते हुए कुछ लेख इत्यादि प्रकाशित करवा चुका है और जिस विषय पर शोध करना चाहता है उसका उसने गंभीर अध्ययन किया है, साथ ही शोध कार्यविधि से भी परिचित है, तो उसका पंजीकरण किया जा सकता है। लेकिन ऐसे विद्यार्थी बहुत कम होते हैं। अस्तु,जो भी विद्यार्थी शोध करने की इच्छा से उपस्थित होता है, उससे उसके विषय से संबंधित अध्ययन क्षेत्र पर पर्याप्त विचार-विमर्श करना चाहिए।

शोधार्थी से यह अवश्य पूछा जाना चाहिए कि उसके विषय क्षेत्र में जो शोध कार्य हो चुके हैं, उनसे वह कहां तक परिचित है? शोध की मूल चेतना क्या होती है? वह किस नई स्थापना की परिकल्पना कर रहा है? उसे शोध की वैज्ञानिक

कार्यविधि का कहां तक पता है? फिर उसके परिकल्पित विषय के पहलू विशेष पर कुछ लिखकर दिखाने को कहा जाना चाहिए जिससे उसकी शोध प्रतिभा का पता चल सकेगा। इस प्रक्रिया से गुजर लेने पर विद्यार्थी को अपने ऊपर विश्वास होगा और उसे अपनी क्षमताओं को परखने का अवसर मिल जाएगा।

अब प्रश्न उठता है कि शोधार्थी में किन अर्हताओं का होना आवश्यक है?

पूर्वगति

पूर्वगति से अभिप्राय है कि परिकल्पित या वास्तविक विषय में पंजीकरण के समय तक शोधार्थी की कितनी गति है। इसके अतिरिक्त वह शोध की व्यावहारिक कार्यविधि को किस सीमा तक समझ पाया है? इन प्रश्नों का कुछ समाधान तो विभागीय उत्तरदायित्व की समीक्षा में ही कर दिया गया है। यहां इन प्रश्नों के उत्तर शोधार्थी को स्वयं से पूछने चाहिए।

शोधार्थी को सबसे पहले यह पता होना चाहिए कि शोध का उद्देश्य क्या है? यदि उसे यह स्पष्ट हो जाए कि मोटे तौर पर शोध का उद्देश्य उपलब्ध ज्ञान को व्यापकतर बनाना और अर्जित ज्ञान का निरंतर शोधन करना है, ताकि ज्ञान अद्यतन रह सके तो उसके लिए यह जानना आवश्यक हो जाता है कि वह किस क्षेत्र में शोध के द्वारा ज्ञान विस्तार में सहायक हो सकता है। उसके मन में यदि कोई क्षेत्र शोध की संभावनाओं के रूप में आकार ग्रहण करता भी है तो उसके लिए यह आवश्यक हो जाता है कि उक्त क्षेत्र में अद्यतन खोज के इतिहास को जानकर समझकर अपने शोध की संभावनाओं का निश्चय करे। परिकल्पनात्मक स्तर पर वह अपने योगदान का विश्लेषण भी कर सकता है और उसे ऐसा विश्लेषण करना चाहिए। इससे उसे स्पष्ट पता चल सकता है कि उसकी अभिरुचि के क्षेत्र में शोध की कितनी गुंजाइश है। यह सब जान लेना इतना आसान नहीं है जितना कि लगता है। शोध कार्य करना उतना मुश्किल नहीं होता जितनी वास्तव में काम करने के क्षेत्र और विषय की खोज होती है।

इस प्रकार शोध को समझने और शोधार्थी द्वारा अपने विषय अथवा क्षेत्र के निर्धारण में बहुत से पहलू सक्रिय रहते हैं। इन सबमें, पूर्वगति के रूप में शोधार्थी को एम.ए. स्तर पर देखने का प्रयास करना चाहिए कि उसकी सर्वाधिक रुचि किस क्षेत्र, आंदोलन, युग अथवा लेखक में रही है। क्या वह एम.ए. करने के बाद भी किसी विषय विशेष के प्रति अधिक आकृष्ट रहा है? इस अभिरुचि और आकर्षण के क्षेत्र में उसे और अधिक जागरूकता से प्रवेश करना चाहिए। चूंकि अभिरूचि और थोड़े

बहुत अध्ययन मनन के रूप में उसकी पूर्वपीठिका बन जाती है, इसलिए वह आगे बढ़ने में समर्थ हो सकता है।

अपनी अभिरूचि के क्षेत्र का शोध की दृष्टि से जब कोई विद्यार्थी अध्ययन करेगा तब निश्चय ही उसकी दृष्टि तथ्यों की पकड़ पर केन्द्रित रहेगी। इन तथ्यों के स्थूल आकलन तथा उद्घाटन या ज्ञात तथ्यों द्वारा स्वीकृत सिद्धान्तों की नई व्याख्या के संबंध में उनके मन में नई जिज्ञासाओं का उदय स्वयंमेव होगा। वह यह जान सकेगा कि क्या वह वास्तव में कुछ नए निष्कर्षों तक पहुंचने की क्षमता रखता है? इस प्रकार वह अपनी मौलिकता और अपने योगदान के प्रति भी आश्वस्त हो सकेगा। यही समय है, जबकि शोधार्थी अपने श्रम, समय, लगन और अवांतर अर्हताओं को भी समझ सकता है।

इस प्रकार शोधार्थी को अपनी पूर्वगति के रूप में यह जान लेना चाहिए कि शोध को लेकर उसकी जिज्ञासा कितनी प्रखर व अदम्य है और वह शोध की चेतना और उसकी प्रतिष्ठा की दृष्टि से परिकल्पित विषय में कितना खरा उतर सकता है। शोध एक निश्चित कार्यविधि में ही बंधकर सम्पन्न किया जा सकता है। अस्तु, शोधार्थी को टीप लेने से लेकर पाद टिप्पणियां, संदर्भ ग्रंथ सूची तक की तैयारी में प्रत्येक स्थल पर वैज्ञानिक प्रतिपादन का पता होना चाहिए। इसके लिए उसे कतिपय शोध ग्रंथ, प्रकाशित लेख और शोध कार्यविधि पर उपलब्ध पुस्तकों का अध्ययन करके आवश्यक ढांचे के रूप में टीप इत्यादि लेनी चाहिए। अतः शोधार्थी के लिए शोध के अंतरंग और बहिरंग दोनों पक्षों से पूर्णतया परिचित होना अनिवार्य है। ये दोनों अन्योन्याश्रित हैं इनमें से किसी एक का दूसरे की उपेक्षा में निर्वाह संभवन नहीं। निष्कर्ष यह कि शोध न तो आत्मपरक आलोचना है और न ही केवल एक ढांचा खड़ा करके उसमें इधर उधर से खींचकर सजाया गया माल।

शोधार्थी जब किसी विदेशी आंदोलन के प्रभाव के अधीन अपने साहित्य की किसी विधा का अध्ययन करना चाहता है अथवा विदेशी साहित्य और अपने साहित्य के किसी पक्ष का तुलनात्मक अध्ययन करना चाहता है तो अपनी पूर्वगति के रूप में उसे विदेशी आंदोलन और साहित्य में अपनी पैठ का अनुमान लगाना चाहिए। इस दिशा में सर्वाधिक महत्त्वपूर्ण बात यह है कि उसे संबधित विदेशी भाषा का ज्ञान होना चाहिए और तुलनीय पक्षों में भिन्न संस्कृतियों के होते हुए भी मानवीय धरातल पर स्पष्ट साम्य के लक्षण दिखाई देने चाहिए। यह तभी संभव है जब इस प्रकार के शोध विषय का चयन करने वाले शोधार्थी की दोनों साहित्यों में पैठ हो। यदि शोधार्थी संबद्ध विदेशी भाषा नहीं जानता तो स्पष्ट है कि अनूदित साहित्य के

अध्ययन द्वारा वह शोध के लिए अपेक्षित गहराई तक नहीं जा सकेगा। इसके साथ ही अनूदित साहित्य की सीमाएं तो सर्वज्ञात है ही। किसी लेखक के मूल ग्रंथों का अनुवाद यदि सुलभ भी हो तो भी उस पर किए गए शोध कार्यों से संबंधित पुस्तकों और अन्य संदर्भ ग्रंथों का अनुवाद सुलभ ही हो, ऐसा नहीं माना जा सकता। इस प्रकार के पंजीकरण से पूर्व संबद्ध विभाग का दायित्व है कि वह प्रस्तावित शोध विषय के औचित्य और शोधार्थी की तत्संबंधी योग्यता की गहराई से जांच करे।

निष्कर्ष यह है कि शोधार्थी का पंजीकरण और विधिवत् शोधरत होने से पूर्व इन सभी पहलुओं पर गंभीरता से विचार कर लेना चाहिए।

अन्य अर्हताएं

उपर्युक्त आधारभूत अर्हताओं के अतिरिक्त शोधार्थी में और बहुत सी अर्हताओं का होना आवश्यक है। इन्हें संक्षेप में हम इस प्रकार समझ सकते हैं।

मनोवृत्ति

शोधार्थी की मनोवृति शोध के अनुकूल होनी चाहिए। उसे केवल उपाधि के अर्जन को ही उद्देश्य मानकर नहीं चलना चाहिए बल्कि उसे यह मानकर चलना चाहिए कि अपने शोध कार्य के द्वारा वह साहित्य के क्षेत्र विशेष में कुछ मौलिक योगदान देगा। अर्थात् शोधार्थी की दृष्टि में शोध मुख्य होना चाहिए और उपाधि गौण। केवल उपाधि पर दृष्टि गड़ाए रखने से शोधार्थी की मनोवृति बिखरी रहती है और वह योग्य होते हुए भी शीघ्र काम निपटाने की भावना के अधीन तत्त्वान्वेषण से विमुख हो जाता है। अस्तु, शोधार्थी को अपनी मनोवृत्ति को शोध के अनुकूल बनाना चाहिए जिसके अभाव में या तो उसे शोध को अधर में ही छोड़कर भागना पड़ेगा अथवा उसका शोधकार्य निम्नस्तरीय होगा।

पकड़

शोधार्थी का बंध अथवा पकड़ अत्यन्त पैनी होनी चाहिए। शोधकार्य तथ्यों की खोज या उनकी पुनर्व्याख्या का कार्य होता है। अपने परिकल्पित विषय की अनुरूपता में अध्ययन करते समय शोधार्थी को अध्ययन मार्ग में पड़ने वाले तथ्यों को एकदम पकड़ना चाहिए। उसे अपने विषय की मूल चेतना के प्रति सदैव जागरूक रहना चाहिए और इसी चेतना के परिप्रेक्ष्य में यह निर्णय लेने की क्षमता दिखानी चाहिए कि कौन से तय उसके लिए उपयोगी हैं और कौन से अनुपयोगी। यह काट-छांट,

निरीक्षण– परीक्षण, मूल्यांकन –विश्लेषण का कार्य तभी संभव हो सकता है जब शोधार्थी की सूझबूझ या पकड़ अत्यन्त तीक्ष्ण हो। यह सही है कि ऐसी पकड़ जन्मजात प्रतिभा पर निर्भर करती है लेकिन इसके लिए गहन और व्यापक अध्ययन आवश्यक है। बिना गहन और व्यापक अध्ययन के प्रतिभा में निखार नहीं आ सकता। फलत: उसकी पकड़– शक्ति विकसित नहीं हो सकती। यही पकड़ भावयित्री प्रतिभा के रूप में तथ्यों के संश्लेषण, तदुपरांत निष्कर्षों की ओर बढ़ते समय उनके आलोचनात्मक प्रतिपादन में काम आती है। अत: पकड़ अथवा भावयित्री प्रतिभा को हम दूसरे शब्दों में प्रातिभा ज्ञान की संज्ञा दे सकते हैं। जिस शोधार्थी के पास यह प्रातिभ ज्ञानशक्ति होती है उसे शोध करते समय प्रत्येक स्तर पर अपने मस्तिष्क में सहसा एक चिनगारी सी दीप्त होती दिखाई पड़ती है। यह दीप्ति ही शोधार्थी की पकड़ और विवेक की सूचक है।

श्रमसाध्यता

अनेक तकनीकी पहलुओं की कड़ी सम्हाल और गहन तथा व्यापक अध्ययन की अपेक्षा को देखते हुए शोध कड़ी साधना और श्रमसाध्यता का कार्य है। इस श्रमसाध्यता के लिए पर्याप्त समय तथा शारीरिक और मानसिक श्रम करने की आवश्यकता है। लगातार घंटों बैठकी लगाए बिना शोधार्थी अपने कार्य को आगे नहीं बढ़ा सकता। इस दृष्टि से शोधार्थी में तत्परता और धैर्य या सहिष्णुता के गुण होने चाहिए। सच्चे शोधार्थी के लिए शोध ऊबाऊ न होकर रस प्रदान करने वाला होता है।

संकोचहीनता

शोधार्थी को अपने विषय की दृष्टि से किए गए अध्ययन से उपलब्ध तथ्यों और निष्कर्षों को लेकर नि:संकोच होकर विचार–विमर्श करना चाहिए। उसके मन में झिझक या झूठे मान अपमान की भावना नहीं होनी चाहिए। इसके विपरीत उससे तो किसी भी सुपात्र व्यक्ति से विचारविमर्श करके लाभान्वित होना चाहिए। यह सही है कि उसके लिए उसका शोध निर्देशक सहज उपलब्ध है, परन्तु अन्य सुयोग्य व्यक्तियों से परिचर्चा करने से बहुत लाभ होता है। अधिक से अधिक वह ऐसी परिचर्चा से प्राप्त निष्कर्षों पर पुन: अपने निर्देशक के साथ विमर्श कर सकता है।

पूर्वग्रहों से मुक्त

शोधार्थी को किसी भी प्रकार के पूर्वग्रहों से मुक्त होकर ही चलना चाहिए। शोध पूर्ण होने तक शोधार्थी अंतिम रूप से कुछ नहीं कह सकता। शोध में निरंतर शोधन की गुंजाइश बनी रहती है। प्रत्येक कदम और स्तर पर शोधार्थी की पहली मान्यताएं बदल सकती हैं। इसके विपरीत यदि शोधार्थी अपनी किसी पूर्वमान्यता से बंधकर चलने का दुराग्रह प्रदर्शित करता है तो वह शोधार्थी नहीं रह जाता।

साहित्यिक चोरी से बचना

शोधार्थी को साहित्यिक चोरी से बचना चाहिए। जो शोधार्थी मौलिक शोध करना चाहता है उसमें दुर्गुण कदापि नहीं होना चाहिए। यही नहीं उसे प्राथमिक और गौण स्रोत में अंतर और उनके व्यवहार के प्रति भी सचेत रहना चाहिए। केवल चोरी के सहारे चलने वाले शोधार्थी कुछ भी मौलिक नहीं दे पाते।

शोधकार्य की निरन्तरता

शोधार्थी को शोधकार्य की निरन्तरता के महत्त्व को समझना चाहिए। नैरंतर्य से तात्पर्य है शोधकार्य की प्रतिदिन की गति। कई बार जब शोधार्थी ऊबरकर कुछ दिनों के लिए कार्य स्थगित कर देता है तो यह स्थगन काल कई बार बढ़ता ही चला जाता है। इससे न केवल समय की हानि होती है बल्कि पहले का अध्ययन और मनन भी विस्तृत होने लगता है। फलतः शोधार्थी को नए सिरे से काम करना पड़ता है। इसलिए शोधार्थी में शोधकार्य की निरंतरता को बनाए रखने का गुण होना चाहिए।

निरवकाश निर्देश प्राप्ति

शोधार्थी को अपने निर्देशक से निरवकाश रूप में निर्देश प्राप्त करते रहना चाहिए। इससे कार्य की गति और स्पष्टता बनी रहती है। कई शोधार्थी कई कारणों से कई महीनों तक अपने निर्देशकों से मिलते नहीं। इससे उन्हें पर्याप्त हानि उठानी पड़ती है। यही नहीं निर्देशक भी संपर्क में न रह पाने के कारण उसके विषय की गति और स्थलगत महत्त्व के प्रति अवगत नहीं रह पाता। ऐसी स्थिति में उचित निर्देशन संभव नहीं हो पाता और विषयांतर भ्रामक तथ्य और प्रांत निष्कर्षों जैसे दोष शोधप्रबंध में स्वतः आ जाते हैं।

निर्देशक की अर्हताएं

उतम शोध में निर्देशक का स्थान बहुत ऊँचा और महत्त्वपूर्ण होता है। **बलिहारी गुरु आपनै जिन गोविन्द दियो बताय** कबीर का यह कथन शोध क्षेत्र पर भी पूर्णत: चरितार्थ होता है। वास्तव में ही निर्देशक के बिना शोधकार्य संपन्न नहीं हो सकता। शोध के प्रत्येक स्तर और स्थल पर निर्देशक ही विषय प्रसारण, तथ्यों की न्यायसंगता, उनके विश्लेषण और निष्कर्षों के खरेपन की जांच पड़ताल में प्रेरणा और दिशा प्रदान कर सकता है। इस प्रकार निर्देशक का कार्य मार्ग बतलाना है। इसके साथ ही निर्देशक शोधार्थी को मानसिक दुर्बलताओं और धैर्यहीनता पर विजय पाने के लिए प्रोत्साहित करता है। इस प्रकार शोध और शोधार्थी से सीधे और परोक्ष रूप से संपृक्त सभी समस्याओं का समाधान निर्देशक को ही करना होता है। निर्देशक की इन अर्हताओं को हम निम्न रूप में देख सकते हैं।

शोधार्थी की योग्यता की पहचान

निर्देशक को शोधार्थी की योग्यता की पर्याप्त निरख-परख के पश्चात् ही अपने निर्देशन में उसके पंजीकरण की सिफारिश करनी चाहिए। क्योंकि सही शोधार्थी के चयन द्वारा ही श्रेष्ठ शोध हो सकता है।

अपनी क्षमता का परिचय

निर्देशक को अपनी क्षमता का पूरा परिचय देना चाहिए। उसमें यह लालच नहीं होना चाहिए कि अधिक संख्या में पीएच-डी. पैदा करने से उसके मान में चार चांद लग जाएंगे। यह सर्वविदित तथ्य है कि कोई भी व्यक्ति साहित्य के सभी पक्षों का ज्ञाता नहीं हो सकता और न ही सभी पक्षों का शोध निर्देशक ही। इसलिए निर्देशक को अपने इस लोभ पर काबू पाना चाहिए। यदि निर्देशक इन तथ्यों को भुलाकर धड़ाधड़ किसी भी विषय पर निर्देशन देने को तैयार हो जाता है तो भले ही उसके शोधार्थी पीएच.डी. की उपाधि प्राप्त कर ले, लेकिन उसके निर्देशन में हुआ कार्य उच्चस्तरीय नहीं हो सकता। निर्देशन क्षमता का संबंध उपाधि से न होकर विषय से होता है और विषय का सतही ज्ञान विषय का सही ज्ञान नहीं माना जा सकता। आजकल तो विश्वविद्यालय में पद और पहुंच ही निर्देशक की योग्यता का आधार माने जा सकते हैं। वास्तव में विश्वविद्यालयों से बाहर स्वतंत्र रूप में श्रेष्ठ साहित्यसेवी भी मिलते हैं। अस्तु, यदि किसी विषय पर विश्वविद्यालय प्राध्यापक निर्देशन कार्य नहीं कर पाते तो

स्वतंत्र साहित्यसेवी व्यक्तियों में से ही किसी को निर्देशक रूप में चुना जाना चाहिए।

निर्देशन अवकाश

निर्देशक के पास निर्देशन हेतु पर्याप्त अवकाश होना चाहिए। बहुत-से निर्देशक सदैव ही समयाभाव की शिकायत करते हैं। जबकि उनके निर्देशन में एक ही समय पर पांच से लेकर दस तक शोधार्थी शोधरत रहते हैं। ऐसे निर्देशक या तो अपने कार्य में व्यस्त रहते हैं या फिर विश्वविद्यालय कार्य में। शोधार्थी उनके नाम की मुहर का ठप्पा लगवाने के लिए एक बार तो उनके निर्देशन में पंजीकृत होना अपना सौभाग्य समझते हैं, परन्तु जब वे शोध दिशा में समस्याओं से घिरते हैं तब उन्हें पता चलता है कि उनका निर्देशक तो निर्देशन के नाम पर ठन-ठन गोपाल है। ऐसे निर्देशकों के शोधार्थी घिसटते रहते हैं, और बाद में या तो स्वयं या निर्देशक के निवेदन पर किसी अन्य विद्वान् की शरण में चले जाते हैं। ऐसी स्थिति में शोधार्थी प्रायः बहुत देर से काम संपन्न कर पाते हैं और कई एक तो अपना धैर्य खोकर बीच में ही छोड़ बैठते हैं। वास्तव में विश्वविद्यालयों की ओर से विभागीय समयसारणी में कम से कम एक घंटे का शोध निर्देशन हेतु विधान होना चाहिए ताकि अलग-अलग दिनों पर अलग-अलग विद्यार्थी अपनी शोध समस्याओं का समाधान प्राप्त कर सकें।

कर्मठता, धैर्य एवं सहिष्णुता

शोधार्थी के समान निर्देशक में भी कर्मठता, धैर्य और सहिष्णुता का होना आवश्यक है। शोध में उत्पन्न समस्याओं के संबंध में शोधार्थी को टरकाए नहीं, बल्कि स्वयं लगन और उद्यम से उनका सही समाधान खोजे। यदि निर्देशक ऐसा नहीं करता है तो वह निश्चय ही शोधार्थी को गुमराह करेगा। कई बार निर्देशक अपने पूर्वग्रहों के अधीन किसी समस्या पर पुनर्विचार करना जरूरी नहीं समझता। इस प्रकार यह शोधार्थी के सही अभिमत को बदलवाकर गलत कर देता है।

ज्ञान सीमा

इसी प्रकार निर्देशक को अपनी ज्ञान सीमा के संबंध में भी स्पष्ट बता देना चाहिए। समस्या विशेष अथवा क्षेत्र विशेष में यदि निर्देशक अनभिज्ञ है तो उसे शोधार्थी पर अपनी अनभिज्ञता प्रकट कर देनी चाहिए। स्वयं उस दिशा में सही ज्ञान प्राप्त करने का प्रयास करना चाहिए। यदि शोधार्थी अपनी ऐसी समस्या को लेकर किसी अन्य विद्वान् से विचारविमर्श करता है तो निर्देशक को उसका बुरा नहीं मानना चाहिए। इस

प्रकार की स्पष्टवादिता अंततः निर्देशक और शोधार्थी दोनों के ही हित में रहती है।

तटस्थता

निर्देशकों को उद्धरणों की दृष्टि से तटस्थता का परिचय देना चाहिए। विषय की अनुरूपता में जो ग्रंथ मूल स्रोतों के रूप में अपरिहार्य हैं उनके अध्ययन की ही संस्तुति करनी चाहिए। हिंदी में बहुधा निर्देशक, शोधार्थी को अपने मित्रों, विभागाध्यक्ष और संभावित परीक्षकों के ग्रंथों से उद्धरण लेने के लिए कभी दबी जुबान से, तो कभी प्रकट रूप में कहता है, भले ही उद्धरणों का विषय से कोई संबंध नहीं हो। शोधार्थी भी राजनीति से दूषित वातावरण को देखते हुए ऐसा करना अपने लिए हितकारी समझता है और खींचतान कर ऐसे उद्धरणों की संगति बिठाता है। यह शोध दर्शन के सर्वथा प्रतिकूल है।

इस प्रकार निर्देशक के गुणों में हम उसकी विचारशीलता, कलाभिरुचि, स्पष्टता इत्यादि और भी कई गुणों का समावेश कर सकते हैं। वास्तव में ये सभी गुण उपर्युक्त गुणों में ही किसी न किसी रूप में समाविष्ट हैं। यदि निर्देशक मोटे तौर पर इन बातों का ध्यान रखे तो वह एक श्रेष्ठ निर्देशक सिद्ध हो सकता है।

अनुसंधान के प्रकार

डॉ. मनमोहन सहगल

मनुष्य ने अनुभव क्षेत्र में आज तक जो अनवरत साधना की है, उसके परिणामस्वरूप अनेक प्रकार का ज्ञान उसने संचित किया है। इस संचित ज्ञान में आज भी अगणित ऐसे तत्त्व निहित होंगे, जिनके सम्बन्ध में मनुष्य की अदम्य जिज्ञासा उसे अनुभव क्षेत्र को और अधिक विस्तृत करने और निहित तत्त्वों को विहित बनाने की प्रेरणा देती होगी। यही कारण है कि आज मनुष्य, जब नवीन अनुसन्धान की ओर बढ़ता है तो उसके क्षेत्रों की अनेकता प्रायः उसके शोध कार्य की विभिन्नता प्रकट करती है और यही विभिन्नता अनुसन्धान के अलग-अलग प्रकारों की प्रतिष्ठा करती है। इन विभिन्न प्रकारों का वर्गीकरण सामान्यतः हम उद्देश्य, कला और प्रयोग की दृष्टियों से कर सकते हैं। उद्देश्य की दृष्टि से शोध को सामान्यतः दो भागों में विभाजित किया जा सकता है। सिद्धान्त का गढ़ना, जिसे शुद्ध शोध भी कहते हैं, सिद्धान्त को व्यवहार में व्यक्त करना, जिसे व्यवहारिक शोध भी कहा जा सकता है। सिद्धान्त के गढ़ने में प्रायः पूर्वोपलब्ध तथ्यों के आश्रय से एक निश्चित सिद्धान्त बना लिया जाता है, जैसे यूनानी त्रासदियों के अध्ययन से अरस्तू ने त्रासदी सम्बन्धी सिद्धान्त बनाए। आगे आने वाले जिज्ञासु जब इन सिद्धान्तों के सहारे नाट्य रचनाओं का अध्ययन करते हैं, तो वह व्यावहारिक शोध होती है।

कला सम्बन्धी शोध कई प्रकार से की जा सकती है। किसी कृति में से ऐतिहासिक, राजनीतिक, सामाजिक तत्त्वों को बीनना भी कलात्मक शोध है और रचना के ऐतिहासिक, राजनीतिक, सामाजिक अध्ययन को भी कलात्मकता की परिधि में रखा जा सकता है। तथ्याख्यान सम्बन्धी अनुसन्धान भी कलात्मक कहलाता है। इसमें एक विशिष्ट रचना की नवीन व्याख्या भी सम्मिलित है और विभिन्न रचनाओं के प्रवृत्ति जन्य तत्त्वों का सर्वेक्षण भी किया

जा सकता है। तथ्याख्यान या व्याख्यात्मक शोध कला की दृष्टि से अधिक

महत्त्वपूर्ण है, क्योंकि इसके माध्यम से शोधार्थी अपने चिन्तन मनन को नवीन व्याख्याओं द्वारा न केवल अभिव्यक्ति देता है, बल्कि धारा विशेष के सम्बन्ध में विश्लेषण, संश्लेषण और निर्णय भी प्रस्तुत करता है। वैज्ञानिक लोग, जो प्रयोगात्मक शोध करते हैं, वे भी कदाचित् कलापूर्ण हो सकते हैं, किन्तु वहां कला का स्वरूप संरचना-सौन्दर्य की अपेक्षा प्रयोग-सौन्दर्य से सम्बद्ध होता है। प्रयोगात्मक शोध में प्राय: दो वर्ग बना लिए जाते हैं – सामान्य और नियन्त्रित, और फिर दोनों को एक स्तर पर लाने के उपरान्त नियन्त्रित वर्ग को किसी बन्धी परिपाटी में उतार लिया जाता है। ऐसा करने से उसमें जो परिवर्तन आते हैं, और जो सामान्य वर्ग में तब भी नहीं होते, उन्हें उसे बन्धी परिपाटी का परिणाम मान लिया जाता है। उदाहरणार्थ – यदि क और ख को एक ही जैसा भोजन और वातावरण दिया जाए तो परिणाम सामान्य होगा, किन्तु इसके साथ-साथ किसी एक वर्ग को कोई औषधि भी सेवन करवाई जाए तो उस वर्ग में आने वाले परिवर्तन उस औषधि के प्रभाव कहे जा सकेंगे। तात्पर्य यह है कि इस शोध को हम उस औषधि का प्रयोगात्मक सन्धान कह सकते हैं। इसे मनोविज्ञान में एकल विभेद नियम भी कहा जाता है।

हमारा लक्ष्य साहित्यिक शोध के विभिन्न प्रकारों की जानकारी प्राप्त करना है। मानव के पास आज तक के संचित ज्ञान को रागात्मक, बौद्धिक और पौराणिक खण्डों में विभाजित किया जा सकता है। इन्हीं क्षेत्रों में जिज्ञासु के लिए अनुसन्धान भी संभव है और वह रागात्मक साहित्य सम्बन्धी, बौद्धिक साहित्य सम्बन्धी और पौराणिक साहित्य सम्बन्धी अनुसन्धान कर सकता है। इनमें पारस्परिक सहयोग और सम्मिश्रण भी हो सकता है और किसी एक घेरे के अन्तर्गत रहकर भी अनुसन्धान किया जा सकता है। शुद्ध रागात्मक परिधि के अनुसन्धान को हम लिखित अथवा अलिखित वाङ्मय से सम्बद्ध कर सकते हैं। लिखित साहित्य शिष्ट समाज की देन होता है और अलिखित साहित्य लोक तात्त्विक रचना का नाम है। इन दोनों क्षेत्रों को शोधार्थी अपनी प्रक्रिया का विषय बना सकता है। जहां तक तीनों खण्डों के सम्मिश्रण का प्रश्न है, प्राय: अनुसन्धित्सु अपनी ज्ञान सीमाओं के अन्तर्गत उसे अपनाते ही रहते हैं। प्रसादजी के नाटकों में ऐतिहासिकता, दशमग्रंथ की पौराणिक पृष्ठभूमि, रामचरितमानस में इतिहास पुराण समन्वय, आदि शोध विषय इसी प्रकार के हैं। गुरुनानक काव्य के दार्शनिक तत्त्व, कबीर दर्शन अथवा सूर काव्य में भक्ति भावना आदि विषयों में कविता, दर्शन और धर्मशास्त्र का सम्मिश्रण हुआ है।

शुद्ध रागात्मक साहित्य सम्बन्धी अनुसन्धान के भी अलग-अलग धरातल और अलग-अलग तात्त्विक विषय हो सकते हैं। हम जानते हैं कि किसी भी साहित्य में

भाव तत्त्व, बुद्धि तत्त्व, कल्पना तत्त्व और शैली तत्त्व – ये चार मुख्य अंग–को लक्ष्य कर शुद्ध साहित्यिक शोध को रूपायित किया जा सकता है।

भाव तत्त्व सम्बन्धी साहित्यिक शोध

प्रत्येक रागात्मक रचना, वह काव्य, उपन्यास, नाटक, कहानी कुछ भी हो सकती है, किसी विशेष भाव जगत् की उपज होती है। उसमें लेखक के भावों, अनुचिन्तनों, रसात्मक अभिव्यक्तियों और अलौकिक आनन्द की पृष्ठभूमि को स्थान रहता है। ऐसे ही तत्त्वों को मुख्य रखकर जब अनुसन्धाता किसी कृति विशेष अथवा धारा का शोधपूर्ण अध्ययन करता है तो वह भाव तत्त्व सम्बन्धी साहित्यिक शोध होती है। आधुनिक कविता में करुण रस, रीतिमुक्त धारा में विप्रलम्भ शृंगार, सूर काव्य में वात्सल्य चित्रण आदि ऐसे भावात्मक विषय हो सकते हैं जिन पर शोध सम्भव है। औपन्यासिक क्षेत्र में भावजन्य शोध हुई है तथा भविष्य में भी अभी सम्भावना है। राष्ट्रीय भावना, प्रेम भावना, विद्रोह भावना, भक्ति भावना, संघर्ष भावना आदि तत्त्वों का अध्ययन कथा साहित्य में भी हो सकता है।

कल्पना तत्त्व सम्बन्धी साहित्यिक शोध

रागात्मक साहित्य में विषयवस्तु कल्पना तत्त्व की ही देन है। यह अनिवार्य नहीं है विषयवस्तु कल्पना के द्वारा किसी अस्तित्व में से निकाली जाए। अस्तित्व में रहती हुई कोई घटना कल्पना का आश्रय पाकर एक नवीन वेष धारण कर लेती है और किसी भी सुन्दर काव्यकृति की विषयवस्तु बन जाती है। विषय वस्तु से सम्बद्ध साहित्यिक शोध की परिधि वर्ण्य विषय के सामाजिक, धार्मिक, राजनीतिक अथवा मनोवैज्ञानिक आधारों के अध्ययन तक व्यापक होती है। इस स्थिति में प्रायः अनुसन्धित्सु रचना अथवा रचना धारा की कल्पित अथवा यथार्थ भूमियों को अनावृत करता है। उसमें उपलब्ध तथ्यों पर चिन्तन मनन करते हुए मूल आधार की स्थापना का प्रयास करता है। इस क्षेत्र की कोई भी सफल शोध कृति शोधार्थी के साहित्येतर ज्ञान की भी परिचायक होती है। कोई अनुसन्धित्सु तब तक उच्चकोटि का विषयजन्य अनुसन्धान ग्रंथ प्रस्तुत नहीं कर सकता जब तक कि वह कल्पना के मूल आधारों को नहीं समझ लेता। जब तक समाज, राजनीति, धर्म, मनोविज्ञान, अर्थशास्त्र, नीति आदि तत्त्वों की पृष्ठभूमि का ज्ञान नहीं प्राप्त कर लेता, वह रचना की विषयवस्तु को नहीं समझ सकता। इस प्रसंग में डॉ. कामिल बुल्के का शोध ग्रंथ रामकथा एक चुनौतीपूर्ण कृति है। अनुसन्धाता विषयवस्तु की तुलना को भी शोध विषय बना

सकता है जैसे रामचरितमानस तथा कम्ब रामायण। कल्पना तत्त्व से संबंधित साहित्यिक शोध का दूसरा पहलू इतिहास पुराण से सम्बद्ध भी हो सकता है। जब कभी शोधार्थी कृति की विषयवस्तु में ऐतिहासिक पौराणिक तत्त्वों के साथ-साथ काल्पनिक तत्त्वों को अलग-अलग करके पड़ताल करता है तो उक्त दिशा में साहित्यिक ज्ञानवृद्धि होती है।

पाठानुसन्धान भी इसी क्षेत्र की वस्तु है। अज्ञात कृतियों को सही दिशा में प्रस्तुत कर सकना पाठानुसन्धाता का विशेष योगदान कहा जा सकता है। कहा जा सकता है कि भाव तत्त्व, विचार तत्त्व अथवा शैली तत्त्व सम्बन्धी अनुसन्धान तभी सम्भव हो सकता है जब सही पाठानुसन्धान की गई कृतियां अनुसन्धाता के सम्मुख हों। सम्पादक इस कार्य में अनेक विधियों कोअपना सकता है।

1. एक ही विषय पर उपलब्ध पाण्डुलिपियों में से किसी प्राचीनतर पाण्डुलिपि के पाठ को प्रमुखता दे सकता है और पाद टिप्पणी में प्रतिलिपि के समय का निर्देश देते हुए पाठ भेदों को प्रस्तुत कर सकता है।
2. समस्त उपलब्ध पाण्डुलिपियों के एक-एक चरण की तुलना करते हुए और लेखक की मानसिकता को समझते हुए अनुकूल पाठ निर्धारण कर सकता है।
3. सम्पादक स्वयं अपनी रुचि के अनुकूल शब्दों, वाक्यविन्यास तथा उपयुक्त अर्थ को दृष्टि में रखते हुए पाठ निश्चित कर लेता है और साथ-साथ पादटिप्पणी में पाठ भेद का संकेत देते चलता है। इस प्रकार का शोध हमारी अनेक संस्थाओं तथा कतिपय व्यक्तिगत विद्वानों द्वारा किया जा चुका है। **सूरसागर, रामचरितमानस** तथा **पद्मावत** आदि रचनाओं का पाठानुसन्धान किया जा चुका है। ध्यान देने की बात यह है कि सम्पादक को विषय का विद्वान् होना चाहिए। भाषा के प्रत्येक अंग से परिचित विद्वान् ही पाठानुसन्धान का कार्य कर सकता है। भाषा का व्याकरण, उसमें बोलचाल के प्रयोग तथा सांस्कृतिक प्रवृत्तियों की जानकारी पाठानुसन्धाता के लिए अनिवार्य है। कौन-सा शब्द किस रूप में कहां प्रयुक्त होगा, इस ज्ञान के बिना पाठ संपादन का कार्य संभव नहीं है।

विचार तत्व सम्बन्धी साहित्यिक शोध

रागात्मक साहित्य में अनेक शास्त्रजन्य तत्त्व भी विद्यमान होते हैं। इन्हीं शास्त्र -जन्य तथ्यों को आधार बनाकर अनुसन्धान की प्रक्रिया विचार तत्त्व सम्बन्धी शोध कहलाती है। विज्ञान, दर्शन, धर्मशास्त्र, समाजशास्त्र, काव्यशास्त्र, संस्कृति अथवा

मनोविज्ञान की पृष्ठभूमियों पर रचना सम्बन्धी गठन का अध्ययन इसी कोटि के अन्तर्गत आता है। जैनेन्द्र के उपन्यासों का मनोवैज्ञानिक अध्ययन, कबीर का दार्शनिक चिन्तन, मानस की साँस्कृतिक पृष्ठभूमि, हिन्दी साहित्य की दार्शनिक पृष्ठभूमि या हिन्दी की सतसई परम्परा का काव्यशास्त्रीय अध्ययन सरीखे विषय इसी कोटि के हैं। इसमें रचयिता के वैचारिक धरातल अथवा बौद्धिक स्तर का शास्त्रीय विवेचन किया जाता है।

शैली तत्व सम्बन्धी साहित्यिक शोध

साहित्यिक रचना का यह चौथा तत्त्व है, जिसमें प्रवृत्ति तथा अभिव्यंजना कला की परख की जाती है। शैलीगत अध्ययन करने वाले अनुसन्धित्सुओं की पकड़ वालों, प्रवृत्तिजन्य चित्रणों और भावात्मक निरूपण के घेरे में रहती है। आदिकालीन साहित्य की प्रवृत्तियां, भक्तिकालीन कवियों में रहस्यवादी चिन्तन, आधुनिक काव्य में निराशावाद अथवा प्रेम निरूपण आदि ऐसे विषय हैं, जिनको अनुसंधान के लिए शैलीगत परिधि में अपनाया जा सकता है। किसी कृति की अभिव्यंजनागत सुन्दरता अथवा शैली वैज्ञानिक महत्त्व की स्थापना भी इसी कोटि का शोध होगा। प्रायः काव्यशास्त्रीय अनुसन्धान जिनमें संरचना, सौन्दर्य को प्रमुखता दी जाती है, शैलीगत ही कहलाता है।

कभी-कभी कुछ शोधार्थी कृतियों से सम्बन्धित भाषा अथवा मूल भाषा के अध्ययन को ही अनुसन्धान का विषय बना लेते हैं। भाषा की अभिव्यंजना शक्ति, व्याकरण, सांस्कृतिक देन अथवा भाषा वैज्ञानिक अर्थ परिवर्तन आदि को विषय बनाकर पुरातन कवियों की भाषा के अध्ययन प्रस्तुत किए जाते हैं। भाषा के अध्ययन की वर्णनात्मक अथवा ऐतिहासिक प्रणालियां, भाषा की विशेष शब्दावली अथवा उसमें शब्द शक्तियों का योगदान इस प्रकार के अध्ययन के विभिन्न तत्त्व हैं। सूर की भाषा, पद्मावत मे ंभाषाकीय प्रयोग, ब्रजबोली का व्याकरण, छतीसगढ़ की बोलियां आदि ऐसे विषय हैं, जिन्हें भाषाजन्य कहा जा सकता है और जो शैली तत्त्व सम्बन्धी साहित्यिक अनुसन्धान का विशिष्ट अंग है।

पौराणिक, ऐतिहासिक शोध कृति के वर्ण्य-विषय को प्रस्तुत करने के लिए अन्तःसाक्ष्य और बाह्यसाक्ष्य का अवलम्ब देते हैं। इस प्रकार की शोध में अनुसन्धाता कृति में ऐतिहासिक, पौराणिक तथ्यों का संकलन भी करता है और प्रमाणित ऐतिहासिक पौराणिक तथ्यों के आधार पर कृति का अध्ययन भी करता है, जिससे मौलिक तथ्यों का उद्घाटन और ज्ञात तथ्यों की नवीन व्याख्या सम्भव होती है।

साहित्यिक शोध के उपर्युक्त सभी प्रकार अनुसन्धान क्षेत्र के विभिन्न घेरों में शोधार्थी के लिए चुनाव का अवसर प्रदान करते हैं और अनुसन्धाता इनमें से किसी भी घेरे के अन्तर्गत अपनी प्रतिभा और जिज्ञासा को अभिव्यक्ति दे सकता है।

(क) साहित्यिक शोध

हिन्दी साहित्य में साहित्यिक शोध से सम्बन्धित उपादेयता का प्रश्न हम पीछे हल कर चुके हैं, किन्तु यहाँ यह कहने में हमें कोई आपत्ति नहीं कि साहित्य मानवजीवन के लिए आनन्द का स्रोत है तो उसके जीवन सम्बन्धी रहस्यों को जानने की जिज्ञासा भी आनन्द तथा ज्ञान की वृद्धि का कारण हो सकती है। साहित्यिक शोध के दो मूल पहलू हैं, जिन्हे आचार्य हजारी प्रसाद द्विवेदीजी के शब्दों में स्थूल और सूक्ष्म अंगों में विभाजित किया जा सकता हे। स्थूल अर्थों में वह नवीन और विस्तृत तत्त्वों का अनुसंधान है, जिसको अंग्रेजी में Discovery of facts कहते हैं, और सूक्ष्म अर्थ में वह ज्ञात साहित्य के पुनर्मूल्यांकन और नई व्याख्याओं का सूचक है। पहलुओं के लिए अनुसन्धाता को रचना तथा रचयिता के समूचेपन को हृदयंगम करना होता है। यह एक जटिल प्रक्रिया है। सर्वप्रथम अनुसन्धाता को रचना के अन्तर्गत अधीत जीवन और जगत् के अनेकमुखी तथ्यों के आकलन, विश्लेषण और चिन्तन मनन की अपेक्षा होती हैं। लेखक का वातावरण, परिस्थितियों तथा संस्कार उसकी सहज रचना में ही स्थान बना लेते हैं। वास्तव में ये वे तथ्य हैं जिनसे लेखक की मानसिकता प्रकट होती है और अनुसन्धाता के लिए रचना की व्याख्या का आधार बनती है। रचयिता का परिवेश उसके लिए एक दृष्टिदायी तत्व होता है जिसका अध्ययन अनुसन्धाता का पथ प्रदर्शन करता है। अनुसन्धाता के लिए लेखक का मूल परिवेश को जान लेना तथ्याख्यान के लिए उतना ही अनिवार्य है जितना कि नई रचना की खोज में उपलब्ध होने वाले संकेत और कथन। यदि अनुसन्धान उपर्युक्त स्थूल कोटि का हो और उसमें किसी अज्ञात रचना को आलोक में लाने का प्रयास निहित हो, तो निश्चय ही उससे सम्बद्ध जो संकेत और यत्र-तत्र रचनाओं में हुए कथन मिलेंगे, वे मुखकृति की खोज में अत्यन्त सहायक होंगे। यह तो सही है कि अनुसन्धाता रचनाकार की कल्पना को ज्यों का त्यों नहीं समझ सकता, फिर भी उसकी अपनी कल्पना शक्ति इतनी सजीव होनी चाहिए कि वह रचना की परिणति में प्रयुक्त कल्पना को समझ सके। ऐसा करने से ही कोई अनुसन्धाता साहित्यिक शोध का दावा कर सकता है।

साहित्यिक शोध मूलतः रागात्मक साहित्य की शुद्ध प्रक्रिया होती है। पूर्व चर्चा

में हम मानव के संचित ज्ञान के प्रथम खण्ड को रागात्मक साहित्य कह चुके हैं। वास्तव में इसी कोटि के साहित्य का अनुसन्धान शुद्ध साहित्यिक होता है। इसमें अज्ञात रचनाओं को प्रकाशित करना तथा प्रकाशित रचनाओं में निहित तथ्यों की नवीन व्याखाओं द्वारा ज्ञान क्षेत्र की वृद्धि करना इस प्रकार के अनुसन्धान का लक्ष्य होता है। आज ऐसे अनेक संकेत उपलब्ध हैं कि भारत की अनेक प्रान्तीय भाषाओं में मध्यकाल में विपुल ब्रज भाषा साहित्य रचा गया, जो कि प्रायः उन प्रान्तीय भाषाओं की लिपियों में ही लिखा गया। धीरे-धीरे समय की धूल उस साहित्य को इसलिए लील गई कि बाद के प्रान्तीय विद्वानों ने उसकी उपेक्षा कर डाली। वर्तमान काल में कोई विद्वान् यदि उस सम्पन्न साहित्य के सम्बन्ध में उपलब्ध संकेत पाकर उसकी खोज का प्रयास करता है तो उसे ऐसी पाण्डुलिपियां उपलब्ध हो सकती हैं, जो क्षितविक्षत, अपूर्ण और उपेक्षित धरी हों। अब उस विद्वान् का लक्ष्य उन अज्ञात पाण्डुलिपियों को प्रकाश में लाने का हो सकता हे। वह पाण्डुलिपि विशेष से सम्बन्धित अन्य प्रतिलिपियों की खोज करता है। एक दूसरे से मिलता है, कवि सम्बन्धी जानकारी संकलित करता है, अन्तर्साक्ष्य और बहिर्साक्ष्य के बल पर कवि का समय, स्थान और रचना प्रेरणा को निश्चित करता है और उस कृति को साहित्य जगत् के अन्य पाठकों के लिए उपलब्ध बनाता है। यह साहित्यिक शोध का अज्ञात को ज्ञात बनाने वाला अंग है जिसमें Discovery of facts का तत्त्व मुख्य है। अब साहित्यिक शोध की दूसरी मंजिल आरम्भ होती है। दूसरा अनुसन्धाता खोजी हुई इस रचना के अध्ययन और नवाख्यान द्वारा रचनाकार की भावभूमि, संरचनाधर्मिता, कृति का कलात्मक सौन्दर्य, भावाभिव्यंजना और शैलीगत अभिव्यक्तियों को साहित्य जगत् के सम्मुख प्रस्तुत कर पाठकों के लिए कृति विशेष में न केवल रुचि पैदा करता है प्रत्युत रचना को समझने के लिए एक नया दृष्टिदान देता है। सम्भव है कि कोई अन्य या कोई तीसरा अनुसन्धाता उसी कृति के दार्शनिक, मनोवैज्ञानिक, सामाजिक पक्ष का शोधपूर्ण अध्ययन कर कृति सम्बन्धी कतिपय नवीन दृष्टियों को उजागर करे। यह क्रम निरन्तर तब तक चल सकता है, जब तक कि वह कृति समस्त पक्षों और पहलुओं से पूर्णतया निरीक्षित, परीक्षित न हो जाए। यह स्थिति धाराओं के साथ ही चल सकती है। गुरुमुखी लिपि में उपलब्ध हिन्दी काव्य एक ऐसा शोध ग्रंथ है जो हिन्दी जगत् के लिए अज्ञात साहित्य को ज्ञात बनाता है, किन्तु साहित्य उपलब्ध नहीं करवाता। वहां से संकेत प्राप्त कर कुछ विद्वान उक्त साहित्य को लिप्यंतरित और सम्पादित कर साहित्य जगत के लिए प्राप्य बना सकते हैं। यह भी प्रथम कोटि की शोध होगी और उसके बाद आने वाले अनुसन्धाता इस प्राप्य

साहित्य का सूक्ष्म अन्वीक्षण कर इसके विभिन्न पहलुओं पर प्रकाश डाल सकते हैं, यह दूसरी कोटि की शोध होगी।

साहित्यिक अनुसन्धान वास्तव में तथ्यों के माध्यम से सत्य की प्रतिष्ठा तक पहुँचने की प्रक्रिया का नाम है। तथ्य अज्ञात भी हो सकते हैं और निहित भी। अज्ञात तथ्य अनुपलब्ध रचनाओं से सम्बन्धित होते हैं और निहित तथ्य उपलब्ध कृतियों से सम्बन्धित होते हैं। अज्ञात तथ्यों को ज्ञात करवाना और निहित तथ्यों को विहित करना साहित्यिक अनुसन्धान का लक्ष्य है। यह सही है कि साहित्यिक कृति में निहित तथ्य साहित्येतर भी हो सकते हैं उनसे सम्बन्धित शोध साहित्य सम्बन्धी तो हो सकती है पर शुद्ध साहित्यिक नहीं। शुद्ध साहित्यिक शोध का घेरा केवल कवि की भावभूमि, संरचनात्मकता, अभिव्यंजना, शिल्प तथा कलात्मक सौन्दर्य तक ही सीमित होता है। रचना में आए बिम्बों, प्रतीकों का अध्ययन, छन्दों और अलंकारों का ज्ञान, भाषा का प्रयोग, शब्द शक्तियों का सौन्दर्य और भावों और रसों का आस्वादन, शब्दचित्रों का रंगीन सौन्दर्य, प्रकृति चित्रण आदि तत्त्व शुद्ध साहित्यिक शोध के अंग हैं। विषयवस्तु के अन्य विभिन्न पहलू भी इसी के अन्तर्गत अपनाये जा सकते हैं। आजकल काव्यशास्त्रीय दृष्टि से अथवा शुद्ध शोध की दृष्टि से बहुत कम शोध प्रबन्ध लिखे जा रहे हैं, सैद्धान्तिक अध्ययन तो नहीं के बराबर हो रहा है आधुनिक कहानी, उपन्यास, नाटक, कविता आदि के संरचना सिद्धान्तों पर शोध की अपेक्षा है, पूर्वकृत शोध कार्यों के पुनर्मूल्यांकन की पृष्ठभूमि भी परिपक्व हो चुकी है और हमारा विश्वास है कि नवागन्तुक अनुसन्धाताओं को उक्त क्षेत्रों में अपनी योग्यता प्रदर्शित करनी होगी। प्रान्तीय लिपियों के जानकारों को हिन्दी जगत् के लिए अज्ञात साहित्य प्रकाशित करना चाहिए ताकि वे आने वाली पीढ़ियों के लिए सूक्ष्म अनुसन्धान की नवीन समृद्ध सामग्री जुटा सकें।

(ख) भाषा वैज्ञानिक शोध

उपनिषदों में शब्द को ब्रह्म कहा गया है। शब्द की साधना का स्थूल रूप साहित्य, कला और अभिव्यक्ति के माध्यम से भाषा है। साधनात्मक एवं व्यावहारिक, दोनों क्षेत्रों में भाषा का अध्ययन अनिवार्य प्रतीत होता है। किसी रचना, साहित्यिक धारा अथवा कवि द्वारा प्रयुक्त भाषा प्रयोग, अर्थ परिवर्तन, वाक्य विन्यास, रूप और ध्वनि तथा व्याकरणसम्मतता आदि का अध्ययन जब अनुसन्धान का विषय बनाया जाता है तो वह भाषा वैज्ञानिक शोध होती है। मैक्समूलर आदि विद्वानों ने विभिन्न प्रदेशों की भाषाओं अथवा एक ही प्रदेश में भाषाओं के परिवर्तन का अध्ययन करते हुए

सर्वप्रथम एक ऐसी मौलिक भाषा की कल्पना की थी जिसे भारोपीय नाम दिया गया था। इसी अध्ययन को विभिन्न दिशाओं में परिवर्द्धन करते हुए संसार की अनेक भाषाओं का पारिवारिक वर्गीकरण किया गया और उसके पश्चात् आधुनिक भारतीय भाषाओं के गम्भीर विवेचन भी दिये। द्रविड परिवार की भाषाओं का अध्ययन किसी फ्रांसिसी विद्वान् ने किया। सुनीति कुमार चटर्जी की रचना **The Origin and development of Bengli Language** में उत्तर भारत की आधुनिक भाषाओं का ऐतिहासिक अध्ययन किया गया। डॉ. बाबूराम सक्सेना तथा डॉ. धीरेन्द्र वर्मा ने क्रमश: अवधी तथा ब्रज भाषाओं का भाषाकीय अध्ययन प्रस्तुत किया, किन्तु इन अध्ययनों से एक बात स्पष्ट है कि भाषा अध्ययन करने वाले उक्त विद्वान सामाजिक व्यवहार, व्याकरण और प्रायोगिक रूपों का ही अध्ययन करते रहते हैं। उन्होंने नवीन भाषा वैज्ञानिक पद्धतियों का स्पर्श नहीं किया। आधुनिक विचारक सोसुर ने यह स्थापना की है कि भाषा प्रत्येक इकाई के साथ कालगत परिवर्तन को ग्रहण करती है। इसी तथ्य का विचार करते हुए उसने स्वनिम फोनिम का विचार प्रस्तुत किया। आज इसी तथ्य को लेकर पश्चिमी देशों में बराबर शोध कार्य की प्रगति हो रही है।

साहित्य में वर्ण्य विषय को छोड़कर यदि हम कुछ बचा पाते हैं तो वह भाषा और भाषा का सौंदर्य ही होता है। इसी भाषा का अध्ययन एक भाषा वैज्ञानिक शोधार्थी को करना होता है। उसे उपयोगितावाद की दृष्टि से हटकर भाषा का सर्वांगीण विवेचन करना होता है और वह भाषा के अनेकानेक पहलुओं को मननचिन्तन द्वारा एक सूत्र में पिरोते हुए आने वाली पीढ़ियों के लिए भाषा का रूप निर्धारित करता है। आधुनिक सोच प्राय: आदिकाल की अवहट्ट और डिंगल, विद्यापति की मैथिली, सूर की ब्रज, तुलसी की अवधी और प्रसाद की खड़ी बोली को एकदम हिन्दी भाषा कहने में आपत्ति करती है। यही कारण है कि आज उन भाषाओं की बनावट, रूपों, ध्वनियों, व्याकरण समस्त विभक्तियों, अपभंश दृष्टि से हुए विकास आदि को तर्कपूर्ण अध्ययन की कसौटी पर परखते हुए निश्चित दिशा में नामांकित करना होगा और यह कार्य मात्र भाषा वैज्ञानिक शोधार्थी ही कर सकता है। आज हिन्दी की विभाषाओं में पाये जाने वाले हिन्दीजन्य अंगों और संरचनात्मक तत्त्वों का अन्वेषण कर हमें यह सिद्ध करना होगा कि हम हिन्दी को भाषा के आसन पर बैठाने का प्रयास उसके उन गुणों के कारण कर रहे हैं, जो उसकी विभाषाओं में मौजूद नहीं, और यदि हैं तो वह हिन्दी का ऋण है। कौखी, खड़ी बोली, अवधी, ब्रज, मागधी, भोजपुरी आदि विभाषाओं पर हिन्दी का ऐसा घनात्मक आच्छादन है कि वे उसके बिना न तो जीवित रह सकती हैं और न पनप सकती हैं। इस दिशा में हिन्दी

शब्द और हिन्दी भाषा के उद्भव और विकास से सम्बन्धित इतनी गहन शोध अपेक्षित है कि अहिन्दी विद्वानों की यह आपत्ति कि ये विभाषाएं अपने आप में स्वतन्त्र मानी जानी चाहिए, विलीन हो सके। इसके लिए हमें विभिन्न विभाषाओं के विद्वानों का सहयोग चाहिए।

प्राचीन मध्यप्रदेश अथवा समूचे उत्तरांचल में लिखी जाने वाली भाषा को आज हिन्दी कहा जा रहा है। तथापि इसके अन्तर्गत अनेक हिन्दी की उपभाषाएं या बोलियां निरन्तर पनप रही हैं। अब तक अवधि, ब्रज, भोजपुरी, मैथिली, हरियानवी आदि पर प्रामाणिक शोध कार्य हो चुके हैं, किन्तु उनका रूप या तो आज की प्रायोगिक उपभाषा से सम्बन्धित रहा है या उसके उपभाषा रूप में पनपने से लेकर अब तक के विकास को दर्शाता है। ये दोनों पद्धतियां क्रमशः वर्णनात्मक और ऐतिहासिक कहलाती हैं। वर्णनात्मक पद्धति में जैसा कि हम ऊपर कह चुके हैं, भाषा के वर्तमान रूप की रचना प्रक्रिया प्रस्तुत की जाती है। भाषा में प्रयुक्त शब्दावली, विभक्ति, रूप, ध्वनियां, सन्धि आदि के नियम, प्रत्यय, उपसर्ग आदि का विश्लेषण किया जाता है। यह भी कहा जा सकता है कि इस प्रकार का भाषाकीय अध्ययन उक्त भाषा के व्याकरण का विश्लेषणात्मक अध्ययन होता है। द्वितीय पद्धति जिसे हमने ऐतिहासिक नाम दिया है, भाषा के विकास-क्रम को उद्घाटित करती है। भाषा विशेष किन परिवर्तनों, रूपभेदों, ध्वनिभेदों और अर्थभेदों में से होते हुए वर्तमान रूप को ग्रहण करती है - वास्तव में इसका सतर्क आलोचनात्मक इतिहास ही ऐतिहासिक भाषायी शोध का विषय होता है। आज तक हिन्दी में ज्यादातर भाषा वैज्ञानिक कार्य इन्हीं पद्धतियों पर हुआ है। खड़ी बोली का विकास, हिन्दी भाषा का उद्गम और विकास, हिन्दी भाषा का इतिहास, आदि रचनाएं ऐतिहासिक कोटि की हैं। अवधी तथा ब्रज, मागधी, बुन्देली, छतीसगढ़ी, कन्नौजी आदि भाषाओं का अध्ययन वर्णनात्मक कोटि का है।

उक्त दोनों पद्धतियों के अतिरिक्त तुलनात्मक और प्रयोगात्मक दो अन्य पद्धतियां भी अपनाई जा सकती हैं। किन्हीं दो समकालीन भाषाओं की संरचना का तुलनात्मक अध्ययन महत्त्वपूर्ण हो सकता है। तुलना करके भाषाओं की संरचनात्मक समता और विषमता को प्रकट करते हुए शोधार्थी दोनों के बीच एक सेतु निर्माण कर सकता है। कोश ग्रंथों में इस तथ्य को विशेष महत्त्वपूर्ण ढंग से अपनाया जा सकता है। प्रयोगात्मक शोध वैयक्तिक न होकर प्रायः संस्थाजन्य होती है। पिछले दिनों रमिंगटन रैण्ड इंक वालों की संस्था की ओर से हिन्दी टंकण यंत्र के की-बोर्ड की व्यवस्था के लिए एक परामर्शदात्री समिति स्थापित की गई थी। इस समिति के

सामने छोटे से छोटे कीबोर्ड में हिन्दी की समस्त ध्वनियां सम्मिलित करने की समस्या थी। उस प्रयोगात्मक शोध का धरातल है, की-बोर्ड का जो निर्णय लिया गया, वही उस अनुसन्धान की स्थापना कहलाएगी। बहुधा मुद्रणालय, तार भेजने के संकेत, शब्दकोश निर्माण अथवा लिपि सुधार सम्बन्धी शोध इसी कोटि में आती है। हिन्दुस्तानी प्रचार समिति तथा राष्ट्र भाषा प्रचार समिति, वर्धा की ओर से किये गये लिपि सम्बन्धी अनुसन्धान प्रयोगात्मक हैं घ और ध, भ, और म में घ और भ को अलग करने के लिए घुण्डी की व्यवस्था, स्वरों की सभी ध्वनियों के लिए केवल अ को मात्राएं लगाने की व्यवस्था आदि सुझाव उसी प्रयोगात्मक शोध के परिणाम कहे जा सकते हैं।

भाषा वैज्ञानिक शोध की उक्त सभी, पद्धतियों में लिया जाने वाला कार्य भाषा वैज्ञानिक दृष्टि से अनेक शाखाओं में विभक्त किया जा सकता है। आधुनिक भाषा विज्ञान अनेक उपविज्ञानों में बंट चुका है और उन उपविज्ञानों में से कोई भी पहलू किसी भी भाषा के अध्ययन से सम्बन्धित शोध विषय बन सकता है। वर्तमान ध्वनि विज्ञान में हिन्दी की किसी भी विभाषा अथवा उपभाषा की ध्वनियों अथवा एकाधिक उपभाषाओं का तुलनात्मक अध्ययन किया जा सकता है। आज ध्वनिग्राम भी उस अध्ययन के अन्तर्गत प्रवेश पा रहे हैं। अर्थ विज्ञान इस दिशा में भाषा विज्ञान का एक अन्य महत्त्वपूर्ण अंग है। इसका सम्बन्ध शब्दों, शब्दों की व्युत्पत्ति, व्युत्पत्तिजन्य अर्थ, अर्थ परिवर्तन, पर्यायवाची और विपरीतार्थक शब्दों की दिशाएं, उपसर्गों और प्रत्ययों के प्रयोग आदि से है।

वाक्य विज्ञान वाक्यों के पद, उपवाक्य और पदविन्यास के सम्बन्धों का अध्ययन करता है। पदों के क्रम में भाषा का प्रयोग करने वाले व्यक्ति की मानसिकता निहित होती है। यही कारण है कि वाक्य के प्रयोग में जो पदबन्ध रहते हैं इन पर दिया जाने वाला बल वैयक्तिक भिन्नता लिए हुए होता है। इससे उपन्यास और कविता की भाषा का अन्तर तथा उपन्यासकार और कवि के भावों का सांगोपांग अध्ययन सम्भव हो जाता है। रूप विज्ञान का अध्ययन करने वाले शोधार्थी भाषा के ऐसे विभिन्न रूपों का अध्ययन करते हैं जो अर्थ और सम्बन्ध के कारण भाषा की प्रकृति को उद्घाटित करते हैं। दो भाषाओं की तुलना में भी रूप विज्ञान पर्याप्त सहयोगी होता है।

भाषा विज्ञान के अनुसन्धान की एक और शाखा लिपि विज्ञान कहलाती है। देश काल की अपेक्षाओं के अनुसार प्रायः किसी भी भाषा की लिपि निश्चित करना अथवा निश्चित लिपि में वैज्ञानिक परिवर्तन सुझाना इस कोटि के अनुसन्धान का

विषय है। प्रायः लिपि तब तक वैज्ञानिक नहीं हो सकती, जब तक कि भाषा की प्रत्येक ध्वनि के लिए अलग संकेत चिन्ह न हो और उन संकेत चिह्नों को टंकण एवं मुद्रण का सहकार प्राप्त न हो। लिपि के विकास का अध्ययन भी अनुसन्धान का रोचक विषय हो सकता है। ब्राह्मी आदि लिपियों से देवनागरी के उदय का इतिहास अनुसन्धान का विषय बन चुका है।

आजकल प्राचीन ढंग के भाषा के काव्यशास्त्रीय अध्ययन को नवीकृत कर शैली विज्ञान कहा जाने लगा है। सही शब्द का सही स्थान पर सही प्रयोग, जो भावना और अर्थ प्रकृति को सही दिशा में उद्घाटित करता है, इस तथ्य का अध्ययन शैली विज्ञान का शोध विषय रहा है। किसी कवि या किसी साहित्यिक धारा का भाषाकीय विवेचन आजकल शैली वैज्ञानिक अध्ययन का रूप ले रहा है। केवल लेखकों या कवियों द्वारा प्रयुक्त शब्दावली के अध्ययन द्वारा शब्दार्थ में निहित सामाजिक, सांस्कृतिक अथवा संस्कार की दृष्टियों का अध्ययन भी किया जा रहा है। आधुनिक कवियों द्वारा प्रयुक्त शब्दावली सम्बन्धी कृष्ण भावुक का शोध ग्रंथ इस दिशा में एक सुपाठ्य रचना है। वर्तमान स्थिति में भाषा सम्बन्धी अध्ययन प्रायः सामान्य विवेचना से सम्बन्धित न होकर भाषा वैज्ञानिक पहलुओं पर आश्रित होने लगे हैं, यह एक महत्त्वपूर्ण शोध क्षेत्र है, जिसमें शोधार्थियों को अग्रसर होना चाहिए। निश्चय ही भाषा वैज्ञानिक शोध के लिए शोधार्थी को प्राचीन श्रेय भाषाओं की जानकारी, अपभ्रंशों का ज्ञान और अध्ययनाधीन भाषा के प्रत्येक पहलू का परिचय होना अनिवार्य है। शोधार्थी के निर्देशक को भी इस दिशा में भाषाविद् होना चाहिए ताकि वह शोधार्थी को सही मार्गदर्शन दे सके।

(ग) भाषा सर्वेक्षण की विधि

किसी क्षेत्र विशेष की भाषा का अध्ययन करने के लिए उस क्षेत्र में बोली जाने वाली भाषा, उपभाषाओं, विभिन्न प्रयोगों, ध्वनियों और रूपों का सर्वेक्षण अनिवार्य होता है। भाषा सर्वेक्षण किसी एक नियत क्षेत्र में ही सम्भव होता है। इस क्षेत्र को सर्वेक्षण की दृष्टि से अलग-अलग विभागों में बांट लेना अनिवार्य होता है। किसी एक बड़े नगर का भाषाई दृष्टि से सर्वेक्षण करना हो तो उसमें के वे स्थल समुदाय रूप में विभाजित करने होंगे, जहां न केवल जनसंख्या अधिक होगी बल्कि हर प्रकार के लोगों का गमन भी होगा, उदाहरणार्थ – कोई मार्केट, मण्डी अथवा जनसंस्थान। क्षेत्र का विभाजन करने के लिए सामाजिक, औद्योगिक, धार्मिक दृष्टि से भी स्थान का चुनाव किया जा सकता है। प्राचीन और घनी आबादी वाले स्थान इस कार्य के लिए

अधिक उपयोगी हो सकते हैं। जिन स्थानों को सर्वेक्षण की दृष्टि से विभाजित किया जाता है, वे एक-दूसरे से समान दूरी पर होने चाहिए। ऐसे उपेक्षित स्थान भी इस दृष्टि से सहायक हो सकते हैं, वहां नवीनता व आधुनिकता के पांव न पड़े हों। द्विभाषी प्रदेश अथवा ऐसे स्थान जो सार्वलौकिक हों और जहां विभिन्न स्थानों से आने वाले व्यक्ति बस गये हों, भाषा सर्वेक्षण के लिए हितकर हो सकते हैं।

किसी एक प्रादेशिक समुदाय की भाषा में विभिन्न रूपों को एकत्र करने की आवश्यकता पड़ती है। भाषा में परिवर्तन आने के कारण उसी घेरे में विद्यमान हो सकते हैं। 1. शिक्षा के ग्रहण करने के कारण भाषा स्तर में परिवर्तन, 2. दूसरे प्रदेशों से विवाहोपरांत आई स्त्रियां, 3. दूसरे प्रदेशों की भाषा के सम्पर्क में आने वाले व्यक्ति, 4. व्यक्तियों के उच्चारण भेद, 5. विभिन्न सामाजिक वर्ग, 6. विभिन्न धर्मानुयायी आदि तत्त्व भाषा परिवर्तन के कारण होते हैं और इन सभी तत्त्वों को सम्मुख रख कर सर्वेक्षण की ओर अग्रसर होना चाहिए।

भाषायी सर्वेक्षण के लिए दो पक्ष मुख्य होते हैं - 1. सर्वेक्षक, 2. सूचक। सूचक एक ही समय में एक से अधिक हो सकते हैं। इन दोनों की योग्यताएं अलग-अलग होती है। केवल वही विद्वान् जो सर्वेक्षण खण्ड के भूगोल, इतिहास, संस्कृति, उद्योग धन्धों और लोगों के रहन-सहन से परिचित हो, एक योग्य सर्वेक्षक हो सकता है। उसे सामग्री संकलन का अभ्यास तथा उसके विश्लेषण की विधि ज्ञात होनी चाहिए। कार्य में रुचि, धैर्य संलग्नता, सहिष्णुता तथा भाषाकीय प्रयोगों में उसे निपुणता प्राप्त होनी चाहिए। ये सब गुण उसे व्यक्तिगत स्तर पर लाभ पहुंचाने वाले हैं। अधीर और असहिष्णु व्यक्ति कभी भी सूचकों से सामग्री प्राप्त नहीं कर सकता। क्योंकि यह कार्य अत्यन्त व्यापक और बोझिल होता है, इसलिए बीच-बीच में विश्राम, मनोरंजन अथवा गपशप सूचक और सर्वेक्षक दोनों के लिए सहायक हो सकती है। सर्वेक्षक को मिलनसार, प्रभावशाली और वाक्चतुर होना चाहिए ताकि आवश्यकतानुसार वह अपने घेरे में लोगों को मित्र बना सके और उनका विश्वास अर्जित कर सके। सूचक के द्वारा प्रस्तुत तथ्यों को बार-बार सुननें के धैर्य और स्मरण शक्ति की भी उसमें अपेक्षा होती है लेकिन उस समूची सामग्री को बिना विश्लेषण किये निर्णय लेने की भूल उसे कभी नहीं करनी चाहिए। शीघ्रतावश किसी भी निर्णय पर पहुंचना सर्वेक्षण की हत्या होगी। कदाचित् एकाधिक सूचकों से सहयोग पाने के लिए उसे अलग-अलग समय में भिन्न-भिन्न सूचकों की सेवाएं प्राप्त करनी होती है। अतः बड़ी सावधानी से उसे एक सूचक को दूसरे सूचक से अलग रखना अनिवार्य होता है। ऐसी लिपियां सर्वेक्षक को मालूम होनी चाहिए, जिन लिपियों में

सम्बद्ध भाषा के माध्यम से मिली सामग्री को लेखबद्ध करना होता है। ऐसी स्थिति आ सकती है, जहां कोई विशेष ध्वनि इतर लिपि में प्रस्तुत न की जा सके। गुजराती तथा पंजाबी में ऐसी अनेक ध्वनियां हैं जो गुजराती तथा गुरुमुखी के अतिरिक्त अन्य लिपियों में नहीं लिखी जा सकली।

सूचक के साथ व्यवहार करते हुए सर्वेक्षक को पर्याप्त सावधान रहना चाहिए। उसके साथ वाद-विवाद में उलझना तथा उसी के मत को सही स्वीकार कर लेना सर्वेक्षण के लिए हानिकारक हो सकता है। प्राय: सूचक को प्रसन्न करने के लिए उसका धन, खानपान, मधुर वचन आदि से उपयुक्त होना चाहिए। सूचक के साथ एक-डेढ़ घण्टे से अधिक समय तक निरन्तर कार्य नहीं किया जाना चाहिए, क्योंकि सर्वेक्षक के लिए यह कार्य कितना भी महत्त्वपूर्ण क्यों न हो, सूचक के लिए नीरस होता है।

सर्वेक्षक को ऐसे ही लोगों से सम्पर्क स्थापित करना चाहिए जो सर्वेक्ष्य क्षेत्र के अच्छे जानकार हों और एक सफल गाईड का कार्य कर सकें। सूचक की नियुक्ति करते हुए भी इस बात का ध्यान रखा जाना चाहिए कि सूचक कार्य को बोझ समझकर न करें वरन् स्वेच्छा से उसमें रुचि लें। रुचि उत्पन्न करने के लिए सूचकों को पारिश्रमिक दिया जा सकता है।

सूचक

सूचक केवल वही व्यक्ति उत सूचक हो सकता है जो सर्वेक्ष्य भाषा को मातृभाषा के रूप में बोलता, लिखता पढ़ता हो। जिसकी मातृभाषा वह नहीं है, वह व्यक्ति सूचक के रूप में सफल नहीं हो सकता। सर्वेक्षक यदि चाहे तो सूचक को अपने यहां भी बुला सकता है। लेकिन सही बात यही है कि सर्वेक्षक को स्वयं सूचक के स्थान पर जाना चाहिए। सूचक का चुनाव करते हुए तीन बातों का ध्यान रखना अनिवार्य है।

1. सूचक सर्वेक्ष्य प्रदेश के इतिहास और भूगोल से परिचित होना चाहिए।
2. सूचक सर्वेक्ष्य भाषा-भाषी समाज का ही सदस्य होना चाहिए।
3. सूचक यथासम्भव पुराने, स्थायी और सांस्कृतिक परिवार से सम्बन्धित होना चाहिए।

सूचक का चुनाव उसकी सामाजिक स्थिति, धार्मिक मान्यता, आर्थिक स्तर, जातीय और लैंगिक भेदों पर ही किया जा सकता है। कोई पुरानी बुढ़िया अथवा अधिक आयु का बूढ़ा व्यक्ति प्राय: अच्छे सूचक हो सकते हैं। बहुत कम आयु का व्यक्ति सूचक नहीं होना चाहिए। अल्पशिक्षित हो तो उत्तम है। इस कार्य की दिशा में

उच्चशिक्षित व्यक्ति प्रायः सही निष्कर्ष निकालने में विघ्न बन जाया करते हैं। सूचक को बाह्य प्रभावों से मुक्त होना चाहिए, यथासंभव बाह्य प्रदेशों में उसका आवागमन कम हो तो अधिक उपयुक्त होता है। सर्वेक्षक की ही तरह सूचक की स्मरणशक्ति भी पैनी होनी चाहिए। उसका भाषा ज्ञान ठीक हो और वह बिना किसी हस्तक्षेप सूचना को यथातथ्य रूप में सर्वेक्षक तक पहुंचा सके। सूचक के पास कार्य के लिए पर्याप्त समय होना चाहिए, उसे धैर्यवान व सहिष्णु होना चाहिए।

सर्वेक्षण सामग्री एकत्र करने के लिए एक प्रश्नावली तैयार की जा सकती है। भाषा का सही स्वरूप जानने के लिए प्रश्नावली बड़ी महत्त्वपूर्ण होती है। इसी प्रश्नावली के माध्यम से सूचक से भाषा-बानगी प्राप्त की जा सकती है। प्रश्नावली का सम्बन्ध स्थान विशेष की भौगोलिक सीमाओं, ऐतिहासिक विवरणों, मनोरंजन के साधनों, वस्त्राभूषणों, शाकभाजी, फल, बर्तन तथा मौसमों, विवाह में प्रयुक्त शब्दावली, उत्सवों, पेड़, पक्षियों, खेती बाड़ी के साधनों, आवागमन के साधनों, प्रदेश में मनाये जाने वाले पर्वोत्सवों आदि से सम्बन्धित हो सकता है। प्रश्नावली बनाते समय स्थूल चीजों पर प्रश्न पहले किये जाने चाहिए और सक्रिय, चल एवं घटनात्मक तत्त्वों को बाद में उठाना चाहिए। बहुधा भाषा के वैयाकरणिक रूपों, शैलीगत भेदों, मुहावरों, लोकोक्तियों आदि को प्रश्नावली द्वारा प्राप्त नहीं किया जा सकता। इसके लिए सर्वेक्षक को चुटकले, लोकगीत, लोककथाएं, विभिन्न वार्तालाप, सूचकों के संस्मरण आदि अलग से एकत्रित करने होंगे। लड़ाई झगड़े में प्रयुक्त शब्दावली, वाद विवाद या गर्मागर्मी में स्वप्रसूत गालियां अथवा व्यंग्यपूर्ण कथन एकत्रित करने के लिए आकस्मिक स्थितियों की अपेक्षा होगी। प्रश्नावली कितनी बड़ी होनी चाहिए यह एक महत्त्वपूर्ण प्रश्न है। इसके लिए अनिवार्य है कि शब्दावली की भिन्न कोटियां बनाई जाएं और अलग-अलग तथा छोटे-छोटे प्रश्नों की सूचियां उन विभिन्न कोटियों अथवा वर्गों के साथ जोड़ दी जाएं। ऐसा करने से सूचक के लिए प्रत्येक सूची का उत्तर देने के लिए अपेक्षित मानसिकता जुटाना कठिन नहीं होगा। डॉ. हरदेव बाहरी ने शब्दावली तथा वाक्यावली के एकत्रीकरण के अतिरिक्त कुछ अन्य सामग्री को रिकार्डर अथवा शीघ्रलिपि के माध्यम से संगृहीत करने की आवश्यकता पर बल दिया है। उनकी दृष्टि से सामग्री संकलनकर्ता को कोई एक लोककथा, कुछ लोकगीत, किसी विवाह का वर्णन, स्त्रियों के वार्तालाप आदि भी रिकार्ड करने चाहिए। कुछ सूचियां यथास्थान विशेष की जातियों, उपजातियों के नाम, सामान्य नाम, संज्ञाएं, कहावतें, मुहावरे, पहेलियां, कुछ ध्वनिसूचक शब्द, उच्चारण सम्बन्धी विशेषताएं, प्रचलित विदेशी शब्द आदि तैयार कर लेने चाहिए।

इतना सबकुछ कर लेने के उपरान्त संकलित सामग्री के प्रत्येक शब्द का विश्लेषण कर वर्ग तैयार कर लेने चाहिए और प्रत्येक वर्ग में आए शब्दों अथवा वाक्यों का अलग से व्युत्पित्ति मूलक अध्ययन करना चाहिए। ऐसा करने से सर्वेक्षक व्याकरण की दृष्टि के अनुकूल शब्दों की मूल धातुओं, प्रत्ययों और उपसर्गों के प्रयोग द्वारा शब्द रचना, विभक्तियों के प्रयोग से अर्थ परिवर्तन और भाषा की मूल प्रवृत्ति को स्पष्ट करते हुए अपने निष्कर्षों की प्रतिष्ठा कर सकता है। यदि सर्वेक्षक प्रदेश विशेष की मूल भाषा के अतिरिक्त उस प्रदेश में दखल रखने वाली अन्य भाषाओं से परिचित नहीं है तो उसके लिए निश्चय ही प्रचलित शब्दों का उद्‌गम जानना कठिन हो जाएगा। पंजाब में प्रार्थना के लिए सिक्खों में प्रचलित शब्द अरदास का उद्‌गम तबतक कल्पना में भी नहीं किया जा सकता, जबतक कि सर्वेक्षक यहां के इतिहास और मुगल दरबार की पद्धतियों से परिचित नहीं होगा, अर्जदाश्त क्यों कर अरदास बन सकता है, यह जानकारी तभी सम्भव है, जब यहां का सर्वेक्षक यहां की शब्दावली में अरबी, फारसी शब्दों एवं प्रभावों का पूर्ण जानकार हो।

उपर्युक्त सामग्री के वर्ग बना लेने के उपरान्त सर्वेक्षक अपनी सूझबूझ और चिन्तन मनन के द्वारा शोध का धरातल तैयार करता है। एक ही शब्द के अलग-अलग बिम्बों, प्रतीकों और प्रतिबिम्बों को व्याख्यायित करता हुआ वह शब्द प्रयोग की विधियों और अर्थभेदों को निश्चित कर सकता है। धर्म, जाति अथवा आर्थिक स्तर के कारण पृथक् शब्दावलियों को पूर्णत: अलग परिप्रेक्ष्य में देखना होता है। उसके ऐतिहासिक, पौराणिक धरातल को जानना होता है और साथ ही उन प्रसंग कथाओं का परिचय प्राप्त करना होता है, जो उस सन्दर्भ में कभी प्रचलित रही होगी। तभी सर्वेक्षक उक्त शब्दावली के सम्बन्ध में किसी सही निर्णय पर पहुंच सकता है।

(घ) साहित्य की समाजशास्त्रीय शोध

साहित्य और समाज में सदैव एक अविच्छिन्न सम्बन्ध रहा है। साहित्य की प्रत्येक विधा किसी न किसी सामाजिक पहलू पर निश्चय ही प्रकाश डालती है। यह भी सही है कि समाज का अध्ययन समाजशास्त्र समाज के अस्तित्व में आने की आधार सामग्री से लेकर समाज के विकसित रूपों, सामाजिक आवश्यकताओं, विविध पहलुओं और संस्थाओं का अध्ययन प्रस्तुत करता है। ये ही आधार कदाचित् साहित्य के विभिन्न क्षेत्रों में चर्चायित, सांकेतिक अथवा उत्सर्जित होते हैं। अत: जब हम समाजशास्त्रीय शोध की बात करते हैं तो हमारे सम्मुख साहित्य में से उभरने वाले दो तथ्य प्रकाश में आते हैं - एक वह समाज, जिसका चित्रण साहित्यकार ने

अपनी रचना में किया है, और दूसरा वह समाज, जिसकी वह अपनी रचना में कल्पना करता है।

अभिप्राय यह है कि किसी साहित्य विधा पर समाजशास्त्रीय शोध करते हुए दो प्रकार के अध्ययनों को अपनाया जा सकता है। प्रायः शोधार्थी समाज के विभिन्न पहलुओं का चित्रण तो साहित्यिक रचना में से उत्खनित करने में सफल होते हैं और आज अधिकांश साहित्यशास्त्रीय शोध इसी पहलू पर हो रही है। दूसरा पहलू अछूता रह गया है। शोधार्थी उस ओर भी ध्यान दे सकते हैं और एक ऐसे नवीन और साहित्यकार द्वारा अभीप्सित समाज की रूपरेखा भी प्रस्तुत कर सकते हैं, जो यूटोपिया भी हो सकती है और विद्रोहपूर्ण रूढि–भंग समाज भी हो सकती है।

समाजशास्त्रीय शोध के इन दोनों लक्ष्यों का अध्ययन करने के लिए शोधार्थी को अपने समाज का पूर्ण परिचय देना होना अनिवार्य है। रचना का सम्बन्ध जिस समाज से है, उस समाज के रीति–रिवाज, परम्पराएं, पर्वोत्सवों की जानकारी भी शोधार्थी को होनी चाहिए। इस स्थिति में उसका अध्ययन समाज में नारी की स्थिति, सामाजिक सम्बन्धों का स्वरूप, सामाजिक संस्थाओं का परम्परित महत्त्व और समाज के सीमित घेरों के अन्तर्गत आने वाले रीति–रिवाजों, का मूल्यांकन करना होगा। यदि इससे इतर वह अपने अध्ययन को और अधिक विस्तार देने का प्रयास करे तो उसमें मानवीय सम्बन्धों और उनमें अन्य समाजों की विचारधाराओं के सम्मिश्रण तथा उसके प्रभाव का अध्ययन भी सम्मिलित किया जा सकता है। दूसरा पक्ष जो शोधार्थी अछूता छोड़ देते हैं – उसका अध्ययन एक पृथक् प्रभाव के रूप में किया जाना चाहिए। साहित्यिक विधा में उत्सर्जित होने वाले समाज की एक झांकी इसमें प्रस्तुत की जा सकती है। लेखक समाज में क्या परिवर्तन चाहता है ? पुरातन परम्पराओं और रूढियों से अलग रहकर वह कौन सी नवलताओं को समाज का अंग बना देखना चाहता है ? अथवा उसकी विद्रोही भावना समाज के किन गलित अगों की शल्यक्रिया कर उसमें स्वास्थ्य का बीजारोपण करना चाहती है। ये तीनों ऐसे महत्त्वपूर्ण प्रश्न हैं, जिनका उत्तर यदि शोधार्थी खोज सकें और अपने शोधग्रंथ की महत्त्वपूर्ण सामग्री बना सकें, तो उसके समाजशास्त्रीय अध्ययन में एक विशेष सार्थकता आ सकती है।

समाजशास्त्रीय शोध की साहित्यिक विधि के सम्बन्ध में हम शोध छात्रों का ध्यान दो महत्त्वपूर्ण बातों की ओर आकर्षित करना चाहते हैं –

1. शोधार्थी साहित्यिक रचना को पढ़ते हुए उन घटनाओं को अलग करता चले, जो किसी सामाजिक पहलू पर प्रकाश डालती हैं,

2. घटनाओं को अपने समाजसम्बन्धी मूल अध्ययन के समान दण्ड पर परखें। ऐसा करने से निष्कर्ष रूप में शोधार्थी के पास चार तथ्य एकत्र होंगे –
   1. समाज के वे पहलू जिनका चित्रण साहित्यकार ने किया है।
   2. चित्रित सामाजिक पहलुओं की प्रामाणिकता और अप्रमाणिकता।
   3. वर्तमान समाज से बदला हुआ दृष्टिकोण।
   4. उक्त दृष्टिकोण का महत्त्व और मूल्यांकन।

इन चारों तथ्यों को समाज के विभिन्न अंगों और दिशाओं के परिप्रेक्ष्य में यदि क्रमपूर्वक व्याख्यातित किया जाए तो समाजशास्त्रीय शोध का रूप प्रकट हो सकता है। हिन्दी उपन्यास, कहानी, नाटक अथवा कविता, किसी भी विधा में इस प्रकार का अध्ययन सम्भव है। शोधार्थी को स्वयं समाजशास्त्र का गहन ज्ञान होना आवश्यक है।

(ङ) साहित्य की मनोवैज्ञानिक शोध

समाजशास्त्रीय शोध के समान ही यहां साहित्य की विभिन्न विधाओं में मनोवैज्ञानिक तत्त्वों का अध्ययन एवं नवीन उत्सर्जित मानसिक वृत्तियों का अंकन किया जाता है। इस प्रकार की शोध एक सीमित दिशा में केवल उन्हीं रचनाओं से सम्बद्ध हो सकती है जो व्यक्ति प्रधान या विषयी प्रधान हुआ करते हैं। कथा साहित्य में व्यक्ति की प्रधानता प्रमुख है तो काव्य में विषयीपरकता की। कथाकार अपनी जिस रचना में व्यक्ति जीवन को सम्मुख रखकर उसकी मनोवृत्तियों को चित्रित करता है, प्रायः वह मनोवैज्ञानिक रचना कहलाती है। कवि की विषयीपरख रचना में उसके निजी भाव उजागर होते हैं और उन भावों के माध्यम से व्यक्ति रूप में स्वयं कवि अपनी मानसिकता को प्रस्तुत करता है। इस प्रकार जब उक्त प्रकार की रचनाओं में से किसी पक्ष का शोध अपेक्षित होता है तो हम उसे मनोविज्ञानाधारित साहित्यिक शोध कहते हैं। प्रचलित भाषा में साहित्यिक घेरे के अन्तर्गत इसी को मनोवैज्ञानिक शोध भी कह दिया जाता है।

मनोवैज्ञानिक शोध के क्षेत्र में प्रवेश करने वाला शोधार्थी सामान्य मनोविज्ञान से परिचित होना चाहिए। क्योंकि आजकल असामान्य अथवा विकारयुक्त मनोभावों का चित्रण लेखकों को अधिक ग्राह्य है, इसलिए असामान्य मनोविज्ञान का अध्ययन भी शोधार्थी के लिए अनिवार्य हो जाता है। कुछ बातें ऐसी हैं जो वातावरण, आनुवंशिकता अथवा परिस्थितिजन्य अस्थायी विकारों से सम्बन्धित होती हैं। इनका तथ्य बोध भी उतना ही अपेक्षित होता है, जितना कि मनोविज्ञान का क्रमिक अध्ययन। उदाहरणार्थ

जैनेन्द्र की सुनीता द्वारा जंगल में हरिप्रसन्न के सम्मुख निर्वसना हो जाने वाली घटना मनोवैज्ञानिक विश्लेषण करने के लिए सुनीता की परिस्थितियों को सही जांच एवं मनोविकारों के उदय के मूल कारणों एवं उपकरणों का उचित ज्ञान शोधार्थी के लिए अपेक्षित होगा। पति के प्रतिकूल आदेशों के कारण खीझ से भरी हुई सुनीता जंगल में हरिप्रसन्न में उभरते हुए पशु को देखकर भयभीत होती है और खीझ तथा भय की वृत्तियों का संगम अकस्मात् अस्थायी उन्माद का कारण बनता है, यही सुनीता की स्थिति है। मनोविज्ञानाधारित शोधार्थी को इस प्रकार की अनेकानेक परिस्थितियों का विश्लेषण करना पड़ता है। काव्य ग्रंथों के शोध के समय कवि की अन्तः वैयक्तिकता को उघाड़ने की आवश्यकता होती है। इसके लिए शोधार्थी को अनुमान प्रमाण का आश्रय लेना पड़ता है। किसी एक उभरती हुई भावना के लिए एकाधिक अनुमान लगाए जा सकते हैं, और उन अनुमानों को मनोवैज्ञानिक प्रयोग की कसौटी पर परख कर किसी अन्तिम निर्णय पर पहुंचा जा सकता है। उपलब्ध मनोवैज्ञानिक शोधग्रंथों में अनुसन्धित्सुओं ने प्रायः मल रचनाओं में दृष्टिगत वृत्तियों, विकारों, मनोवेगों, संवेगों, मानवीय सम्बन्धों, घुटन, तनाव आदि के कारणों का विश्लेषण मात्र किया है। किन्तु अध्ययन का यह ढंग अधूरा है। इसे सही रूप में साहित्य की मनोवैज्ञानिक शोध नहीं कहा जा सकता। जब तक शोधार्थी विश्लेषण किए इन मनोवैज्ञानिक अंगों को साहित्यिक रचनाओं के अन्तर्गत आने वाली घटनाओं से पुष्ट करते हुए किसी समंजित निष्कर्ष का सन्देश नहीं देता, जब तक मनोवैज्ञानिक शोध का लक्ष्य सम्पन्न नहीं होता।

विभिन्न मनोवैज्ञानिकों के कथनों पर आजकल ज्यादा बल दिया जा रहा है। प्रयास यह किया जाता है कि रचनाकार के कथन को किसी प्रकार किसी लोकविख्यात् मनोवैज्ञानिक के कथन के समक्ष रखा जा सके। ऐसा करते समय शोधार्थी यह विस्मृत कर देता है कि लेखक साहित्यकार है, मनोवैज्ञानिक नहीं, उसके कथन पारिभाषिक नहीं, व्यावहारिक होते हैं। इसलिए जहां व्यवहार का अध्ययन करना है वहां परिभाषा आधार तो बन सकती है, लेकिन व्याख्या प्रस्तुत नहीं कर सकती। व्याख्या के लिए शोधार्थी का बहुअधीत, बहुश्रुत एवं बहुअनुभूत होना अपेक्षित है। उसका व्यावहारिक जीवन तथा उसका मनोवैज्ञानिक ज्ञान परस्पर एक-दूसरे के अभाव को पूर्ण करते हुए शोधपरक समीक्षा का मार्ग निर्दिष्ट करते हैं।

शोधार्थी को साहित्यिक क्षेत्र में मनोवैज्ञानिक अध्ययन करने के लिए सर्वप्रथम चयनित रचनाओं के अन्तर्गत उजागर होती हुई मनोविकृतियों की सूची तैयार करनी चाहिए। उपरान्त उन मनोविकृतियों में से समता की दृष्टि से वर्गीकरण करते हुए

मनोवैज्ञानिकों के कथनों का आधार लेकर, उनकी व्याख्या में लेखक की अनुभूतियां, आत्मकेन्द्रित पात्रों के प्रति सहानुभूति, परिस्थितियों के जाल में विवशता के कारण उभरते हुए विकार, सब का समीकरण होता है। यदि ऐसी व्याख्याओं की उपेक्षा करते हुए शोधार्थी लकीर का फकीर बनने का प्रयत्न करे, तो उसके द्वारा प्रस्तुत शोध को साहित्य का मनोवैज्ञानिक अध्ययन कहा जाना चाहिए।

साहित्य के मनोवैज्ञानिक अध्ययन का एक और पहलू भी है। साहित्यिक रचनाओं में कभी-कभी लेखक की दूरदृष्टि के कारण कुछ नवीन मनःतत्त्वों का उत्सर्जन होता है। साहित्य के समाजशास्त्रीय अध्ययन में जैसे शोधार्थी नवीन समाज में उभरते हुए तत्त्वों को संकलित कर सकता है, उसी प्रकार मनोवैज्ञानिक अध्ययन में नवीन उभरती हुई मनोवृत्तियों को संकलित कर सकता है और फिर उस पर एक अध्ययन संहिता की नींव रखते हुए, नवीन दिशा-निर्देश दे सकता है। यह अध्ययन भी साहित्य की मनोवैज्ञानिक शोध ही कहलाएगा, परन्तु इसमें मनोविज्ञान प्रमुख हो जाएगा और साहित्य गौण।

(च) साहित्य की सौंदर्यशास्त्रीय शोध

सौन्दर्य सार्वजनिक अनुभूति है। न्यूनाधिक दृष्टि से यह अनुभूति किसी को भी आकर्षित करती एवं सहृदयों के मन को स्पंदित कर देती है। कलाओं की रूपकल्पना से प्राप्त ग्राहक की अनुभूति को पाश्चात्य सौन्दर्यानुभूति कहते हैं। काव्य साहित्य की अनुभूति को भारतीय अलंकारों ने रसानुभूति की संज्ञा दी है। वस्तुनिष्ठ दृष्टि से सौन्दर्यानुभूति कलाकृति के रूप की है और रसानुभूति काव्यगत भावव्यंजना की। अनुभूति की दृष्टि से दोनों की प्रकृति में साम्य का अभाव नहीं है। पाश्चात्य सौंदर्यशास्त्र दर्शनाधारित है। इसमें चिन्तन सौंदर्य के तात्त्विक रूप का अधिक उद्घाटन करता है, कला या साहित्य की व्याख्या एवं उसमें से प्राप्य आनन्द की अनुभूति को प्रकट नहीं करता। इसीलिए भारतीय रस सिद्धान्त के वर्तमान व्याख्याताओं ने सौंदर्य को रचना का बाह्य गुण अथवा रूपगत विशेषता मानकर उसे रस से निम्न स्थान पर रखा है। दर्शन से हटकर सौंदर्यशास्त्र का लक्ष्य कविकर्म होता है, जबकि भारतीय चिन्तन रसानुभूति या रसशास्त्र ग्रहण करने वाली अनुभूति की दृष्टि से काव्य व्यवस्था की चर्चा करता है। सौंदर्य रूपाश्रित है, रस अनुभूति जन्य। आधुनिक साहित्य चेतना में पाश्चात्य चिन्तन के प्रवेश के कारण प्रायः आलोचक भारतीय काव्यकृतियों को पाश्चात्य मानदण्डों पर परखने का लोभ संवरण नहीं कर पाते। रसानुभूति के साथ-साथ वे कृति के रूपगत, मानगत, अनुपात एवं आकारगत सौंदर्य

का अध्ययन करना भी अपेक्षित समझते हैं। यही कारण है कि आज सौंदर्यशास्त्रीय शोध का प्रश्न उपजा है।

सौंदर्यशास्त्रीय शोध के आधार दो विशिष्ट तत्त्व है- सौंदर्यानुभूति एवं सौंदर्यबोध। सौंदर्यानुभूति का मूलाधार आश्रय होता है। आश्रय की निजी मनोदशा वस्तु के सौंदर्य को इंगित करती है। यदि आश्रय में संवेदनशील आत्मा का अभाव है, अथवा उससे सौंदर्य में अभिरुचि नहीं, विरक्त, त्यागी अथवा उदासी व्यक्ति में सौंदर्याभिरुचि नहीं होती तो निश्चय ही सौंदर्य इसके लिए अनस्तित्व की चीज होगा। आश्रय प्रायः अपने व्यक्तित्व के अनुसार ही सौंदर्य में रुचि लेता या सौंदर्य ग्रहण करता है। बहिर्मुखी व्यक्तित्व वाला मनुष्य वस्तु के बाह्य रूपाकार पर ध्यान देता एवं उसका सामाजिक मूल्य आंकता है, जबकि अंतर्मुखी व्यक्तित्व का आश्रय वस्तु की भीतरी सौंदर्यभावना को ग्रहण करता है। बुद्धि का सौंदर्यास्वादन में कोई स्थान नहीं। तर्क प्रायः सुन्दरता की हत्या कर देता है। केवल भावुकता ही सौंदर्य की रूपगत सूक्ष्मता के तल तक पहुंच सकती है। इसमें व्यक्ति के आनुवंशिक संस्कार सहयोगी होते हैं।

सौंदर्यानुभूति का आधार काम है। ज्यों-ज्यों व्यक्ति में काम भावना परिपक्व होती है, त्यों त्यों सौंदर्यानुभूति के संस्कार विकसित होते हैं। यदि यह विकास अनुदात्त है तो सौंदर्य के प्रति व्यक्ति की प्रतिक्रिया वासनात्मक होगी और यदि काम का विकास उदात्तभावी है तो सौन्दर्य के लिए प्रेम उपजेगा। इस स्थिति में वस्तु इसलिए सुन्दर होती है क्योंकि व्यक्ति के मन में उसके प्रति लगाव उत्पन्न हो जाता है। डॉ. एस.टी. नरसिंहाचारी ने इस तथ्य के प्रमाण में विल डुरंट को उद्‌धृत किया है-**A thing is beautiful. First of all, because it is desired so we desired nothing originally because it is beautiful but we consider it beautiful because we desire it. (Will Durant Mausians of Philosophy P.286)** तात्पर्य यह है कि आश्रय वस्तु के प्रति जैसी प्रतिक्रिया करता है, उसी के परिणाम में उसके मन में सौंदर्य स्पंदित होता है। इसी दृष्टि से काली लैला भी मजनूं के लिए अनिंद्य सुन्दरी बन सकी थी। जर्मन विचारक कांट ने सौंदर्यानुभूति की चार विशिष्टताएं स्वीकार की हैं।

1. सौंदर्य सार्वभौम तथा सार्वजनीन अनुभूति है।
2. शुद्ध सौंदर्यानुभूति निर्लिप्त होती है।
3. वह किसी भौतिक उपादेयता के बगैर भी सार्थक होती है।
4. सौंदर्यानुभूति मन इन्द्रियों के स्वतन्त्र क्रियान्वयन पर आश्रित होती है, जो संस्कार के विकास के परिणामस्वरूप जाग्रत् होता है।

सौंदर्यशास्त्रीय अध्ययन करने वाले शोधार्थी को साहित्यिक कृति में ऐसी सौंदर्यानुभूति की खोज करनी होती है जो ऐन्द्रिकता से मानसिकता एवं मानसिकता से आध्यात्मिकता की ओर अग्रसर होती है। साहित्यिक सौंदर्य की पूर्णता प्रथम दो धरातलों के सामंजस्य में ही विद्यमान होती है। उत्तम रचना में ऐन्द्रिय सौंदर्यानुभूति को उच्च धरातल तक पहुंचाया जाता है। इसी यथार्थ की सप्रमाण पुष्टि सौन्दर्यानुभूतिजन्य अध्ययन होता है।

सौंदर्यशास्त्रीय अध्ययन में यदि मनोविज्ञान की सहायता ली जाए तो सौंदर्यानुभूति को विभिन्न अवस्थाओं में विभाजित कर अध्ययन का विषय बनाया जा सकता है। ये अवस्थाएं छः हैं–

1. सौंदर्य के प्रति आकर्षण
2. सौंदर्य रहस्य की जिज्ञासा
3. सौंदर्य के अन्तर्दर्शन से प्राप्त मौग्ध्य
4. सौंदर्य दर्शन में निरन्तर अतृप्ति
5. स्वप्न दर्शन
6. तन्मयता का आनन्द।

उदाहरणार्थ यदि हम सूरदास की गोपियों की कृष्ण सौंदर्य के प्रति उदात प्रतिक्रिया का मनोविज्ञानाधारित सौंदर्यशास्त्रीय अवगाहन करने चाहें, तो हमें इन्हीं अवस्थाओं से गुजरना होगा। अध्ययन का क्रमिक विकास स्वयंमेव सौंदर्य के ऐन्द्रिय धरातल को मानसिक धरातल की ओर सुप्रेरित करेगा। वहां कवि तथा कृति, दोनों में की सौंदर्यानुभूति उच्च धरातल पर स्थापित होगी। कामायनी का काम सर्ग हमारी उपर्युक्त समूची व्यवस्था का सही उत्तर जुटाता है। सौंदर्य के प्रति मानवीय कामना का उदात्त अथवा अनुदात विकास जिन परिणामों की सम्भावना प्रस्तुत करता है, श्री जयशंकरप्रसाद ने उनका सुन्दर निरूपण उक्त सर्ग में किया है।

सौंदर्यशास्त्रीय अध्ययन करने के लिए शोधार्थी के पास सौंदर्य को परख सकने का विशेष संस्कार होना भी अनिवार्य है। यही संस्कार मनुष्य का सौंदर्यबोध कहलाता है। सौंदर्य के प्रति चाहत एवं भावन व्यापार धीरे–धीरे सौंदर्यबोध को रूपायित करते हैं। रचनागत या शिल्पगत सौंदर्यबोध का उदय अभिरुचि से ही संभव है। यदि किसी व्यक्ति को शास्त्रीय संगीत में रुचि नहीं, अथवा वह उसमें अभिरुचि को विकसित नहीं कर पाया, तो संगीत का सूक्ष्म सौंदर्य कभी भी उसके बोध का विषय नहीं बन सकता। जीवन या जगत् में किसी भी स्थिति के सौंदर्यबोध के लिए पहले बार–बार के अभ्यास से उसमें अभिरुचि जगाई जाती है, क्रमशः

उसमें का सौंदर्य व्यक्ति के सम्मुख उद्घाटित होने लगता है। रचना का सौंदर्य सूक्ष्म अनुशीलन के आश्रय के आस्वादन का कारण नहीं बन सकता। मनुष्य अपने परिवेश तथा सामाजिक संस्कारों से भी सौंदर्यबोध ग्रहण करता है। समाज की परम्पराएं सांस्कृतिक चेतना अथवा उपलब्धि का स्तर मानवीय सौंदर्यबोध को प्रभावित करते हैं। ईरानी काव्य में नरगिसी आंख की सुन्दरता और भारतीय कविता में कमल नयन के सौंदर्य की तुलना से जातिगत उपलब्ध सौंदर्य का संस्कार देखा जा सकता है। ईरानी स्त्रियों की आंखें गोल होती है, भारतीय स्त्रियों की आंखें कमल पत्र समान लम्बायमान – इसी पर सौंदर्यबोध नरगिस या कमल के उपमानों की खोज करता है। मनुष्य का व्यक्तित्व, जीवन परिवेश, रहन सहन का स्तर, आर्थिक भेद आदि तथ्य भी सौंदर्यबोध के निर्धारण में सहयोगी होते हैं। धनवानों में सुकुमारता का सौंदर्य निर्धनों में गठित शरीर के सौंदर्य से प्रायः तुलनीय होते हैं। व्यक्तित्व के अन्तर्मुखी या बहिर्मुखी होने के कारण प्रकृतिजन्य, मानवीय अथवा सृष्टिजन्य सौंदर्य के दृष्टिकोण भेद बन सकते हैं। बिहारी की गुलाब-सी नायिका, जिसके शरीर पर चिपकी गुलाब की पंखुड़ियां अदृश्य हैं और गोरखनाथ की नायिका, जो केवल मांस-मज्जा, हाड़ चाम की घृणित पुतलिका है, इसी दृष्टिभेद का परिणाम हैं।

आधुनिक चिन्तकों में भी ऐसे विद्वान् मौजूद हैं, जो वस्तु सौंदर्य को महत्त्व नहीं देते। वे उसके सूक्ष्म अनुशीलन द्वारा वस्तु के भीतर का सौंदर्य आंकने का सुप्रयास करने का परामर्श देते हैं उनके मतानुसार साहित्य में अभिव्यंजना की अवस्थाएं ही कला है, सौंदर्य उनका बाहरी मूल्य है। सौंदर्यशास्त्रीय शोधकर्ता को सौंदर्यानुभूति एवं सौंदर्यबोध के तत्त्वों के माध्यम से साहित्यिक कृति का अभिव्यंजनागत अवगाहन करना होता है। अभिव्यक्ति के भीतरी एवं बाहरी रूपों का उद्घाटन करना होता है। भीतरी रूप की खोज वह कवि के भावों, मनोविकारों, सोच, कल्पना एवं समूचे भावन व्यापार के सौंदर्य में करता है। बाह्य सौंदर्य भाषा, शैली, कथन, अलंकार, रीति एवं वक्रोक्ति में प्रकट होता है। कवि की लालित्य योजना उसके भावन व्यापार में रहती है, तो उसकी सुन्दर सशक्त अभिव्यक्ति नीतिजन्य तथा वक्रोक्ति युक्त भाषा मे। सौंदर्यशास्त्रीय शोधार्थी इन्हीं दोनों पहलुओं से रचना के सौंदर्य को सबके लिए आस्वाद्य बनाता है। शोधार्थी को कलाकार के सौंदर्यबोध को पहचानना होता है जो कि निश्चय ही माध्यम में अभिव्यक्त होता है। वह अपनी रूप कल्पना को शाब्दिक अभिव्यक्ति देकर कुछ कह जाता है। शोधार्थी को उन शाब्दिक रूपों में से साहित्यकार के सौंदर्यबोध को निर्धारित करना होता है – इसी में सौंदर्यशास्त्रीय अध्ययन का सही परिप्रेक्ष्य बनता है।

साहित्यकार अपनी कलात्मक भावना के अनुरूप ही अभिव्यंजना का विधान करता है। अभिव्यक्त रूप में एक शिल्पगत बहिर्मुखी पहलू झलकता है, जो साहित्यकार की रूप कल्पना को आकार देता है– इसे बिम्ब कहते हैं। बिम्ब उक्त आकार का मानसिक रूप है। शाब्दिक आकार जब तन्मयता के कारण वास्तव का चोला पहन सजीवता ग्रहण कर लेता है तभी वह बिम्ब कहलाता है। बिम्ब की सही जांच तभी हो सकती है, जब कलाकार का सौंदर्यबोध परीक्षक के सौंदर्यबोध के समकक्ष होता है। अनुदात्त सौंदर्यबोध वाला शोधार्थी कवि प्रसाद के समरस सौंदर्यबोध को तब तक सौंदर्यशास्त्रीय नियन्त्रण में नहीं परख सकता, जब तक कि वह स्वयं उतना ही उदात्त संस्कार नहीं बना लेता। तात्पर्य यह है कि सौंदर्यशास्त्रीय शोध काव्य में आन्तरिक और ब्राह्य रूप सज्जा एवं अभिव्यंजना को ही लक्ष्य नहीं करता, बल्कि बिम्बों के माध्यम से वह कलाकार की रूप कल्पना का उद्घाटन भी करता है। रचना के भीतर से वह पाठक के मन में सौंदर्यानुभूति की अभिरुचि पैदा करता है और धीरे-धीरे सौंदर्यानुभूति और रसानुभूति को सहज समान स्तर पर लाकर रचना को आस्वाद तथा आनन्द का विषय बनाता है। यही मूलत: सौंदर्यशास्त्रीय अध्ययन कहा जा सकता है।

(छ) काव्यशास्त्रीय शोध

हिन्दी का निजी काव्यशास्त्र अभी तक निश्चित विकास को प्राप्त नहीं हो सका। हमें किसी भी रचना के अध्ययनार्थ प्राय: पाश्चात्य अथवा संस्कृत काव्यशास्त्र का आश्रय लेना होता है। इस स्थिति में हिन्दी काव्यशास्त्र के शोध का महत्त्व और भी बढ़ जाता है। विचारणीय तथ्य है कि संस्कृत आचार्यों ने संस्कृत काव्यों के आधार पर संस्कृत काव्यशास्त्र रचना, पुरातन पाश्चात्य काव्य ग्रंथों के सहारे पश्चिम के अनुसंधित्सुओं ने पाश्चात्य काव्यशास्त्र की नियमावली तैयार की है, ऐसे में हिन्दी का शोधार्थी क्यों अपने युग की रचनाओं का विश्लेषण विवेचन करते हुए उनकी रचनाधर्मी प्रवृत्तियों को निश्चित करने का साहस नहीं करता। इस दिशा में हिन्दी के शोधार्थियों की अवहेलना का निराकरण करना होगा। उनमें नवीन काव्यशास्त्रीय तथ्यों की खोज का उत्साह जगाना होगा।

काव्य की परिभाषा, काव्यात्मकता का प्रश्न, काव्य के तत्त्व, प्रयोजन, स्वरूप, अभिव्यक्ति के अंक, शैलीगत विश्लेषण विवेचन, विधागत तत्त्व एवं प्रकार, रससौन्दर्य, व्यंजना एवं असाधारण अर्थबोध आदि का विस्तृत अध्ययन क्षेत्र काव्यशास्त्र के अन्तर्गत माना जा सकता है। किसी कवि या लेखक, रचनाधर्मी प्रवृत्ति, वाद विशेष

अथवा साहित्यिक धारा की धारणाओं को निगमन द्वारा स्थापित करने के सम्बन्ध में किया गया अनुसंधानात्मक कार्य काव्यशास्त्री शोध कहलाएगा। इस दिशा में कार्य करने वाला अनुसंधित्सु अपने आलोच्य लेखक, काल, धारा या वाद की सीमाओं में आने वाली समूची रचनाओं का सर्वेक्षण करता है। उनमें वह समान तत्त्वों को अलग करता है। विषमताओं को उपयोगिता की कसौटी पर कसता है, और फिर समान तत्त्वों की अनिवार्यता स्वीकार करते हुए उपयोगी विषम तत्त्वों का विश्लेषण विवेचन भी करता है। किसी भी रूप में जब उनकी उपयोगिता स्थापित हो जाती है, तो उन तत्त्वों के महत्त्व का भी वह निर्देश करता है। इस प्रकार एक नये काव्यशास्त्र का जन्म होता है - जैसे छायावादी कवियों के काव्य सिद्धान्त अथवा भक्तिकालीन कवियों के काव्य सिद्धान्त।

आज संस्कृत काव्यशास्त्रियों पर आश्रित रहकर हम हिन्दी में नित्य नवीन लिखे जा रहे महाकाव्यों का सही मूल्यांकन नहीं कर सकते। वर्तमान स्थिति में या तो हम उन रचनाओं को महाकाव्य ही नहीं मानते। या उनके प्रति उपेक्षित दृष्टि बनाए रहते हैं। परिणाम यह है कि रचना क्षेत्र में निरन्तर विकास होते हुए भी उसके अध्ययन क्षेत्र में गतिरोध पैदा हो गया है। इसे दूर करने के लिए वर्तमान की सहज मांग है कि हम नवीन उभरती हुई प्रतिभाओं की काव्य मान्यताओं की जांच परख करें। ऐसा करने के लिए हमारी आधार सामग्री जहां आलोच्य कवि की सर्जनात्मक कृतियां होंगी, वहां उसके द्वारा प्रकट मान्यताओं का ब्योरा भी अनिवार्य होगा। उदाहरणार्थ यदि हमें श्री सुमित्रानन्दन पंत के काव्य सिद्धान्तों का अध्ययन करना होगा, तो हम उनके काव्य ग्रंथों को तो संकलित करेंगे ही। साथ ही उनकी समीक्षात्मक भूमिकाएं एवं स्वतंत्र ग्रंथों का अवलोकन अनिवार्य होगा। पन्तजी के काव्य संग्रहों में लिखी गई भूमिकाएं यथा आधुनिक कवि की भूमिका तथा छायावाद एवं पुनर्मूल्यांकन सरीखी समीक्षात्मक कृतियां इस दिशा में अन्यतम महत्त्व की चीजें हैं। यह सही है कि पन्त की काव्य मान्यताओं की स्थापना केवल इन समीक्षात्मक ग्रंथों पर नहीं होगी - उसका मूल आधार पन्त की काव्य रचनाएं ही होंगी, तथापि पन्त के द्वारा प्रकट काव्य सम्बन्धी प्रत्यक्ष या परोक्ष विचार अध्ययन की दिशा निश्चित करने में अवश्य सहायक होंगे। महादेवी वर्मा की माया की भूमिका तथा साहित्यकार की आस्था तथा अन्य निबन्ध आदि रचनाएं भी इस दिशा में सहायक हो सकती हैं प्रायः कवियों के काव्यधारणा सम्बन्धी तत्त्व उनकी रचना में ऐसे घुलेमिले से होते हैं कि उनकी काव्य कृतियों एवं यत्र-तत्र प्रकट काव्य सम्बन्धी विचारों से सही आकलन मूल्यांकन द्वारा ही हम व्यक्तिगत काव्य सिद्धान्तों का रूप निश्चित कर सकते हैं।

इसके विपरीत यदि किसी काल विशेष अथवा धारा विशेष के रचनाकारों की काव्यधारणाओं के सम्बन्ध में अध्यन करना हो तो उपर्युक्त पद्धति को सामूहिक रूप से प्रयोग में लाना अपेक्षित होता है।

वर्तमान काल में लेखक प्रयोगवादी है। वह रचना के नए-नए प्रयोग कर रहा है। यशोधरा, उर्वशी आदि आधुनिक रचनाएं काव्य के पुराने सांचों में नहीं ढाली जा सकती - उर्मिला, कैकेयी और मीरा सरीखी रचनाओं में नायिका प्रधानता उन्हें पुरातन महाकाव्य के सांचे में योग्य नहीं रहने देती- प्रेमचन्द, निराला जैसे साहित्यकारों पर लिखे गए महाकाव्य नायक की दृष्टि से महाकाव्यत्व के अनुरूप नहीं, तो क्या ऐसी स्थिति में हमें वर्तमान प्रयोग की प्रत्येक रचना को धता बताना होगा ? नहीं, उन रचनाओं के अनुरूप काव्य सिद्धान्त गढ़ने होंगे। नवीन काव्य सिद्धान्तों की खोज में की गई साहित्यिक मुहिम का नाम ही काव्यशास्त्रीय शोध होगा।

मात्र काव्य क्षेत्र में ही नहीं, परम्परागत रूप विधान प्रत्येक साहित्यिक विधा में बदल रहा है। कोई भी सप्राण, सशक्त नवीन रचना अब पुराने सांचे में ढाली नहीं जा सकती। उसके लिए नवीन सांचों की खोज भी अनिवार्य है। आज उपन्यास की रचना को परम्परित तत्त्वों पर परखा नहीं जा सकता। उपन्यासकारों ने युगबोध के अनुकूल अनेक नए प्रयोग किये हैं। उनकी कतिपय उदात्त रचनाओं को पश्चिम वालों ने महाकाव्यात्मक विशेषण से सुसज्जित किया है। परिणामत: एक तो महाकाव्य की सीमाएं पद्य के साथ-साथ गद्य को भी छूने लगी हैं और दूसरे, गद्य का घेरा व्यापक होने के कारण नवीन शैलियां जन्म लेने लगी हैं। पश्चिमी काव्यशास्त्रों की उक्त घोषणा का आधार परिवर्तित रूप में लौंजाइनस का उदात्त तत्त्व ही है, किन्तु क्या हिन्दी साहित्य शास्त्र अब इतना सबल नहीं हो चुका कि वह अपने लिए स्वयं सोच सके?

विभिन्न साहित्यिक विधाओं के पारस्परिक प्रभावों का महत्त्व आज बढ़ता जा रहा है। सिनेमा के लाईट शेड एवं ध्वनि के तकनीक रंगमंच तेजी के साथ ग्रहण कर रहा है। नाटक के लिए रंगमंच वाली बात पुरानी हो गई है - बहुधा रंगमंच और नाटक साथ-साथ चलने लगे हैं, प्रत्युत कदाचित् रंगमंच आगे बढ़ रहा है। कहानी और उपन्यास में अन्तराल बढ़ रहा है, प्रदत्त तत्त्वों के सम्मुख विचार बिन्दु एकदम तात्त्विक महत्त्व ग्रहण कर गया है। आज का कथाकार विचारबिन्दु को ही कथा का मूल तत्व मानकर रचना को आकार दे रहा है।

परिवर्तन इतना तीखा और तीव्रगामी हो गया है कि छायावाद, छायावादोत्तर, प्रयोगवाद, नयी कविता, विचार कविता आदि धाराओं की रचना प्रयोग के स्तर पर

अलग होने का दावा करती है। निःसन्देह उक्त दावे के होते हुए भी सम्प्रति काल में छायावाद, परम्परित काव्य समय तथा पौराणिक मिथकों की झलक मिल ही जाती है। काव्यशास्त्रीय शोधार्थी को अपने अध्ययन क्षेत्र में इन्हीं तथ्यों को बीनना, परीक्षण करना एवं उन पर सैद्धान्तिक निर्णय देना होता है। यों भी नवीन विधाओं यथा संस्मरण, रिपोर्ताज, गद्य गीत, रेडियो नाटक, साक्षात्कार आदि का उद्भव, विकास रूपान्तरण का अध्ययन काव्यशास्त्र के ही विषय हैं। साहित्यिक विधा के अनेक विधा तत्त्वों, स्वरूपों, ह्रास-विकास एवं अन्योन्याश्रित प्रभावों तथा अन्य सम्भावित स्थितियों का आकलन परीक्षण भी काव्यशास्त्रीय शोध के अन्तर्गत हो सकता है। साहित्यविधाओं के नवीन तत्त्वों और मूल्यों की व्याख्या एवं स्थापना, नए नियमों-सिद्धान्तों की खोज आदि काव्यशास्त्रीय अनुसन्धान का पराक्रम होता है।

(ज) साहित्येतिहास सम्बन्धी शोध

इतिहास की मूल भावना विकास है, ऐसा भारतीय एवं पाश्चात्य विद्वानों ने स्वीकार किया है। सम्प्रति घटित किसी भी घटना के पीछे एक समूची विकासात्मक पृष्ठभूमि मौजूद रहती है। उसका सही उद्घाटन करना ही ऐतिहासिक शोध का विषय होता है। साहित्य की विभिन्न धाराओं, विधाओं, प्रवृत्तियों आदि के उद्‌गम और विकास के अन्तर्गत भी इसी दृष्टि से अन्वीक्षण का उपक्रम साहित्येतिहास को रूप देता है।

डॉ. गणपतिचन्द्र गुप्त ने **हिन्दी साहित्य का वैज्ञानिक इतिहास** में **डार्विन, स्पेंसर, बर्गसां, ट्वायनबी** आदि विकासवादी विचारकों के गम्भीर अध्ययनोपरांत विकास प्रक्रिया के पाँच निश्चित सूत्रों का निर्देश दिया है। वे हैं- प्राकृतिक सर्जन शक्ति, परम्परा, वातावरण, द्वन्द्व या आकर्षण-विकर्षण और सन्तुलन स्थापना। विश्वास किया जाता है कि विश्व के किसी भी क्षेत्रीय विकास की व्याख्या तथा पृष्ठभौमिक आकलन उक्त सूत्रों के माध्यम से सम्भव है। अतः साहित्येतिहास सम्बन्धी शोधार्थी के लिए हमारा सुझाव है कि वह अपनी इतिहासपरक समस्याओं के लिए पाँचों सूत्रों में से सुयोग्य आधार लेकर स्थिति की पृष्ठभूमि का उद्घाटन करे और तदुपरांत धारा के विकास, ह्रास या व्यवस्था -अव्यवस्था के सूत्रों का परीक्षण करे। ऐसा करने से उसकी शोध विषयक पृष्ठभूमि सुदृढ़ होगी और इस सबल नींव पर खड़ा किया गया प्रासाद सुन्दर तथा आकर्षक बन सकेगा।

प्राकृतिक सर्जन शक्ति से यद्यपि क्षेत्रीय विकास के घेरे में कई तरह के अर्थ लगाए जाते हैं, किन्तु साहित्येतिहास अथवा काव्य क्षेत्र में इससे रचयिता की ईश्वर रचना शक्ति अर्थात् प्रतिभा का अर्थ ही लिया जाता है। कवि की प्रतिभा ही उसके

काव्य का आधार माना गया है। यह वह मूल शक्ति है जो मनुष्य के भीतर छिपे हुए साहित्यकार का अनावरण करती है। साहित्येतिहास में किसी भी धारा के आरम्भिक लेखक इसी शक्ति से सम्पन्न होने के कारण नयी धारा का श्रीगणेश करते अथवा उसे कोई महत्त्वपूर्ण मोड़ देखने में समर्थ होते हैं। उनसे पूर्व उस क्षेत्र में यथावत् रचना हुई हो या उसके बीज मौजूद हों उन्हे उसकी अपेक्षा नहीं रहती। तथापि साहित्यैतिहासिक शोधार्थी को उक्त प्रतिभाशाली लेखक की धारणाओं का सम्बन्ध पीछे किसी परम्परा अथवा वातावरण से जोड़कर उसका अध्ययन प्रस्तुत करना इतिहास नियमों के अनुकूल होता है।

परम्पराएं रूढ़ होकर मान बन जाती हैं। भारत की आध्यात्मिक परम्परा बड़ी सक्षम है। साहित्य क्षेत्र में भक्तिकाल के उदय एवं साधक, सन्तों, महात्माओं के काव्य की पृष्ठभूमि युगीन परिस्थितियों के अतिरिक्त उक्त परम्परा में खोजना उचित ही होगा। आचार्य रामचन्द्र शुक्ल ने 'हिन्दी साहित्य का इतिहास' में वातावरण की परम्परा की अपेक्षा अधिक मतळव दिया है। वातावरण के आश्रय ही उन्होंने काल विभाजन एवं नामकरण प्रस्तुत किये हैं। भक्ति काव्य मुसलमानों के शासन स्थापना एवं अत्याचारों की प्रतिक्रिया थी या इसका मूल नाथों सिद्धों से होता हुआ हमारी उपनिषद् कालीन आध्यात्मिक परम्परा में था – यह आज शोध का विषय बन सकता है। द्वन्द्व अथवा आकर्षण विकर्षण का सूत्र भी हमारे लिए शोध की नयी जमीन प्रस्तुत करता है। प्रायः साहित्यिक धाराएं द्वन्द्वात्मक विकास को प्राप्त होती हैं। द्विवेदी युगीन आदर्शवादी काव्य की प्रतिक्रिया में छायावादी स्वच्छन्दता एवं पुनः इसकी प्रतिक्रिया में प्रगतिवाद का यथार्थ धरातल निश्चय ही घात प्रतिघात विधि से विकास पा रहा था। अतः इस सूत्र को आधार बनाकर शोधार्थी साहित्येतिहास सम्बन्धी अनेक गुत्थियों को सुलझा सकता है। सन्तुलन तो उन समस्याओं के समाधान का गुण है। जिस प्रकार नदी पर्वतों चट्टानें से टकराती, उछलती, मचलती जब समतल में प्रविष्ट होती है तो शान्त भाव से बहने लगती है, उसके दोनों ओर सुन्दर नगरों का निर्माण होता है, जीवन का सौंदर्य उमड़ने लगता है। ठीक इसी प्रकार साहित्य की कोई भी धरा सन्तुलन की परिधि में आने के बाद सौंदर्यवादी जीवनमूल्यों की स्रोत बन जाती है। आदर्शों, टकराहटों और यथार्थ से भी आगे शान्त सुशोभित मनस्तल के काव्य विषयों का जन्म होता है। साहित्येतिहासकार को उनके मूल का ज्ञान संकलित करना होता है।

साहित्येतिहास सम्बन्धी शोध मुख्यतः तीन प्रकार की हो सकती है–

1. ज्ञात तथा अज्ञात साहित्य के आधार पर उसका इतिहास अंकित करना।

2. विभिन्न विधाओं या धाराओं का उद्भव और विकास।

3. किसी साहित्यिक धारा की पृष्ठभूमि, धाराओं के पारस्परिक प्रभाव तथा निष्कर्ष अथवा किसी साहित्यिक प्रवृत्ति या काव्य रूढि का ऐतिहासिक सर्वेक्षण।

इनमें से प्रथम कोटि की शोध में अनुसन्धित्सु की सामग्री हस्तलिखित पाण्डुलिपियां, प्रकाशित ग्रंथों एवं ऐसी अज्ञात रचना होती है जिनके उद्धरण या संकेत तो प्राप्त होते हैं, किन्तु मूल ग्रंथ उपलब्ध नहीं। शोधार्थी को उन सबकी धाराएं तथा प्रवृत्ति निश्चित करना होती है। वर्गीकरण करके प्रत्येक वर्ग में उनका कालक्रम निश्चित करना होता है और तदुपरान्त अलग-अलग रचना। रचनाकार की रचनाधर्मी प्रवृत्ति की समूची पृष्ठभूमि, परिस्थितियां और परम्परा का निर्देश करते हुए प्रदत्त प्रवृत्ति की विशेषताओं का उल्लेख और बाद में प्रवृत्ति के प्रमुख कर्णधारों तथा उनकी रचनाओं का परिचय तथा विवेचन किया जाता है। इस प्रविधि में गौण लेखकों को एकसाथ चित्रित किया जा सकता है। किसी परम्परा में प्रत्येक कृति की सही स्थिति निश्चित करना साहित्यिक का पहला काम है। कलात्मक कृतियों में सबसे पहली और सबसे प्रकट शृंखला एक लेखक द्वारा लिखी गई कृतियों की है। हम किसी एक कृति या कृतियों के समूह को उसकी परिपक्व रचना मान सकते हैं और शेष कृतियों पर इस दृष्टि से विचार कर सकते हैं कि वे इस टाइप की कृति या कृतियों से कितना निकट पड़ती हैं। क्योंकि साहित्य की परम्परित धाराओं अथवा विकासात्मक काव्यों के संदर्भ में कोई सीमारेखा नहीं खींची जा सकती, इसलिए साहित्यिक इतिहास में काल विभाजनानुसार ऐतिहासिक उल्लेख सदैव संदेहास्पद रहता है। कालावधि विशेष के अन्तर्गत प्रथम तो प्रवृत्तियों शैलियों को बांधा नहीं जा सकता। क्योंकि साहित्य की एक प्रवृत्ति कहीं अवरुद्ध होकर पुनः सुअवसर पा चल निकलती है, दूसरे जब एक ही कालखण्ड में एकाधिक ढर्रे की रचनाएं हों, तो उनका सुचारु वर्गीकरण संभव नहीं यथा रीतिकाल में वीर काव्य प्रवृत्ति। आचार्य रामचन्द्र शुक्ल ने यद्यपि युगीन दृष्टि से एक अति सफल साहित्येतिहास की रचना की, तथापि इतिहास लेखन की वैज्ञानिक विधियों के संदर्भ में आज उसमें अनेक दोष देखे जा सकते हैं। राजनीतिक दृष्टि से यदि कालविभाजन किया जाएगा, तो स्यात् इतिहासकार की स्थिति अधिक सुदृढ़ रह सकती है। किन्तु उक्त स्थिति में उसे राजवंशों की कालावधियों के साथ बांधकर साहित्य रचना का वर्गीकरण प्रस्तुत करना होगा। ऐसा करने से किसी भी साहित्यिक धारा का उल्लेख विशेष शैली में ही संभव हो सकेगा,

जो कि साहित्येतिहास की एक अतीव अस्वस्थ एवं अव्यवस्थित दृष्टि होगी।

उदाहरणार्थ आज हमारे सम्मुख पंजाब में उपलब्ध हिन्दी साहित्य का इतिहास प्रस्तुत करने की समस्या है। अधिकांश सामग्री गुरुमुखी लिपि में लिखित पाण्डुलिपियों के रूप में उपलब्ध है। उक्त सामग्री भी किसी एक केन्द्रीय संग्रहालय में मौजूद नहीं–सरकारी पुस्तकालयों, रजवाड़ी व्यक्तिगत संग्रहालयों, पुराने साहित्यप्रेमी घरानों, ऐतिहासिक विचित्रालयों आदि में बिखरी पड़ी है। पुनः कुछ पाण्डुलिपियां लेखकों के अपने हस्ताक्षरों में है, कुछ की लिपियां अथवा प्रतिलिपियां प्राप्त हैं। पंजाब का राजनीतिक इतिहास इतना अधिक संघर्षशील रहा है कि कहीं भी कोई विभाजक रेखा नहीं खींची जा सकती। ऐसी स्थिति में धारापरक वर्गीकरण ही संभव हो सकता है। प्रत्येक धारा की परम्परा वातावरणानुरूप अलग पृष्ठभूमि में होगी। साहित्यिक द्वन्द्व की स्थिति यहां नहीं रही, किन्तु शान्त सुव्यवस्थित रचनाकाल भी ऐसा कोई नहीं मिलता, जिसमें कवि चिन्तामुक्त होकर रचना कर सकता। परिणामतः ऐतिहासिक विकास अंकित करने वाले को प्रत्येक साहित्यिक धारा का पूर्वेतिहास स्वयं खोजना होगा, ज्ञात से अज्ञात की ओर चलना होगा – तभी उक्त साहित्येतिहास रूप ले पाएगा।

विभिन्न विधाओं या धाराओं के उद्भव और विकास को लेकर हिन्दी में कई शोध कार्य हो भी चुके हैं। हिन्दी नाटक, हिन्दी आलोचना, छायावादी काव्य आदि विषयों के उद्भव विकास पर शोध ग्रंथ प्रकाशित हुए हैं। उन्हीं की परम्परा में अन्य विधाएं एवं हिन्दी साहित्य सम्बन्धी अनेकानेक प्रवृत्तियां तथा धाराएं, शोधार्थी के अध्ययन का विषय बन सकती हैं। विभिन्न वादों तथा सम्प्रदायों का अध्ययन इसी वर्ग की देन है। भारतवर्ष में अनेक मतों, पंथों और सम्प्रदायों की छाया में हिन्दी साहित्य पनपता रहा है, अनेक राजा अथवा राजवंश भी साहित्य के संरक्षक हुए हैं। उक्त मतों पंथों से सम्बन्धित अखाड़ों में अनेक उपदेशक सन्तों महात्माओं की अछूत वाणियां अभी तक पूजा का विषय बनी पड़ी हैं। उन्हें। अध्ययन का विषय बनाया जाना चाहिए। राजाओं या राजवंशों के संरक्षण में पनपने वाला साहित्य इस द्वितीय कोटि के साहित्यैतिहासिक अध्ययन के लिए सुन्दर विषय चयन बन सकता है।

सन्तकाव्य धारा, बौद्धमत का प्रभाव, वैष्णवमतीय काव्य पर पुराणों अथवा उपनिषदों का प्रभाव, रीतिकालीन रचना पर विद्यापति का प्रभाव आदि विषय में शोध की तीसरी प्रकार के अन्तर्गत अपनाए जा सकते हैं। विभिन्न प्रवृत्तियों अथवा काव्य समयों का ऐतिहासिक सर्वेक्षण भी यहां सम्भव है।

(झ) तुलनात्मक साहित्यिक शोध

हिन्दी का शोध क्षेत्र अब धीरे-धीरे विकसित होते हुए विभिन्न भाषाओं के साथ पंजा लड़ाने लगा है। तुलनात्मक साहित्यिक शोध से हमारा तात्पर्य उन सभी शोध विषयों से है, जो दो भाषाओं, दो लेखकों, दो विधाओं, अथवा दो परिवेशों को अध्ययन सामग्री बनाकर दोनों में एक समानान्तर तोल अथवा एक के दूसरे पर प्रहार की छाप का निष्कर्ष प्रस्तुत करते हैं। हिन्दी में इस प्रकार की शोध दीर्घकाल से होती आ रही है, पिछले एक-दो दशकों में तो इस प्रवृत्ति को बल ही मिला है। शोधार्थियों में तुलनात्मक रचना का कारण अहिन्दी भाषी विद्वानों की हिन्दी में शोध की प्रबल आकांक्षा है। वे जिस भाषा भाषी क्षेत्र से आते हैं, उसी भाषा के किसी न किसी पहलू का अध्ययन हिन्दी के समान क्षेत्र के परिप्रेक्ष्य में करते एवं हिन्दी को सम्पन्न बनाते हैं। अहिन्दी भाषी प्रदेशों के विश्वविद्यालयों से ऐसे अनेक शोध प्रबन्ध स्वीकृत हो चुके हैं- यथा गुरु अर्जुनदेव और दादूदयाल, प्रेमचन्द तथा नानकसिंह, गुरूनानक तथा कबीर भाई वीरसिंह, और प्रसादजी, पंजाबी हिन्दी उपन्यास, पंजाबी हिन्दी नाटक, पंजाबी हिन्दी कहानी आदि के तुलनात्मक अध्ययन।

तुलनात्मक साहित्यिक शोध के दस मूल आधार हो सकते हैं, शोधार्थी इनमें से कोई भी एक क्षेत्र अपना ले।

1. दो भाषाएं - एक विधा

इसमें शोधार्थी अपनी मातृभाषा तथा हिन्दी की कोई एक साहित्यिक विधा अध्ययनार्थ अपना सकता है। काव्य, उपन्यास, नाटक, कहानी आदि विधाओं का सर्वांगीण अथवा पहलू विशेष का अध्ययन इसके अन्तर्गत सम्भव है। हिन्दी तथा मराठी सन्त काव्य, हिन्दी तथा पंजाबी उपन्यास का तुलनात्मक अध्ययन, हिन्दी तथा गुजराती नाटक का तुलनात्मक अध्ययन, हिन्दी तथा तमिल में वैष्णव भक्ति आदि विषय की दो भाषाओं की एक विधा के सर्वांगीण अध्ययन हैं, जबकि हिन्दी तथा बंगाली उपन्यास में नायक की परिकल्पना, हिन्दी तथा मराठी महाकाव्यों में सामाजिक परिवेश आदि विषय पहलू विशेष का अध्ययन हो सकते हैं। इस कोटि के तुलनात्मक विषय का चुनाव करने के लिए शोधार्थी को हिन्दी के अतिरिक्त दूसरी भाषा का ज्ञान होना ही पर्याप्त नहीं, उस भाषा के साहित्य की साधिकार जानकारी भी अपेक्षित है। यों भी दो भाषाओं को मिलाकर तुलनात्मक शोध करने वालों के लिए सामान्यतः दोनों भाषाओं का गम्भीर पारायण आवश्यक है।

2. एक ही भाषा में दो विधाओं अथवा प्रवृतियों का अध्ययन

कभी-कभी अनुसंधित्सु अपने शोध क्षेत्र की दो भाषाओं के सूत्र में बांधने की अपेक्षा एक ही भाषा की दो प्रवृत्तियों का तुलनात्मक अध्ययन करना पसन्द करता है। यथा कृष्णभक्ति तथा रामभक्ति धाराओं की मूल चेतना में अन्तर, प्रेममार्गी तथा ज्ञानमार्गी शाखाओं की दार्शनिक पृष्ठभूमि की तुलना अथवा हिन्दी के नाटकों तथा उपन्यासों में विसंगति आदि सम्भावित विषय हो सकते हैं।

3. एक ही भाषा साहित्य में दो कालों की तुलना

दो अलग अलग कालों की कोई एक पद्धति अथवा उन युगों में लिखित साहित्य का तुलनात्मक अध्ययन भी सम्भव है। मध्यकालीन एवं आधुनिक महाकाव्यों में नायक का स्वरूप, हिन्दी गद्य के विकासक्रम में भारतेन्दु एवं द्विवेदी युगों का तुलनात्मक अध्ययन, आदिकालीन एवं रीतिकालीन हिन्दी वीरकाव्य का तुलनात्मक अनुशीलन आदि विषयों को इस कोटि से सुझाया जा सकता है। इस कोटि का तुलनात्मक अध्ययन अभी विशेष नहीं हुआ है, शोधार्थियों के लिए इस दिशा में अभी पर्याप्त अवकाश मौजूद है।

4. एक ही भाषा साहित्य में दो लेखक या दो कृतियां

प्राय: तुलनात्मक संदर्भ में एक ही भाषा साहित्य के दो लेखकों अथवा दो कृतियों का अध्ययन एक साथ किया जा सकता है। इसके अन्तर्गत सूरदास तथा तुलसीदास का तुलनात्मक अध्ययन अथवा रामचरितमानस एवं साकेत का तुलनात्मक अध्ययन सरीखे शोध विषय अपनाए जा सकते हैं। **भ्रमरगीत** के संदर्भ में सूरदास तथा नंददास का तुलनात्मक अनुशीलन भी इसी प्रकार का ग्राह्य विषय कहा जा सकता है।

5. दो भाषाओं के साहित्य में एक काल विशेष

पंजाबी तथा हिन्दी, मराठी और हिन्दी भाषाओं के साहित्य में भक्तिकाल का समय बराबर है - इसका तुलनात्मक विश्लेषण संभव है। अनुसन्धाता यदि अध्ययनार्थ चयनित दोनों भाषाओं तथा उनके साहित्य का जानकार हो, तो वह इस प्रकार के तुलनात्मक विषयों को भली-भांति निभा ले जाता है।

6. दो भाषाओं के दो अलग-अलग लेखक

सहज ही जब शोधार्थी हिन्दी के साथ साथ अपनी मातृभाषा अथवा किसी अन्य भाषा का ज्ञाता हो, तो वह एक हिन्दी लेखक के साथ अन्य भाषा के किसी लेखक की रचनाओं, कथ्य और शिल्प, कला सौन्दर्य आदि तथ्यों की तुलना प्रस्तुत कर सकता है। डॉ. अष्टेकर का शोध प्रबन्ध, भारतेन्दु हरिश्चन्द्र एवं विष्णु शास्त्री चिपलूणकर अथवा डॉ. रामप्रसाद अग्रवाल का आदिकवि वाल्मीकि तथा महाकवि तुलसीदास की रामायणों का तुलनात्मक अध्ययन इसी कोटि की तुलनाएं हैं।

7. दो भाषाओं के एक ही विधा पर लिखने वाले दो लेखक

इस प्रकार की शोध का क्षेत्र बड़ा व्यापक है। कविता, नाटक, कथा साहित्य आदि विधाओं की प्रवृत्तिजन्य साम्यता रखने वाले अनेक लेखक अध्ययनार्थ अपनाए जा सकते हैं- यथा गुजराती कवि न्हानालाल तथा भारतेन्दु हरिश्चन्द्र, पंजाबी कवि भाई वीरसिंह तथा जयशंकर प्रसाद, उपन्यासकार प्रेमचन्द तथा नानकसिंह, नाटककार भारतेन्दु तथा ब्रह्मलाल शास्त्री आदि लेखकों का तुलनात्मक अनुशीलन सम्भावित है।

8. दो भाषाओं की एक साहित्यिक प्रणाली

तेलुगु तथा हिन्दी में वैष्णव भक्ति साहित्य, हिन्दी तथा मराठी संतों की रहस्य साधना, गुजराती तथा हिन्दी कृष्णकाव्य आदि विषयों को इस कोटि में रखा जा सकता है। इस दिशा में शोधार्थी की दोनों भाषाओं की किसी एक साहित्यिक प्रवृत्ति की विशेषताओं को जानना होता है और उसके अन्तर्गत तुलनात्मक शोध की योजना बनानी होती है।

9. दो भाषाओं के काव्यशास्त्र की तुलना

हिन्दी अनुसन्धान में ऐसी शोध अभी तक न के समान ही हुई हैं। संस्कृत तथा हिन्दी काव्यशास्त्र के अतिरिक्त डॉ. मनोहर काले का आधुनिक हिन्दी तथा मराठी के काव्य शास्त्र का तुलनात्मक अध्ययन उपलब्ध है। यों हिन्दी बंगाली, हिन्दी कन्नड, हिन्दी गुजराती के काव्य शास्त्रों के तुलनात्मक अनुशीलन की सम्भावनाएं मौजूद हैं।

10. दो भाषाओं का भाषा-वैज्ञानिक अथवा व्याकरण सम्बन्धी किसी अंग का तुलनात्मक अध्ययन

हिन्दी द्विलिंगी भाषा है, संस्कृत तथा भारत की अन्य अनेक भाषाएं त्रिलिंगी हैं। लिंग भेद के कारण क्रिया प्रयोगों में सहज अन्तर आता है, तथा लिंग परिवर्तन, संधिविच्छेद, समास विग्रह, उपसर्ग प्रत्यय आदि के नियमों के भेद का अनुशीलन किया जा सकता है। यह दो भाषाओं की व्याकरणिक तुलना होगी। भाषा विज्ञान की दृष्टि से तुलनात्मक पहलू भाषागत लाघव, विस्तार, अर्थ परिवर्तन, उच्चारण परिवर्तन आदि होंगे। आजकल इस दिशा में शोधार्थियों की रुचि बहुत कम रह गई है।

ऊपर हमने साहित्य में तुलनात्मक शोध की दस दशाएं सुझाई हैं। मूल ग्रंथ एवं अनुवादों टीकाओं में भी तुलना संभव है। तुलनात्मक शोध प्रत्येक शोधार्थी के बूते की बात नहीं होती। पहले तो एकाधिक भाषाओं पर समानाधिकार प्राप्त कर सकना कठिन होता है, यदि हो भी तो उन भाषाओं के प्रति अनुसन्धित्सु की रुचि भी समान होगी, इसमें संदेह है। यही स्थिति लेखकों या कृतियों की होती है। प्रत्येक लेखक या कृति की विशेषताएं अलग होती हैं, तुलना कैसी! रचनाकार की शैली में इतना निजत्व रहता है कि उसे दूसरे के सम्मुख रखकर उस पर घटाया नहीं जा सकता। यही कारण है कि प्रायः तुलनात्मक अध्ययन करते समय समान परिस्थितियां, समान प्रवृत्तियां एवं समान रचना रूढ़ियों के विश्लेषणोपरांत प्रायः अनुसंधित्सु को दोनों पहलुओं पर अलग-अलग अध्याय लिखने जुटाने पड़ते हैं। हिन्दी तथा पंजाबी उपन्यास का तुलनात्मक अध्ययन प्रस्तुत करते हुए सहज ही लेखक को आरंभिक अध्यायों में हिन्दी पंजाबी के उपन्यास साहित्य का सर्वेक्षण, युगीन प्रवेश तथा दोनों प्रकार के उपन्यासों में सामान्य प्रवृत्तियों को दर्शाते हुए दोनों भाषाओं में उपन्यासों का ऐतिहासिक विकास क्रम अलग करके प्रस्तुत करना पड़ा है। इसी प्रकार दोनों भाषाओं की विषयगत एवं शिल्पगत प्रवृत्तियों सामाजिक, मनोवैज्ञानिक तथा ऐतिहासिक उपन्यासों के संदर्भ में को अलग-अलग अंकित किया गया है। तात्पर्य यह कि किसी भी क्षेत्र में तुलनात्मक अध्ययन में तुलना कम, अन्तर अथवा प्रभाव अधिक होता है। यदि तुलना हो तो वह अलग अध्यायों में व्याख्यारूप होती है, न कि तुला के दो पल्लों पर टिका मूल्यांकन।

प्रभाववादी अध्ययन भी तुलना ही के अन्तर्गत आता है। एक भाषा का दूसरी भाषा पर विधागत, वस्तुगत या शिल्पगत प्रभाव एक ही भाषा के अन्तर्गत एक लेखक का दूसरे लेखक पर प्रभाव, एक भाषा के लेखक का दूसरी भाषा के लेखक पर प्रभाव, एक काल का साहित्य के दूसरे काल पर अथवा ऐतिहासिक परिस्थितियों

का साहित्य सृजन पर प्रभाव आदि अध्ययन क्षेत्र अपनाए जा सकते हैं। हिन्दी उपन्यास का पंजाबी उपन्यास पर प्रभाव, बंगला पर हिन्दी का प्रभाव, गुजराती संत अखा पर कबीर का प्रभाव, नयी कविता में छायावादी रूमानियत का प्रभाव, गुरु गोविन्दसिंह की रचनाओं में युगीन चेतना अथवा उन पर ऐतिहासिक प्रभाव आदि अनेक प्रभाववादी ग्राह्य विषय सम्भव है। विषय संयोजन का ढंग इस दिशा में भी तुलनात्मक प्रणाली का ही होता है, केवल अन्त में एक ऐसे अध्याय की योजना अपेक्षित होती है, जो एक ही प्राप्तियों को दूसरे पर सतर्क स्थापित कर सके।

तुलनात्मक अथवा प्रभाववादी शोध पर्याप्त मात्रा में हो रही है। विभिन्न प्रदेशों से आने वाले हिन्दी के विद्वान् सहज ही अपनी मातृभाषा को भी सार्थकता प्रदान करने में सफल होते हैं। हां, व्याकरण संबंधी या भाषा वैज्ञानिक शोध का क्षेत्र साहित्य से अलग सिमटता जा रहा है।

लोक साहित्य सम्बन्धी शोध

इस प्रकार के अनुसन्धान में शोधार्थी को अधिक सक्रिय, गतिशील एवं उत्साही होना चाहिए। लोक साहित्य की सामग्री संकलन के लिए निश्चय ही उसे अपने अध्ययन कक्ष से निकलकर उस यथार्थ धरती पर चलना होगा, जहां लोक साहित्य रचा जाता है, जन्म लेता है या सहज प्रवहमान होता है। लोक साहित्य की उक्त यथार्थ धरती है गांव, चौपाल, खेत, खलिहान, पनघट, बावड़ियां, जहां लोकगीत उगते-पनपते हैं, कथाएं बनती विकसित होती हैं और लोक यान का पहिया निरन्तर लोक बनाता चलता है। शोधार्थी को सामग्री संकलन के लिए अनेक जोखिम उठाने पड़ सकते हैं। गांव की भोली रमणियों, निर्दोष किसानों, सहज सन्देहशील वृद्धाओं, सबसे स्नेह, विश्वास तथा अपनत्व का नाता बनाना पड़ता है। सामग्री संकलन करने वाले शोधार्थी पर भी थोड़ा भी अविश्वास या सन्देह न केवल संकलन कार्य में बाधा बन सकता है, बल्कि उसे भौतिक हानि भी उठानी पड़ सकती है। ऐसी स्थिति में उचित होगा यदि शोधार्थी उनके गीत रिकार्ड करने के बाद पुनः उन्हें सुना दे तथा उन्हें विश्वास दिलाये कि इस रिकार्डिंग से लोक गीत गाने वाले को किसी प्रकार की कोई हानि नहीं होगी। आप किस प्रकार का अध्ययन कर रहे हैं, इसका क्या लाभ होगा और सामग्री देने वालों की वाणी को भी अमरता प्राप्त हो सकेगी - ऐसी बातें स्पष्ट कर दी जानी चाहिए।

सामग्री संकलन के लिए अनुसन्धित्सु को अंचल विशेष से पूर्णतः परिचित किसी ऐसे व्यक्ति को सूचक के रूप में नियुक्त कर लेना चाहिए, जो उन केन्द्रों की

भली भांति जानकारी दे सके, जहाँ शोधार्थी को सामग्री प्राप्ति की संभावना हो। पुनः सूचक वहां के लोगों से खूब परिचित होना चाहिए, ताकि वह उन्हीं की भाषा भावों में उन्हें शोध का महत्त्व तथा सहयोग की आवश्यकता समझा सके। शोधार्थी स्वयं भी सूचक का कार्य कर सकता है। सूचक शोधार्थी को स्थान-स्थान पर ले जाकर लोक साहित्य की रिकार्डिंग में सहायक होगा - इस दिशा में सूचक को सदैव सन्तुष्ट रखना भी अनिवार्य होता है। यदि उसका कोई लोभ या स्वार्थ हो, तो वह भी पूरा कर लिया जाना चाहिए। ऐसा न करने से आप संकलित सामग्री की जाँच पड़ताल कर सकने से वंचित रह सकते हैं। कोई गीत एक ही स्थान पर दो पद्धतियों या दो शैलियों में गाया जाता है, यह जानकारी केवल सूचक के संतुष्ट रहने पर ही संभव है। अन्यथा वह उस गीत की एक रिकार्डिंग के बाद उधर से विमुख हो जाएगा।

लोक साहित्य के अध्येता के लिए दूसरा अनिवार्य तथ्य भाषा क्षेत्र को निर्धारित करना होता है। जिस भाषा के लोक साहित्य की सामग्री संकलित करना होती है, उसका क्षेत्र निश्चित कर लेना जरूरी है। उस समूचे क्षेत्र में घूमफिर कर शोधार्थी को कार्यारम्भ से पूर्व यह निर्धारित कर लेना चाहिए कि उस क्षेत्र में भाषा विशेष कहां कहां बोली जाती है। इसमें जनगणना एवं भाषा सर्वे की रपटों से भी सहायता ली जा सकती है। तदुपरांत उक्त भाषाकीय प्रदेश का मानचित्र तैयार किया जाना चाहिए और तब उस समूचे प्रदेश का सर्वेक्षण एवं सामग्री संकलन का कार्य शुरू किया जाना चाहिए। सर्वेक्षण के माध्यम से उक्त भाषा-भाषी प्रदेश के किसी केन्द्रीय गांव या कस्बे को शोधार्थी अपना मुख्यालय बना सकता है। उसी मुख्यालय से वह प्रतिदिन अपने सूचक के साथ विभिन्न दिशाओं में दैनिक संकलन के लिए जा सकता है। कभी-कभी कुछ दिन तक उसे मुख्यालय से बाहर भी रहना पड़ सकता है। ऐसी स्थिति में उसके पास पर्याप्त धन वस्त्र का प्रबन्ध होना चाहिए ताकि उसे किसी पर आश्रित न होना पड़े। यों ग्रामीण लोग अतिथिसेवी होते हैं, किन्तु वह तब की संभावना है, जब शोधार्थी पर उनका दृढ़ विश्वास हो जाता है। इन यात्राओं में शोधार्थी को ऐसे सीमा प्रदेशों में यथेष्ट सामग्री के न केवल एकाधिक रूप उपलब्ध हो सकते हैं, बल्कि तुलनोपरान्त सामग्री का सही मूल्यांकन भी संभव हो पाता है।

शोधार्थी को जिस भाषा के लोक साहित्य का अध्ययन करना होता है, उसका समूचा, सूक्ष्म और गम्भीर ज्ञान होना अनिवार्य है। लोकयान में उसे कुछ फसलों पर बदलती बोलियों की विभक्तियों, उच्चारणों, द्रुत प्लुत बल आदि का सहज ज्ञान होना चाहिए, ताकि जब वे एक ही गति को दो या अधिक गायन शैलियों में बंधा हुआ सुने तो पथभ्रष्ट न हो सके। स्त्रियों के समूह गानों के संदर्भ में यह भेद ज्ञान

अत्यन्त सहयोगी हो सकता है। मूल आलोच्य भाषा के साथ-साथ प्रदेश के चारों ओर बोली समझी जाने वाली भाषाओं से भी शोधार्थी का सामान्य परिचय तो होना ही चाहिए। सीमा प्रदेश की बोलियों में जो साधारण अन्तर आ जाता है, उसकी जांच शोधार्थी के लिए तभी संभव हो सकती है।

सामग्री संकलन के उपरांत शोधार्थी को अपने टेपों को लिपिबद्ध करना होगा। यह एक श्रमसाध्य कार्य है। टेप को धीरे-धीरे बजाना तथा एक-एक वाक्यांश पर रोक कर लिखना काफी दुष्कर है। इसके लिए प्राय: कैसेट रिकार्डिंग की अपेक्षा बड़ा रिकार्ड अधिक सहायक होता है। पुन: लिखने में बोले हुए उच्चारणों को लिपिबद्ध करने में भूलों की सम्भावना रहती है। इस स्थिति में भी सूचक की सहायता महत्त्वपूर्ण होती है। समूची सामग्री के लिपिबद्ध कर लिया जाने पर सामग्री का अध्ययन आरम्भ होता है-अब क्षेत्रीय कार्य का लगभग अन्त समझा जाना चाहिए, अब शोधार्थी अपने अध्ययन कक्ष में बैठकर कार्य कर सकता है। फिर भी कभी-कभी कुछ समस्याओं के समाधान के लिए उसे गीतों के गायकों अथवा कथा वक्ताओं के समीप जाने की अपेक्षा हो सकती है।

सहायक सामग्री के तौर पर उसे भाषा क्षेत्र के रीति-रिवाजों, रहन सहन, खान पान, वेशभूषा, तीज त्यौहार, प्रथा प्रणालियों, सामाजिक और सांस्कृतिक परम्पराओं, पारिवारिक सम्बन्धों, पर्वोत्सवों तथा उनके मनाने की विधियों का ज्ञान प्राप्त करना होगा। शोधार्थी को भाषा प्रदेश के लोगों की आर्थिक दशा से भी परिचित होना होगा। उनकी खेती बाड़ी, ग्रामीण व्यापार, सूद और महाजन को भी जान लेना होगा। यह सब ज्ञान अनुसंधित्सु के लिए अपने संकलित लोक साहित्य के अध्ययन में सहायक होगा।

अगला कदम होगा सामग्री को व्यवस्थित करना। गीतों, लोककथाओं, लोक शैलियों आदि को विषयवस्तु एवं शिल्प की दृष्टियों से अलग-अलग विभाजित करना एवं उनकी रिकार्डिंग कर लेना होगा। संस्कारों, उत्सवों, सामाजिक रीतियों, नैतिकता सम्बन्धी, पारिवारिक सम्बन्धों आदि विषयों के लोक साहित्य को अलग कर लेना चाहिए। बाद में इनका अलग अलग विश्लेषण करते हुए इनके शिल्प एवं भाव के सम्बन्ध में और कार्ड बना लिये जाने चाहिए - यथा शृंगार में वियोग - संयोग, सम्बन्धों में परिवार के जुदा-जुदा व्यक्तित्व, पारिवारिक ईर्ष्या, द्वेष, रहस्य रतिकता, झगड़े कलह के कारण, प्रेम, विवाह, सन्तानहीनता, लड़की लड़के का जन्म, बहू पर इनका अलग अलग प्रभाव आदि तथ्यों को उनमें से संकलित कर लिया जाना चाहिए। इतना सब हो जाने पर विषय को अध्यायों में विभाजित करके

व्यवस्थित आलेख तैयार किया जाना चाहिए। सामान्यत: अध्यायों का क्रम इस प्रकार हो सकता है–

1. पृष्ठभूमि लोक साहित्य क्या, क्यों आदि।
2. भाषा सर्वेक्षण, भाषा-भाषी प्रदेश, उपलब्ध लोक साहित्य और वर्गीकरण।
3. सामाजिक मूल्यांकन : लोकगीत, लोक कथाएं आदि।
4. पारिवारिक चित्रण : सम्बन्धों की मधुरता एवं कटुता।
5. संस्कार दृष्टि गीतों और कथाओं में तीज त्योंहार, पर्वोत्सव, पुरातन रूढियां, पौराणिक तत्त्व, दार्शनिक चेतना आदि।
6. नैतिक मूल्य।
7. शिल्पगत उपलब्धि : संगीत, नाद सौन्दर्य, कथा माधुर्य, सौंदर्यवादी दृष्टि, भाषा, शब्दावली आदि।
8. उपसंहार।

इस अध्याय क्रम में अपेक्षानुसार सहयोगी भाषाओं की लोक साहित्य से तुलना भी की जा सकती है।

शोध सोपान

डॉ. सुचित्रा कश्यप

प्रस्तावना

शोध मानव प्रजाति की जिज्ञासा वृत्ति का प्रतिनिधि माध्यम है। अनादि काल से स्वयं के जेहन में उपजे तनावों, द्वन्द्वों और अन्तरविरोधों की परस्पर उलझी गुत्थियों को जब मनुष्य अपनी विवेक क्षमता के उनके आधार पर उलझे स्वरूप को सुलझे रूप में परिणत करता है, तो शोध एक स्वाभाविक प्रक्रिया के रूप में उसका संगी- साथी हो जाता है। मानवीय विकास के इतिहास में चेतना के संस्कार की प्रक्रिया के साथ मनुष्य को जिन दुलर्भ गुणों का साहचर्य मिला उनमें उनकी जिज्ञासा का वैभव प्रमुख रहा है। जिज्ञासा की मूल प्रवृत्ति ही विविध ज्ञान- विज्ञानों और उनसे उपजी प्रगति का आधार रही है। इस दुलर्भ मानवीय गुण ने चेतना के चैतन्य के साथ उसकी दीक्षा व संस्कार में भी बड़ी महत्त्वपूर्ण भूमिका अदा की है। उसी कारण मानव प्रजाति अनुसंधान के पथ पर पथारूढ़ हुई और सभ्यता के इतिहास में नए- नए इतिहास बनते गए। शोध या अनुसंधान इस अर्थ में भी विशिष्ट हैं कि इस प्रक्रिया के दौरान शोधार्थी अपने शोध विषय के अन्तर्निहित तन्त्र का सम्यक् अध्ययन अपने सूक्ष्मातिक्षम दृष्टि से सम्पन्न करता है। वह रचना के सच का वैभव स्वनिर्मित भव में बिखेरता चलता है। शोधार्थी के लिए यह परमावश्यक है कि काल बिन्दु के साथ गतिमान रहते हुए उसकी विविध अवस्थाओं के समरूप स्वयं को तैयार करे। वर्तमान अतीत व भविष्य का मध्य बिन्दु है। वर्तमान संक्रमणशील है। अतः शोधार्थी को वर्तमान में रहते हुए अतीत के महासागर में गोते लगाकर गहरे पानी पैठकर अपने विषय की जड़ तक जाना होता है और तदुपरान्त सांगोपांग अध्ययन एवं तथ्यों के व्यवस्थित संयोजन के ज़रीये भविष्य की दृष्टि, प्रकरण, प्रासंगिता को पुष्ट करना होता है।

इसीलिए कहा गया है कि शोध एक प्रकार का आत्मानुशासन है। यह कोई

थोपी हुई प्रवृत्ति नहीं है। यह अपनी शक्तियों के जरीये आत्मप्रकाश स्फुरण करने की गरिमामय प्रक्रिया है। इस अर्थ में यह किसी भी साधना से कमतर नहीं है। इस ज्ञान साधना के जरीये शोधार्थी न केवल निरिपेक्ष, तर्कसम्मत, वस्तुनिष्ठ शोध दृष्टि को ही पाता हैं, वरन् एक निस्संग, संतुलित एवं व्यवहारोपयोगी जीवन दृष्टि का भी प्रशिक्षण प्राप्त करता है। हम इसे यों भी कह सकते हैं कि शोध पद्धति एक तरह से जीवन पद्धति के पथ पर अग्रगामी होने की ओर उठा मानवीय चेतना का ही एक सशक्त कदम है।

इस पद्धति में प्रशिक्षित मानव अपने परिवेश से प्रत्यक्ष-अप्रत्यक्ष प्राप्त दुराग्रहों, संकीर्णताओं, आवेशों, आक्रोशों से विमुक्त होकर एक संयत, सार्थक एवं स्वस्थ जीवन की राह पर बढ़ता हुआ 'तलाश' के अपने लक्ष्यों की परिपूर्ति करता है।

क्योंकि मानव एक बौद्धिक प्राणी है। अत: किसी चुनौती को स्वीकार करना उसका स्वभाव है। मनुष्य के रूप में कृतिकार, आलोचक एवं शोधार्थी तीनों ही एक जैविक प्राणी होने के बाद तीन भिन्न राहों के अन्वेषी हैं। तीनों अपनी-अपनी नज़र में जीवन को देख-सुन समझ कर अपने कर्म में रत हैं। अन्तर केवल उनकी दृष्टि व तलाश की अपनी प्रक्रिया का है। रचनाकार अपनी रचना के जरिये जीवन के प्रति अपनी प्रतिक्रिया को हमारे सम्मुख रखता है। आलोचक रचनाकार की प्रतिक्रिया पर अपनी प्रतिक्रिया को बजरिये आलोचना हमारे सम्मुख रखता है और शोधार्थी कृतिकार की प्रतिक्रिया की प्रक्रिया की खोजकर उसे हमारे सामने लाता है। यानी शोध में हम नया कुछ भी नहीं रच रहे होते हैं, वरन् किसी पूर्व निर्मित कृति के संसार में अपनी संवेदना के संतरण से कुछ ऐसा खोजते हैं, जो प्रामाणिक होता है। यही प्रामाणिकता शोध की नवीनता है।

अनुसंधान एक अनवरत प्रक्रिया है। तभी तो हम बार-बार यह कहते हैं कि परिवर्तन प्रकृत्ति का नियम है। अनवरत चलते-चलते सहमतियों/असहमतियों से ही ज्ञान इतिहास बनता जाता है। जरूरत है इस प्रक्रिया के सोपानों को भली-भाँति जानकर उनके उपयोग की। क्योंकि जो शोधार्थी प्रक्रिया या प्रविधि को जितना गहरे जानेगा, समझेगा और अंगीकर करेगा उसके निष्कर्ष उतने ही अकाट्य, तार्किक, संगति सम्पन्न एवं प्रभावकारी होंगे। शोधार्थियों की सुविधा के लिए हम इस प्रक्रिया के चरणों की विस्तृत, प्रमाणिक और रोचक व्यवस्था को सार रूप में रख प्रस्तुत कर रहें हैं–

1. शोध विषय का चयन
2. रूपरेखा का सृजन
3. सामग्री संकलन एवं वर्गीकरण
4. उद्धरण

5. *अनुबन्ध योजना* 6. *सन्दर्भ लेखन*
7. *पाद-टिप्पणियां*

1. शोध विषय का चयन

शोध का मूल धर्म है रचियता के संसार की मर्मस्पशिनी दृष्टि को लोक पटल पर रखना। यानी रचना में पल रहे संवेदना संसार का उसके समूचे तन्त्र का उद्घाटन। शोध रचना की आदि से अन्त तक व्यवस्था की परतों को सामान्य जिज्ञासु पाठकों से लेकर सहृदय के सम्मुख रखता है। शोधार्थी रचना के गर्भ में फूट रही मर्मानुभूति के झरने में सद्यस्नात होकर ताजगी के अखूट वैभव में विचरण करता है। यह सारी प्रक्रिया वह तब सम्पन्न करता है, जब उसके पास एक विशेष कारण या हम कह सकते हैं कि शोध विषय का उपादान कारण है।

समूची शोध प्रक्रिया में शोधार्थी के सम्मुख दो बिन्दु प्रमुख रहते हैं स्थापित या उपलब्ध सृजन के अन्तर्निहित सत्य का उद्घाटन, दूसरे किसी दृष्टि विशेष से आभास या संकेत के जरीये स्वप्रेरणा से अनुपस्थित को उपस्थित करना। यह कार्य कोई एक शोधार्थी एक बार में ही पूरा कर ले यह संभव नहीं। रचनाकार द्वारा रची गई रचना के रूप, आकार एवं संश्लिष्टता पर निर्भर करता है कि किस क्रम में रचना का सच किस-किस रूप में कैसे-कैसे हमारे सम्मुख आएगा।

शोध विषय का उदय शोधार्थी की प्रतिभा पर निर्भर करता है। शोधार्थी की दृष्टि की उदात्तता, अध्ययन की गहराई तथा विचार-विश्लेषण की क्षमता जितनी अधिक गहन, व्यापक एवं परिपव होगी, शोध निष्कर्ष उतने मौलिक, अद्वितीय एवं वैचारिक ताजगी से भरे होंगे।

शोध विषय का चयन करते समय शोधार्थी के लिए तथा उसके निर्देशक के लिए भी यह परमावश्यक है कि वे दोनों ही अपनी-अपनी सीमा, विषय की समझ एवं दृष्टि के वितान का भली-भाँति आत्मावलोकन कर लें। इस कार्य में तटस्थता का होना अपरिहार्य है। शोधार्थी को हमेशा इस तथ्य का परिज्ञान होना चाहिए कि आत्माभिव्यक्ति के लिए आत्मानुकूल विषय का ही चयन किया जाए। इसमें उसे अपनी यानी जीवन यात्रा को भी ध्यान में रखना चाहिए। शोधार्थी को चाहिए कि किसी ऐसे विषय का चुनाव न करे जिसमें उसका, उसके निर्देशक का कोई दखल ही नहीं हो। विषय चयन में स्वविवेक एवं सीमाओं के प्रति जागरूकता या सजगता नितान्त जरूरी है। विराट साहित्य संसार की कौन-सी धारा शोधार्थी के मनोनुकूल है या जिसकी चुनौती को अपने अथक श्रम से सींच सकता है, जिस पर उसे अपना

ध्यान केन्द्रित कर अपनी शोधयात्रा का आरम्भ करना चाहिए। व्यावहारिक जीवन के अनुरूप विषय चयन कर वह व्यापक हितों की पूर्ति करता है। अपनी बौद्धिक एवं शैक्षिक क्षमताओं का विदोहन वह जिस क्षेत्र/विषय विशेष में अधिकाधिक कर सकता हो, उसी का चुनाव उसे करना चाहिए। व्यावहारिक जीवन के लिए अनुपलब्ध, स्वरूचि प्रतिकूल एवं अनिश्चिता का प्रतिनिधित्व करने वाले विषय का चयन कभी नहीं किया जाना चाहिए।

शोधार्थी को विषय चयन के सन्दर्भ में फैली कुछ भ्रान्तियों से भी निजात पा लेनी चाहिए। यानी अमुक विषय सीमित है, अमुक विषय पुराना है, अमुक विषय पर बहुत काम हो चुका है।

सर्वप्रथम, शोधार्थी को यह बात समझ लेनी चाहिए कि विषय कोई भी हो बड़ा या छोटा नहीं होता। बड़ी या छोटी होती है हमारी दृष्टि। देखने का नजरिया। जब यह स्थिति स्पष्ट हो जाए, तो देखने वाली अहम् बात यह है कि महत्त्वपूर्ण यह नहीं है कवियों का काव्य परम्पराओं अथवा सिद्धान्तों पर तो बहुत शोध हो चुका है। महत्त्वपूर्ण तथ्य यह मध्यनजर रखें कि किन-किन दृष्टियों से अभी भी किसी विषय विशेष में शोध की संभावनाओ के द्वार खुले हैं तथा आधुनिक हिन्दी कविता पर कहने को पूरे राष्ट्र के प्रतिनिधि विश्वविद्यालयों पर सैकड़ों-हजारों शोध प्रबन्ध लिखे जा चुके हैं, पर फिर भी कोई शोधार्थी आधुनिक हिन्दी कविता में अध्यात्म या आधुनिक हिन्दी कविता में मानवाधिकार अथवा आधुनिक हिन्दी कविता और डायस्पोरा का प्रभाव आदि-आदि नवीन दृष्टि सम्पन्न विषयों का चुनाव करे, तो इसमें पूरे हिन्दी परिदृश्य का लाभ होगा।

सारतः शोधार्थी जीवन के पग-पग पर काम आ सकने वाले विषय पर अपनी दृष्टि का केन्द्र रखे और अपनी तथा निर्देशक की संयुक्त क्षमताओं का पूर्ण विदोहन करते हुए अपने विषय की रहस्यात्मकता को उद्घाटित करें। शोधार्थी इस तथ्य को सदैव ध्यान में रखे कि शोध-शोध के लिए ही करें। यह ठीक है कि डिग्री विशेष के प्राप्त हो जाने से आपके जीवन पटल पर कई-कई द्वार खुल जाते हैं, पर आपका ध्येय व ध्यान उन द्वारों पर नहीं वरन् उन द्वारों तक जाने की अपनी तलाश प्रक्रिया के पग-पग पर होना परमावश्यक है।

शोधार्थी को चाहिए कि वह व्यापक क्षेत्र एवं व्यापक दृष्टि के विषयों का चयन करें। अपनी शोधयात्रा के पड़ाव में सीमित दृष्टि के व्यापक क्षेत्र वाले विषय पर भी आते है। यह शोधार्थी को तय करना होता है कि सीमित क्षेत्र और सीमित दृष्टि वाले विषय को अपने अध्ययन का आधार बनाएगा या सीमित क्षेत्र तथा व्यापक दृष्टि

वाले विषयों को।

शोधार्थी को सदैव ही इन तथ्यों का परिज्ञान रहना चाहिए कि सच का सच्चा सखा काल है और सच्चा शत्रु पूर्वाग्रह। विनयशीलता उसका शृंगार। अत: शोधार्थी को चाहिए की अपने मानसिक प्रशिक्षण का इस सघन प्रक्रिया में वह स्वयं का स्वयं से संवाद करते आगे बढ़ एवं गुणीजनों और चिन्तकों, विचारकों के साथ बहुश्रुत एवं बहुपठित रचनाओं के आस्वाद का भी आनंद लें।

2. रूपरेखा का सृजन

शोध परिक्षेत्र में रूपरेखा का महत्त्वपूर्ण निर्विवाद है। यह शोधार्थी की स्वेच्छा से स्वहित में अपनाया गया आत्मानुशासन है। यह एक ऐसा राजमार्ग है जो शोधपथिक को अपने गंतव्य- मंतव्य के लिए परिवेश के साथ उचित 'स्पेश' भी देता है।

वैसे शाब्दिक संरचना में जाए तो इन शब्दों के लाक्षणिक अर्थ अपने व्यंजना व्यापार में हमें ठीक-ठीक तरीके से शोध व्यापार की प्रक्रिया तक का बोध करवा देते है। रूपरेखा शब्द रूप और रेखा से बना है। शोध के निहितार्थ इस का अर्थ है - तथ्य सम्पन्न, वैज्ञानिक एवं तार्किक चिन्तन का साकार। रेखा का यहाँ अभिधामय अर्थ स्थूल या सपाट नहीं वरन् शोधार्थी के विषय मंथन से उपजे चिन्तन का अध्यायों, उपशीर्षकों के रूप में प्राकट्य। हम कह सकते हैं कि रूपरेखा शोध के बौद्धिक स्वरूप का वैचारिक ढाँचा है जिस पर शोध प्रबंध रूप बहुआयामी भव्य भवन का विकास होना है। हालाँकि हिन्दी में रूपरेखा अंग्रेजी के Sunopsis *के पर्याय के रूप में प्रयुक्त किया जाता है पर यह इसका सही पर्याय नहीं है। असल में रूपरेखा शोध की आत्मा का बोध कराने की वैचारिक प्रविधि है। यह विषय को केन्द्र से परिधि तक व परिधि से केन्द्र तक एक ताने- बाने में समेटे रखने का एक बौद्धिक व्यायाम है। इसे यूं भी कह सकते है कि यह शोधार्थी द्वारा आत्मनिर्देशन के लिए स्वहित में आत्मविवेक से चुना गया एक अनुशासन है।*

रूपरेखा के निधारिक तत्त्व : *विद्यार्थियों की समझ के लिए मोटे तौर पर रूपरेखा के निर्धारित तत्त्वों को चार स्तरों पर वर्गीकृत किया गया है-*

1. शोधार्थी, 2. शोध निर्देशक, 3. शोध विषय, 4. उपलब्ध सामग्री

ऊपर आए चारों तत्त्व रूपरेखा के निर्माण में वही महत्त्वपूर्ण भूमिका निबाहते हैं, जो भवन निर्माण में सीमेन्ट, पानी, बजरी व ईंट आदि की है।

एक अच्छे शोधार्थी की पहचान यह होती है कि वह अपनी वस्तुनिष्ठ दृष्टि के माध्यम से स्वावलम्बन के परिश्रम और लक्ष्यनिष्ठता के चलते एक सर्वसमावेशी

रूपरेखा का निर्माण करने जिसमें सूक्ष्म पर्यवेक्षण, दूरदृष्टि और लक्ष्योमुखता, के साथ वैज्ञानिक दृष्टि स्पष्ट परिलक्षित होती हो। सच्चा शोधार्थी अपनी आत्मनिर्भरता, स्वावलम्बन एवं स्वातनुभव के गुणों के सम्यक ताल-मेल से अपनी शोधयात्रा की जटिल राहों को भी आसान बना लेता है।

यह शोध-निर्देशक, शोधार्थी एवं शोध-विषय के बीच एक पुल है जिस के जरीये सम्पूर्ण प्रक्रिया को अपनी अन्तिम परिणति तक जाना है। अतः यह आवश्यक है कि शोध-निर्देशक शोधार्थी की खूबियों, खामियों को प्रोत्साहित एवं परिमार्जित कर इस यात्रा को सुगम बनाने की अनुष्ठानिक प्रक्रिया को गति दे। वह शोधार्थी में इस प्रकार की दृष्टि का विकास करे कि शोधार्थी का शोध समुन्द्र में व्याप्त अनंत संभावनाओं का द्वार उमड़-उमड़ कर सामने आता दिखे तथा इस तरह प्रशिक्षित भी करे कि कैसे उताल तरंगों के बीच संतुलतन बनाते हुए उपयोगी ग्रन्थों का अपने शोध-रहस्य का उद्घाटन करने में प्रयोग करे।

शोध विषय के सन्दर्भ में निर्देशक व अनुसंधित्सु दोनों ही इसके लिए सजग रहें कि शीर्षक की सार्थकता की राह में शोध प्रक्रिया आगे बढ़ रही है या नहीं। प्रायः दुर्घटना यह होती है कि जिस शीर्षक से शोध कार्य सम्पन्न हो रहा है या किया गया है समूचे शोध में उसकी व्याप्ति ही नजर नहीं आती। अगर नहीं आती भी है तो इस अर्थ में कि विषय से सम्बन्धित क्या, क्यों और कैसे की प्रक्रिया तक का पालन ठीक भाँति नहीं किया जाता। बहुत बार तो शीर्षक के शब्दार्थ-व्यंग्यार्थ तक की व्याख्या शोधार्थी व निर्देशक दोनों ही नहीं कर पाते।

शोधार्थी को चाहिए कि वह रूपरेखा का सृजन कुछ इस प्रकार से करे कि सम्बन्धित स्थलों पर विषय का महत्त्व, विषय पर सम्पन्न हुए कार्य और मौलिक उद्भावनाओं को स्पष्ट ढंग से प्रदर्शित किया जा सके। उसे अपने काम की भी समीक्षा करते चलना चाहिए।

इसी क्रम उपलब्ध सामग्री का भी विशेष महत्त्व सर्वविदित है। इस समग्री को प्रायः तीन भागों में विभक्त कर देखा-परखा जाता है।

1. शोध क्षेत्र की मूल सामग्री
2. मूल से सम्बन्धि सन्दर्भ एवं सहायक सन्दर्भ ग्रंथ।
3. शोध दृष्टि को उत्प्रेरित करने वाले शास्त्रीय या सैद्धान्तिक ग्रंथ

रूपरेखा निर्माण की वैज्ञानिक प्रविधि

इसका क्रम निम्नानुसार होता है–

1. प्रस्तावित शोध का शीर्षक

2. संस्था, संकाय एवं उपाधि का नाम जहाँ शोध प्रबन्ध प्रस्तुत किया जाना है।
3. 1. शोध निर्देशक का नाम
   2. शोधार्थी का नाम
4. विषय महत्त्व का प्रतिपादन।
5. पूर्व में विषय पर सम्पन्न हुए कार्यों का सीमा सहित पूर्ण कालक्रमानुसार वर्णन।
6. विषय की उपादेयता एवं प्रासंगिकता।
7. विषय से सम्बन्धित नवीन तथ्यों का उद्‌धाटन व विवेचन।
8. विषय से सम्बन्धित मूल, सन्दर्भ, सहायक सन्दर्भ ग्रन्थों की सूची जो पूरे शोध में समान रूप से उपादेय हो।
9. प्रारम्भिक सामग्री के अन्तर्गत मुख्य पृष्ठ स्वीकृति पत्र, प्राक्कथन, वस्तु सारिणी, चित्रसूची विषय से सम्बन्धित ग्राफिक्स, डाटा आदि का भी प्रावधान रखा जाना चाहिए।

इस प्रकार हम कह सकते हैं कि रूपरेखा का यह ढाँचा उसके चिन्तन पक्ष की आत्मा के आवास की तरह है। हमेशा याद रखे कि रूपरेखा की वैज्ञानिकता, परिपूर्णता और वस्तुनिष्ठ दृष्टि से ही उत्कृष्ट कार्य की परिणति संभव है।

3. सामग्री संकलन एवं वर्गीकरण

शोध चरण का क्रमशः यह तीसरा पड़ाव अत्यन्त महत्त्वपूर्ण है। क्योंकि ज्ञान अपरिमित है, असीम है। शोधार्थी के लिए विषम सम्बन्धित ज्ञान का चयन करना बहुत श्रम साध्य कार्य है। इस हेतु शोधार्थी की दृष्टि जब तक अपने विषय के रूप, सीमा, अवधि, क्षेत्र एवं प्रकृति पर एकाग्र नहीं होगी, तब तक वह विषयानुरूप उपादेय, प्रभावी एवं प्रामाणिक सामग्री का संकलन नहीं कर पाएगा ।

शोध के प्रकार–

मुख्य रूप से शोध सामग्री को तीन वर्गों में बाँटा जा सकता है –

(1) विषय क्षेत्र से संबंधित

(2) शोध दृष्टि से संबंधित

(3) अन्य स्त्रोतों से संबंधित

शोधार्थी से यह अपेक्षा रहती हैं कि वह विषयानुरूप शोध सामग्री का चयन करे। शोध सामग्री का चयन करते समय शोधार्थी को अपनी नीर–क्षीर विवेक क्षमता का पूर्ण प्रयोग करना होगा।

इस कार्य को उसे दो भागों में सम्पन्न करना चाहिए–

(1) आसान कार्य (2) क्षेत्रीय कार्य ।

प्रथम के तहत उसे प्राप्त सामग्री के सभी स्वरूपों का पूर्ण अध्ययन कर उस पर अपने शोध निष्कर्ष तक पहुँचने की कवायद करनी चाहिए। वहीं क्षेत्रीय कार्य में उसे चाहिए कि भ्रमण करते हुए नाना प्रकार के स्रोतों से अपनी वांछित सामग्री का संकलन करें । सामग्री संकलन के समय उसे इस तथ्य को निरन्तर ध्यान में रखना है कि उसे शोध विषय के तंत्र को उद्घाटन यानि उसकी प्रक्रिया के सूक्ष्माति सूक्ष्म तरीके से गुजरना है।

इस समय उसे सजग व सतर्क रह कर चिन्तन करना होगा। मूल विषय से जुड़े तर्क जो विवेचन विश्लेषण की राहों को आसान बनाते हो उन्हें प्राथमिकता से देखा परखा जाना चाहिए।

सामग्री संकलन का माध्यम : टीप-ग्रहण

सामग्री संकलन का कार्य टीप ग्रहण अथवा नोट्स लेने के माध्यम से किया जाता है। साक्षात्कार के समय टेप की गई सामग्री को भी बाद में नोट्स के रूप में लिपिबद्ध कर लिया जाता है। टीप अथवा नोट्स के रूप में कितनी सामग्री संचित की जाए, उसका रूप क्या हो अर्थात तथ्य के रूप में गृहीत उद्धरण चिह्नों के अन्तर्गत किए जाए अथवा आवश्यकतानुसार सार रूप में इन सब प्रश्नों पर टीप ग्रहण से पूर्व ही विचार करना आवश्यक होता है।

कई शोधार्थी शोध्य ग्रंथों से लम्बे-लम्बे उद्धरण उतार लेते हैं तथा सहायक ग्रंथों से लम्बे-लम्बे पृष्ठ उतारते चले जाते हैं, लेकिन बिना विवेक और दृष्टि के अनावश्यक सामग्री का ढेर लगाते चलना अपने लिए ही उलझनें उत्पन्न करना और कानूनी अड़चन भी।

शोध एक नितान्त बौद्धिक प्रक्रिया है। अतः सामग्री संकलन भी प्रबुद्धता पूर्वक रूपरेखा के अनुसार सुनियोजित रूप से किया जाना चाहिए। जिस प्रकार उत्तम सामग्री के चयन और संयोजन से उत्तम भवन का निर्माण होता है, उसी प्रकार सामग्री उत्तम शोध की प्राथमिक आवश्यकता है। प्रचुर विकीर्ण सामग्री में से केवल उपयोगी और उत्तम ही चुनने तथा अनावश्यक अनुपयुक्त, गौर सामग्री को त्यागते चलने के लिए शोधार्थी में गहरी विवेक दृष्टि की आवश्यकता होती है। अतः घटिया या स्तरहीन सामग्री को संकलित करने से सतर्कतापूर्वक बचना चाहिए।

टीप ग्रहण की प्रमुख प्रविधियाँ

टीप ग्रहण का मूल मंत्र है आवश्यक और प्रामाणिक सामग्री का संचयन और अनावश्यक और अप्रमाणिक सामग्री का परित्याग। टीप ग्रहण की कई पद्धतियां प्रचलित है। प्रबुद्ध और अनुभवी शोधार्थी अपनी रूचि और आवश्यकतानुसार अपनी मौलिक पद्धति भी विकसित कर लेते हैं। महत्त्व इतना पद्धति का उपयोगी सामग्री का होता है। पद्धति तो साधन मात्र है, साध्य है शोधापयोगी, मूल्यवान, सही सामग्री। सामग्री संकलन की प्रमुख तीन पद्धतियाँ अधिक लोकप्रिय हुई हैं –

(1) नोट बुक पद्धति

(2) फाइल पद्धति

(3) कार्ड पद्धति

(1) नोट बुक पद्धति

किसी ग्रंथ से टीप ग्रहण करने से पूर्व ग्रन्थकार का नाम, ग्रन्थ का नाम, प्रकाशन-स्थन, प्रकाशन का सन् या संवत् तथा संस्करण का उल्लेख नोट बुक के अंत में संदर्भ ग्रन्थ सूची के लिए छोड़े गए स्थान में अवश्य अंकित करना चाहिए। ऐसा करने से टीप ग्रहण के समय प्रत्येक उद्धरण के साथ इन सारी सूचनाओं को बार-बार अंकित करने की आवश्यकता नहीं पड़ती।

नोट बुक पद्धति पर्यास सुविधा जनक है। यदि इसमें कोई कठिनाई है तो यही कि टीप ग्रहण के क्रम में आगे चलकर किसी शीर्षक या उपशीर्षक के लिए पहले से निर्धारित किया हुआ स्थान कम पड़ सकता है। इस समस्या का समाधान दो चार पन्ने यथास्थान जोड़कर किया जा सकता है।

(2) फाइल पद्धति

यह नोट बुक का कुछ विकसित पृथ्क फाइल निर्धारित कर ली जाती है। इस प्रणाली में एक फाइल में एक ही अध्याय के शीर्षकों-उपशीर्षकों को रूररेखा के अनुसार इस ढंग से अंकित किया जाता है कि प्रत्येक शीर्षक या उपशीर्षक नए कागज से ही प्रारम्भ हो। इस व्यवस्था के कारण जहाँ नयी सामग्री को यथा स्थान जोड़ने की सुविधा है वहीं भूल से संकलित अवांछित सामग्री को निकाल कर बाहर करने की भी सुविधा है।

(3) कार्ड पद्धति

यह पद्धति नोट बुक पद्धति और फाइल पद्धति का ही विकसित और वैज्ञानिक रूप है। इसमें विभिन्न स्रोतों में बिखरी हुई सामग्री को रूपरेखा के अनुरूप वैज्ञानिक रीति से विभिन्न समाकारीय कार्डों में अंकित करने तथा धर्म, दर्शन, संस्कृति, कृषि, व्यवसाय आदि से संबंधित शब्दावली के अलावा भाषा-वैज्ञानिक, शैली वैज्ञानिक, काव्य शास्त्रीय अध्ययन के लिए भी अत्यन्त उपादेय है।

कार्ड प्रणाली के लिए समान आकार (सामान्यत: 6 गुणा 4 इंच) के कार्डो की आवश्यकता होती है। मोटे कागज के दस्ते खरीदकर उनको कार्ड के आकार में कटवा लिया जाता है। आवश्यकतानुसार कार्ड के आकार में कुछ परिवर्तन भी किया जा सकता है। कार्ड पर नोट्स लेने या टीप ग्रहण करने के मानक तरीके होते हैं, जिनका अनुसरण करने से शोध प्रबंध लेखन में समरूपता, क्रमबद्धता और वैज्ञानिकता आती है।

सामग्री संचयन के साधन

सामग्री संचयन का मुख्य साधन पुस्तकालय ही है किन्तु किसी समकालीन जीविज साहित्यकार पर शोध करने वाला शोधार्थी सीधे उस साहित्यकार से सम्पर्क स्थापित करके अपेक्षित जानकारियाँ प्राप्त कर सकता है। इस प्रकार प्रमुख रूप से सामग्री संचयन के दो साधन है-

(1) साहित्यकार से सम्पर्क

(2) पुस्तकालय

(1) साहित्यकार से सम्पर्क - साहित्यकार से सम्पर्क की प्रमुख विधियाँ इस प्रकार हैं-

1. पत्राचार पद्धति
2. प्रश्नावली पद्धति
3. फैक्स, ई-मेल सहित इंटरनेट
4. साक्षात्कार विधि

(2) पुस्तकालय - शोधार्थी के लिए अब शोध साधनों की कमी नहीं रही है उसके लिए तो सच्ची निष्ठा और साधना ही अपेक्षित है। सामग्री-संकलन सम्बद्ध साहित्यकार या शोध-विषय से सम्बद्ध बहुविध ग्रन्थों से प्राप्त किया जा सकता है। सभी उपयोगी ग्रन्थ न तो व्यक्तिगत रूप से खरीदे जा सकते हैं और न ही किसी निश्चित पुस्तकालय में प्राप्त होते हैं। ऐसी स्थिति में शोधार्थी को कुछ विद्वानों के व्यक्तिगत

पुस्तकालयो, विश्व-विद्यालयों के पुस्तकालयों तथा अन्य ग्रन्थागारों में जाकर सामग्री संचित करनी होती है। साहित्य अकादमी पुस्तकालय, दिल्ली लोकसभा पुस्तकालय दिल्ली, राष्ट्रीय पुस्तकालय कोलकाता, ओरिएण्टल रिसर्च इंस्टीट्यूट पुस्तकालय, पूना, काश नागरी प्रचारिणी सभा पुस्तकालय, बनारस आदि ऐसे समूह पुस्तकालय हैं जहाँ शोधार्थी को अपने काम की प्रचुर सामग्री मिल सकती है।

पुस्तकालय के समुचित उपयोग के लिए पुस्तकालय की इण्डैक्स प्रणाली का ज्ञान आवश्यक है। पुस्तकालय में उपन्यास, नाटक, शोध, आलोचना आदि विभिन्न विधाओं की पुस्तकों के लिए पृथ्क-पृथ्क वर्गीकृत इण्डैक्स अकारादि क्रम से तैयार किए जाते है।

शोधार्थी इण्डैक्स की सहायता से अपने उपयोग की पुस्तके किसी पुस्तकालयीय कर्मचारी की सहायता के बिना स्वयं ही आसानी से प्राप्त कर सकता है। इससे समय की बचत के साथ शोधार्थी में स्वतंत्रता और स्वावलम्बन की भावनाओं का उदय होता है।

4. उद्धरण

शोध के दौरान शाधार्थी पूर्व स्थापित तथ्यों का संकलन, परीक्षण व पर्यवेक्षण करता है। अपनी निश्चित वैज्ञानिक विधि के द्वारा वह मौलिक निष्कर्षों की ओर जाता है। ऐसे में उसे विषय से संबंधित अपना पूर्व ज्ञान क्षेत्र में हुई उपलब्धियों एवं अन्य अनुशासनों के जाल शोध-विषय का प्रतिपादन करना होता है और इस सबके लिए 'उद्धरण' से ज्यादा प्रभावी कार्य अन्य शोध घटक नहीं हो सकता। सन्दर्भों को उद्धरण शोध की वैज्ञानिकता, प्रमाणिकता और उसकी चिन्तपरकता को प्रभावित करते हैं। यह तत्त्व शोध की तथ्यात्मकता, विश्वसनीयता और रोचकता को बढ़ाता हैं। कहा भी गया है कि '**सौ कहीं न एक लिखी।**'

संदर्भों को उद्धृत किया जाता है, इसलिए हिन्दी में उद्धरण शब्द प्रचलित है, इसके लिए 'अवतरण' शब्द भी प्रयुक्त होता है, जो अंग्रेजी के 'कोटेशन' का पर्याय है।

उद्धरण का सामान्य अर्थ है - किसी अन्य व्यक्ति के मत का अधिग्रहण। वक्ता उद्धरणों को मौखिक रूप में ग्रहण करता है, और लेखक लिखित रूप में। दोनों का उद्देश्य अपने-अपने अभिमत को किसी अन्य व्यक्ति के कथन या मत द्वारा पुष्ट करना हेाता है। कभी-कभी उद्धरण किसीपूर्व प्रचलित धारणा अथवा मत के खंडन हेतु अधिगृहित किए जाते हैं।

शोध में उद्धरणो का उपयोग उद्धरणों के स्त्रोतों और शोधक की लेखनगत आवश्यकता के स्वरूप पर निर्भर करता है। उदाहरण के लिए जब शोधार्थी किसी वैचारिक घटक में सम्बद्ध तथ्य-शृंखला के तथ्याख्याान या मंथन में प्रवृत हेाता है, तो निश्चय ही उसे शोध्य ग्रन्थ या ग्रन्थों से ग्रहण किए गए तथ्यात्मक उद्धरणों की आवश्यकता होती है। शोध और विवेच्य तथ्यों के निरूपक उद्धरण तो शोध के विषय-क्षेत्र अर्थात् शोध्य कृति या कृतियों से ही ग्रहण करने होंगे, कृतिगत उद्धरणों के विश्लेषण से ही तत्वानुसंधान संभव है। किन्तु तथ्यों का आख्यान शोध-विषय में निर्धारित दृष्टि से ही करना होता है।

उद्धरण देते समय शोधार्थी को इस बात की ओर भी ध्यान देना चाहिए कि **''नामूलं लिख्यते किंचित न अवांछितं कथ्यते''** अर्थात् बिना मूल के अथवा बिना आधार के कुछ भी नहीं लिखना चाहिए। शोधार्थी को उद्धरण का चयन करते समय स्त्रोत ग्रंथों की विश्वसनीयता का भी ध्यान में रखना चाहिए। साक्षात्कार, प्रश्नावली के उत्तर, अभिमत पत्र, महत्त्वपूर्ण स्त्रोत होते हैं। उसके बाद आत्मकथा, जीवनी, डायरी भी विश्वसनीय स्त्रोत होने के उदाहरण हैं। उद्धरण का परिचय देते समय यह आवश्यक है कि शोधार्थी को पाठ में लेखक का नाम, पुस्तक का नाम और पृष्ठ संख्या दे, तो परिशिष्ट में लेखक, ग्रन्थ का नाम, प्रकाशन और प्रकाशन वर्ष का उल्लेख भी अवश्य करे। शोधात्मक और समालोचनात्मक ग्रन्थों के अतिरिक्त आवश्यकतानुसार कोशों, विश्वकोशों, साहित्य-कोशों, पौराणिक कथा-कोशों, शोध पत्रिकाओं सरकारी गज़टों, ताम्रपत्रों, शिलालेखों आदि से भी उपयोगी तथ्यों के निरूपक उद्धरण लिए जा सकते हैं। इनका उपयोग शोध की गुणवत्ता को ध्यान में रखकर ही किया जाना चाहिए। सन्दर्भ-ग्रन्थ-सूची के विस्तार या पाणित्य-प्रदर्शन के लिए नहीं। विवेचित तथा उद्धृत ग्रन्थों के नामों को लिखते समय उन्हें एकल कोमा में रखना चाहिए।

शोध कार्य में स्त्रोत और प्रयोजन की दृष्टि से उद्धरणों को तीन वर्गों में रखा जा सकता है-

1. तथ्य-निरूपक उद्धरण
2. सिद्धान्त निरूपक उद्धरण
3. आनुषांगिक उद्धरण

1. तथ्य निरूपक उद्धरण- वैचारिक घटकों से सम्बद्ध तथ्यों के निरूपक उद्धरण इस वर्ग में आते हैं, जो विवेच्य कृति या कृतियों से ही ग्रहण किए जाते हैं। ये तथ्य निरूपक उद्धरण भी दो प्रकार के होते हैं-

1. तथ्य-प्रस्तावक 2. तथ्य-समर्थक

1. तथ्य-प्रस्तावक उद्धरण - उल्लेखनीय तथा महत्त्वपूर्ण तथ्यों को प्रस्तुत करते हैं। ऐसे तत्त्व पूर्ण उद्धरण शोध-प्रबंध के मूल कलेवर में दिए जाते हैं तथा उनका तल-स्पर्शी गहन विश्लेषण-विवेचन होना चाहिए।

2. तथ्य समर्थ उद्धरण - प्रमुख तथ्यों की पुष्टि करने वाले सहयोगी, गौण उद्धरण होते हैं। कृति या कृतियों में इनकी संख्या अधिक भी हो सकती है। ऐसी स्थिति में उपयोगिता और विवेचन के अनुपात को ध्यान में रखकर ही पाँच-छह उद्धरण चुन लेने चाहिए तथा उनमें से कुछ को पाद-टिप्पणियों के रूप में उद्धृत करना चाहिए तथा शेष का केवल सन्दर्भोल्लेख करना चाहिए। अत्यधिक तथ्यों की भरमार से तथ्याख्यान की संरचना बोझिल हो जाती है तथा तथ्याख्यान स्थूल सूचनात्मक स्तर पर आजाता है, इससे पुनरावृत्ति होती जाती है और विवेचन शिथिल सतही और सारहीन हो जाता है और तत्त्वबोध को क्षति पहुँचती है।

2. सिद्धान्त-निरूपक उद्धरण - सिद्धान्त निरूपक उद्धरण शोध-विषय की दृष्टि से संबंधित होते हैं। ये शास्त्रीय ग्रन्थों से ग्रहण किए जाते हैं। शास्त्रीय ग्रंथ अपने प्रतिपाद्य, विषय का तात्त्विक, पारिभाषिक और सैद्धान्तिक रूप में प्रतिपादन करते हैं। सौन्दर्यशास्त्र, काव्यशास्त्र, नाट्यशास्त्र दर्शन आदि से संबंधित अवधारणाओं की परिभाषा और स्वरूप के ज्ञान के लिए मूल शास्त्रीय ग्रन्थों का सहारा लेना आवश्यक होता है। शोध-दृष्टि से संबंधित अवधारणा की परिभाषा प्रस्तुत करने वाले उद्धरणों को सिद्धान्त पक्ष से संबंधित अध्याय के कलेवर में ही प्रस्तुत किया जाना चाहिए तथा विविध परिभाषाओं का विश्लेषण करते हुए किसी एक परिभाषा को स्वीकार करना चाहिए तथा विभिन्न परिभाषाओं के विश्लेषण से प्राप्त के आधार शोधक को अपनी ओर से कोई सर्वांगीण परिभाषा प्रस्तुत करनी चाहिए। सिद्धान्तपक्ष से संबंधित विविध आयामों के स्वरूप को दर्शाने के लिए भी स्तररीय एवं प्रामाणिक शास्त्रीय ग्रन्थों से उद्धरण लेने चाहिए। गौण उद्धरण पाद-टिप्पणी में दिए जाते है। कुछ गौण उद्धरणों के केवल सन्दर्भों का ही उल्लेख करना पर्याप्त होता है। संस्कृत, अंग्रेजी एवं अन्य भाषाओं से उद्धरण देते समय विशेष सावधानी की आवश्यकता होती है। उद्धरणों की भाषिक शुद्धता अत्यावश्यक है। उद्धरण के अनुवाद और विवेचन में भी सावधानी अपेक्षित है। उद्धरण सीधे मूल ग्रन्थों से ही ग्रहण करने चाहिए, विभिन्न शोधकों या समालोचकों के ग्रन्थों से नहीं क्योंकि उनमें मूल पाठ सदोष हो सकते तथा सन्दर्भोल्लेख में भी त्रुटि हो सकती है।

3. आनुषंगिक उद्धरण- तथ्याख्यान की प्रक्रिया से कुछ निर्णयों या निष्कर्षों

तक पहुँचने के क्रम में विवेच्य कृति या कृतियों से तो उद्धरण दिए ही जाते हैं साथ ही अन्य विद्वानों के शोध-ग्रन्थों या विशिष्ट समालोचना ग्रन्थों के मत भी देना आवश्यक प्रतीत होता है। इससे विषय-विवेचन को बल मिलता है। यह आवश्यक नहीं है कि ये मत अपने निष्कर्षों की पुष्टि के लिए ही दिए जाए। कभी-कभी प्रस्तुत तथ्याख्यान के आलोक में दूसरों के विरोधी एवं अमान्य असंगत मतों का खण्डन भी आवश्यक होता है। सत्य-साधना का सकारात्मक पक्ष जितना मूल्यवान है, उतना ही महत्त्वपूर्ण नकारात्मक पक्ष भी है। उद्धरण उन्हीं विद्धानों के ग्रन्थों से देने चाहिए जिनका विवेच्य विषय के क्षेत्र में विशिष्ट योगदान हो।

उद्धरणों की सार्थक एवं सही प्रस्तुति के समय उद्धरणों का प्रयोग एक स्वाभाविक क्रिया है। प्रस्तुत्ति पद्धति इसी प्रयोग को नियोजित एवं निर्धारित करती है।

प्रस्तुति-पद्धति के कुछ महत्त्वपूर्ण बिन्दु इस प्रकार हैं–

1. दूसरों के द्वारा कथित या लिखित होने के कारण उद्धरणों को दुहरे कोमों अर्थात उद्धरण चिह्नों के अंदर रखना चाहिए तथा उसके अन्त के विराम चिह्न के ऊपर संदर्भ संख्या अंकित करके नीचे पाद टिप्पणी में वही संख्या लिखकर उसके सामने संदर्भोल्लेख करना चाहिए अर्थात् लेखक का नाम, पुस्तक का नाम तथा पृष्ठ संख्या, जहाँ से उद्धरण लिया गया है, का उल्लेख करना चाहिए।

2. प्रयोग-स्थल की दृष्टि से उद्धरणों को तीन वर्गों में विभाजित किया जा सकता है-(1) केन्द्रीय (2) विवेच्य (3) अविवेच्य। जो उद्धरण किसी अध्याया या प्रकरण अर्थात् खण्ड या उपखण्ड की केन्द्रीय विचारधारा का प्रतिनिधित्व करते हैं उन्हें सम्बद्ध अध्याय या प्रकरण के प्रारम्भ में दिया जा सकता है। ऐसे मुक्त रूप से दिए गए उद्धरणों पर इन्वर्टेड कोमा लगाने कीआवश्यकता नहीं है। लेकिन उनके अन्तिम विराम-चिह्न के ऊपर संदर्भ संख्या देकर उसका पाद-टिप्पणी में उल्लेख अवश्य करना चाहिए। जिन उद्धरणों का विवेचन-विश्लेषण अभीष्ट है, उन्हें मूल कलेवर में कोमों के अंदर देनाचाहिए। जो उद्धरण विवेच्य नहीं है, केवल पुष्टि वांछित हैं, ऐसे अविवेच्य उद्धरणों को कलेवर में न देकर पाद-टिप्पणी में देना चाहिए।

3. कुछ स्थितियों में कलेवर में उद्धरण का केवल सार देना ही पर्याप्त होता है। ऐसी स्थिति में सार वाक्य के अंत में संदर्भ-संख्या अंकित करके उस उद्धरण को अविकल्प रूप में पाद-टिप्पणी में प्रस्तुत करना चाहिए तथा उसका संदर्भोल्लेख करना चाहिए।

4. उद्धरण यदि एक वाक्य या वाक्यांश तक ही सीमित हो, तो शोधार्थी को चाहिए कि वह उसे अपने वाक्य के अन्तर्गत ही उद्धरण-चिह्नों के मध्य प्रस्तुत करे तथा पाद-टिप्पणी में उसका सन्दर्भोल्लेख करे।

5. जो उद्धरण शोधार्थी के लेखन के मध्य प्रयुक्त होते हैं, वे उद्धरण चिह्नों के अन्तर्गत रखे जाते हैं, किन्तु जो शोधार्थी के अनुच्छेद से बाहर प्रयुक्त होते हैं, उनको उद्धरण-चिह्नों के अन्तर्गत नहीं रखा जाता है।

6. कुछ उद्धरणों के मध्य भाग के अनावश्यक अंश को निकाल कर उन्हें संक्षिप्त रूप में प्रस्तुत किया जाता है। ऐसी स्थिति में रिक्त स्थान दर्शाने के लिए वहाँ तीन बिन्दुओं (...) का प्रयोग करना चाहिए।

7. संस्कृत, अंग्रेजी आदि अन्य भाषाओं के उद्धरणों को पाद-टिप्पणी में देना चाहिए तथा उनका अनुवाद मूल कलेवर में देना चाहिए। आदर्श स्थिति यही है, किन्तु कभी-कभी संस्कृत के उद्धरण को मूल कलेवर में भी दिया जा सकता है। ऐसी स्थिति में उनका अनुवाद पाद-टिप्पणी में देना चाहिए।

8. कई बार कोई बहुत महत्त्वपूर्ण उद्धरण किसी शोध-प्रबंध या समालोचना-ग्रन्थ में देखने को मिलता है, किन्तु बहुत खोजने पर भी उसका मूल स्रोत-ग्रन्थ नहीं मिल पाता। ऐसी विवशता की स्थिति में उस उद्धरण का मूल सन्दर्भ देने के बाद उस ग्रन्थ का सन्दर्भ भी देना चाहिए जिसके वह उद्धरण प्राप्त हुआ है।

प्रस्तुति-पद्धति के अतिरिक्त उद्धरणों के उपयोग के संबंध में कुछ अन्य व्यावहारिक सावधानियाँ भी अपेक्षित हैं, जो इस प्रकार हैं -

1. उद्धरण का मूल रूप अक्षुण्ण रहना चाहिए। यदि उद्धरण में लेखन या मुद्रण के कारण वर्तनी की अशुद्धि है तो उसे शुद्ध करने में कोई दोष नहीं है, किन्तु तथ्यों या सिद्धान्त अथवा विचार से संबंधित किसी त्रुटि को सुधारना ठीक नहीं है। बल्कि पाद-टिप्पणी में ऐसी त्रुटि की ओर पाठकों का ध्यान आकृष्ट करना पर्याप्त है।

2. कॉपीराइट एक्ट के नियमानुसार किसी भी लेखक के मूल लेखन से लगातार आठ पंक्तियों से अधिक उद्धृत नहीं किया जाना चाहिए। ऐसा करने पर लेखक कॉपीराइट मुकद्मा कर सकता है। कानून के तहत सिविल या क्रिमीनल तरीके से वाद दायर कर सकता है।

3. संस्कृत और अंग्रेजी के उद्धरणों में अशुद्धियों की भरमार देखी जाती है। अशुद्धियों से प्रबंध का स्तर गिरता है और शोध की शुद्धता संदिग्ध हो जाती है।

4. किसी विभागाध्यक्ष शोध-निर्देशक सम्भावित परीक्षक या नियुक्तियों में प्रभावी भूमिका निभाने वाले विद्वानों को प्रसन्न करने के लिए उनके ग्रन्थों से

योजनाबद्ध रूप में अधिक से अधिक उद्धरण देने की प्रवृत्ति शोध बोध के लिए घातक है।

विषय क्षेत्र से संबंधित तथ्य-निरूपक तथा शोध-दृष्टि से संबंधित सिद्धान्त निरूपक उद्धरण शोध-बोध का मूल आधार होते हैं। इनका महत्त्व स्वीकारते हुए इनका संयत एवं विवेक सम्मत उपयोग ही श्रेयष्कर है। अन्य शोध-प्रबंधों और समालोचना-ग्रन्थों से ग्राह्य उद्धरणों के चयन और संयोजन में शोधार्थी को खूब सूझ-बूझ से काम लेना चाहिए। शोधार्थी का लक्ष्य अपनी दृष्टि और निष्कर्षों की पुष्टि करते हुए निर्भ्रान्त ज्ञान की खोज में अग्रसर होना है। उद्धरण देने का उद्देश्य यह नहीं है कि दूसरों के मतों की भीड़ में शोधक की स्वदृष्टि और स्वमत लुप्त-गुप्त हो जाए। निश्चित और निर्भान्त प्रमाण-पुष्ट निर्णयों तक पहुँचना ही शोधार्थी का सात्विक लक्ष्य होना चाहिए।

5. अनुबन्ध योजना

किसी भी शोधप्रबंध के भली-भाँति व्यवस्थापन में अनुबन्ध की भूमिका महत्त्वपूर्ण हैं। अनुबन्ध वह शैली है जो शोध व्यवस्थापन की दिशा तय करता है। प्राचीन शास्त्रकारों के अनुसार जो ग्रन्थ में विवेचन के परस्पर भाव को बांधने की शक्ति रखता है, वह अनुबंध है-

'**अनुबध्नाति इति अनुबन्धः** अर्थात् जो विषय को परस्पर भाव से बांधकर रखता है या जिससे विवेच्य विषय को परस्पर भाव से बांधे रखता है या जिससे विवेच्य विषय में कसावट आती है, वह अनुबंध कहलाता है। अनुसंधान के क्षेत्र में भी यह अनुबंध कहलाता है। अनुसंधान के क्षेत्र में अनुबंध का उद्देश्य है पाठक एवं लेखक को विषय एवं सीमाओं से अवगत कराना।

शोध प्रबंध को इस प्रकार प्रस्तुत किया जाना चाहिए कि प्रतिपाद्य विषय सम्यक् प्रकार से विश्लेषित किया जा सके। विचारों की निर्मित्त एवं निर्णयात्मक स्थिति के लिए अनुबंध योजना अनिवार्य है। अनुसंधान में मूल प्रतिपाद्य विषय का विवेचन तो अध्यायों के मध्य कर दिया जाता है, लेकिन उसे शोध-प्रबंध का आकार प्रदान करने के लिए उसके साथ अनुबंधों की योजना की जाती है। अध्ययन अथवा ज्ञान को दूसरों के लिए ग्राह्य और वैज्ञानिक बनाने के लिए आवश्यक है कि उसे व्यवस्थित किया जाए। प्रबंध को व्यवस्थित रूप में रखने की शैली ही अनुबंध है।

शोध-प्रबंध में शोध-गुण के साथ प्रबंध-गुण का सन्निवेश भी अनिवार्य है। विश्लेषण-विवेचन स्तरीय होने से शोध-गुण का समावेश होता है और विषय

निरूपण में सही अनुपात, क्रमबद्ध, और वैचारिक अन्विति का सामंजस्य बनाए राने में प्रबंधात्मकता का गुण विकसित होता हैं। दोनों परस्पर सम्बद्ध है। शोध-गुण के उत्कर्ष से प्रबन्धात्मकता में और प्रबन्ध-गुण के उत्कर्ष से शोध-गुण में अभिवृद्धि होती है। शोध प्रविधि के अनुसार ये अनुबंध तीन प्रकार के होते हैं-

1. पूर्वानुबंध
2. मध्यानुबंध
3. पश्चानुबंध

1. पूर्वानुबंध

शोध-प्रबंध के मूल भाग के पूर्व में संयुक्त होने के कारण इसे पूर्वानुबंध कहा गया है। पूर्वानुबंध इस रूप में महत्त्वपूर्ण है कि उसके अवलोकन से पाठक के समक्ष ग्रन्थ का सम्पूर्ण कथ्य स्पष्ट हो जाता है। इसके तीन उपविभाग हैं-

1. प्राक्कथन
2. विषय-सूची
3. संकेत-सूची

1. प्राक्कथन - 'प्राक्कथन 'का तात्पर्य है 'प्राक्' अर्थात् शोधप्रबंध के पूर्वकथन अर्थात् विवेचन। शोध-प्रबंध के पूर्वकथन अर्थात् विवेचन। शोधप्रबंध का सम्पूर्ण परिचय प्राक्कथन का उद्देश्य है। प्राक्कथन के अतिरिक्त इसे भूमिका, आमुख, प्रस्तावना अथवा पुरोवाक् इत्यादि विभिन्न नामों से पुकारा जाता है। प्रस्तावना में अपने शोध-विषय की मूल दृष्टि, विशिष्ट प्रतिपादन-पद्धति, उद्देश्य आदि पर संक्षेप में प्रकाश डाला जाता है। वह अपने विषय के क्षेत्र और दृष्टि को स्पष्ट करता है और ऐसा करते समय अपने विवेचन की सीमाओं को भी निर्धारित करता है तथा संभावित उपलब्धियों की ओर भी संकेत करता है। प्रस्तावना के अन्तर्गत शोधार्थी अपने विषय के चयन के कारणों और चयन-प्रक्रिया पर भी प्रकाश डाल सकता है, साथ ही शोध-कार्य की आवश्यकता और महत्ता को भी रेखांकित कर सकता है।

प्रस्तावना-भाग में शोध-प्रबंध के अध्यायों का संक्षिप्त एवं सारपूर्ण परिचय है, जिससे पाठक और परीक्षक शोध-प्रबंध की गुणवत्ता के स्तर के प्रति भली प्रकार आश्वसत हो सकें। प्रस्तावना के अंत में शोधार्थी अपने शोध निर्देशक, अन्य गुरुजनों, दिशा-दर्शक, विद्वानों, प्रेरक परिजनों आदि के प्रति कृतज्ञता ज्ञापित करता है। प्रस्तावना-भाग का सारपूर्ण एवं संक्षिप्त होना अपरिहार्य है। 'प्रस्तावना' और उपसंहार ही शोध-प्रबंध के वे सर्वाधिक महत्त्वपूर्ण अंग हैं, जो परीक्षक के मुल्यांकन का

आधार बनते हैं।

2. विषय-सूची - शोध-प्रबंध में प्रस्तावना के पश्चात् विषय-सूची दी जाती है। विषय-सूची शोध-प्रबंध का आधार भी है और प्रवेश द्वार भी। रूपरेखा किसी भी शोध-प्रबंध का योजना-सूत्र विषय-सूची में रूपान्तरित होकर और भी व्यवस्थित एवं संशोधित रूप में अध्यायों, खण्डों, उपखण्डों के शीर्षक-उपशीर्षकों की पृष्ठ-संख्याओं के उल्लेख के साथ शोध-प्रबंध के प्रारंभ में 'प्रस्तावना' के उपरान्त प्रस्तुत की जाती है। जिस प्रकार रूपरेखा शोधार्थी को शोध की दिशा और दृष्टि प्रदान करती है, उसी प्रकार विषय-सूची शोध-प्रबंध के अध्येता को प्रतिपादित शोध-विषय की आन्तरिक व्यवस्था, अन्तश्चेतना या दृष्टि से अवगत कराती है। अतः विषय-सूची में रूपरेखा के अन्तर्गत दिए गए अध्यायों तथा उन सबके खण्डों-उपखण्डों का समावेश होना चाहिए तथा सभी के सामने पृष्ठसंख्याओं का ऊल्लेख अवश्य रूचि या आवश्यकता के अनुरूप अध्याय, खंड या उपखंड तक पहुँचने में सुविधा होती है। विषय-सूची की समग्रता से यह भी बोध होता है कि शोधार्थी ने शोध-विषय का कितनी सूक्ष्मता और विस्तार से विवेचन-विश्लेषण किया है। विषय-सूची शोध-प्रबंध की आत्मा भी है। अतः विषय-सूची तैयार करते समय शोधक को मूल शोध-प्रबंध के अन्दर अध्यायों, खण्डों, उपखंडों के सूचनार्थ अपनाई गई संख्यांकन पद्धति को ही अपनाना चाहिए। पद्धति की एकरूपता में ही वैज्ञानिकता निहित है। आजकल दशमलव क्रमांकन प्रणाली ही अधिक प्रचलित है।

3. संकेत-सूची- शोध-प्रबंध में प्रबंधात्मकता के गुण को बनाए रखने के लिए अभिव्यक्तिगत कसाव और संक्षिप्तता की आवश्यकता होती है। कुछ रचनाकारों, ग्रन्थों आदि के नाम शोध-प्रबंध में बार-बार आते हैं। ऐसी स्थिति में इन नामों को बार-बार पूरा लिखने के स्थान पर इनके संक्षिप्त सांकेतिक रूपों से काम चलाया जा सकता है। इससे लेखन में कसाव और सौन्दर्य आता है। वैज्ञानिक या तकनीकी विषयों के शोध-प्रबंधों में इस संकेत-सूची से विशेष लाभ होता है। साहित्यिक विषयों के शोध-प्रबंधों में भी इसका उपयोग लाभप्रद होता है। यदि किसी शोध-प्रबंध में **हिन्दी-साहित्य-कोश** को बार-बार अनेक अध्यायों में उपयोग किया गया है, तो बार-बार हिन्दी-साहित्य लिखने के स्थान पर पादटिप्पणी में हि. सा. को. लिखना लेखन, टंकण, मुद्रण आदि सभी दृष्टियों से अधिक सुविधाजनक रहता है। इससे श्रम के साथ समय व स्थान की भी बचत होती है लेखकों और ग्रन्थों के ऐसे बार-बार प्रयुक्त होने वाले नामों की संकेत-सूची विषय-सूची के उपरान्त दी जाती है।

2. मध्यानुबंध

मध्यानुबंध के अन्तर्गत शोध-प्रबंध का मुख्य विवेच्य भाग आता है। शोध विषय का अध्यायगत विभाजन कर इसमें क्रमिक रूप से प्रस्तुत किया जाता है। यह विवेचन विषयानुरूप पृथक्-पृथक् हो सकता है। वस्तुतः मूल प्रतिपाद्य विषय मध्यानुबंध के अन्तर्गत सम्मिलित होता है। इस भाग का प्रारंभ विषय-प्रवेश या पीठिका से होता है। कुछ शोधार्थी विषय-प्रवेश के स्थान पर भूमिका का प्रयोग करते हैं, जो प्रस्तावना से भिन्न होता है।

विषय-प्रवेश- जो शोधक विषय-प्रवेश या भूमिका को प्रथम अध्याय के रूप में सम्मिलित नहीं करते, वे इसके अन्दर आने वाली सामग्री को अत्यन्त संक्षेप में 'प्रस्तावना' को ही 'भूमिका' नाम से अभिहित करते हैं। उनके लिए प्रस्तावना और भूमिका में कोई तात्त्विक भेद नहीं रहता। अधिकतर साहित्यिक शोधों में विषय-प्रवेश या भूमिका के रूप में प्रारंभिक अध्याय या इंट्रोडक्टरी चैप्टर की योजना नहीं रहती। संभवतः ऐसा शोध-विषयों को प्रकृति की भिन्नता के कारण है। समाजशास्त्रीय और वैज्ञानिक विषयों से संबंधित शोध कों पूर्ववर्ती शोध-कार्य का विधिवत् विवरण, उसमें अपनाई गई वैज्ञानिक तकनीक आदि का विशेष महत्त्व होता है। उसकी सम्यक् जानकारी के अभाव में नया शोधक उस विषय-क्षेत्र में सहसा आगे नहीं बढ़ सकता। शोधार्थी पूर्ववर्ती अध्ययनों के आधार पर अपनी तकनीक का विकास कर सकता है साहित्यिक शोधों में ऐसी बाहरी तकनीकी यान्त्रिकता का कोई विशेष महत्त्व नहीं है।

शोध-प्रबंध- लेखन की प्रक्रिया में पूर्वी भाग के उपरान्त शोध-प्रबंध का मध्य भाग या मूल भाग प्रारंभ होता है। यह शोध-प्रबंध का असली कलेवर है इसलिए सर्वाधिक महत्त्वपूर्ण होता है। इसके लेखन में विशेष सावधानी, श्रम, निष्ठा और प्रतिभा के साथ क्षमता की आवश्यकता होती है। शोधार्थी को ध्यान में रखना चाहिए कि प्रत्येक अध्याय की अपनी स्वतंत्र उपस्थिति है। जो उसे अन्य अध्यायों से अलग बनाती है। किन्तु शोध-प्रविधि, शोध-दृष्टि और तर्क-पद्धति की दृष्टि से वह पूर्वापर संबंध में गुम्फित अविच्छिन्न कड़ी भी है। अतः प्रत्येक अध्याय की अध्ययन-सामग्री पहले ही सुनिश्चित कर लेनी चाहिए और उसका सम्यक् विश्लेषण-विवेचन उसी अध्याय में पूरा हो जाना नितान्त आवश्यक है। यह सूक्ष्म और गहन बौद्धिक मंथन ही शोध-प्रबंध की गुणवत्ता के स्तर में अभीष्ट की अभिवृद्धि करता है। अन्तर्विरोधों, विषयान्तरों आदि से बचने के लिए शोध-दृष्टि की एकाग्रता एवं अक्षुण्णता का निर्वाह आवश्यक है।

शोध-प्रबंध लेखन के समय शोधार्थी को शोध्यग्रन्थ या ग्रन्थों के तथ्यों पर ही अपना ध्यान विशेष रूप में केन्द्रित रखना चाहिए। तथ्याख्यान से प्राप्त निष्कर्ष की पुष्टि के लिए वह अन्य शोधकों और समालोचकों के ग्रंथों के उद्धरणों से भी अपने द्वारा प्राप्त निष्कर्ष की पुष्टि कर सकता है। शोध-प्रबंध के अध्यायों, खंडों, उपखंडों के अंकन में एकरूपता अनिवार्य है। यह अंकन विषय-सूची के अनुरूप होना चाहिए। इसके लिए दशमलव प्रणाली का आश्रय लेना ही सर्वथा उपयुक्त होता है।

शोध-प्रबंध की भाषा स्तरीय, स्वच्छ, वस्तुनिष्ठ, अभिधात्मक, परिभाषित और अनलंकृत होनी चाहिए। भाषा का स्तर शोधक के प्रतिभा स्तर का सूचक होता है। शोध का मूल आधार तथ्याख्यान और तत्त्वान्वेषण है, जो सुनियोजित तथ्य-प्रस्तुति पर आश्रित है।

3. पश्चानुबंध

जैसे शोध-प्रबंध को व्यवस्थित रूप से प्रस्तुत करते समय कुछ पूर्वानुबंध जोड़े जाते हैं, उसी प्रकार शोध-प्रबंध के अन्त में कुछ पश्चानुबंध की कल्पना की गई है। ये पश्चानुबंध शोध-प्रबंध की बोधगम्यता के सेतु भी हैं। शोध-प्रबंध के मूल भाग के बाद संयुक्त होने के कारण इसे पश्चानुबंध भी कहा जाता है। ये पश्चानुबंध इस प्रकार हैं-

1. उपसंहार- शोध-प्रबंध के मध्य या मुख्य भाग का अन्तिम आयाम है 'उपसंहार' या 'निष्कर्ष'। 'निष्कर्षण' शब्द का अर्थ है खींच कर निकालना अर्थात् अनेक तथ्यों में निहित सामान्य सत्य या तत्व को सामान्यीकरण की प्रक्रिया द्वारा खींच कर बाहर प्रकट करना। मंथन, चिन्तन के पश्चात् अन्तिम निर्णय या नतीजे पर पहुँचना ही निष्कर्षण है। विश्लेषण के आधार पर निष्कर्षण की यह प्रक्रिया शोध-प्रबंध के अंत में प्रस्तुत उपसंहार या 'निष्कर्ष' में अपने चरमोत्कर्ष पर पहुँच जाती है। विषय के विविध आयामों के अध्ययन से प्राप्त निष्कर्षों की समष्टि ही उपसंहार है।

शोध-प्रबंध के विविध अध्याय शोध-विषय के विविध पक्षों के मंथन से प्राप्त सार प्रस्तुत करते हैं। 'उपसंहार' सब सारों का सार है। यह सब निष्कर्षों का समन्वित निष्कर्ष है। यह शोध-विषय के बौद्धिक या प्रातिभ परितृप्ति का अनुभव होता है। तथ्य अपनी स्थूल विशिष्टता त्याग कर सूक्ष्म एवं सामान्य तत्वों या विचारों में परिणत हो जाते हैं। शोधार्थी की बौद्धिक चेतना का दर्शन करती है। अतः 'उपसंहार' में विषय की निहित संभावनाओं के साथ शोधार्थी की निहित प्रातिम क्षमताओं के उत्कर्ष का समन्वित स्वरूप उजागर होता है।

'उपसंहार 'ही प्रमुख विशेषता है संक्षिप्तता और चिन्तनगत समग्रता। विषय का कोई पक्ष 'उपसंहार 'में समाविष्ट होने से छुटनानहीं चाहिए। इसका तरीका यही है कि पहले क्रमश: सभी अध्यायों का सार नये ढंग से संशिलिष्ट शैली में प्रस्तुत किया जाए तथा अंत में संश्लेषण के आधार पर सब अध्यायों में निहित केन्द्रीय तत्त्व प्रस्तुत किया जाए। ऐसा करने पर शोधार्थी की प्रतिमा का पारदर्शी रूप प्रकट होती है और बहुत्व में एकत्व का दर्शन भी। 'उपसंहार 'में विषय के सब आयामों के निष्कर्षों के समन्वित एवं समग्र स्वरूप के साथ ही विषय के सकारात्मक व नकारात्मक बिन्दुओं का भी समाहार होता है।'उपसंहार' का संबंध तत्तवानुसंधान से है, तथ्याख्यान का विवरण देना उचित नहीं है, ऐसा करने से 'उपसंहार' में वैचारिक सामग्री के स्थान पर स्थूलता छा जायेगी 'उपसंहार 'में उद्धरण देने संदर्भ संख्या अंकित करने तथा पाद-टिप्पणी देने की आवश्यकता नहीं होती है। अध्यायों में किए गए विश्लेषण-विवेचन में शोधार्थी की वैज्ञानिक दृष्टि प्रमुख रहती है, जो वर्गीकरण और तथ्याख्यान में अधिक विश्वास रखती है, किन्तु 'उपसंहार 'तक पहुँचते-पहुँचते तो शोधार्थी वैज्ञानिक मनोभूमि से ऊपर उठकर दार्शनिक तत्त्व-चिन्तनपूर्ण की क्रान्तदर्शी, संश्लेषक मनोदशा को अधिगत कर लेता है। इसलिए शोध-प्रबंध का 'उपसंहार' पूरे प्रबंध का सार भी होता है और एक चिन्तनपूर्ण प्रस्तुति के रूप में अपनी स्वतंत्र सत्ता और महत्ता भी रखता है।

2. परिशिष्ट- 'उपसंहार 'के पश्चात् शोध-प्रबंध का पश्च भाग 'परिशिष्ट' कहलाता है। परिशिष्ट का अर्थ है 'बचा हुआ' या 'छुटा हुआ'। शोध-प्रबंध के पूर्व और मुख्य भाग में जिस सामग्री को उसके विकीर्ण स्वरूप के कारण स्थान नहीं दिया जा सकता था, उस फुटकर सामग्री को 'परिशिष्ट 'में स्थान देने का प्रावधान है। शोध प्रबंध की प्रबंधात्मकता एवं सम्रता की यह नैसर्गिक माँग है कि शोध-प्रबंध से सक्रिय एवं सजीव संबंध रखने वाली फुटकर सामग्री को भी शोध-प्रबंध पश्च भाग में निर्धारित स्थान पर समाविष्ट किया जाए। मुख्यत: 'परिशिष्ट 'में शोध-विषय से संबंधित साहित्यकारों के साथ हुए पत्राचार, साक्षात्कार, अन्य दस्तावेजों, प्रमाण पत्रों आदि को भी स्थान दिया जाता है किन्तु 'परिशिष्ट 'के दो प्रमुखतम घटक हैं संदर्भ-ग्रन्थ-सूची तथा नामों और विषयों की अनुक्रमाणिका।

संदर्भ-ग्रन्थ-सूची

'परिशिष्ट 'का सर्वाधिक महत्त्वपूर्ण भाग है संदर्भ-ग्रंथ-सूची शोध-प्रबंध-लेखन के समय प्रयुक्त विविध प्रकार के ग्रंथों को लेखकों के नामों के प्रथम वर्णों के आधार

पर वर्णानुक्रम में व्यवस्थित सूची को संदर्भ-ग्रन्थ-सूची को संदर्भ-ग्रन्ध-सूची कहा जाता है। इस सूची में शोध-क्षेत्र से संबंधित मूल ग्रंथ, शोध-दृष्टि से संबंधित सैद्धान्तिक ग्रंथ तथा शोध-प्रबंधो, समालोचना-ग्रंथों के साथ ही शब्द कोश, पत्र-पत्रिका आदि सम्मिलित रहते हैं।

शोध-प्रबंध का स्तर बहुत बड़ी सीमा तक संदर्भ-ग्रंथों के स्तर पर ही आश्रित होता है। शोध-प्रबंध को सारी प्रामाणिकता संदर्भ-ग्रंथों पर ही निर्भर होती है। यदि शोध-प्रबंध के किसी परीक्षक या पाठक को शोध-प्रबंध के किसी अध्याय में किसी विद्धान के अभिमत के दुरूपयोग का संदेह होता है तो वह तत्काल संदर्भ-ग्रंथ-सूची देखकर उस ग्रंथ की पूरी जानकारी प्राप्त कर सकता है और उसके आधर पर ग्रंथ को हस्तगत करके अपने संदेह का निवारण कर सकता है। इसी प्रकार यदि कुछ पाठकों या शोधार्थियों को किसी शोध-प्रबंध में दिये गए कुछ विद्धानों के मन्तव्य बहुत ही तत्वपूर्ण और दिग्दर्शक प्रतीत होते हैं, तो वे ग्रंथों को प्राप्त करके उनसे लाभान्वित हो सकते हैं। और संदर्भ-ग्रंथ-सूची से ग्रंथकारों को उचित सम्मान और गौरव प्राप्त होता है और उनके ग्रन्थों का विद्वानों में प्रचार होता है।

इस प्रकार संदर्भ-ग्रंथ-सूची से शोध-प्रबंध की प्रमाणिकता एवं गुणवत्ता का तो बोध होता ही है साथ ही इससे भावी शोधकों को भी अपने उपयोग के ग्रंथ खोजने में भारी सहायता मिलती है।

6. सन्दर्भोंलेख

शोध प्रबंध के लेखन में विवेचन की प्रामाणिकता के लिए जितना उद्धरणों का महत्त्व है, उतना ही उद्धरणों की प्रामाणिकता के लिए उनके सन्दर्भोंल्लेखों का महत्त्व है। संदर्भ के उल्लेख के बिना उद्धरण का कोई अस्तित्व ही नहीं रहता। संदर्भ हीन उद्धरण अपनी पहचान और प्रामाणिकता खो देता है।

संदर्भ का अर्थ सामान्यतः प्रसंग या संबंध है, किन्तु शोध के क्षेत्र में इसका अर्थ किंचित् पारिभाषिक और विशिष्ट है। यहाँ संदर्भ का अर्थ है-उद्धरण के मूल स्रोत और स्थान का सही-सही उल्लेख। कोई उद्धरण किस लेखक या कवि की किस पुस्तक के किस पृष्ठ से लिया गया है, इसकी सही-सही जानकारी देना ही सन्दर्भोंलेख है। अंग्रेजी में उसे 'रेफरेन्स' कहते हैं। सन्दर्भोंलेख शोध-प्रबंध की प्रामाणिकता का मूलाचार है। सन्दर्भों लेख से शोधार्थी अपने विषय-विवेचन को तो प्रामाणिकता प्रदान करता ही है साथ ही वह दूसरे जिज्ञासु शोधार्थियों तथा पाठकों के लिए भी मूल्यवान सामग्री के अज्ञात और अल्पज्ञात स्रोतों का द्वार भी खोलता है।

सन्दर्भोंलेख की प्रचलित पद्धति में दो प्रक्रियाएँ समाहित रहती हैं। मूल कलेवर में दिए गए उद्धरण के अन्तिम अक्षर अथवा पूर्ण विराम-चिह्न के ऊपर उद्धरण की क्रम संख्या अंकित करना या अर्ध्वांक देना तथा पृष्ठ के अधोभाग में पुनः उद्धरण की (ऊर्ध्वांक के रूप में अंकित) क्रम संख्या लिखकर उसके सामने स्रोत-ग्रन्थ से संबंधित सूचनाएँ लिखना। इस सूचना में तीन बातें समाहित रहती हैं- लेखक का नाम, ग्रन्थ का नाम और पृष्ठ संख्या। उद्धरण किसी पत्रिका से लिया गया है, तो अंक संख्या तथा प्रकाशन-काल का उल्लेख भी आवश्यक होता है। प्रकाशक, प्रकाशन-स्थान, प्रकाशन काल, संस्करण आदि की सूचनाएँ शोध प्रबंध के अंत में परिशिष्ट के अन्तर्गत सहायक-ग्रन्थ सूची में विधिवत् दी जाती हैं। इसलिए सन्दर्भोंलेखन में इन सूचनाओं की आवश्यकता नहीं होती।

सामान्यतः सन्दर्भोंलेखन की चार पद्धतियाँ प्रचलित हैं-

1. प्रतिदृष्ठ-पद्धति - यह पद्धति सबसे प्राचीन है। प्रतिपृष्ठ पद्धति के अनुसार ऊर्ध्वांक-लेखन और पाद टिप्पणी के रूप में सन्दर्भों लेख की दोनों प्रक्रियाएँ प्रतिपृष्ठ के क्रम के साथ-साथ चलती हैं। इस पद्धति के अनुसार प्रत्येक पृष्ठ में प्रयुक्त उद्धरणों पर दिए गए ऊर्ध्वांकों से सम्बद्ध पाद-टिप्पणीयाँ उसी पृष्ठ के ऊधोभाग में अंकित कर दी जाती हैं, तथा अगले पृष्ठ पर फिर नए सिरे से ऊर्ध्वाक दिए जाते हैं और उनकी पाद-टिप्पणीयाँ दी जाती हैं। इस प्रकार सन्दर्भोंल्लेख के मामलें में प्रत्येक पृष्ठ स्वतंत्र हेाता है। यदि पृष्ठ संख्या ४० पर चार ऊर्ध्वांक हैं तो उनके सन्दर्भोंल्लेख चार पादटिप्पणियों में उसी पृष्ठ पर किए जाते है। अपने स्वरूप में यह सबसे वैज्ञानिक एवं उपयोगी भी है। इस पद्धति से पाठक को उद्धरणों के सन्दर्भोंलेख से संबंधित पाद-टिप्पणीयां उसी पृष्ठ पर साथ-साथ पढ़ने को मिल जाती है। इस पद्धति का निर्वाह करने में टंकण और मुद्रक को कठिनाई होती है।

2. अध्यान्त पद्धति - प्रतिपृष्ठ पद्धति की कठिनायों को ध्यान में रखकर आगे अध्यान्त पद्धति का विकास हुआ। इस पद्धति में शोधार्थी पूरे अध्याय में प्रयुक्त उद्धरणों के लिए प्रारंभ से अंत तक क्रमिक रूप में ऊर्ध्वांक देते चलते है तथा इसी प्रकार अलग पृष्ठ पर उसे संबंद्ध टिप्पणियाँ क्रमबद्ध रूप में लिखते जाते हैं और उन्हें अध्याय के अंत में लगा देते हैं। इस प्रकार मूल कलेवर में अध्याय के अंत तक लगातार क्रम में ऊर्ध्वाक चलते रहते हैं और फिर अध्याय के अंत में क्रमशः टिप्पणियाँ प्रारंभ हो जाती है। इस पद्धति में सबसे ज्यादा सुविधा टंकण और मुद्रक को है, उसे प्रत्येक पृष्ठ पर ऊध्वार्क औ पाद-टिप्पणियों में स्थानगत तालमेल नहीं बिठाना पड़ता। टंकक या मुद्रक की यह सुविधा शोधार्थी और पाठक के लिए

दुविधाएँ भी पैदा करती हैं। यदि शोधार्थी बीच में कहीं दो चार अन्य उद्धरण देना या एक-दो को निकालना चाहता है, तो उसे पूरे अध्याय में परिवर्तन संशोधन करना पड़ता है। पाठक को भी अध्याय के अंत में दी गई पाद-टिप्पणियों को देखने के लिए बार-बार पन्ने पलटने पड़ते हैं। इससे प्रबंध की पठनीयता में बाधा उत्पन्न होती है।

3. प्रबन्धान्त पद्धति - अध्यायान्त-पद्धति का ही विकसित रूप प्रबंधान्त पद्धति है। इसमें ऊर्ध्वांक प्रथम से अन्तिम अध्याय तक लगातार चलते हैं और शोध-प्रबंध के अंत में पूरे शोध-प्रबंध से संबंधित पाद: टिप्पणीयाँ एक ही क्रम में आद्योपान्त प्रस्तुत कर दी जाती है। इस पद्धति से टंकक और मुद्रक की सुविधा में जितनी वृद्धि होती है, शोधार्थी और पाठक की असुविधा में भी उतनी ही बढ़ोत्तरी हो जाती है। मूल उद्धारणों से पाद-टिप्पणीयाँ बहुत दूर हो जाती हैं। इस पार्थक्य से उद्धरणों की महत्ता भी घटती है और पाद-टिप्पणियाँ भी अपने प्रयोजन में सफल नहीं होती।

4. कोष्ठक-पद्धति - कोष्ठक पद्धति में न तो अर्घ्यांक देने की आवश्यकता है और न ही पृष्ठ के अद्योभाग में पाद टिप्पणी के रूप में सन्दर्भोल्लेख की। इस पद्धति में तो सन्दर्भोल्लेख उद्धरण के सन्निकट ही उपस्थित रहता है। कोष्ठक-पद्धिति में उद्धरण के समाप्त होते ही कोष्ठक में सन्दर्भ के उल्लेख का प्रावधान है। इस पद्धति में ऊर्ध्वांक और पाद-टिप्पणीयों के झंझट से मुक्ति मिल जाती है। पाठक को सन्दर्भ के उल्लेख के लिए ऊपर-नीचे नहीं देखना पड़ता।

यहाँ यह भी उल्लेखनीय है कि कोष्ठक -पद्धति अपनाने पर भी पाद-टिप्पणियों से पूर्ण मुक्ति संभव नहीं है। शोध-विषय से प्रत्यक्ष या परोक्ष रूप में सम्बद्ध कुछ बिन्दुओं की व्याख्या बीच-बीच में नितान्त आवश्यक होती है, जिसके लिए पाद-टिप्पणियों के अतिरिक्त अन्य कोई वैकल्पिक व्यवस्था नहीं है। यदि संदर्भ-लाघव की दृष्टि से संकेत-सूची में सन्दर्भित ग्रन्थों के नामों में संकेताक्षर निश्चित कर लिए जाए, तो कोष्ठकों का आकार पुस्तकों के सांकेतिक लघु नामों के कारण लघुत्तर हो जाएगा और कोष्ठक-पद्धति और भी उपयोगी हो सकेगी।

अत: स्पष्ट है कि सर्वाधिक वैज्ञानिक सन्दर्भोल्लेख-पद्धति तो प्रतिपृष्ठ-पद्धति ही है, भले ही इसमें कुछ यांत्रिक कठिनाइयाँ हैं, लेकिन टंकण और मुद्रण की कुछ यांत्रिक कठिनाइयों के नाम पर वैज्ञानिकता की बलि देना उचित नहीं है। दूसरी, गाह्य पद्धति कोष्ठक-पद्धति है, जिसमें सन्दर्भोल्लेख उद्धरण से सटा रहता है। कोष्ठकों से पठनीयता अवश्य बाधित होती है, लेकिन यह कोई दुर्लंघ्य बाधा नहीं है।

7. पाद टिप्पणी

शोध प्रबन्ध की संरचना में पाद टिप्पणी आती तो पृष्ठ के नीचे है, पर इसका महत्त्व सर्वोपरि है। क्योंकि पाद टिप्पणी यही शोध की यात्रा में श्रम संस्कृति की प्रतिनिधि है। उसी के द्वारा यह लक्षित किया जा सकता है कि शोधार्थी ने अमुक विषय का कितनी निष्ठा, ईमानदारी एवं गहन दृष्टि से अध्ययन, पर्यवेक्षण किया है।

शोध प्रबंध में मूल कथ्य के बाद प्रत्येक पृष्ठ पर आड़ी रेखा डाल कर, जो टिप्पणी दी जाती है, उसे पाद-टिप्पणी कहते हैं। पाद टिप्पणी का सामान्य अर्थ है- शोध प्रबंध के प्रत्येक पृष्ठ के पाद भाग में उस पृष्ठ पर प्रयुक्त उद्धरणों के स्रोत ग्रंथों के पूर्ण विवरण का प्रस्तुतीकरण। पाद-टिप्पणी मे स्रोत ग्रंथों के अतिरिक्त अन्य ऐसी महत्त्वपूर्ण सूचनाएँ भी दी जा सकती हैं, जिनका उल्लेख प्रबंध के कलेवर में सभंव नहीं होता है। ऐसी सूचना किसी प्रसंग की विशद् व्याख्या के संबंध में भी हो सकती है, जो अगले अध्याय, प्रकरण इत्यादि मे दी जा रही है या किसी अन्य ग्रन्थ में उपलब्ध हैं। इस प्रकार पाद-टिप्पणी का अभिप्राय और प्रयोजन शोधार्थी को सुविधा पूर्वक समझने और साथ-साथ पाठक को उसका परीक्षण करने की सुविधा प्रदान करता है।

अत: पाद टिप्पणी शब्द का सीधा संबंध सन्दर्भोल्लेख की प्रति पृष्ठ-पद्धति से है जिसमें शोध-प्रबंध के प्रत्येक पृष्ठ पर प्रयुक्त उद्धरणों के स्रोतों का विवरण उसी पृष्ठ के अद्योभाग में दिया जाता है। इस पद्धति की वैज्ञानिकता इसी तथ्य में निहित है कि प्रत्येक पृष्ठ पर प्रयुक्त उद्धरणों के स्रोतों के विवरण उसी पृष्ठ के नीचे के भाग में प्रस्तुत किए जाते हैं। शोधार्थी को लिखते समय यह ध्यान रखना पड़ता है कि पृष्ठ के ऊपरी भाग में जितने उद्धरण प्रयुक्त हुए हैं उनके सन्दर्भोल्लेखों के लिए उस पृष्ठ के अधोभाग में पर्याप्त स्थान होना चाहिए। अत: पृष्ठ के ऊर्ध्व और अधोभाग में विभाजक रेखा उक्त बात को ध्यान में रखकर ही खींचनी चाहिए।

पाद-टिप्पणी देते समय, प्रत्येक स्रोत के संदर्भ में लेखक का पूरा नाम दिया जाता है, जिसमें नाम पहले और उपनाम बाद में आता है। इसके अन्तर्गत मूल ग्रन्थ का रेखांकन और लेखों का नाम भी दिया जता है। पृष्ठ पर पहला संदर्भ देने के बाद अगर उसी लेखक और ग्रन्थ का दूसरा संदर्भ दिया गया है तो 'वही 'लिखकर स्रोत से उद्धरण लेने पर सहायक स्रोतों के साथ मूल-ग्रन्थ का संदर्भ भी देना चाहिए।

पाद-टिप्पणीयों के संबंध में कुछ महत्त्वपूर्ण बातें निम्नलिखित हैं -

1. यदि एक ही पृष्ठ पर एक ही क्रम में लगातार एक से अधिक बार एक ही

ग्रन्थ से गृहीत उद्धरणों की पाद-टिप्पणीयाँ देनी हों, तो बार-बार स्रोत का पूरा विवरण देने की आवश्यकता नहीं होती। ऐसी स्थिति में दूसरी, तीसरी तथा उसके बाद की पाद टिप्पणियाँ केवल 'वही' (अर्थात् उपर्युक्त) लिखकर दी जानी चाहिए। अंग्रेजी में वही के स्थान पर ईविड (Ibid) लिखा जाता है। 'वही' के सामने उदधृत ग्रन्थ की पृष्ठ संख्या भी लिखी जाती है। यथा-वही पृ.७५

2. संक्षिसता बुद्धिमता की कसौटी है और प्रविधि की प्राण-शक्ति। यदि शोध प्रबंध के कलेवर में लेखक का नाम आ चुका है तो पाद-टिप्पणी में ग्रन्थ का नाम और पृष्ठ संख्या लिखना पर्याप्त है। यदि लेखक और ग्रन्थ दोनों के नामों का उल्लेख मूल कलेवर में हो चुका है, तो पाद टिप्पणी में केवल पृष्ठ संख्या का उल्लेख करना ही पर्याप्त होता है।

3. किसी पारिभाषिक शब्द की व्युत्पत्ति और अर्थ बतलाने के लिए 'शब्द कोश' को उद्धृत करने की स्थिति में शब्दकोश और उसके सम्पादक का नाम देना ही पर्याप्त है। पहले सम्पादक का नाम लिखे फिर शब्द कोश का। पृष्ठ संख्या लिखने की इसलिए आश्यकता नहीं है, क्योंकि अकारादि वर्णानुक्रम की निर्धारित व्यवस्था के कारण उद्धृत शब्द यथास्थान सुलभ होता है।

4. मूल कलेवर और पाद-टिप्पणीयों के लिए निर्धारित स्थान के मध्य कुछ सेन्टीमीटर का निश्चित फासला रखना आवश्यक है। इसी प्रकार दोनों के मध्य लगभग दो इंच लम्बी बारीक विभाजक रेखा की उपस्थिति भी अपेक्षित है।

5. एकरूपता शोध-प्रविधि की मूल जीवनी शक्ति है। शोधक ऊर्ध्वांक और पाद टिप्पणियों में 1,2,3 आदि संख्या-रक्षों का भी उपयोग कर सकता है और १,२,३ आदि का भी। आवश्यकता इस बात की है कि जो भी पद्धति अपनायी जाए उसका आद्योपान्त निर्वाह किया जानाचाहिए। ताकि एक रूपता कायम रह सके।

6. पाद-टिप्पणी में एक स्रोत ग्रन्थ के एकाधिक प्रयोग के समय उसके नाम का संक्षिप्त रूप भी उपयोग में लिया जा सकता है, यथा-रामचरितमानस के लिए 'रा' इत्यादि।

7. यदि एक पाद-टिप्पणी एकाधिक पंक्तियों की हो, तो उसकी प्रत्येक पंक्ति केवल एक स्थान के अन्तराल पर लिखी जानी चाहिए।

8. प्रत्येक पाद-टिप्पणी को नए परिच्छेद के रूप में लिखा जाना चाहिए। एक ही पृष्ठ पर उद्धृत एकाधिक पाद-टिप्पणियों में दो स्थान का अंतराल रहना चाहिए।

9. प्रत्येक पाद-टिप्पणी के अंत में पूर्ण विराम का प्रयोग किया जाना चाहिए। इस संबंध में खड़ी पाई (।) की अपेक्षा बिन्दु (.) रूप में विराम का प्रयोग अधिक

संगत प्रतीत होता है, क्योकि उसे पृष्ठ-संख्या के बाद लगाने पर खड़ी पाई को संख्या मान लेने का भ्रम हो सकता है।

10. यदि पाद-टिप्पणी में शोधार्थी को कुछ सूचना देनी हो, तो उसे कोष्ठकों में देना चाहिए।

11. यदि कोई पाद-टिप्पणी विस्तृत हो, तो उसे वाक्य से मध्य में ही छोड़कर अगले पृष्ठ पर पाद टिप्पणी में ही चालू रखा जा सकता है।

12. जहाँ किसी अन्य भाषा से उद्धरण ग्रहण किया गया है, तो उस उद्धरण का हिन्दी अनुवाद प्रबंध के कलेवर में उद्धरणीय सथल पर ही दे दिया जाना चाहिए और उसके मूल को पाद-टिप्पणी में उद्धृत करके उसके नीचे स्रोत सूचना देनी चाहिए।

अतः संदर्भ जब पृष्ठ के अंत में दिए जाते हैं, तो पाद टिप्पणी कहलाते हैं, लेकिन पाद टिपपणी में केवल संदर्भ ही नहीं, अपितु वे सब तथ्य भी दिए जा सकते हैं, जो मूल प्रबंध का हिस्सा तो नहीं होते, लेकिन प्रबंध के लिए महत्त्वपूर्ण होते हैं। किसी किसी प्रबंध में पाद टिप्पणी प्रबंध से भी अधिक महत्त्वपूर्ण हो जाती है और अनुसंधान को महत्त्वपूर्ण सूचनाएँ उपलब्ध करवाती हैं, जो भावी अनुसंधान व ज्ञानार्जन की दृष्टि से उपयोगी होती है।

अस्तु, शोध कार्य को व्यवस्थित रूप में सम्पन्न करने के लिए उसकी वैज्ञानिक, सुचिन्तित एवं तार्किक दृष्टि सम्पन्न प्रक्रिया को पूरा किया जाना शोधार्थी के लिए अत्यन्त फलदायी होता है। यह प्रविधि जिसके सोपानों का वर्णन किया गया वह **'इदमित्त्यम्'** तो नहीं है पर हाँ, व्यावहारिक अवश्यक ही है।

सन्दर्भ-ग्रन्थ

1. शोध : तत्व और दृष्टि - सरदार पटेल यूनिवर्सिटी, गुजरात

2. साहित्यिक अनुसंधान के - संपादक : रामेश्वर लाल खण्डेलवाल प्रतिमा : संपादक : डॉ. देवराज उपाध्याय, डॉ. रामगोपाल शर्मा, दिनेश

3. *निर्देशन और परामर्श - डॉ. सत्पाल दुग्गन, हरियाणा साहित्य अकादमी, पंचकूला*

4. अनुसंधार प्रविधि - सिद्धान्त और प्रक्रिया एस. एन. गणेशन, लोकभारती प्रकाशन

5. अनुप्रयुक्त अनुसंधान प्रविधि - डॉ. सुरेश महेश्वरी पंकज बुक्स, नई दिल्ली

शोध कार्य में कम्प्यूटर की भूमिका : रिसर्च मैथडोलॉजी शैक्षिक परिप्रेक्ष्य

डॉ. सुरेन्द्र शर्मा

वर्तमान समय में संगणक सूचना प्रौद्योगिकी में एक प्रमुख औजार है। उसका उपयोग आधुनिक मानवके अस्तित्व के प्रत्येक क्षेत्र में प्रवेश कर चुका है - एअरलाईन, रेलवे, मौसम का पूर्वानुमान, औषध विश्लेषण, मनोरंजन, बैंकिंगअनन्त सूची है।

यों तो मानव अपनी मुश्किलों को प्राचीनकाल से ही सुलझाता आया है। लेकिन प्राचीनकाल में साधनों की सीमितता के कारण उसका काम विलंब से तथा कभी, कभी पूरा होता था। परंतु वर्तमान काल में कम्प्यूटर प्रत्येक कार्य को पलक झपकते ही पूर्ण कर देता है और व्यक्ति अपनी मुश्किल का हल शीघ्रता से शीघ्र प्राप्त कर लेते हैं। किसी भी शोध के जटिल से जटिल आंकड़ों का आसान रूप में प्रदर्शन संगणक द्वारा आराम से किया जा सकता है। इसलिए अगर शोधार्थी कम्प्यूटर का उपयोग करते हुए शोध-कार्य करता है तो यह उसके लिए ज्यादा फायदेमंद सिद्ध हो सकता है। विद्युतीकृत कम्प्यूटर अब जीवन का एक अनिवार्य भाग बन गया है।

कम्प्यूटर तकनीक का संक्षिप्त परिचय

कम्प्यूटर एक ऐसा यंत्र है जो सूचनाओं को अपनाकर उन्हें इकट्ठा कर लेता है और आवश्यकता पड़ने पर इन सूचनाओं को शब्दों, भावों व चित्रों के द्वारा प्रदर्शित करता है। कम्प्यूटर आंकिक व इसके तुल्यक कोई यंत्र हो सकता हैं। एक आंकिक कम्प्यूटर आवश्यक रूप से सूचनाओं को प्रतीकों या शब्दों में प्रकट रकता है। अतः तुल्यक कम्प्यूटर का उपयोग ज्यादातर अभियांत्रिकी व वैज्ञानिक कार्य करने में किया जाता है, किन्तु अधिकतर आंकिक कम्प्यूटर का प्रयोग किया जाता है इसलिए

कम्प्यूटर शब्द को ज्यादातर आंकिक कम्प्यूटर के नाम से भी जाना जाता है। पिंछले चार दशकों में कम्प्यूटर प्रौद्योकिी में अविश्वसनीय उन्नतति हुई है। सम्प्रति समय के कम्प्यूटर प्रथम विद्युतीकृत कम्प्यूटर से कहीं अधिक तकनीकी तथा सस्ते होनें की दृष्टि से विकसित हैं। कम्प्यूटर तकनीक की उन्नति पीढ़ी दर पीढ़ी क्रमिक रूप में हुई है।

वर्तमान समय में हम कम्प्यूटर की चौथी पीढ़ी में हैं तथा पांचवीं पीढ़ी में प्रवेश की ओर अग्रसर हो रहे हैं। सन् 1945 में कम्प्यूटर के आविष्कार के साथ ही पहली पीढ़ी के कम्प्यूटर का आंरभ हो गया था। इसके मॉडल में 18000 छोटी-छोटी बोतलों की तरह के वाल्व थे। इस कम्प्यूटर में प्रोग्राम संचित करने की सुविधा नहीं थी और नये कार्यक्रम डालने के लिए स्विचों को फिर से व्यवस्थित करना पड़ता था। शनैः-शनैः कम्प्यूटर में बहुत से फेरबदल हुए, साथ ही तकनीकी उन्नति भी हुई। इन सबके फलस्वरूप आज कम्प्यूटर बहुत विकसित स्थिति प्राप्त कर चुका है तथा इसकी प्रणालियों में तीव्रगति से बदलाव हो रहा है।

कम्प्यूटर की संरचना प्रणाली

इनपुट डिजाइन के रूप में कम्प्यूटर में कीबोर्ड का प्रयोग होता है। कीबोर्ड पर जो कुछ भी टाईप किया जाता है वह कम्प्यूटर के प्रमुख हिस्से CPU के मेमोरी भाग में जाता है। अगर टाईप की गई सूचना टंकड़ की मेमोरी में पूर्व से मौजूद होती है तो वह सूचना शीघ्र स्क्रीन पर आ जाती है। सूचना गणितीय आंकड़ों से जुड़ी होती है, तो वह। F÷ (RITHMETI) (Nd`LOGICIl` UNIT) में भेज दी जाती है। वहां से आंकड़े आउटपुट पर भेज दिये जाते हैं। आउटपुट में प्रतिफलों को टी.वी. जैसी पोर्टेबल मॉनीटर पर देखा जा सकता है। कम्प्यूटर के विषय में जानने के लिए निम्नलिखित तथ्यों के बारे में जानना आवश्यक है।

1. हार्डवेयर – कम्प्यूटर के सभी शारीरिक अवयव सम्मिलित रूप से हार्डवेयर के अंतर्गत आते हैं।
2. सॉफ्टवेयर – इसमें प्रयोगकर्ता के द्वारा कम्प्यूटर में भरी गई जानकारियां सम्मिलित रहती हैं, जो कम्प्यूटर को कार्य की दिशा बताती है।
3. फिरमवेयर – यह निर्माता के माध्यम से कम्प्यूटर के विद्युत सर्किट में डाला गया सॉफ्टवेयर है।
4. सिस्टम सॉफ्टवेयर – इसे सामान्यतः कम्प्यूटर निर्माता के द्वारा प्रस्तुत

कराया जाने वाला सॉफ्टवेयर है, जो कि कम्प्यूटर को कार्य करने का ढंग बतलाता है।

5. मेमोरी चिप्स – यह आईसी कम्प्यूटर की द्वितीयक स्मृति का काम करती है।

6. एप्लीकेशन सॉफ्टवेयर – वह सॉफ्टवेयर जो कम्प्यूटर को एक निर्धारित कार्य करने का तरीका बताता है। यह सॉफ्टवेयर अथवा प्रयोगकर्ता स्वयं विकसित करता है अथवा सॉफ्टवेयर तैयार करने वाली कंपनियों द्वारा बिक्री किया जाता है।

7. इंटीग्रेटेड सर्किट – यह सिलिकॉन धातु पर बना पूर्ण विद्युतीकृत हिस्सा है।

अनुसंधान कार्य और कम्प्यूटर

वैज्ञानिक खोज में कम्प्यूटर का प्रयोग– *वैज्ञानिक उलझे समस्या क्षेत्रों में अनुसंधान करने हेतु अब कम्प्यूटरों का प्रयोग करने में समर्थ है, जो कि पहले कभी सोचा भी नहीं गया था। शक्तिशाली कम्प्यूटर सभी उपग्रहों पर नियंत्रण रखते हैं, जो अन्तरिक्ष में चक्कर लगा रहे हैं। उपग्रहों में लगे उपकरण जो प्रयोगों का सम्पादन करते हैं तथा जमीन पर नतीजे भेजते हैं, ये सभी कम्प्यूटर से ही संचालित होते हैं सेटेलाइट द्वारा प्रेषित डाटा विश्व में फैले टेकिंग स्टेशनों से प्राप्त होते हैं एवं सुरक्षित होते हैं तथा सूचना रिकार्ड की जाती है। यह सूचना बारी बारी से वैज्ञानिक ज्ञान के भण्डार में वृद्धि करती है, इसके अलावा अन्तरिक्ष परीक्षणों के लिए योजना बनाने में योगदान देती है। तथा उपस्थिति वैज्ञानिक सिद्धान्तों में बदलाव अथवा स्थापना में सहयोग करती है। वातावरण संबंधी नियंत्रित उद्देश्यों के लिए भी कम्प्यूटरों का प्रयोग किया जाता है। नेशनल सेंटर फार हेल्थ के साथ ज्यूलोजिकल सर्वे विभाग प्रदूषण स्तर को नियंत्रित एवं मूल्यांकित करने के लिए कम्प्यूटरों का प्रयोग कर रहा है। इनमें से एक उदाहरण यहां प्रस्तुत है।* **इम्पयरस्टेट सिस्टम ऑफ न्यूयार्क** *राज्य में कैफे विषम क्षेत्र में स्थित निर्देशक केन्द्रों से वायु डाटा व जल डाटा इकट्ठा करता है। केन्द्रों से प्राप्त डाटा एक केन्द्रीय कम्प्यूटर को भेज दिया जाता है। प्रत्येक वायु निर्देशक केन्द्र प्रत्येक 20 मि. पर रिपोर्ट करता है तथा हर जल केन्द्र प्रत्येक घण्टे में एक बार सूचना भेजता है। प्रेषित डाटा मिलने पर कम्प्यूटर संदेश की जांच करता है, आवश्यक संचालन निर्देश स्टेशन को भेजता हे। स्वीकृति योग्य वातावरण के सिद्धान्त हेतु*

प्रेषित सूचना की तुलना करता है तथा अगर सिद्धान्त नहीं प्राप्त होता है तो डिपार्टमेन्ट ऑफ इनवायरमेंटल कन्जर्वेशन को उचित अलार्म सूचना भेजता है। कम्प्यूटर प्राकृतिक संसाधनों को सुरक्षित रखने में भी सहयोग करता है। उदाहरणार्थ कैलीफोर्निया का राज्य जल परियोजना, दक्षिण व पश्चिम में जरूरी क्षेत्रों के लिए उत्तरी कैलीफोर्निया में अधिकतर क्षेत्रों से पानी को मोड़कर सुरक्षित रखने हेतु बनाया गया है। ये सभी सुविधाएं पांच दूरस्थ नियंत्रण केन्द्रों पर स्थित कम्प्यूटरों द्वारा निर्देशित होते हैं। अनेक कार्य, जैसे कि मौसम का पूर्वानुमान एक चक्र एवं प्रयत्न सम्मिलित होते हैं। अब कम्प्यूटरों के प्रयोग से ऐसे काम सम्भव हो गये हैं। ज्योतिष की गणनाओं में तथा नवीन औषधियों के उत्पादन हेतु रासायनिक प्रतिक्रियाओं के नमूनों के बनाने में शामिल गणनाओं में कम्प्यूटर का प्रयोग दूसरा उदाहरण हो सकता है।

व्यापार एवं आर्थिक जगत् के सभी क्षेत्रों में कम्प्यूटर का प्रयोग–अब कम्प्यूटर व्यापार व आर्थिक जगत् के सभी क्षेत्रों में प्रवेश कर चुका है। यह एक मिश्रित यंत्र है, जो उत्पादन को महत्त्वपूर्ण तरीके से बढ़ा सकता है। एक उत्पादन करने वाली इंडस्ट्री में वस्तुओं के विशाल रेंज के विकास में नियत कदम आवश्यक होते हैं। ये निम्नलिखित हैं–

1. उत्पादन एवं निर्माण
2. माडल परीक्षण
3. प्रारम्भिक डिजाइन
4. माडल विकास
5. अन्तिम परीक्षण
6. अग्रिम डिजाइन

प्राचीन युग में प्रारम्भिक रेखाचित्र, डिजाइन बनाना एवं अभियांत्रिकी आरेखन सामान्यतः नये उत्पादों, उपायों, विकास एवं निर्माण से पूर्व ही तैयार किये जाते थे।

जब डिजाइनर अथवा अभियन्ता नया विचार रखता था तब वे कागज पर विचारों को निरूपित करने के लिए कुछ प्रारम्भिक रेखाचित्र बनाते थे, जिससे वह पूर्णरूपेण विश्लेषित किया जा सके। जैसे ही डिजाइन निर्मित होती थी अतिरेक रेखाचित्र भी आवश्यक होते थे। जब डिजाइन अन्तिम रूप से तैयार हो जाती थी तब अगले विस्तृत उत्पादन की रूपरेखा तैयार की जाती थी। इस प्रकार से रेखाचित्र की तैयारी डिजाइनर के समय और प्रयासों का महत्त्वपूर्ण अंश ले लेता है। अब संगणक ने अभियन्ता द्वारा तैयार पेन्सिल चित्रों में शीघ्र परिवर्तन एवं सुधार को सम्भव बना दिया है। संगणक तथा डिजाइनर के बीच अन्तःसंचार इच्छित वस्तुओं के उत्पादन

तक जारी रह सकता है। एक बार प्रारम्भिक ड्राइंग समाप्त हो जातीहै। एवं अभियंता की संतुष्टि से प्रकट हो जाता है, तब संगणक निश्चित विशेषताओं पर रिपोर्ट एवं प्रदर्शित डिजाइन को विश्लेषण के लिए सुनिश्चित कर सकता है। डिजाइन एवं मशीन के बीच इस तरह की अंत:क्रिया के सम्बन्ध सामान्य है। डिजाइनिंग की यह विधि सामान्यत: कम्प्यूटर एडेड डिजाइन के नाम से जानी जाती है। आज कम्प्यूटर द्वारा नियंत्रित रोबोट हजारों फैक्टरी के कार्यों के सम्पादन में प्रयुक्त हो रहा है। जो मानव जाति हेतु खतरनाक एवं ऊबाऊ है। वास्तव में, अध्ययनों से यह पता चलता है कि उत्पादन कम्पनियों में रोबोट सम्पूर्ण लागत को कम कर सकता है।

वित्तीय क्षेत्रों में भी संगणक के ऊपर गहरा अनुभव हुआ है। ऐसा ही एक क्षेत्र बैंकिंग है। बैंक पूरे विश्व में लेनदेन की प्रक्रिया के लिए कम्प्यूटरों पर अत्यधिक निर्भर है। बैंक संगणक के द्वारा एक दूसरे से पत्र व्यवहार और दान स्थानांतरण की सूचनाएं भेजता है। कम्प्यूटर मिलियन खातों के लेन देन संबंधी क्रियाओं में भी सहायता करता है। यह अपनी शाखाओं एवं उसी के समान पद की अन्य शाखाओं के साथ उनमें पूर्णांकित पत्र व्यवहार में उनकी मदद करता है। यह चैकों के चुम्बकीय कोडिंग में सहायता करता है। कुछ मामलों में टेलर के इस्तेमाल में टेलर, स्वत: चलित टेलर मशीन द्वारा स्थानान्तरित हो गये हैं। व्यक्तिगत कम्प्यूटरों का स्वामित्व ग्राहकों की संख्या में वृद्धि से शीघ्रता से प्रभावित हुए अनेक बैंक जैसे बैंक ऑफ अमेरिका, सीटी बैंक, एबीएन एम्ब्रो इत्यादि, अब विशेष सेवा प्रदान कर रहे हैं। व्यक्तिगत कम्प्यूटरों द्वारा बैंकिंग ग्राहक, जिनके पास कम्प्यूटर हैं, बैंक को कॉल कर सकते हैं एवं अपने कम्प्यूटरों से खातों की जांच हेतु इस्तेमाल कर सकते हैं, एक खाते से दूसरे खाते में फण्ड भेज सकते हैं एवं बिल का भुगतान कर सकते हैं।

छोटे संस्थानों के लिए भी कम्प्यूटर के प्रयोग के लाभ उपलब्ध हैं। इसके अन्तर्गत ऑफिस आटोमेशन अप्लिकेशन कम्प्यूटरों का परस्पर सम्बन्ध, ई मेल ब्राउजिंग इत्यादि।

चिकित्सा के क्षेत्र में कम्प्यूटर

चिकित्सकों द्वारा कम्प्यूटर कम्प्यूटर अब स्वास्थ्य नियंत्रण के उद्देश्यों व योजना निर्माण के लिए उपयोग किया जाता है। कम्प्यूटर के प्रयोग से जो, दवा के इतिहास की तैयारी व दुबारा प्राप्ति में सहायता दे, डाक्टर अस्पतालों एवं क्लीनिकों में रोग के लक्षण से संबंधित औजार की तरह कम्प्यूटर का प्रयोग कर रहे हैं।

कम्प्यूटर रोग निदान संबंधी उद्देश्यों के लिए उपयोग हो रहा है जैसे – गतिमान

चित्र एक्सरे से टर्मिनल स्क्रीन पर शारीरिक क्रियाओं का प्रकाशन तथा अन्य प्रौद्योगिकी विस्तार की गणना तथा रोगी के आंतरिक इन्द्रियों की चौड़ाई, कम्प्यूटर एडेड टोमोग्राफी स्कैनर, मैग्नेटिक रिजोनेन्स इमैज स्कैनर या पोजीट्रान एमीशन टोमोग्राफी स्कैनर। ये यंत्र शारीरिक बनावट की तस्वीर लेते हैं। उसके बाद शरीर में क्षेत्र के एकल चित्र में हजारों शॉट्स जोड़ते हैं, जिससे सही तरह से उचित औषधीय सुझाव किए जा सकते हैं।

रोग संबंधी परीक्षण यंत्र के अतिरिक्त कम्प्यूटर एक अनुसंधान का यंत्र भी है, जो कारणों में आन्तरिक दृष्टि प्रदान करता है तथा आघात को रोकता है, जैसे कि औषधि की बुरी आदतों की वजह को।

रोगी के मेडिकल हिस्ट्री के रिकार्ड को विकसित करने में, चिकित्सक अथवा नर्स के लिए एक साधारण अभ्यास विगत बीमारी या स्वास्थ्य समस्याओं के बारे में रोगी से पूछने के लिए प्रश्नक्रम होता है। यह इतिहास लेना, रोगी चिकित्सक सम्बन्ध के रूप में समय की बचत करता है। विशिष्ट तरीकों की सहयोग से रोगी की स्थिति से सम्बन्धित प्रश्नों के टेलर के लिए तथा उनमें लगे समय को कम करने के लिए कम्प्यूटर का प्रयोग किया जाता है।

मनोविज्ञान के क्षेत्र में कम्प्यूटर का प्रयोग–मनोविज्ञान में व्यवहारवादी विद्यालयों की स्थापना की वजह से चिंतन, मनन की प्रक्रिया पुरानी बन गई है। व्यवहारवादी विद्यालय तथ्य संगृहीत तथा उनके आधार पर स्पष्ट सिद्धान्तों के निर्माण को ज्यादा नहीं मानते हैं। इसके माध्यम से सांख्यिकी तकनीकों को सम्मिलित किया गया है। तथ्यों की प्रकृति के आधार पर इन तकनीकों को प्रयोग में लाया जा रहा है। जो तकनीकें उचित थीं उन्हें रखा गया, बाकी को नहीं रखा गया तथा उनके स्थान पर नवीन सांख्यिकी तकनीकों को विकसित कर लिया गया। विभिन्न तकनीकें सम्प्रति समय में बहुआयामी विश्लेषण के लिए संगठित कर ली गई हैं। कलस्टर तकनीक, मापन विधि तथा अन्य अत्यंत तकनीकें मनोविज्ञान के व्यवहारवादी विद्यालय की मांग पर विकसित कर ली गई हैं।

साइकोमैट्रिका, जो गणित तथा सांख्यिकी की तकनीकों तथा उनका मनोविज्ञान में प्रयोग का समाचार पत्र था, उसने मनोविज्ञान के क्षेत्र में अनुसंधानकर्ताओं को अत्यंत अधिक प्रभावित किया है। इन तकनीकों को उपयोग में लाने के कारण भारी गणना की जरूरत पड़ने लगी जिस कारण कम्प्यूटर का प्रवेश इस क्षेत्र में होने लगा। कम्प्यूटर का मनोविज्ञान में प्रयोग प्रतिदिन सफलतापूर्वक ढंग से विस्तृत होता जा रहा है।

राजनीतिक विज्ञान के क्षेत्र में कम्प्यूटर का प्रयोग–अन्य विषयो के कारण राजनीतिक विज्ञान के क्षेत्र में भी गणितीय व सांख्यिकी विधियों ने अपनी जगह बना ली है। खेल पद्धति व गुटबंदी की पद्धति ने राजनीति विज्ञान में अपनी गहन पकड़ स्थापित कर ली है। चयन तथ्यों का विश्लेषण, चुनावों पर अन्य आंतरिक लोगों का प्रभाव तथा समाजमिति पद्धति का प्रयोग इत्यादि अनेक उदाहरण हैं। खेल पद्धति का प्रयोग किया जाना अधिक दुष्कर है तथा इसने कम्प्यूटर के प्रयोग को प्रोत्साहन दिया है।

इतिहास के क्षेत्र में कम्प्यूटर का प्रयोग–पुराने सारे तथ्यों का संग्रहण, उनका क्रमवार अध्ययन, विभाजन तथा विश्लेषण एक कठिन कार्य है, जिसको करने के लिए सांख्यिकीय एंव गणितीय पद्धति का उपयोग किया जाता था। परन्तु कम्प्यूटर के आविष्कार ने काफी परेशानियों का समाधान कर दिया है तथा सम्प्रति समय में इतिहास में भी कम्प्यूटर का प्रयोग किया जाने लगा है।

अर्थशास्त्र के क्षेत्र में कम्प्यूटर का प्रयोग–अर्थशास्त्र किसी भी शोध में अर्थशास्त्र के प्रतिफलों में मॉडल अत्यंत कठिन कार्य है। ये मॉडल प्रत्येक अर्थशास्त्री के विचारने की प्रवृत्ति को परिवर्तित कर देते हैं, परन्तु फिर भी मॉडल निर्माण अर्थशास्त्र का एक अभिन्न अंग है।

द्वितीय विश्व युद्ध के पश्चात् विकास की नई योजनाओं को लागू करने के लिए आवश्यक था कि पुराने प्रगति के सभी आंकड़ों को एकत्र कर उनकी व्याख्या व विश्लेषण किया जाए। इन व्याख्याओं के आधार पर नवीन नीतियों की रचना की जाए। इन व्यापक आंकड़ों के संग्रहण के लिए पुरानी प्रणालियों सही नहीं थी इसलिए नई प्रणालियों का निर्माण किया गया। लेकिन इनका प्रयोग संशयात्मक था। इसे मापने के लिए विभिन्न उपयोग किये गये जो कि अत्यंत परिणाम व फायदा पहुंचाने वाले थे। इस ने कम्प्यूटर के प्रयोग को बड़े पैमाने पर लागू करने में सहायता प्रदान की। कम्प्यूटर के माध्यम से एक साथ बड़े पैमाने पर तथ्यों को डाला जाना एवं उनका एक साथ विश्लेषण हो जाना अत्यधिक लाभदायक साबित हो रहा था। भारत के साथ समस्त विश्व के अन्य अनेक देशों में, कम्प्यूटर के इनपुट, आउटपुट, व्याख्या तकनीक का लाभ उठाया गया। यही विश्लेषण यदि व्यक्ति के द्वारा संपादित होता तो इसमें कई वर्षों का समय एवं कई व्यक्ति लग जाते जो कि अत्यंत व्ययकारक होता, लेकिन कम्प्यूटर के प्रयोग ने इस कार्य को अत्यधिक आसान बना दिया। इस तरह कम्प्यूटर ने अर्थशास्त्र में बहुत लोकप्रियता प्राप्त की है।

समाज विज्ञान के क्षेत्र में कम्प्यूटर का प्रयोग–कोई भी विषय, चाहे वह

समाजशास्त्र, शिक्षा अथवा कोई अन्य हो, कम्प्यूटर क्रांति से अछूता नहीं रह सका। समाज विज्ञान के प्रत्येक अनुसंधान के काम में कम्प्यूटर का उपयोग किया जा रहा है। जब किसी एक विषय में कुछ निर्धारित तकनीकों का प्रयोग कर लिया जाता है तथा उसमें सफलता भी प्राप्त होती है तो उस प्रणाली को अन्य विषयों में भी प्रयोग करने का प्रयास किया जाता है, जिससे कि अच्छे परिणाम की प्राप्ति की जा सके। कोई भी व्यक्ति यह नहीं कह सकता कि अब मनोविज्ञान व मानव विज्ञान के जीवन में कम्प्यूटर का प्रयोग नहीं किया जाएगा। ऐसा असंभव नहीं है इसी वजह से समाजशास्त्र के शोध में आज कम्प्यूटर का उपयोग वृहत्त स्तर पर किया जा रहा है।

मानव विज्ञान के क्षेत्र में कम्प्यूटर का प्रयोग— मानव शरीर रचना विज्ञान में सांख्यिकी एवं गणित के विभिन्न तरीके प्रयुक्त होते हैं। सामाजिक मानव विज्ञान में इनकी तकनीकों का प्रयोग बहुत समय बाद किया गया पर संपर्क, संस्कृति, किसी चीज को प्राप्त करने की जरूरत, पैमाने बनाना आदि में बहुत परिमाणात्मक तकनीकों का प्रयोग किया गया है। इस तरह कम्प्यूटर ने इस विषय में भी अपनी जड़ें जमा ली हैं। अर्थात् यहीं पर भी कम्प्यूटर का प्रयोग किया जाता है।

निचोड़— इस तरह कम्प्यूटर का उपयोग अनुसंधान में दिन-प्रतिदिन बढ़ता जा रहा है। इतनी तेजी से बढ़ते प्रयोग की विभिन्न वजहें थी।

1. अनुसंधान में केवल तथ्यों का ही विश्लेषण, विवरण, समाहित नहीं होता है बल्कि उसमें विभिन्न औद्योगिक चार्ट, मानचित्र, सूची, ग्रंथ संदर्भों को क्रम से प्रस्तुत करना, अनुक्रमणिका, कुछ नवीन तथ्य खोजना आदि कार्य भी इसमें सम्मिलित होते हैं। इन सभी कामों का संपादन कम्प्यूटर के माध्यम से किया जा सकता है व किया जाता है। इन कार्यों के सरलता से सम्पन्न हो जाने से अनुसंधानकर्ता अपना ध्यान अनुसंधान विषय पर केन्द्रित कर सकता है या उस कार्य को अच्छे ढंग से नतीजा दे सकता है।

2. कम्प्यूटर बिना अधिक समय की मांग किए ढेरों तथ्य व्याख्यात्मक अथवा परिमाणात्मक स्वयं में समा लेता है और आवश्यकता पड़ने पर पलक झपकते ही उन तथ्यों को हमारे सामने प्रस्तुत भी कर देता है। इसके अलावा तथ्यों का प्रेषण भी अत्यधिक सुविधाजनक ढंग से हो जाता है। कम्प्यूटर के माध्यम से तथ्य सरलतापूर्वक दूसरी प्रति के रूप में निकाले जा सकते हैं। हालांकि सामाजिक विज्ञानों के अनुसंधान कार्यों में अधिक से अधिक तथ्य एकत्रीकरण एवं उनकी प्राप्ति पर निर्भर किया जा सकता है। हर अनुसंधान कार्य में केवल परिमाणात्तमक तथ्यों का ही कार्य नहीं होता है बल्कि इन तथ्यों का विश्लेषण, वर्गीकरण, व्याख्या व अन्य विभिन्न

कार्य होता हैं, जिनका संपादन कम्प्यूटर के माध्यम से सरलतापूर्वक किया जा सकता है। कम्प्यूटर एक शब्द के विभिन्न नवीनतम तात्पर्य खोजने में सक्षम होता है। इसके माध्यम से कुछ मिनटों में अनुसंधान संबंधी बड़े बड़े विवरण को जांच कर उसके निष्कर्षों को अनुसंधानकर्ता के समक्ष प्रस्तुत किया जा सकता है।

3. इसका प्रमुख कारण यह है कि कम्प्यूटर के माध्यम से वे सभी बड़ी-बड़ी गणनाएं आराम से शीघ्रतापूर्वक संपादित की जा सकती हैं जो पूर्व में कभी या तो असंभव थीं तथा मानवीय मस्तिष्क द्वारा की जाने पर किसी न किसी कमी की संभावना बनी रहती थी। अतः सर्वप्रथम कम्प्यूटर द्वारा परिमाणात्मक तथ्यों की गणना सरलता से कर पाने के कारण इसका प्रयोग अनुसंधान में किया जाने लगा।

कम्प्यूटर के प्रयोग को प्रभावित करने वाले कारक

कम्प्यूटर का किसी भी विषय व क्षेत्र में प्रयुक्त किया जाना प्रमुख रूप से चार कारकों पर निर्भर करता है। जो निम्न प्रकार से हैं-

1. शोधकर्ता को उन सभी तरीकों एवं कार्य प्रणालियों का ज्ञान आवश्यक है, जो कि उसके कार्य क्षेत्र में प्रयोग की जाती है।

2. निजी कम्प्यूटर के होने के साथ-साथ उसके विषय में पूर्व जानकारी होना भी आवश्यक है। ऐसा नहीं होंने पर उसका सही प्रयोग नहीं किया जा सकता है। किस कम्प्यूटर में किस काम के लिए कौन सा सॉफ्टवेयर उपयोग किया जाएगा, उसे कहां से प्राप्त किया जाएगा तथा उसे किस प्रकार से प्रयुक्त किया जाएगा, सब बातों के बारे में जानकारी आवश्यक है। साथ ही हार्डवेयर के विषय में भी पूरी जानकारी होनी चाहिए, जिससे कि शोधकर्ता कम्प्यूटर पर कार्य करने के विषय में विचार कर सके।

3. किसी भी प्रयोगकर्ता के पास अपना स्वयं का कम्प्यूटर होने पर वह अपने काम को अधिक सुंदर ढंग से परिणाम दे सकता है।

4. वर्तमान समय में निजी कम्प्यूटर बाजार में अत्यंत सरलता से तथा कम मूल्यों में उपलब्ध है। अतएव इन कम्प्यूटरों को लगभग सभी शोध केन्द्रों, शिक्षा केन्द्रों में भी लगाया जाना चाहिए जिससे सभी व्यक्ति कोई भी कार्य करने में, प्रमुखतः शोध कार्य करने में, उसका उपयोग कर सकें।

इंटरनेट और कम्प्यूटर

इन्टरनेट कम्प्यूटरों का ग्लोबल संबंध है। ये कम्प्यूटर टेली-कम्यूनिकेशन कड़ियों

के विशाल नेटवर्क द्वारा जुड़े होते हैं। इन्टरनेट आपको सम्पूर्ण विश्व की स्थितियों व विभिन्न क्षेत्रों में संगृहीत सूचना व डाटा के सम्पूर्ण संसाधनों की पहुंच के लिए आदेशित करता है।

संचार की कड़ियां, जो प्रत्येक घरेलू कम्प्यूटर से जुड़े होते हैं, आदान-प्रदान के सामान्य अंग का प्रयोग करते हैं। जिसे TCP/IP के रूप में जाना जाता है। जो ट्रांसमिशन कंट्रोल प्रोटोकोल, इन्टरनेट प्रोटोकोल के लिए प्रयुक्त होता है।

होस्ट्स–इन्टरनेट पर प्रत्येक होस्ट अद्वितीय TCPIP पता रखता है जो डाटा माध्यम से विभाजित चार संख्याएं होती हैं। पता का एक उदाहरण है– 156.59.20.50 जो कम्प्यूटर का TCP/IP पता है। TCP/IP पता वैयक्तिक पता के रूप में जाना जाता है। सभी चारों संख्याएं 0 से 256 के विस्तार में होंगे। प्रयोगकर्ता के लिए इसका अर्थ यह नहीं होता कि ऐसे तार्किक नाम होस्ट कम्प्यूटर के लिए अवस्थित हों। जैसे–56.59.20.50 को इस प्रकार से भी जाना जा सकता है। जैसे – Xli,cet.ac.au. संचार उपयोगकर्ता व प्राप्तकर्ता के कम्प्यूटर के मध्य TCP/IP पता के प्रयोग से स्थापित होता है, प्रयोगकर्ता द्वारा नियत पते से प्राप्तकर्ता के कम्प्यूटर को निर्दिष्ट होने के लिए डेटा भेजा जा सकता है। प्राप्तकर्ता कम्प्यूटर जब डाटा प्रयोगकर्ता के पास वापस भेजता है तब प्रयोगकर्ता को नियत पता मालूम हो जाता है।

सर्वर्स या होस्ट कम्प्यूटर

सर्वर्स होस्ट कम्प्यूटर होते हैं जो प्रयोगकर्ता को सेवा प्रदान करते हैं। तथ्यों व फाइलों का संग्रह एवं पुनःप्रदर्शन सर्वर्स की सेवा का एक उदाहरण हो सकता है। दूसरे प्रकार का सर्वर्स है www. वर्ल्ड वाइड वेब सर्वर्स, Ftp. फाइल ट्रांसफर प्रोटोकाल सर्वर्स, गोफर सर्वर्स, मेल सर्वर्स एवं न्यूज सर्वर्स। प्रत्येक सर्वर्स TCP/IP पर आधारित विशिष्ट प्रोटोकाल या संचार विधि का उपयोग करता है। उदाहरणार्थ www. सर्वर्स HTIP. प्रोटोकाल, मेल सर्वर्स SMTP प्रोटोकाल तथा न्यूज सर्वर्स NNTP प्रोटोकाल का उपयोग करते हैं।

यूआरएल

एक दृष्टि–यूनीफार्म रिसोर्स लोकेटर इन्टरनेट अथवा इन्ट्रानेट पर किसी संसाधन के लिए निर्दिष्ट पथ के नाम का माध्यम है। इसके तीन भाग होते हैं–

प्रोटोकाल भाग

होस्ट भाग

तथ्य का नाम

कार्य– सर्वर्स एवं होस्ट कम्प्यूटर भौगोलिक स्थिति के अनुसार व्यवस्थित होते हैं। उदाहरणार्थ विश्व में सभी देशों के पास एक प्रत्यय देश है, सिवास यू.एस.ए. के। न्यूजीलैण्ड का प्रत्यय है, एनजेड, जबकि कनाडा का सीए, आदर्श रूप में यूआरएल के होस्ट अंक इस प्रकार हैं–

सर्वर का नाम..

संस्था का नाम..

संस्था के प्रकार..

देश का नाम..

उदाहरण के लिए सर्वर www.CAT.ac.As परिभाषित करता है जैसे प्राप्तकर्ता को www. कहा गया, संबंधित संस्था को Cat कहा गया, जो एक शैक्षणिक संस्था आस्ट्रेलिया में स्थित है।

इन्ट्रानेट

इन्ट्रानेट आन्तरिक TCP/IP नेटवर्क है। जो कम्पनी अथवा विभाग के बाहर दिखाई नहीं देता है। जहाँ यह स्थित होता है वहां स्थानीय तथ्यों से सुरक्षा कोष की भांति आवश्यक रूप में प्रयुक्त किया जाता है।

आज कम्पनियों के समूह अथवा सूचना के विशाल भागों से चलती है। यह सूचना कई रूपों में होती है, जिनमें से कुछ के नाम इस प्रकार निम्न हैं–

कम्पनी के विभाग एवं कार्य

उत्पाद की सूचना

समाचार पत्र

विक्रय रिपोर्ट

मूल्य सूची

प्रेस विस्तारक

प्रशिक्षण मैन्यूअल

कम्पनियां इस सूचना की प्रिंटिंग में ज्यादा समय तक तटस्थ नहीं रह सकती। इन्ट्रानेट के प्रयोग से इस समस्या का समाधान किया जा सकता है। एकल तथ्यों को प्रदान करने पर इन्ट्रानेट पर ज्यादा शीघ्रता से अपटूडेट रखा जा सकता है। इन्ट्रानेट पर डाटा के संग्रह द्वारा प्रयोगकर्ता सूचना प्राप्त करता है तथा पूर्व की अपेक्षा इस सूचना को शीघ्र व ज्यादा सरलता से ढूंढ़ सकता है।

वर्ल्ड वाइड वेब–वर्ल्ड वाइड वेब प्रासकर्ता यंत्रों का संग्रह है जो लेखों, चित्रों व मल्टिमिडिया को इन्टरनेट या इन्ट्रानेट के माध्यम से प्रयोगकर्ता को प्रदान करती है।

हाइपर लिंक्स–हाइपर लिंक्स दूसरे तथ्यों एवं संसाधनों के लिए क्लिक के योग्य होता है। इसे साधारणतः नीली अण्डरलाईन द्वारा दिखाई जाती है। जब प्रयोगकर्ता इस लिंक को क्लिक करता है तो उस लिंक से संबंधित तथ्य दुबारा प्रदर्शित होगा। जिस पर वह स्थित होता है उस निर्दिष्ट सर्वर से तथ्य की प्रार्थना से।

इन्टरनेट प्राप्ति की प्रक्रिया

इंटरनेट कोई नेटवर्क नहीं है – यह 600000 से ज्यादा भिन्न-भिन्न नेटवर्कों का संयुक्त नेटवर्क है। प्रत्येक का अपना नियम व विधान है। कई तरीके हो सकते हैं जिससे आप इन्टरनेट से सम्पर्क कर सकते हैं। सामान्यतः पहुंच के लिए 4 चीजों का प्रयोग किया जाता है।

कम्प्यूटर–किसी भी कम्प्यूटर के प्रयोग द्वारा इन्टरनेट की सुविधा प्रास की जा सकती है। सम्पूर्ण व्यक्तिगत कम्प्यूटर सन् 1980 के बने हैं जो नेटवर्क के कुछ तरह के कनेक्शनों के लिए बहुधा पर्यास हैं। फिर भी कुछ कम्प्यूटर दूसरों की तुलना में इसे तीव्र व आसान बनाते हैं।

मॉडम–मॉडम कम्प्यूटर और फोन लाइन को आपस में जोड़ता है। और फोन लाइन से इन्टरनेट को भी जोड़ता हे। आपको पीसी के अतिरिक्त इन दोनों चीजों की आवश्यकता होती हे। मॉडम अनेक रूप व आकार में आता है। कुछ पृथक् बाक्स होते हैं, जो बाहरी मॉडम के रूप में जाने जाते हैं। केबल से जो कम्प्यूटर व फोन लाइन को जोड़ता है। कुछ कम्प्यूटर के अन्दर लगे होते हैं, जो फोन के लिए केबल से संयुक्त होता है तथा ये आन्तरिक मॉडम या कार्ड मॉडम के नाम से जाने जाते हैं।

सॉफ्टवेयर

दो कम्प्यूटरों से जुड़े रहने के लिए मॉडम के साथ सॉफ्टवेयर की भी जरूरत पड़ती है। आपके पास या तो विन्डो आधारित फैन्सी सॉफ्टवेयर अथवा साधारण सॉफ्टवेयर हो सकता है, जो साधारणतया मॉडम के साथ आता है। सामान्य सॉफ्टवेयर टर्मिनल इम्यूलेटर सॉफ्टवेयर कहलाता है, क्योंकि यह उस दूरस्थ कम्प्यूटर पर आपके कम्प्यूटर को ठीक दूसरे टर्मिनल की भांति प्रस्तुत करता है। आपको एक ब्राउजर की

भी आवश्यकता पड़ती है, जो किसी विंडो आपरेशन सिस्टम के साथ आता है।

इंटरनेट एक सेवा प्रदत्त– अनेक इंटरनेट सेवा प्रदत्त हैं। हम उनमें से कुछ जो असामान्य होते हैं, उनको लेते हैं–

सत्यम आनलाइन

बीएसएनएल

इन्टरनेट पर सूचना प्राप्त करना–क्योंकि इन्टरनेट पर अत्यधिक संख्या में सूचना उपलब्ध रहती है, इसलिए सूचना तक शीघ्र पहुंच के योग्य होना आवश्यक होता है।

विभिन्न साईट अन्वेषण में विशेषता प्राप्त हैं। वे सर्वर्स के डाटा पर आधारित निर्माण द्वारा इसे सम्पन्न करते हैं। प्रयोगकर्ता प्रार्थना करते हैं कि उनकी साईट आनलाइन के रूप में डाटाबेस से जोड़ दिया जाए। कुछ मामलों में यह निःशुल्क है तथा कुछ मामलों में शुल्क लिया जाता है।

कुछ साईट जो अन्वेषण सुविधा प्रदान करने में विशेष हैं–

www.excite.com

www.webcrawler.com

www.yahoo.com

स्पाइडर या वेब रोबोट, इन साइटों द्वारा संचालित कार्यक्रम हैं जो अपने साइट को जोड़ता या ब्राउस करता है, जिससे वह पृष्ठों व विषयों के डाटा आधार पर प्राप्त होता है। स्पाइडर या वेब रोबोट, इन साइटों द्वारा संचालित कार्यक्रम है, जो अपने साइट को जोड़ता या ब्राउस करता है जिससे वह पृष्ठों व विषयों के डाटा आधार पर प्राप्त होता है। स्पाइडर www साइट पर उच्च भार निर्मित कर सकता है तथा प्रत्येक तथ्य से निरन्तर प्रवाह के माध्यम से उसे ओवरलोड कर सकता है, निवेदन करने पर इन तथ्यों को अतितीव्र दर से।

ई–मेल

ई–मेल कम्प्यूटर की मदद से मिलने वाला एक ऐसा संचार माध्यम है। जिसके द्वारा संदेशों को भेजा या प्राप्त किया जा सकता है। उससे पहले आपको प्रयोगकर्ता के रूप में पंजीकृत होना जरूरी है, जिसमें आपका अपना ईमेल एवं पासवर्ड होगा। विभिन्न ईमेल सेवा प्रदान करने वाले हैं जैसे याहू, रेडिफ– जीमेल आदि, जो निःशुल्क ईमेल की पहुँच प्रदान कर रहे हैं। अन्यथा आपके पास यदि डायल अप लाईन है, तो आपके पास आई.एस.पी. द्वारा प्रदत्त ईमेल ऐड्रेस पूर्व ही हैं।

अगर आप नया प्रयोगकर्ता हैं, तो आपको नवीन उपयोगकर्ता के रूप में स्वयं को पंजीकृत करना पड़ता है। इसके लिए साईन मी अप को क्लिक करिये यह साधारण फार्म प्रस्तुत करेगा जहां आपको अपने विषय में कुछ सूचना डालनी पड़ती है। इस फर्म को भरने के बाद सबमिट बटन को क्लिक करिये। यह आपके पंजीकरण का अंत होगा।

ई-मेल लॉग करना– अगर आपने पूर्व ही ई-मेल आईडी एवं पासवर्ड प्राप्त कर लिया है, तो इस दौर में इन नम्बरों का अनुसरण कीजिये –

1. नैटस्कैप नैविगेटर बटन को क्लिक कीजिए और ऐड्रेस विंडो में यू आर एल ऐड्रेस को एण्टर कीजिए। उदाहरणार्थ– रेडिफ सर्वर को लें और नीचे दिये गये भांति ऐड्रेस टाइप कीजिये –http:/www/radif.com

अब साइन बटन को क्लिक करिये जिससे यह आपको निम्न विण्डो प्रकट करेगा।

यह ऊपर की तरह विंडो प्रस्तुत करेगा, जिसमें आपको अपना प्रयोगकर्ता नाम एवं पासवर्ड एंटर करना पड़ता है। अगर आपका प्रयोगकर्ता नाम है– subasbrata@radif.com तब आपके केवल subasbrata इण्टर करना होगा।

अब Inbox बटन को क्लिक कीजिये जो आपको बाक्स में ले जाएगा। बाक्स में आप सभी अपठनीय संदेश अपने ईमेल आई डी के लिए देखेंगे। वे श्वेत रंग के दिखाई देंगे। एक बार जब आप उन मेलों को खोलते हैं तो ये भूरे रंग के हो जाते हैं।

अब आप signout button को पूरी तरह से क्लिक करें जिससे आप याहू मेल में पूर्णरूप से आने हेतु समर्थ होंगे।

ई-मेल करने की प्रक्रिया– मान लीजिये आप किसी को ईमेल भेजना चाहते हैं तो निम्नलिखित काम करें–

1. इसके पश्चात् विषय में टेक्स बॉक्स में विषय टाइप कीजिए। लेकिन यह वैकल्पिक है।
2. अपना पत्र टाईप करने के पश्चात् अथवा संदेश भेजने के लिए मदक बटन को दबाइये।
3. याहू मेल की कम्पोज बटन दबाइये।
4. अब आप यह कहते हुए कि आपका संदेश भेज दिया गया है कन्फर्मेशन प्राप्त करेंगे।
5. अब बाक्स में नियत स्थान का पता टाईप कीजिए। यह ऊपर दिये गये चित्र में दर्शाया गया है।

6. अब आप बड़े एडिट बाक्स में अपने पत्र की विषयवस्तु टाईप करना शुरू करें।

इंटरनेट का अनुसंधान में प्रयोग– जब कोई नवीन शोध आरंभ किया जाता है तो अनुसंधानकर्ता हेतु शोध शुरू करने से पूर्व किए गए शोधों का अध्ययन जरूरी होता है। ऐसा करने से वह लाभ प्राप्त कर सकता है। अनुसंधानकर्ता उन पूर्व शोधों से उनकी तकनीकों का अध्ययन करके उन तकनीकों का उपयोग अपने शोध कार्य में कर सकता है। यदि अनुसंधानकर्ता हर शोध प्रतिवेदन का अध्ययन करता है तो यह अधिक समय व्ययकारक होगा साथ ही उसे एक संक्षिप्त जगह ही सूचनाएं ही प्राप्त हो पाएंगी। इंटरनेट का उपयोग करने पर अनुंसधानकर्ता संपूर्ण संसार के पूर्व शोधों का अध्ययन काफी कम समय में कर सकता हे। इंटरनेट पर बैठकर अनुंसधानकर्ता संपूर्ण विश्व के उन सभी अनुंसधान कार्यक्रमों को देख सकता है, जो उस विषय के संबंध में आयोजित किए गए हैं। संगणक पर पूरे शोध कार्यक्रम का बारीकी से अध्ययन किया जा सकता है। इसी तरह विश्व के कई पुस्तकालयों की जिन पुस्तकों को इंटरनेट में डाला गया है, उनका अध्ययन भी किया जा सकता है।

इंटरनेट के इस्तेमाल से एक लाभ यह भी है कि एक ही विषय पर अनेक शोध विश्व भर में कहीं भी संपादित हो रहे हों, तो उस बारे में विभिन्न अनुसंधानकर्ता आपस में इंटरनेट पर विचारविमर्श कर सकते हैं। इस प्रकार वह शोध विश्वव्यापी एवं अधिक स्पष्ट होगा। इंटरनेट में सर्च इंजन के माध्यम से उन विशेष विषयों तक पहुंचकर, उनके विषय में अध्ययन कर, उन तथ्यों का शोध में इस्तेमाल किया जा सकता है। अन्त में हम कह सकते हैं कि शोध में इंटरनेट के कई सारे उपयोग हैं।

शोध पत्र का लेखन, सुव्यवस्थापन और प्रस्तुतीकरण

डॉ. हरिमोहन शर्मा

प्रस्तावना

यह एक शोध-पत्र के लेखन, उसे व्यवस्थापित करने और उसके प्रस्तुतीकरण के लिये सामान्य सुझाव है, न कि शोध-पत्र (Research Paper) *लिखने की कोई कुंजी। शोधपत्र या लेखक का अपना मौलिक कार्य है, जो उसे स्वयं गहन अध्ययन करने के बाद अपने दृष्टिकोण के समावेश के साथ लिखना होता है। हाँ, इस आलेख के माध्यम से हम ऐसे किसी भी तरह के शोधपत्र लेखन के लिए सामान्य दिशा-निर्देश सामने अवश्य रख रहे हैं, जो एक लेखक की इस काम में सहायता कर सकें कि सवह अपने लेखन के लिए किस तरह की तैयार करें। किस तरह गहन अध्ययन और अनुसंधान के उपरान्त उपयुक्त उद्धरण और संदर्भ देते हुए अपने आलेख को शोधपत्र का रूप दे। साथ ही यह भी कि शोधपत्र का सामान्यतः ढाँचा*(Format) *किस तरह का होना चाहिए।*

यों तो यह मार्गदर्शक लेख हिंदी साहित्य के विद्यार्थियों एवं शोधकर्ताओं की सुविधा को दुष्टिगत रखकर लिखा गया है, किन्तु अन्य विषयों के अध्येताओं के लिए भी समानरूप से उपयोगी है। शोध आलेख या शोध-पत्र (रिसर्च पेपर) लिखना कला से अधिक विज्ञान है। विज्ञान के विषयों में शोधपत्र तैयार करना बहुत गम्भीर अकादमिक कार्य माना जाता है। यहाँ तक कि इनका महत्त्व भी एक शोधकार्य के समान है। इसलिए उन विषयों में शोधपत्र लेखन की वैज्ञानिक प्रविधि या तकनीक का विशेष ध्यान रखा जाता है। मानविकी के अर्थशास्त्र, समाजशास्त्र और इतिहास आदि विषयों में भी प्रायः यही परम्परा है, किन्तु खेद है कि साहित्य के क्षेत्र में, विशेष रूप से हिन्दी तथा संस्कृत साहित्य के क्षेत्र में, इस ओर बहुत कम ध्यान दिया जाता है। बल्कि यह कहने में हमें संकोच नहीं है कि हिन्दी साहित्य के क्षेत्र में स्तरीय शोध या रिसर्च पेपर बहुत कम पढ़ने को मिलते हैं। शोधपत्र के नाम पर जो

लिखा जाता है, वह या तो लम्बे सपाट निबंध का ही रूप होता है या फिर शोधपत्र की वैज्ञानिक पद्धति से भटका हुआ ठस समीक्षात्मक आलेख। इस दुरावस्था का कारण भी है। मुख्य कारण है गम्भीरता का अभाव तथा शोध लेख के वास्तविक ढांचे का ज्ञान न होना। इसके पूर्व कि हम आगे बढ़ें शोध (Reasearch) के स्वरूप पर सांकेतिक दृष्टिपात अवश्य कर लें।

शोध पत्र क्यों लिखा जाता है?

शोधपत्र को लिखने का मूल उद्देश्य होता है–पाठकों को अपने विचारों तर्कों और स्थापनाओं से अवगत कराना, उन्हें प्रेरित करना तथा अपने आलेख में प्रस्तुत की जाने वाली विचार–सारणि पर चलने की ओर प्रवृत्त करना। साथ ही ऐसा करते हुए अपने शोधपत्र के माध्यम से ज्ञान के क्षेत्र में कुछ नया जोड़ना। मौलिकता या के सत्यान्वेषण की राह पर आगे बढ़ना।

शोधपत्र (The Reasearch Paper)

पहला प्रशन यही हो सकता है। अत: शोधपत्र अथवा शोध आलेख क्या है?–इसका आकदमिक एवं संक्षिप्त उत्तर है–किसी मौलिक विषय पर तर्कपूर्ण ढंग से प्रस्तुत करना किसी स्थापित सत्य से अलग निजी स्थापनाओं को तार्किक ढंग से सामने लाना। यह किसी मौलिक तथ्य का तार्किक प्रतिपादन है, जो पढ़ने वाले के विचारों, विश्वासों और ज्ञान को बदलने के इरादे से किया जाता है।

एक शोध पत्र वास्तव में किसी विषय का गहराई से अध्ययन करने के बाद इकट्ठी की गई सूचनाओं की व्याख्या (interpretation) एवं प्रभावशाली प्रस्तुति है। इसलिए एक अच्छे शोध पत्र में निम्नांकित बातें होनी चाहिए–

Thesis statement–का स्पष्ट कथन

विभिन्न तरह के बाह्य स्त्रोतों से पाठ्य साक्ष्यों, तथ्यों/प्रमाणों textual evidence) और सीधे उद्धरणों (जिनको credit दिया गया हो) से सन्देह दूर करना। तदनुसार उसका प्रत्यायक (convincing) होना अर्थात्त युक्तियुक्त एवं विश्वासोत्पादक होना।

शोधपत्र का स्वरूप और स्पष्ट करने के लिए हमें इसके लेखन की प्रक्रिया को ध्यान में रखना चाहिए। एक शोध पत्र किसी अध्येता–कोश अपने द्वारा चुने गए विषय पर गहन अध्ययन और अनुसंधान के बाद एकत्र की गई जानकारी की व्याख्या (पदजमतचतमजंजपवद) या प्रतिपादन और प्रस्तुतीकरण है। इसलिए शोध

पत्र में शोध पत्र लेखन का स्वयं का दृष्टिकोण, स्वयं की मौलिक स्थामनाएँ और चिन्तन महत्त्वपूर्ण होते हैं। एक प्रभावपूर्ण शोधपत्र में निम्नांकित बातें अवश्य रहनी चाहिए–

सुस्पष्ट ढ़ंग से व्यक्त किया गया विषय,विचार अथवा अवधारणा कथन (thesis statement) एक सुस्पष्ट ढाँचा, जिसके अंतर्गत, परिचय या प्रस्तावना(Introduction) काया अनुच्छेद (body paragraph)तथा निष्कर्ष (conclusion) दिया गया हो। निष्कर्ष को हम उपसंहार निष्पत्ति अथवा अनुमति भी कह सकते हैं। स्रोतों की एक पूरी सूची प्रस्तुत करती है।

लेखन-प्रक्रिया (The writing process)

कैसे शुरू करें? (How Start ?)

सबसे पहले आप किसी विषय का चुनाव करें। एक ऐसा विषय चुनें जिस पर बहुत कम लिखा गया है ऐसा विषय चुनने के लिए आपको पुस्तकें पत्र-पत्रिकाऐं ओर अपने विषय की अधिक से अधिक सामग्री इंटरनेट पर भी पढ़नी चाहिए। शुरू में आप कई विषय सोच सकते हैं। उन्हें अलग से लिख लें। फिर उन विषयों पर उपलब्ध सामग्री की सूची तैयार करने पुस्तकालय जाए। वहाँ जाकर आप अधिक से अधिक मौलिक विषयों का चुनाव कर सकेंगे। साथ ही यह भी जान सकेंगे कि उस विषय पर कितना कार्य हो चुका है, कितनी संदर्भ सामग्री उपलब्ध है और आपका दृष्टिकोण उपलब्ध संदर्भों से कितना और किस तरह भिन्न है।

इसी के अनुरूप आपको शोध-पद्धति का चुनाव करना होगा। तब आप आगे बढ़ सकेंगे। वस्तुतः शोधपत्र लेखन के लिए सभी प्रकार की शोध पद्धतियों की जानकारी होनी आवश्यक है। साथ ही आवश्यक है तर्क-पद्धतियों का ज्ञान तथा सोचने-विचारने के मार्गों की पहचान। इसी क्रम में हमें ध्यान देना होता है शोधपत्र के प्रारूप पर, संकलित सामग्री के उपयोगों की संभावनाओं और उल्लेख की विधि पर, संकलित सामग्री के उपयोगों की संभावनाओं और उल्लेख की विधि पर, तथा शोध पत्र के लिखने एवं प्रस्तुतीकरण पर।

संक्षेप में, यह कि एक अच्छा शोध पत्र ऐसा होना चाहिए जो पर्याप्त सूचनाएँ पृष्ठभूमि के रूप में सामने रखे, ताकि उसे पढ़ने वाला यह अनुभव कर सके कि आप जो लिख रहे हैं वह पूर्ववर्ती अध्ययन, उपलब्ध सामग्री और दृष्टिकोण के किस तरह अलग तथा महत्वपूर्ण है। उससे अलग आपकी नई उपलब्धियां क्या हैं। इसलिए ध्यान रखें कि शोधपत्र लिखना एक चुनौती भरा कार्य है, क्योंकि इसके माध्यम से

आप न केवल एक शोधकर्ता के रूप में सामने आते हैं। बल्कि एक विशेषज्ञ के रूप में भी अपने आपको प्रस्तुत करते हैं। अत: आपको यह करना चाहिए-

अपने शोध पत्र का समुचित खाका (Blue Print) तैयार करें।

जिस विषय(Topic) पर आप शोध पत्र लिख रहे हैं, उससे सम्बन्धित विषय-सामग्री (object & matter) का गहन अध्ययन करें। अपने शोध-पत्र को पूर्णता और स्पष्टता देने के लिए प्रमाण, तथ्य तथा आंकड़े इकट्ठे करे। अपने विषय पर एक नया आयाम (new angle)सामने लायें और उसे विकसित करें। अपना शोधपत्र प्रभावपूर्ण ढंग से प्रस्तुत करें।

जब एक अच्छा शोधार्थी अपना शोधपत्र तैयार करता है, तो वह सजग होकर उस विषय को एकत्र करता है, उसकी समीक्षा करता है, शोध पत्र का प्रारूप तैयार करता है, आँकड़े जुटाना शुरू करता है। और जब आँकड़े या सामग्री एकत्र हो जाते हैं, तब शोधपत्र लेखन की तैयारी करता है।

लेखन-पूर्व के कार्य (Pre writing work)

शोधपत्र लेखन से पूर्व प्रत्येक कार्य की तरह एक योजना (plan)आवश्यक होती है। लेखक को स्वयं को किसी विचार (Idea) के पल्लवन, सूचनाओं के एकत्रीकरण और सुव्यवस्थित ढंग से इन सब को प्रस्तुत करने के लिए एक ढाँचा सोच लेना चाहिए। इस निमित्त निम्नांकित प्रक्रिया को अपनाया जा सकता है-

1. जिस विषय पर लिखना है, उसकी सुस्पष्ट व्याख्या के लिए लेखन की स्थितियों का विशलेषण कर लें।
2. मूल विषय(topic) पर केन्द्रित रहें, आवश्यकतानुसार विषय को संक्षिप्त ही रखें। किसी एक समस्या या परिकल्पना को ही अपने प्रस्तुत करने में सहायता मिलेंगी।
3. अपने शोधपत्र में लेखन-उद्देश्य को ध्यान मे रखें। आमका मुख्य उद्देश्य क्या है? आप क्या निष्पति देना चाहते हैं? यह बातें आपको अपने शोधपत्र में क्या-क्या समविष्ट करना है, इस बात का निर्णय लेने में सहायक सिद्ध होंगी।
4. लिखने से पूर्व और लिखते समय इस बात का ध्यान रखें कि यह शोधपत्र आप किन पाठकों या श्रोताओं के लिए लिख रहे हैं। इस शोधपत्र को किस विषय की शोध पत्रिका में प्रकाश्नार्थ भेजा जाना है।उस विषय के पाठक किस स्तर के होंगे।

5. सूचनाएँ और विचार एकत्र करें। शुरूआत बुद्धिमतापूर्ण एवं विचारोत्तेजक ढंग से करें। अपने केन्द्रीय विषय या विचार बिन्दु से सम्बधिंत संभावित विचारों की श्रृंखला को नोट करते चलें। अन्य लोगों के साथ इस विषय पर विचार-विमर्श करें। इससे कई ऐसे विचार और प्रशन आपके सामने आ सकते हैं, जिनके बारे में आप नहीं सोच पाए हों। वे लोग अपने सुझाव दे सकते हैं, जो आपके लिए नए और उपयोगी हो सकते हैं। अपने विषय और समस्या से जुड़े प्रश्नों की सूची भी आप तैयार कर सकते हैं। इन प्रशनों के उत्तर तलाश करें।
6. अवधारणा(thisis) को विकसित करें। विषय या अवधारणा का कथन(thisis statment) आपके शोधपत्र का विचार नियंत्रक होता है। अवधारणा का कथन किस प्रकार का हो, आपके शोधपत्र के उद्देश्य पर निर्भर करेगा।

जहाँ तक साहित्य के किसी एक विशिष्ट पक्ष को लिए हुए होता है। उदाहरण के लिए साहित्य-आधारित कथन कुछ इस तरह के हो सकते हैं-किस तरह किसी युग की कहानियों में मानवधिकारों की अभिव्यक्ति हुई है। या किसी युग के काव्य में दलित चेतना का विकास खोजा जा सकता है। किसी कथाकार विशेष के उपन्यासों में स्त्री विमर्श का विश्लेषण या आध्ययन किया जा सकता है।किसी युग के उपन्यासों में जनजातीय या आदिवासी जनजीवन के विविध पक्षों को विश्लेषित किया जा सकता है। किसी कवि का काव्य भाषा का विश्लेषण उसके परिवेश से परिप्रेक्ष्य में किया जा सकता है। ऐसे विषयों की एक लम्बी सुची हो सकती है, जो आपको अभी तक और हो रहे शोध कार्यों के अध्ययन से समृद्ध हो जाएगी।

ध्यान रखें कि अवधारणा कथन में बदलाव,संशोधन और परिवर्द्धन अपने चुने हुए विषय पर अनुसंधान करते-करते हो सकता है। बिना किसी संकोच के आप इसमें परिवर्तन परिवर्द्धन कर लें।

हमेंशा याद रखें कि पूर्ववर्त्ती स्थापनाओं का वस्तुपरक खण्डन-मण्डन करते हुए, आपको हर स्थिति में नए विचार सामने लाने हैं। यही तभी होगा। जब आप उस विषय पर उपलब्ध शोध सामग्री और प्रकाशित साहित्य का अधिक से अधिक अध्ययन करेंगे।उपलब्ध विचारों, मतों और स्थापनाओं या मान्यताओं की तर्कसमय ढंग से समीक्षा तो आप करें ही, उनका खंडन-मंडन करते हुए अपना दृष्टिकोण प्रस्तुत करें और नई स्थापनाएँ सामने रखें। शोधपत्र में आपसे यही अपेक्षा रहती है।

अनुसंधान (Research)

इसके साथ-साथ आपको अपने सोचे हुए विषय या टॉपिक पर विस्तृत अनुसंधानकार्य करना चाहिए। इसके लिए-

1. सामान्य संदर्भ ग्रंथों का प्रारम्भिक अध्ययन कर लें। आप ऑनलाइन पुस्तकालायों को भी देख सकते हैं।पत्र-पत्रिकाएँ भी पढ़ सकते हैं, इस प्रकार यह सुनिश्चित कर लें कि आपके सोचे हुए और चुने गये विषय पर पर्याप्त संदर्भ सामग्री उपलब्ध है अथवा नहीं।
2. शोधपत्र के विषय से सम्बंधित परिभाषिक शब्दों अथवा Keywords को समझने के लिए आप ऑन लाइन सर्च इंजन की सहायता ले सकते हैं।
3. वेब साइट्स देखें। जब आप सूचना-सामग्री एकत्र करें तो उसके स्रोतों की विश्वसनीयता का मूल्यांकन अवश्य कर लें। प्राय: अपने नाम में .du से समाप्त होने वाली साइटें शैक्षणिक संस्थाओं द्वारा संचालित और नियंत्रित होती है। इसी तरह .gov से समाप्त होने वाली साइटें सरकारी संस्थाओं की होती है इसी प्रकार जिन साइटों के नाम के अंत में .org जुड़ा होता है वे प्राय: अलाभकारी संस्थाओं एवं ऐजंसियों द्वारा नियंत्रित रहती है। जिन वेबसाइटों के नाम के अंत में .com होता है वे प्राय: व्यावसायिक होती है। अथवा व्यक्तिगत। इन्हीं को देखकर आप इनकी प्रमाणिकता एवं विश्वसनीयता का निर्णय कर सकते हैं।
4. मुद्रित स्रोतों से एकत्र की गई जानकारियों/सुचनाओं को लिख लें, जिसमें इन बातों का उल्लेख अवश्य रहे-शीर्षक (title) लेखक (authors) या संपादक (editors), पृष्ठ संख्या आदि। पत्र-पत्रिकाओं के नाम,संपादक का नाम, जिस लेखक के लेख सन्दर्भ ले रहे हैं, उस लेखक का नाम, लेख का शीर्षक, पत्रिका का प्रकाशन स्थान, प्रकाशन, अंक, तिथियां आदि।
5. इसी तरह ऑनलाइन स्रोतों से प्राप्त जानकारियों के भी विस्तृत नोट्स लिख लें, जिसमें इन बातों का उल्लेख होना चाहिए-शीर्षक, उपशीर्षक और (ंककतमे)पृष्ठ संख्या इत्यादि।

प्रारूपण (Drafting)

1. जो सामग्री और सूचनाएँ आपने लेखन पूर्व तथा अनुसंधान के बाद एकत्र की हैं, उनको केन्द्र में रखकर एक विस्तृत एवं सुव्यवस्थित रूपरेखा तैयार करें।

2. अवधारणा कथन (**Thesis statment**) को रूपरेखा के मुख्य-मुख्य बिन्दुओं के अनुरूप सुधार लें और समृद्ध कर लें।
3. अब आप अपने शोधपत्र का रफ डॉफ्ट लिखना शुरू करें। प्रारूप (draft) में निम्नांकित बातें होनी चाहिए-

परिचय अथवा प्रस्तावना (**Introduction**) - जिसमें आप अपने पाठकों को शोधपत्र का उद्देश्य इस रूप में लिखें कि पाठकों का ध्यान आकृष्ट हो सके। इसके पश्चात् शोधपत्र की काया(इवकल) लिखना शुरू करें, जिनमें अलग-अलग विचार-बिन्दुओं पर अलग-अलग अनुच्छेद **(parapraph)** हों। शोधपत्र के हिस्से में आप पाठ संदर्भ, सांख्यिकीय डाटा, सम्बंधित महत्वपूर्ण विवरणों, स्पष्टीकरण, परिभाषाओं, जीवन वृत्तों उदाहरों और उद्धरणों **(quotation)** अथवा पाठयांश प्रमाणों का उपयोग करते हुए शोध विषय के मुख्य-मुख्य विचारों का प्रतिपादन करेंगे। शोधपत्र का अंत निष्कर्ष **(conculsion)** के साथ किया जाएगा। निष्कर्ष में अंतिम प्रभाव लिखा जाता है, जिसके अंतर्गत सभी विचारों को समन्वित करे अपने मत का पुनर्कथन, अपनी स्थापनाओं को पाठकों के साथ साझा करने, इस विषय पर उनकी राय जानने के अनुरोध, उस पर प्रशन करने अथवा अपने लिखे शोध पत्र के विषय पर और अधिक विचार मंथन किए जाने की संभावनाओं एवं आमत्रण का समावेश किया जाता है।

4. अंत में स्रोतों का उल्लेख संदर्भ अंकित किए जाने की समुचित प्रणाली के अनुसार करें। विज्ञान और कहें कि साहित्येतर क्षेत्रों से जुड़े अधिकांश शोधपत्रों (विशेष रूप से विज्ञान के विषय, जिनमें प्रयोगिक कार्य मुख्यस होता है) शोधपत्रों का आधारभुत ढाँचा**(Basic structure)** अथवा प्रारूप प्राय: इस प्रकार का होता है-

1. शीर्षक **(Title of Paper)**
2. लेखक का नाम **(Writer "Name)**
3. सारांश/सार-संक्षेप **(abstract)**
4. सारांश सारिणी-सुची **(Table of Content)** यदि कोई हो।
5. परिचय/प्रस्तावना **(Introduction)**
6. उपकरण एवं पद्धति/शोध प्रणाली**(equpment and methdology)**
7. परिणाम **(result)** व्याख्या अथवा विषय प्रतिपादन**(interpretation)**, विचार-विमर्श **(Discussion)**
8. उपसंहार अथवा निष्कर्ष**(Conclusions)**
9. साहित्य-उल्लेख**(Literature Cited)** अर्थात संदर्भ तथा उद्धरण उल्लेख **fReferences and citations)**

10. कृतज्ञता ज्ञापन fÂcknowledgementक्र

11. संलग्नक fÂppendiceक्रयदि कोई हो,अथवा-ग्रंथ सुची/संदर्भिका-(Bibilo graphy)

ध्यान यह भी रखना है कि उपयुर्क्त प्रारूप एक सामान्य प्रारूप है। यह बहुत कुछ विषय,पद्धति तथा निर्देशक पर निर्भर करता है। जैसे एक पद्धति में लेखक का नाम सबसे ऊपर लिखा जाता है, दूसरी में शीर्षक के बाद। इसी तरह अंत में संलग्नक के स्थान पर संदर्भिका या ग्रंथ-सूची fbibligraphyक्रदी जाती है।

विज्ञान के एक शोधपत्र के लोकप्रिय समान्य ढांचे को रेखाचित्र के माध्यम से भी समझ सकते हैं-

Formats for a scientific reerach paper

आइए इन हिस्सों पर एक-एक चर्चा करते हैं।

शीर्षक और लेखक (Title and Author)

शोध पत्र का शीर्षक बहुत संक्षिप्त होता है, किन्तु इसका निर्धारण उतना ही कठिन है। शीर्षक ऐसा होना चाहिए जिसमें आपके पूरे शोध-आलेख का स्पष्ट संकेत हो। शुरू में आप एक शीर्षक सोचकर चलें, जब आपका शोध लेख पूरा हो जाए, तब पुन: उस पर विचार करें। यदि वह बदलने योग्य हो, तो बदल दें। ऐसा कई बार होता है जब पहले से सोचा हुआ शीर्षक कई बार शोधपत्र पेरा होने जाने के बाद बदल जाता है। क्योंकि पहला सोचा गया शीर्षक कई बार शोधपत्र के साथ न्याय नहीं कर पाता उसमें नवीनता आकर्षण, स्पष्टता और जो विषय आपने प्रतिपादित किया है उसका सांकेतिक विवरण अवश्य होना चाहिए। विज्ञान के विषयों में फार्मूला तथा प्रतीकों या डाटाबेस का उल्लेख शोधपत्रों के शीर्षक में हुआ मिल जाता है, साहित्य में प्राय: यह नहीं होता। हाँ, पारिभाषिक शब्दावली का प्रयोग या नए विमर्श का नाम शीर्षक में सम्मिलित हो जाता है। जैसे रस-निष्पति, संरचनावाद, उत्तर आधुनिकता, स्त्री विमर्श, दलित विमार्श जैसे पद सामान्यत: समाविष्ट मिल जाएंगे।

लेखक वाले हिस्से में आपका नाम रहेगा।प्राय: मुख्य रूप से विज्ञान के विषयों में या मानविकी के समाजशास्त्र, अर्थशास्त्र, इतिहास आदि विषयों में मुख्य लेखक के नाम के साथ-साथ लेखक शोध निर्देश सहयोगी या शोधकार्य दल के अन्य सदस्यों के नाम भी रहते हैं नाम/नामों के ऊपर का चिह्न लगाकर अथवा अंक लिखकर नीचे प्रथम पृष्ठ पर पता अंकित किया जाता है। इस पते में प्राय: संक्षिम्त परिचय के साथ शोध कार्य स्थल/रिसर्च लेब/विश्वविधालय आदि का उल्लेख भी

किया जाता है।

सारांश/सारसंक्षेप (abstract)

किसी भी शोधपत्र का यह हिस्सा बहुत ही कठिन और निर्णायक होता है। यह स्वस्तिक है। क्योंकि कोई भी शोधकर्ता जब आपके शोधपत्र को पढ़ना चाहेगा, तो सबसे पहले वह इसी हिस्से को पढ़ेगा। इसे पढ़कर ही वह जान लेगा कि आपो शोध पत्र उसके मतलब का है या नहीं। अतः इसमें आपके प्रतिपादन विषय का संक्षिप्त विवरण पूरी तरह आ जाना चाहिए। इसमें आपके निष्कर्ष हों और सुझाव भी। एक अच्छा सांराश (abstract) प्रायः 200 शब्दों से कम का होता है।

अच्छा रहता है कि सारांश में आप अपने शोध का एक नमूना मानकर सामने रखें, न कि उसकी समीक्षा करें। इसके माध्यम से आप किसी नए शोधकर्ता को यह बता रहे होते हैं कि इस विषय पर उसे जो सूचना चाहिए वह मेरे इस शोधपत्र में है। इसलिए यह उसके लिए उपयोगी है।

यों तो अच्छे सारांश लेखन के लिए कई सुझाव दिए जा सकते हैं, किन्तु सबसे अच्छा यह रहेगा कि आप अपने विषय की शोध पत्रिकाएं अधिक से अधिक पढ़ें, देखें और समझें। उनमें प्रकाशित अलग-अलग तरह के शोधपत्रों के सारांश पढ़कर आपको समझ में आ जाएगा कि एक अच्छा सारांश किस तरह का हो सकता है। याद रखें कि सार-संक्षेप में संदर्भ नहीं दिए जाते।

सारिणी सूची (Table & Content)

इस हिस्से में आपको अपने शोधकार्य करने, कोई नया प्रयोग करने अथवा नई थ्यारी सामने लाने का संक्षिप्त इतिहास, उसकी पृष्ठिभूमि संक्षेप में देनी होती है। इसमें सही संदर्भों का उल्लेख भी किया जाता है। आपको यह भी लिखना होता है कि आपने यह प्रयोग या विषय क्यों चुना और आपको क्या परिणाम प्राप्त करने की उम्मीद थी। अब' शोध परिकल्पना अपेक्षाकृत पुरानी पद्धति हो चुकी है। शोध पत्र पढ़ने वाला अब यह जानना चाहता है कि आप क्या सिद्ध करना चाहते हैं।

एक अच्छी प्रस्तावना वस्तुतः आपके शोध पत्र का प्रवेश द्वार है। इसे तैयार करते समय इन बातों का ध्यान रखें-

इसके माध्यम से आप अपने पाठों को अपने शोध पत्र के मुख्य उद्देश्य तथा परिकल्पना से परिचित कराना है। शोधपत्र की विषय वस्तु की उपयोगिता क्या है तथा इस विषय को आपने क्यों चुनाः इसका तर्कपुर्ण उत्तर देना हैं।

अपने शोधपत्र में आपने किन-किन बिन्दुओं को समेटा है, इसको बताना है।इस तथ्य पर प्रकाश डालना है कि आपका शोधपत्र किन समस्याओं का समाधान कर रहा है। आप अपने पाठकों का ध्यान आकर्षित कर पा रहे हैं या नहीं।

शोधपत्र लिखते समय आपको ठीक तरह से यह विचार कर लेना चाहिए कि प्रस्तावना या परिचय पहले ही लिख लेना है या पूरा लेख लिखने के बाद ठीक रहेगा। कुछ लोग इस हिस्से को बाद में लिखना उचित मानते हैं। यह आपकी दृष्टि और क्षमता पर निर्भर करता है। प्रस्तावना संक्षिप्त हो तथा शेष शोधपत्र से जुड़ी हुई होनी चाहिए। अनावश्यक पृष्ठभूमि उसमे न हो, ऐस सूचनाओं को विस्तार से नहीं दिया गया हो, जो उपयोगी नहीं है। ऐसी पृष्ठभूमि तथा सूचनाएँ ही इसमें सम्मिलित करें जो उस विषय से सीधा सम्बन्ध रखती हों और जिस पर आपने शोधपत्र तैयार किया है।

प्रस्तावना/ परिचय का आकार आपके शोध पत्र के आकार के अनुपात में ही हो। इसका अर्थ यह हुआ कि प्रस्तावना में लिखे गये पैराग्राफ की संख्या आपके लिखे शोध पत्र के पैराग्राफों की संख्या पर निर्भर है। इसमें आपकी लेखन शैली का विशेष महत्व है। व्याकरण का ज्ञान, वाक्य सरंचना और शब्द- चयन आप पर निर्भर है। और इन पर निर्भर है आपकी प्रस्तावना। इस ओर ध्यान रखें कि सरांश में प्रायः भूतकाल के वाक्यों का प्रयोग किया जाता हे। जब आपका कार्य पुरा हो जाता है। इसी तरह आप अपने विचार अथवा मंतव्यों को कुद इस रूप में विन्यसित करें कि एक पैराग्राफ में एक विचार का समावेश हो। परिकल्पना को वस्तुनिष्ठ ढंग से सामने रखें।

हमें यह नहीं भुलना चाहिए कि प्रस्तावना या आपके मुख्य विचार अथवा मंतव्य को लेकर शुरू होती है। इससे अगले वाक्य इससे कहीं अधिक विशिष्ट होने चाहिए और ये आपके वास्तविक शोध से जुड़ते चले जाने चाहिए। अन्त का वाक्य आपके मुख्य विचार का सपष्टीकरण देने वाला हो।

उपकरण एवं पद्धति/ शोध- प्रणाली ॉTools and Research methodक्र

इस हिस्से में उन उपकरणों तथा शोध पद्धतियों अथवा प्रणालियों का वर्णन किया जाता है, जिनका उपयोग आपने शोधकार्य या परीक्षण अथवा प्रयोग ॉexperimentक्रमें किया है।

शोध पद्धति हिस्से को इस विचार से रखा जाता है ताकि दूसरे शोधकर्ता आपके द्वारा किए गए प्रयोग या परीक्षण को अपना सकें, उसको दोहरा सकें, और आपके इस कार्य को आगे बढ़ाना चाहें, तो आगे बढ़ा सके। उन्हें कल्पना नहीं करनी पडेगी

कि आपने किन-किन उपकरणों एवं पद्धतियों का प्रयोग किया होगा। मुझे उनमें से किनका प्रयोग करना चाहिए। प्रकाशन से पूर्व विज्ञान के विषयों में प्राय: शोधपत्रों की समीक्षा की जाती है। कई बार ऐसा हुआ है कि बहुत उच्चकोटी के शोध पत्रों में सामने लाई गई पद्धति और प्रयोगों को इस दृष्टि से असफलता मिलती हे। ऐसे प्रयोग और परीक्षण अस्वीकार कर दिये गए!

जहाँ क्षेत्रीय सर्वेक्षण आवश्य हो, वहाँ आप एकदम सही संदर्भ और सुचना दें। मानचित्र सही दें। इन्हें परिशिष्ट में दे दिया जाना चाहिए।यदि आने किन्हीं विशिष्ट या जटिल कम्प्युटर प्रोग्रामों अथवा मशीनों का उपयोग किया है, तो इनका वितार से परिचसय देंगे तो मूल विषय से भटक सकते हैं। इसलिए उनका केवल संक्षिप्त परिचयात्मक संकेत दे देना पर्याप्त रहता है। इनकी सटीक संक्षिप्त जानकारी और संदर्भ आप परिशिष्ट में दें।

परिणाम (Result)

तथ्यों की संक्षिप्त रूपरेख परिणाम नामक हिस्से में रखी जाती है। इसी में चित्र और सांख्यकीय परीक्षणों का उल्लेख रहता है, जिनके माध्यम से आपने अंतिम परिणाम उपलब्ध किए हैं। इसमें आपको विशेष सावधानी यह रखनी चाहिए कि आप अनावश्यक भर्ती के डाटा से बचें। ऐसी चीजें प्राय: परिशिष्ट के लिए छोड़ दी जाती है।

अच्छा यही रहता है कि आप केवल उन सारिणी एवं ग्राफ्स पर ही बल दें जो परिणामों को स्पष्ट करते हों। बहुत अधिक ग्राफ, चित्र, और सारिणी fTableक्रभी ठीक नहीं रहते। वहीं ग्राफ, चित्र, या सारिणी रखने चाहिए, जिनका संदर्भ और उल्लेख आपके शोध पत्र के विचार-विमर्श वाले हिससे मे आया हो। पाठ से अलग इन सब का कोई महत्व नहीं है। इसी तरह एक ही तथ्य को कई सारिणियों,ग्राफ और चित्रों में दर्शाना ठीक नहीं है। केवल उसी तरह के ग्राफ चित्र सारणी चुनें जो आपके परिणामों को स्पष्टता के साथ व्यक्त करते हों। सामान्य रूप से ग्राफ ही उपयुक्त माने जाते हैं। सारिणियों को अधिकांश शोध पत्र लेखक परिशिष्ट में दे देते हैं।

यह भी प्रयास करें कि चित्र और ग्राफ लगभग आधे पृष्ठ में आ जाए। आप पत्रिका के सम्पादक नहीं है कि इन्हें छोटा सा उस आकार का बनायें कि कहीं रख दिया जाए। यह काम संपादक पर छोड़ दें। ग्राफ-रेखा चित्र और सारिणी आदि पर क्रम संख्या अवश्य डालें। संदर्भ संख्या भी लिखें। इन क्रम संख्याओं का प्रयोग शोधपत्र के मुख्य हिस्से में भी किया जाता है। जिन शोध पत्रों में सांख्यिकीय

गणनाओं का प्रयोग होता है, उन्हें बहुत विस्तार में नहीं दिया जाना चाहिए। बहुत से वैज्ञानिक सांख्यिकीय गणनाओं को ठीक मानते। वे केवल यह देखते हैं कि आपके परिणाम महत्त्वपूर्ण हैं या नहीं बहुत आवश्यक हो तो इन गणनाओं को परिशिष्ट में दिया जा सकता है। आपके शोध पत्र का परिणाम वाला हिस्सा सहज और प्राकृतिक होना चाहिए और उसमें आप परिणाम के विचार-विमर्श से बचें या उससे भी बचें कि ये परिणाम दूसरों से किस तरह भिन्न हैं। अथवा जो आपने सोचा था उससे कितना अलग है। इसकी चर्चा तो शोध-पत्रों के अगले हिस्से 'विचार-विमर्श'(discussion)में की जाती है।

विचार-विमर्श (Discussion)

यह आपके शोध पत्र का सबसे बड़ा और महत्त्वपूर्ण हिस्सा है। इसमें आप परिणामों का तर्कसहित विशलेश्षण एव्र विवेचन करते हैं। अपने विचार-विमर्श में आप अपनी उपलब्धियों (Findings)पर विस्तृत चर्चा कर सकते हैं कि आपने जो परिणाम सोचे थे, उनसे आपको अलग क्या परिकल्पना थी वह सिद्ध हुई या नहीं हुई या उससे अलग कुछ ओर ही तथ्य निकलकर सामने आए।

ध्यान रहे कि आपको अपने प्रति तटस्थ रहकर आलोचनात्मक दृष्टिकोण अपनाना है। इस बात से आपको कोई अंतर नहीं पड़ना चाहिए कि आप गलत सिद्ध हुए, जो सोचकर चले थे वैसे परिणाम नहीं मिले या आपकी स्थापनाएं व्यर्थ हैं। पता नहीं इन्हें मान्यता मिलेगी अथवा नहीं मिलेगी। इसके लिए आप में आत्मविश्वास होना चाहिए।

जो शोधार्थी अपना शोधपत्र प्रस्तुत करने हैं या शोध प्रबंध लिखते हैं, उन्हें कई बार प्रस्तुतीकरण के समय उसके सामने परीक्षक, प्रोफेसर अन्य शिक्षक और शोधार्थी उपस्थित रहते हैं। ऐसे में प्राय: शोध पत्र प्रस्तुत करने वाले को संक्षेप में अपनी बात कहनी होती है। यदि यह कार्य प्रभाव पूर्ण ढंग से, क्रमबद्ध रूप में और संक्षेप में नहीं किया जाएगा तो वे लोग उस शोधपत्र को फाड़कर फेंक देंगे।

वैसे सच तो यह है कि कुछ ही प्रयोग और परिणाम कितना सफ्ल रहा, आपको अपना मत तर्क पूर्ण ढंग से सामने रखता हैइौर उसका महत्व समझाना हैं

आप अपने परिणामों की असफलता ईमानदारी के से व्यक्त कर सकते हैं। दिशा में क्या-क्या सुधार किए जा सकते हैं-इस बात की चर्चा भी कर सकते हैं। आप चाहें तो यह भी इंगित कर सकते हैं कि उस शोध-प्रारूप में क्या परिवर्तन किया जा सकता है कि सही परिणाम प्राप्त हो सकें। किसी ने ठीक ही कहा है कि विज्ञान में

सही या गलत नहीं होता, केवल प्राप्ति होती है।

अंत में इसी हिस्से में आप भविष्य के शोध के लिए विचार या सुझाव दे सकते हैं। नए क्षेत्रों का उल्लेख कर सकते हैं हो सकता है कोई शोधार्थी आपके दिए हुए विचार और सुझाव को आगे बढ़ाते हुए एक और नया शोध कार्य करे। कोई नई पुस्तक या शोध पत्र तैयार करने की ओर प्रवृत्त और प्रेरित हो जाए।

उपसंहार अथवा निष्कर्ष (Conclusion)

वास्तव में यह हिस्सा सारांश का ही विस्तार होता है। इसके अंतर्गत कुछ पैराग्राफ में आप अपनी मुख्य उपलब्धियों को गिनाते हैं। याद रखें कि आपके शोधपत्र के पाठक सबसे पहले आपके सारांश और उपसंहार वाले हिस्से को ही पढ़ेंगे। इसलिए यह प्रभावशली एवं स्वत:पूर्ण होने चाहिए। प्रेरक भी, जिसे पढ़कर वे आपका समूचा शोधपत्र पढ़ने को उद्यत हो उठें।उपसंहार भी अन्त में ही लिखा जाता है।

संदर्भ (Refernce)

इस हिस्से में आप अपने लिए गए सभी संदर्भ अंकित करें। यदि कोई वाक्य भी उद्धत किया गया हो, उसे भी सन्दर्भ-सहित लिखें। जब किसी अन्य लेखक ने किसी वास्तविक स्रोत को संदर्भित किया हो, उसका भी संदर्भ दें, किन्तु यदि आपको वह संदर्भ कहीं उपलब्ध नहीं हुआ हो, उसे अपने शब्दों में पुन: लिखें, इस स्थिति में आपको वह संदर्भ देने की आवश्यकता नहीं पड़ेगी।

सन्दर्भ प्राय: इस रूप में दिए जाते हैं–

1. *उपाध्याय, कृष्णदेव, भोजपुरी, लोकगीत, भाग–1 साहित्य सम्मेद, प्रयाग,12–सम्मेलन मासर्ग, इलाहाबाद(परिवर्तित एवं संशोधित तृतीय संस्करण),1990,पृष्ठ संख्या–*
2. *अमृतलाल नागर, साहित्य और संस्कृति,दिल्ली, राजपाल एण्ड संज़, कश्मीरी गेट, 1994, पृष्ठ संख्या–*
3. *सत्यार्थी, देवेन्द्र धीरे बहो गंगा, प्रवीण प्रकाशन, 1/1079–ई. महरौली, नई दिल्ली,1998, पृष्ठ संख्या–*

हमारे विचार से हिन्दी तथा संस्कृत आदि में प्राय: उपनाम पहले नहीं लिखना चाहिए। अंग्रेजी आदि भाषाओं में तो यह प्रचलन है।मानलें कि आप' प्रेमचन्द को उद्धृ करना चाहें तो सन्दर्भ में क्या'' चन्द प्रेम' लिखेंगे? इसी तरह,'' मैथिलीशरण गुप्त'' को हम'' गुप्त,एम.एस. नहीं' नहीं लिख सकते!इसके लिए यह किया जाना

चाहिए कि जिन उपनामों को लेखक के प्रथम नाम से अलग लिखा जाता है, और अधिकाशं पुस्तकालयों में जिनके नाम की एंट्री उपनाम से हैं, उनके उपनाम पहले दिए जा सकते हैं। जैसे – द्विवेदी,हजारी प्रसाद प्रसाद अथवा शुक्ल,रामचन्द्र सक्सैना, सर्वेश्वदयाल, सिंह नामवर, पचौरी, सुधीश..... आदि। किन्तु लेखकीय नाम(पैन नेम) हैं और जिनकी पुस्तकालयों में एंट्री उसी एक नाम से हैं, तो उनको उसी नाम से लिखा जाना चाहिए। यथा- प्रेमचन्द, जैनेन्द्र कुमार, अज्ञेय, मुक्तिबोध.......आदि।इसमें से आप जैनेन्द्र कुमार को '' कुमार,जैनेन्द्र' नहीं लिखेंगे।

स्त्रोतों का प्रलेखन एवं उल्लेख fCocumenting sources and work citationक्र

किसी तथ्य, अभिमत, विचार, सांख्यिकीय तथ्य,चार्ट ग्राफ अथवा चित्रों का 'श्रेय कोष्ठकं अवश्य दिया जाना चाहिए। जो शोधपत्र में कृतज्ञता ज्ञापित नहीं करता, दूसरे लेखक के शब्दों की ज्यों की त्यों पुनरावृत्ति कर देता है या उनके अभिमतों, स्थापनाओं, शब्दों और अनुच्छेदों को ज्यों का त्यों उतार देता है, वह साहित्यिक चोरी अथवा भाव हरण fplahiarismक्रका अपनाधी होता है। अर्थात् दूसरे की सामग्री को अपना बताकर प्रस्तुत करने का दोषी। इसलिए आवश्यक है कि अपने कथन पुस्तक, पत्र- पत्रिका आदि से ग्रहण किए हैं, उनको सही रूप में पूरी सूचना के साथ उद्धृत किया जाए। उदाहरण के लिए कोई उद्धरण इस रूप में अंकित किया जाना चाहिए-

लोकाभिव्यक्ति के- शरीरपोषणी, मनस्तोषिणी एवं मनोमोदिनी- इन तीन विभिन्न रूपों को स्वीकार करते हुए कहा गया है, '' पोषण, तोषण और मोदन की लोकाभिव्यक्तियों का वाणी-रूप लोकसाहित्य है। 6..8 इस साहित्य की ऊपरी सीमा शिष्ट साहित्य को स्पर्श करती है और निचली सीमा घोर जंगली अभिव्यक्ति को।''(डॉ. सत्येन्द्र 1960: 6)

इस उद्धरण मे कोष्ठक मे दिया गया उल्लेख '(डॉ. सत्येन्द्र 1960: 6) यह प्रदर्शित करता है कि यह उद्धरण या वाक्यावली उस पुस्तक या लेख के पृष्ठ से ली गई है, जिसके लेखक का नाम'' डॉ सत्येन्द्र' है। उल्लेख (अर्थात लेखक का नाम तथा पृष्ठ संख्या) कोष्ठक में टाइप करना उचित रहता है। उद्धरण में लगे चिह्न ''6.......8'' यह दर्शाते हैं कि आपने उस लेखक के मूल कथन से कुछ अंश हटा दिए हैं, जो आपके मतलब के नहीं थे या आपके शोधविषय के लिए अप्रासंगिक थे। कार्य उल्लेख (या कर्हेंwork citedक्रसूची में लेखक का नाम पाठकों की जानकारी के लिए शोधपत्र के अंत में इस प्रकार प्रलेखित किया जाता है-

डॉ सत्येन्द्र, मध्ययुगीन लोकसाहित्य का लोकतात्त्विक अध्ययन, प्रयाग हिन्दी साहित्य सम्मेन 1960

इस प्रकार जो पाठक और अधिक जानकारी प्राप्त करना चाहते हैं, वे उस लेखक की संदर्भित कृति या लेख को अलग से पढ़ सकते हैं।

यहाँ एक शोधपत्र के अन्दर(पाठ के भीतर) उद्धृत किए गए लम्बे वाक्यों को उदाहरण के लिए देखें–

इस सन्दर्भ में हम यह अवश्य ध्यान दिलाना चाहेंगे कि **"लोक"** *शब्द का अर्थ* **'tuen'** *या ग्राम ही नहीं है, बल्कि नगरों और गाँवों में फैली वह सूची जनता है, जिनके व्यावहारिक ज्ञान का आधार पोथियाँ नहीं हैं* **("हिन्दी साहित्य की भूमिका')** *ये लोग नगर में परिष्कृत रूचि सम्पन्न तथा सुस्कृत समझे जाने वाले लोगों की अपेक्षा अधिक सरल और अकृत्रिम जीवन के अभयस्त होते हैं, और परिष्कृत रूचि वाले लोगों की समूची विलासिता और सुकुमारिता को जीवक्ति रखनें के लिए जो भी वस्तुएँ आवश्यक होती हैं, उनको उत्पन्न करते हैं।(द्विवेदी, हजारी प्रसाद,* 1952, 1991: 65)

प्रथम उल्लेख **("हिन्दी साहित्य की भूमिका")** *यह दर्शाता है कि शोधपत्र के इस अनुच्छेद के प्रथम अंश में जो सूचना अंकित की गई है, उसे श्रेय नहीं दिया गया, बल्कि पुस्तक/लेख के शीर्षक को श्रेय दिया गया है।*

द्वितीय अंश में" (द्विवेदी हजारी प्रसाद, 1952, 1991: 65)" *यह दर्शाता है कि श्रेय लेखक को दिया गया है और यह सूचना या संदर्भ पृष्ठ को देखेगा, तो पाएगा कि यह सुचना, इस पुस्तक के* 1952 *तथा उसके नये संस्करण*–1991 *के पृष्ठ*–65 *पर मिलेगी जब पाठक इस उल्लेखित पृष्ठ को देखेगा, तो पाएगा कि यह सूचना इस पुस्तक के* 1952 *तथा उसके नये संस्करण*–1991 *के पृष्ठ*–65 *से उद्धृत की गई है।*

इस का सन्दर्भ इस रूप में दिया जाएगा–

द्विवेदी, हजारी प्रसाद, हिन्दी साहित्य की भूमिका, नई दिल्ली, राजकमल प्रकाशन, 952,1991

वेबसाइट से उदधृत की गई की गई सामग्री में पृष्ठ संख्या नहीं दी जा सकती। इस तरह के स्रोत प्राय: इस रूप में दिए जाते हैं–

http://www.youtube.com/watch?c
www.eurekafobes.com

www.accessmylibrary.com
www.sunsmart.com.au/browse.asp
http:www.hindustandanik.com

किसी नाट्य कृति के अंश का उल्लेख करना हो तो इस प्रकार किया जाता है–

मन्दाकिनी: स्त्रियों के बलिदान का कोई मूल्य नहीं। कितनी असहाय दशा है। अपने निर्बल और अवलम्ब खोजने वाले हाथों को यह पुरूषों को पकड़ती है और वह सदैव ही इनको तिरस्कार घृणा और दुर्दशा की भिक्षा से उपकृत करता है। तक भी वह बावली मानती है?

(प्रसाद, ध्रुवस्वामिनी, 3: 1) अथवा(जयशंकर प्रसादश् ध्रुवस्वामिनी, तृतीय अंक, दृश्य–1)

इसमें पृष्ठ संख्या न देकर अंक, दृश्य और पंक्ति संख्या दी जाती है। पाठक उस नाटक के किसी भी संस्करण में उसे आसानी से ढूंढ सकते हैं।

कविता के उद्धरण या उल्लेख के लिए उस कवितांश या पंक्ति संख्या को अंकित कर दिया जाना पर्याप्त है। पंक्तियों को लगातार लिखने के लिए एक कविता पंक्ति के अंत के बाद"/" (backslsh) *का प्रयोग किया जा सकता है और उसी पंक्ति में नई पंक्ति या काव्यांश को लिखा जा सकता है। यथा–*

तुम्हें जानता नहीं, अपूर्वा/ पर बरसों से जानता हूँ।
शब्दों के बीच छिपे हैं जहां अनकहे शब्द/ वहीं से यह मौन सम्वाद
शुरू होता है।/एक नन्हीं सी लपट अचानक उठती है
अचानक हमारे बीच/ बिल्कुल अभी- अभी।
अज्ञात है उसका अद्वितीय रंग।
(हेमंत शेष, प्रपंच- सार- सुबोधनी,
जयपुर बोधि प्रकाशन, मई 2010, *पृष्ठ*–37) *पुन: ध्यान दें:*

संदर्भ स्त्रोत (References Source)

शोधपत्र में कार्यों के उल्लेख का पृष्ठ या संदर्भ स्त्रोत की सूची अवश्य देनी चाहिए। इसके अंतर्गत अकारादि क्रम से अथवा वर्णवार(alphabetically) *वास्तविक स्त्रोतों का उल्लेख किया जाता है। यह संदर्भ सुची प्राय: नए पृष्ठ पर अंकित की जाती है। सामान्यत: संदर्भ सूची इस तरह तैयार की जाती है–*

1. *आप्टे, वामन शिवराम, संस्कृत-हिन्दी कोश, दिल्ली, मोतीलाल बनारसी दास,* 2001

2. काणे, वामन पान्डुरंग, धर्मशास्त्र का इतिहास, लखनऊ, उत्तर प्रदेश हिनछी संस्थान, तृतीय संस्करण 1980
3. गौतम, सुरेश (सम्पादक), भारतीय लोकगीत,:सांस्कृतिक अस्मिता, भाग-1,2 दिल्ली शब्द सेतु प्रकाशन 2002
4. हरिमोहन, आधुनिक जनसंचार और हिन्दी, दिल्ली, तक्षशिला प्रकाशन, छात्र संस्करण-2008

इन्हें आप इस रूप में लिख सकते हैं-

1. आम्टे, वामन शिवराज, संस्कृत-हिन्दी कोश, मोतीलाल बनारसी दास, दिल्ली संस्करण-2001
3. गौतम, सुरेश,(सम्पादक) भारतीय लोकगीतः सांस्कृतिक अस्मिता, भाग-1,2 शब्द सेतु, कबीर नगर, शाहदरा, दिल्ली 2002

पुस्तक सूची देनी हो तो इस तरह दे सकते हैं-

1. श्री महाभारतम् (वनपर्व, शांतिपर्व), पंडित ररामचन्द्र शास्त्री, किंजवडेकर द्वारा सम्पादित,ओरियन्टल बुक्स रीप्रिंट कार्पोरेशन,54 राजी झांसी रोड, नई दिल्ली, 1979
2. जनसंचार, राधेश्याम शर्मा (संपादक), हरियाणा साहित्य अकादमी, पंचकुला, तृतीय संस्करण, 2004

पत्र-पत्रिकाओं का सन्दर्भ इस रूप में दिया जाना चाहिए-

1. सुधीश् पचौरी (सं.) वाक् वर्ष-2007, अंक-2 दिल्ली, वाणी प्रकाशन।

ध्यान दें-

सन्दर्भ देने अथवा उद्धरण अंकित करने के लिए प्रायः दो पद्धतियां प्रचलित हैं

1. एपीआई स्त्रोत उल्लेख (Apl Citation)

2. एमएलए स्त्रोत उल्लेख (MIla Citation)

इनमें से मुख्यतः प्रथम पद्धति-एपीआई को ही अपनाया जाना ठीक रहता है।

हमने जो उद्धरण दिए है, वे एपीआई पद्धति के ही हैं। यदि कोई लम्बा उद्धरण अपने शोधपत्र में देना हो, जो लगभग 40 शब्दों से अधिक लम्बा हो उसे एपीआई पद्धति से प्रायः इस रूप में दिया जाता है-

अज्ञेय (1959) का इस संदर्भ में कहना है

संभव है कि हम काव्य के लिए नये ये नया विषय चुनें, पर वस्तु उसकी पुरानी ही रहे, जैसे यह भी संभव है कि विषय चुनें पर वस्तु उसकी पुरानी ही रहे, जैसे यह भी संभव है कि विषय पुराना रहे वस्तु नयी हो......विषय के नयेपन का विचार का भी

अपना स्थान है ही, पर विषय केवल ' नयें हो सकते हैं, मौलिक नहीं: मौलिकता वस्तु से ही सम्बंध रखती है। विषय सम्प्रेष्य होता है। अत: यह संभव है कि कवि एक स्तर पर वस्तु की अर्थात् काव्य अनुभूति की प्राप्ति करे और एक दूसरे स्तर पर उसके सम्प्रेषण के लिए विषय की । विषय के रूप में कथा भी हो सकती है, प्रतीक भी और बिम्ब भी। निपट कल्पना- प्रसूत फैंटेसी की योजना भी विषय के रूप में हो सकती।''(p.18)

कृतज्ञता-ज्ञापन (Acknoledgment)

यह वैकल्पिक है। आप चाहें तो दे सकते हैं। आपको शोध-पत्र तैयार करने में जिन-जिन लोगों ने सहायता की है, आप विनम्रतापूर्वक उनको कृतज्ञता ज्ञापित कर सकते हैं। सलाह है कि इस हिस्से में आप गिने-चुने नाम ही दें। आप अपने शोध-निर्देशक के नाम से शुरूआत कर सकते हैं।ध्यान रहे कि नामों की भीड़ न बढ़ाए।

परिशिष्ट (Appendice)

परिशिष्ट कई दृष्टियों से उपयोगी रहता है। आप अपने अतिरिक्त आंकडे या डाटा इस हिस्से में लिख सकते हैं। गणनाएँ अतिरिक्त सारिणी, ग्राफरेखाचित्र, चित्र आदि भी इसी हिस्से में रख सकते हैं। लेकिन इसका अर्थ यह कदापि नहीं कि व्यर्थ की चीजें यहाँ बढ़ा-चढ़ाकर डाल दी जायें। वही चीजें इस हिस्से में रखनी चाहिए जिनका उल्लेख शोध पत्र के मुख्य हिस्से की पाठ्य सामग्री में किया गया हो। कहने का अर्थ यह है कि आपके शोध पत्र से सीधे जुड़े हुए चित्र रेखाचित्र, सारिणी आदि यदि कोई हों, तो उनको परिशिष्ट में दिया जाता है। साहित्यिक शोध आलेखों में प्राय: इनकी आवश्यकता नहीं हुआ करती।

संशोधन (Revisiono)

1. जबआपके शोधपत्र का रफ ड्राफ्ट तैयार हो जाए, तो उसे निष्पक्ष होकर आलोचनात्मक दृष्टि से पढ़ें। तटस्थ होकर पढ़ें। अन्य सहयोगियों की भी राय आप ले सकते हैं और तदनुसार आवश्यकता हो तो उसमें यथास्थान संशोधन-परिवर्द्धन कर लें। हमें हमेशा याद रखना चाहिए कि हमारे शोधपत्र का एक स्पष्ट उद्देश्य और लक्ष्य हो, जो स्पष्ट रूप से तार्किक एवं पारदर्शी ढंग से आपके शोधपत्र में विवेचित या प्रतिपादित किया गया हो।
2. शोधपत्र का सम्पूर्ण पाठ सुव्यवस्थित हो, इस बात का परीक्षण करें। विचार

बिन्दु आरम्भ से अंत तक तार्किक श्रृंखला के साथ प्रवहमान रहना चाहिए। शोध पत्र की संरचना सुगठित होनी चाहिए। यह सुगठन अनुच्छेदों की पुनर्व्यवस्था से किया जा सकता है। कहीं तारतम्य में रिक्तता आ गई हो तो नई सूचना और तर्कों से उसे भरा जा सकता है।

3. प्रत्येक अनुच्छेद का परीक्षण करें। यह देखें कि विचारों को स्पष्ट करने के लिए स्पष्ट कथनों और वाक्यों का प्रयोग हो सकता है अथवा नहीं। यदि कहीं कोई कभी अनुभव होती है, तो दोबारा लिखें। जो वाक्य प्रभावपूर्ण नहीं है अथवा जिन वाक्यों की संरचना त्रुटिपूर्ण है या जो वाक्य आपके विचार को स्पष्ट नहीं कर पा रहें, उन्हें बिना किसी संकोच के हटा दें या बदल लें।
4. प्रत्येक वाक्य का परीक्षण करें सभी वाक्य परस्पर संबंध होने चाहिए। उनमें एक सतत् प्रवाह बना रहना चाहिए। साथी इस बात का भी ध्यान रखें कि आप नए-नए शब्दों वाक्यों में एक जैसे शब्द और उनकी बनावट एकरसता एवं अब पैदा कर सकते हैं। आप का प्रत्येक वाक्य एक ही तरह से शुरू नहीं होना चाहिए। यह भी महत्वपूर्ण है।

संपादन

1. भाषा को चमकाएं। विविधापूर्ण, चुस्त और प्रभावपूर्ण शब्दावली का प्रयोग करें।
2. अनावश्यक दुहराव को हटा दें या बदल दें।
3. खोखले शब्दों और वाक्यांशों को हटा दें। तथ्य रहित और अलंकार या चमत्कारपूर्ण भाषा आपके लेख को निष्प्रभावी बना देती है।
4. कर्तृवाच्य प्राय: अधिक प्रभावपूर्ण होते हैं। कर्मवाच्य नहीं। अत: यथावश्यक कर्तृवाच्य का प्रयोग करें।
5. बहुशाब्दिक अभिव्यक्तियों को हटा दें। उनके स्थान पर संक्षिप्त तर्कपूर्ण और तथ्यात्मक बातें लिखें।

मुद्रण/प्रकाशन

1. अपने शोधपत्र की अंतिम प्रति तैयार करें। लेखन अथवा टंकण के लिए शोधपत्र लेखन लेखन की मान्य प्रणाली को अपनाएं। स्पेस कितना रखना है, मार्जिन कितना रखा जाना चाहिए, फॉन्ट कौन सा हो, और किस साइज का रहे उद्धरण किस फॉन्ट साइज में रहें – आदि बातों पर ध्यान दें। प्राय: 12 प्वाइंट

फॉन्ट साइज आदर्श रहता है। बहुत कलात्मक फॉन्ट का प्रयोग नहीं करें। अच्छी तरह से पढ़ सकने योग्य और प्रचलित फान्ट का ही प्रयोग करें। कई बार शोधपत्रिकाएं फॉन्ट का नाम और आकार पहले से बता देती है। उसी के अनुसार फॉन्ट और साइज चुनें। शोधपत्रों के लिए अंग्रेजी में प्रायः Arial, Courier, Courier New, Times New Roman और New Tims, Chanakya, Shiva, Chanakya आदि आदि अनेक फॉन्ट प्रचलित है। Mangal, Shiv, Akshar, Susha आदि फॉन्ट भी अपनाए जाने लगे हैं।

2. शोधपत्र के प्रथम पृष्ठ से आरम्भ करें, जिसका नमूना किसी अच्छे शोधपत्र से मिल सकता है। यदि प्रथम पृष्ठ कई अलग से आवश्यकता नहीं है, तो उसे छोड़ा जा सकता है। प्रथम पृष्ठ कवर या टाइटिल कवर यदि बनाया जाना आवश्यक हो तो उस पर पृष्ठ संख्या नहीं दी जाती।
3. शोध पत्र के सारांश मुख्य भाग काया और निष्कर्ष तथा संदर्भ सूची इत्यादि को बताए गए निर्देशों के अनुसार सजाये। उन पर क्रमशः पृष्ठ संख्या लिखें।
4. अपने शोध पत्र की कम से कम दो या तीन प्रतियां प्रिंट करें। एक प्रति अपने पास सुरक्षित अवश्य रखें। कुछ शोध पत्रिकाएं ई-मेल से सॉफ्ट कॉपी भी मांगती है या सीडी मंगा सकती है। उनके पास उनकी आवश्यकता के अनुरूप फॉर्मेट में अपना शोधपत्र प्रकाशन हेतु भिजवाए। संक्षेप में हम शोधपत्र लेखन की समूची प्रक्रिया को इस रेखाचित्र के माध्यम से समझ सकते हैं।

शोधपत्र कैसे लिखें ?

मौलिक विचारोतेजक और नया विषय चुनें।

विषय एवं शीर्षक चुनने में कितना ही समय लगे

विषय शीर्षक चुनें - अच्छी तरह सोचे। इसके बाद उस पर काम करें। रूचि, जिज्ञासा और नयेपन की आकांक्षा विषय के चयन में महत्त्वपूर्ण है। शोधपत्र का ढांचा, आकार आदि सोच लें, तदनुसार उसका शीर्षक रहे, जो आकर्षक हो, नया हो, विचारात्तेजक हो।

सूचना सामग्री के लिए स्त्रोत देखें

पुस्तकालय जाए, इंटरनेट देखें। अपने विषय से सम्बन्धित पुस्तकों, पत्रिकाओं की सूची बनायें। इनमें से चुनकर अपने विषय से सम्बद्ध सामग्री की सन्दर्भ सूची तैयार करें। लेखक का नाम/पुस्तक/प्रकाशक/प्रकाशन वर्ष आदि।

स्त्रोतों का अध्ययन करें तथा नोट्स लें - ग्रंथ सूची तैयार होने पर उन्हें पढ़ना शुरू करें। नोट्स लेते रहें। नोट्स के लिए प्राय: इंडेक्स कार्ड का उपयोग किया जाता है। आप नई तकनीक अपनाकर कम्पयूटर में फाइलें अपनाकर कम्पयूटर में फाइलें बना सकते हैं। इस नोट्स पर अपनी टिप्पणी तुरन्त नोट करें।

अपना आइडिया या विचार अथवा मंतव्य व्यवस्थित करें-नोट्सकार्ड पर संदर्भ, टिप्पणी और विचार पकत्र करने के बाद उन्हें व्यवस्थित करने में रखते हुए आगे बढ़ें। इसके बाद प्रासंगिक विचार लिखें। दुहराव न हो। एक रूपरेखा या ढाँचा तैयार करें।

पहला प्रारूप लिखें-पहला प्रारूप(ड्राफ्ट)लिखें। जिसके तीन हिस्से हों-प्रस्तावना (Introductionh) , काया (Body) और सारांश (Concludion)

स्त्रोत उल्लेख के लिए पाद टिप्पणी या फुटनोट लिखें।- प्रथम प्रारूप लेखन के तुरन्त बाद सूचना स्त्रोत, सन्दर्भ टिप्पणी नोट्स/कार्ड्स से ले लेकर जोड़ें। जिस पृष्ठ पर संदर्भ/टिप्पणी ली है, उसका उल्लेख उसी पृष्ठ पर पाद टिप्पणी में करें। संदर्भ/पाद टिप्पणी का सही तरीका अपनायें।

सन्दर्भ ग्रथ सूची (Bibliography) - सन्दर्भ ग्रंथ सूची तैयार करें। इसका कोई भी वैज्ञानिक तरीका चुनें। सभी सन्दर्भ ग्रंथों की पूरी सूचना अंकित करें। लेखक/संपादक का नाम, पुस्तक का नाम, प्रकाशन का पता, संस्करण आदि।

प्रथम प्रारूप को सुधारें और अन्तिम रूप दें।- अपने प्रथम प्रारूप को बार-बार पढ़ें। उसमें सुधार करें। भाषा व्याकरण, तथ्य, तर्क आदि की स्वत: समीक्षा करें। सहयोगियों से विचार-विमर्श करें। अबइसे अंतिम रूप देकर टंकित करें। पुन: पढ़ें। मुद्रित करें/करायें। उपयुक्त शोध-पत्रिका में प्रकाशनार्थ भेजें। शोध-पत्रिका (रिसर्च जर्नल) की रीति-नीति एवं माँग के अनुरूप ही शोध-पत्र भेजें।

आत्मविश्वास बनाये रखें। शुभकामनाएँ।

तुलनात्मक साहित्यः अर्थ, परिभाषा एवं स्वरूप

प्रो. इन्द्रनाथ चौधरी

उन्नीसवीं सदी का मध्य भाग यूरोपीय चिंतन धारा का एक ऐसा युग था जब मध्यपूर्व देशों तथा एशिया, विशेष रूप से चीन, भारत तथा जापान के असमतायुक्त सांस्कृतिक क्षेत्रों और साहित्य से परिचित होने पर यूरोप के मानसिक क्षितिज का काफी हद तक विस्तार संभव हो पाया था। भारोपीय परिवार की भाषाओं के निकट संबंधों का भी पता लगने पर विद्वानों का एक वर्ग विश्व साहित्य को एक समूची इकाई मानते हुए उसके अध्ययन में जुड़ना चाह रहा था। गोयटे विश्व साहित्य की अवधारणा को फैलाने में जुट गए थे। इधर भारत में रवीन्द्रनाथ ठाकुर भी विश्व साहित्य की बात कहते हुए स्पष्ट कर रहे थे कि यह पृथ्वी विभिन्न टुकड़ों में बँटी हुई लोगों के रहने का अलग-अलग स्थान नहीं है, उनका साहित्य अलग-अलग रचित नहीं है। प्रत्येक लेखक के द्वारा रचित साहित्य एक पूर्ण इकाई है, तथा वह इकाई समूचे मानव समाज की सार्वभौम सृजनात्मकता की परिचायक है। विश्व साहित्य, जिसको अंग्रेजी में कम्पैरेटिव लिटरेचर कहा जाता है, इस सार्वभौम सृजनात्मकता की अभिव्यक्ति है।

अर्थ

तुलनात्मक साहित्य अंग्रेजी के **कम्पैरेटिव लिटरेचर** का हिन्दी अनुवाद है। एक स्वतंत्र विधा शाखा के रूप में विदेश तथा भारत के विभिन्न विश्वविद्यालयों में इसके अध्ययन अध्यापन के कार्य को विशेष महत्त्व दिया जाता रहा है। विदेश में इसे साँस्कृतिक अध्ययन के नाम से भी जाना जाता है। अंग्रेजी के कवि मैथ्यू आर्नल्ड ने सन् 1848 में अपने एक पत्र में सबसे पहले **कम्पैरेटिव लिटरेचर** पद का प्रयोग किया था। (मैथ्यू आर्नल्ड के पत्र, 1895, 1, 8: सं. जी. डब्ल्यू. ई. रसल)। परन्तु प्रारम्भ में ही इसके शाब्दिक अर्थ को

लेकर विवाद रहा क्योंकि साहित्य यदि कहानीकार, कवि आदि की सृजनशील

कलात्मक अभिव्यक्ति है, तो वह किसी तरह भी तुलनात्मक नहीं हो सकता। हमने आज तक ऐसा कोई कवि नहीं देखा जो तुलनात्मक कविता, कहानी या उपन्यास लिखता हो। साहित्य की प्रत्येक कृति अपने आप में पूर्ण होती है। और साहित्य सृष्टि में कहीं दूसरे साहित्य के साथ तुलना की जरूरत नहीं होती। तुलनात्मक शब्द साहित्य सृष्टि के संदर्भ में प्रयोग में नहीं लाया जा सकता।

वस्तुतः रेन वेलेक ने इस प्रश्न को उठाकर ऐतिहासिक अर्थविज्ञान की सहायता से इसका उत्तर देने का प्रयत्न किया है। (1963: 46–53) तुलनात्मक शब्द में तुलना करने की प्रक्रिया जुड़ी हुई है, और तुलना में वस्तुओं को कुछ इस प्रकार प्रस्तुत किया जाता है, जिससे उनमें साम्य या वैषम्य का पता लग सके। इसी दृष्टि से अंग्रेजी में तुलनात्मक शब्द का प्रयोग लगभग सन् 1598 से हो रहा है, क्योंकि इसी समय फ्रांसिस मेयर्स ने इसी अर्थ को ध्यान में रखकर एक पुस्तक लिखी थी, जिसका शीर्षक था **'ए कम्पैरेटिव डिसकोर्स ऑफआवर इंगलिश पोयट्स विद द ग्रीक लैटिन एंड इटालियन पोयट्स'** परन्तु तुलनात्मक तथा साहित्य इन दो शब्दों का युग्म प्रयोग करते हुए पहले पहल मैथ्यू आर्नल्ड ने जब तुलनात्मक साहित्य पद की सृष्टि की तब उनका कहना था कि पिछले पचास वर्षों के तुलनात्मक साहित्य पर ध्यान देने से यह स्पष्ट हो जाता है कि यूरोप की तुलना में इंग्लैण्ड इस मामले में काफी पिछड़ा हुआ है। वेलेक का कहना है कि यहाँ तुलनात्मक का अर्थ तुलनीय की अपेक्षा और अधिक कुछ नहीं।

सन् 1886 में अपनी एक पुस्तक का शीर्षक **कम्पैरेटिव लिटरेचर** रखकर सर्वप्रथम एच.एम.पॉसनेट ने इस विधा शाखा को स्थायित्व प्रदान करने का प्रयत्न किया था। बाद में सन् 1901 में कन्टेम्पररि रिव्यू, द साइंस ऑफ कम्पैरेटिव लिटरेचर के नाम से उनका एक लेख भी प्रकाशित हुआ। इससे कम से कम यह अवश्य प्रतीत होता है कि बीसवीं सदी की शुरुआत से (elliptic) कम्पैरेटिव लिटरेचर पद का प्रयोग शुरू हो गया था। वस्तुतः यह एक न्यून पदीय शब्द है, और इसका अर्थ है, साहित्य का तुलनात्मक अध्ययन।

सवाल है कि इस पद के प्रयोग में आपत्ति कहाँ है ? इंग्लैण्ड में इसके प्रारंभिक विरोध का एक बड़ा कारण यह था कि यहाँ साहित्य शब्द के प्राथमिक अर्थ को लोग धीरे-धीरे भुला बैठे थे। साहित्य का प्राथमिक अर्थ था ज्ञान या साहित्य का अध्ययन। मगर बाद में इसका अर्थ हो गया, किसी भी भाषा, समय या देश में लिखित रचनाओं का समूह, उन्नीसवीं सदी से इसका अर्थ हो गया है, कल्पनात्मक कृतियां, जो पहले मौखिक थी, परन्तु आजकल प्रकाशित होती हैं। इस अर्थ को

स्वीकार करने पर तुलनात्मक साहित्य एक भ्रामक अभिव्यक्ति बन जाता है, क्योंकि इससे अर्थ की संकीर्णता उभर आती है। अगर हम साहित्य के प्राचीन अंग्रेजी अर्थ को ग्रहण करते हैं, तो प्रो. लेन कपूर की तरह यह कह सकते हैं कि तुलनात्मक साहित्य साहित्य के तुलनात्मक अध्ययन की संक्षिप्त अभिव्यक्ति है। (1942:73) नहीं तो प्रो. कपूर के अनुसार यह एक बनावटी पद है, जिससे न तो कोई अर्थ निकलता है, और न यह व्याकरण सम्मत ही प्रमाणित हो पाता है।

कूपर को दोष भी नहीं दिया जा सकता क्योंकि साहित्य के आधुनिक अर्थ के अनुसार इस पद का अर्थ होगा तुलनात्मक रचनाओं का समूह। यहाँ तक कि अंग्रेजी में साहित्य का अर्थ था व्युत्पत्ति और इसीलिए बोसवेल ने इतालियन विद्वान बरेती के बारे में यह लिखा था कि बरेती में यथेष्ट साहित्य है। इस लिहाज से तुलनात्मक साहित्य का मतलब होगा, तुलनात्मक व्युत्पत्ति। फ्रांस में Literature का अर्थ है, साहित्यिक अध्ययन। और इसलिए उन्नीसवीं शती के प्रारम्भ में ही तुलनात्मक साहित्य या साहित्यिक अध्ययन जैसे पद की सृष्टि में कोई कठिनाई नहीं हुई। जर्मनी में बीसवीं शती के प्रारम्भ में तुलनात्मक साहित्य के संदर्भ में एक नया पद प्रवर्तित हुआ, Vergieichenden Literaturwisenchaft फ्लेचर के अनुसार इसका अर्थ है, साहित्य का तुलनात्मक विज्ञान। तात्पर्य यह है कि अंग्रेजी में भी यदि कूपर के शब्दों की स्वीकार किया जाए तो तुलनात्मक साहित्य का अर्थ स्पष्ट हो जाता है कि वह विभिन्न साहित्य का तुलनात्मक अध्ययन है, और यह पद इस विधानुशासन का संक्षिप्त संस्करण है।

परिभाषा

तुलनात्मक साहित्य एक से अधिक भाषाओं में रचित साहित्य का अध्ययन है, और तुलना इस अध्ययन का मुख्य अंग है। मगर क्रोचे का कहना है कि तुलनात्मक साहित्य एक स्वतंत्र विधानुशासन बन ही नहीं सकता क्योंकि किसी भी साहित्यिक अध्ययन के लिए तुलना एक आवश्यक अंग है। (एस.एस. प्रावर)(1973:21) दूसरे विद्वान् भी कहते हैं कि साहित्य का अध्ययन करते हुए तुलना करने का मतलब सीधे साहित्य का अध्ययन करना ही है, क्योंकि अरस्तू के समय से तुलनात्मकता आलोचनात्मक व्यवहार का एक आवर्तक आयाम रहा है। चाहे, एक भाषा में लिखित साहित्य का अध्ययन हो अथवा एक से अधिक भाषाओं में लिखित तुलनात्मक साहित्य का अध्ययन हो, दोनों ही स्थितियों में अध्ययन का केन्द्रीय विषय साहित्य ही है, और इसलिए तुलनात्मक साहित्य को किसी एक भाषा में

लिखित साहित्य के अध्ययन से अलग नहीं किया जा सकता।

यह सच है कि कोई भी आलोचक किसी भी लेखक की कृति में निहित विशिष्ट प्रवृत्ति को उभारने के लिए अनायास ही एवं स्वचालित रूप में अन्य किसी तुलनीय कृति के साथ उसकी तुलना करता है, मगर तुलनात्मक आलोचक के लिए यह काम सचेतन रूप से होता है। वह तुलनात्मक पद्धति का प्रयोग करता हुआ कृतियों में निहित उनकी विशिष्टताओं को प्रकाश में लाता है। दरअस्ल तुलनात्मक आलोचक के लिए तुलनात्मक पद्धति उसकी आधारभूत पद्धति है। तुलनात्मक साहित्य में विभिन्न भाषाओं में लिखित साहित्यों अथवा उसके संक्षिप्त घटकों की साहित्यिक तुलना होती है, और यही उसका आधार तत्त्व है। तुलनात्मकता एक विशेष प्रकार की मानसिकता अथवा मानसिक दृष्टि है। रेमाक का कहना है कि तुलनात्मकता सांश्लेषिक मानसिक दृष्टि है, जिसके द्वारा भौगोलिक एवं जातीय स्तर पर साहित्य का अनुसंधानात्मक विश्लेषण संभव हो पाता है।

एक उदाहरण के द्वारा इस वक्तव्य को स्पष्ट किया जा सकता है। यदि एक ही भाषा में लिखित साहित्य के अंतर्गत दो समान या असमान रूपों या प्रवृत्तियों का तुलनात्मक अध्ययन किया जाए, जैसे मीराबाई के भक्तिमूलक गीतों के साथ महादेवी के रहस्यात्मक गीतों की तुलना, तो इसको तुलनात्मक साहित्य कहना संभव नहीं क्योंकि इसमें सांश्लेषिक मानसिक दृष्टि के विस्तार की संभावना नहीं होगी। फिर दो या उससे अधिक भाषाओं में रचित साहित्य के समान या असमान रूपों या प्रवृत्तियों का तुलनात्मक अध्ययन किया जाए जैसे रवीन्द्रनाथ ठाकुर के द्वारा रचित बंगला गीतों का मीर या गालिब के द्वारा लिखी गई उर्दू गजल के साथ तुलना की जाए, तो इसको तुलनात्मक साहित्य कहा जा सकेगा मगर उसे एक ही राष्ट्र की परिधि में प्रसारित बहुभाषिक साहित्य के आश्रय से निर्मित तुलनात्मक साहित्य कहा जाएगा। मगर जब तुलना किसी एक राष्ट्र की परिधि को पार करके दूसरे राष्ट्र की भाषाओं में लिखित साहित्य को भी अपने में समेट लेती है, जैसे मीरा के गीतों का अध्ययन करते हुए जब उसकी अर्थ छवियों की ईरान में उद्भावित सूफी रहस्यात्मक गीतों अथवा अंग्रेजी के रहस्यवादी कवि ब्लेक या उनकी कविताओं के साथ तुलना की जाती है, तो उसको निश्चय ही तुलनात्मक साहित्य कहा जाएगा।

अलग-अलग देशों में जैसे जर्मनी, आस्ट्रिया तथा स्विट्जरलैण्ड में रहने वाले विभिन्न लेखक जब एक ही जर्मन भाषा में अथवा आयरलैण्ड और अमरीका में रहने वाले लेखक जब एक ही अंग्रेजी भाषा में उपन्यास या कविता लिखते हैं, तो विभिन्न राष्ट्रों के राजनीतिक तथा सामाजिक परिवेश में अंतर के आधार पर तुलनात्मक

अध्ययन संभव है। या फिर बंगाल या आंध्र अथवा महाराष्ट्र में रहने वाले लेखक एक ही हिंदी भाषा में साहित्य रचना करते हैं, तो उनकी स्थानीय राजनीतिक तथा सामाजिक परिवेश से प्रभावित साहित्य में विषय –वस्तु, शैली तथा टोन में अंतर आ जाता है, और उनका अध्ययन भी तुलनात्मक साहित्य की परिधि के अन्तर्गत समाविष्ट हो जाता है।

इस प्रकार प्रसारित नाना साहित्यों के आश्रय से बहुभाषिक एक ही राष्ट्रकी परिधि के अंतर्गत तुलनात्मक साहित्य का अध्ययन हो सकता है, अथवा एक राष्ट्र की परिधि को पार कर दूसरे राष्ट्रों में प्रसारित विभिन्न भाषाओं में रचित साहित्यों की सहायता से यह अध्ययन संभव है, अथवा विभिन्न राष्ट्रों अथवा प्रातों में रहने वाले, मगर एक ही भाषा में लिखने वाले, रचनाकारों की कृतियों की सहायता से भी तुलनात्मक साहित्य का प्रसार संभव है। इसके अतिरिक्त तुलनात्मक साहित्य का क्षेत्र अनुलंबीय ढंग से प्रसारित होता हुआ ज्ञान के दूसरे क्षेत्रों को जैसे कला, दर्शन, धर्मशास्त्र, मनोविज्ञान, इतिहास तथा सामाजिकज्ञान आदि को भी अपने में समेटता है, और ज्ञान और प्रतीति के दूसरे क्षेत्रों के साथ साहित्य के संबंध का अध्ययन हो सकता है। हेनरी एच. एच. रेमार्क ने तुलनात्मक साहित्य की जो परिभाषा दी है, उसमें ये सारी बातें अंतर्भुक्त है। उनके अनुसार तुलनात्मक साहित्य एक राष्ट्र के साहित्य की परिधि के परे दूसरे राष्ट्रों के साहित्य के साथ तुलनात्मक अध्ययन है, तथा यह अध्ययन कला, इतिहास, समाज विज्ञान, विज्ञान, धर्मशास्त्र आदि ज्ञान के विभिन्न क्षेत्रों के आपसी संबंधों का भी अध्ययन है। मगर भारत जैसे बहुभाषी देश की स्थिति को ध्यान में रखते हुए तुलनात्मक साहित्य की परिभाषा मात्र यही हो सकती है कि तुलनात्मक साहित्य विभिन्न साहित्यों का तुलनात्मक अध्ययन है, तथा साहित्य के साथ प्रतीति एवं ज्ञान के दूसरे क्षेत्रों का भी तुलनात्मक अध्ययन है।

उलरिच वाइनस्टाइन की पुस्तक **कम्पैरेटिव लिटरेचर एंड लिटरेरी थियोरी** में तुलनात्मक साहित्य की विभिन्न परिभाषाओं को दो वर्गों में बांटा जा सकता है–

(क) पॉला वां रिगहेम ज्यां मारि कारे तथा मारिओस फ्रांस्वास गुठयार्द जैसे पेरसि तथा जर्मन स्कूल के परंपरावादी विद्वानों की संकुचित संकल्पनाओं से जुड़ी हुई परिभाषाएं तुलनात्मक साहित्य के अध्ययन में साहित्यिक इतिहास के तत्त्व को अधिक महत्त्व देती हैं। इन विद्वानों का प्रतिपादन है कि तुलनात्मक साहित्य एक इतिहास संम्मत अनुशासन है, जिसको काव्यशास्त्रीय सौंदर्यमूलक अनुशासन के साथ जोड़ा नहीं जा सकता, क्योंकि ठोस यथार्थ, तथ्यात्मक चेतना तथा विभिन्न राष्ट्रों के कृतिकार, कृति, पाठक के निश्चेय संबंधों के साथ इसका सम्पर्क होता है।

(ख) रेने वेलेक, रेमाक, ऑस्टिन वारेन तथा प्रावर जैसे उदारतावादी विद्वानों को अमरीकी स्कूल के अंतर्गत स्थान दिया जाता है, जिन्होंने अपनी परिभाषाओं में तुलनात्मक साहित्य के अध्ययन में काव्यशास्त्रीय सौंदर्यात्मक कलापरक दृष्टि को महत्त्व दिया हैं।

इनके अतिरिक्त तुलनात्मक साहित्य के क्षेत्र में रूसी स्कूल का भी महत्त्व कम नहीं है। इस स्कूल के विद्वानों के लिए तुलनात्मक साहित्य एक सार्विक साहित्यिक संवृत्ति का सार संग्रह है। यह संवृत्ति (phenomenon) अंशतः विभिन्न देशों के जनसमूह के सामाजिक जीवन के ऐतिहासिक विकास पर आधारित है, तथा अंशतः पारस्परिक, सांस्कृतिक तथा साहित्यिक आदान-प्रदान पर निर्भरशील है। दूसरे शब्दों में तुलनात्मक साहित्य के अंतर्गत साहित्यिक विधाओं या आंदोलन के आश्रय से किए गए वर्गीकरणों की साधर्म्यता की सार्विक साहित्यिक संवृत्ति का अध्ययन होता है। अथवा सामाजिक क्रम विकास की एकरूपता के आश्रय से सांस्कृतिक प्रभावों का विवेचन होता है। झुरमुनस्की का कहना है कि पूर्व निर्धारित नियमों के अनुसार कला एवं साहित्य का विकास होता है, और मानव जगत् के सामाजिक तथा ऐतिहासिक विकास के यह समानांतर होता है। अतएव समाज साहित्य का आवश्यक अधःस्तर है। और साहित्य संयोग से उसकी अधिरचना है। वस्तुतः तुलनात्मक साहित्य की परिभाषा की दृष्टि से पैरिस तथा अमेरीकी स्कूल का महत्त्व अधिक है और इन दो संप्रदाययुक्त विद्वानों की विचारदृष्टियों के आधार पर ही तुलनात्मक साहित्य का स्वरूप स्पष्ट हो सकता है।

पेरिस जर्मन स्कूल (तुलनात्मक साहित्य का फ्रांसिसी संप्रदाय)

गुइयारद की पुस्तक (Lalitterature Compare) की भूमिका लिखते हुए कारे ने तुलनात्मक साहित्य को साहित्येतिहास का एक भाग कहा है - यह अंतरराष्ट्रीय आध्यात्मिक संबंधों का अध्ययन है, तथा बायरन और पुशकिन, गोयते तथा कारलाइल, स्कॉट तथा विगने अथवा विभिन्न भाषाओं में लिखित साहित्यों के लेखकों, जीवनियों, प्रेरणाओं तथा कृतियों के तथ्यानुपरक संपर्कों की छानबीन है। दरअस्ल उन्नीसवीं शती के प्रत्यक्षवादी पांडित्य ने ही फ्रांसिसी तुलनात्मकतावाद को उसका स्वरूप प्रदान किया और इसलिए वाइनस्टाइन ने निष्कर्ष में यह कहा कि कारे के अनुसार तुलनात्मक साहित्य साहित्येतिहास की एक शाखा है।

यदि तथ्यानुपरक संपर्कों के अध्ययन का अर्थ मात्र विषय संग्रह ही है, तो निश्चय ही तुलनात्मक साहित्य अपने सम्मानित रूप को खो बैठता है, क्योंकि ऐसा

करने पर साहित्य का सौंदर्यमूलक पक्ष का मूल्य बेमानी हो जाता है। फरनांद, बालडेन स्यरजर ने इसी नुक्ते को उठाते हुए कहा है कि विषय संग्रह तो लोकवार्ता के आलोचकों के विषयसंग्रह के अनुरूप है, जो काम उस समय बहुत चल रहा था और यह तुलनात्मक साहित्य हो ही नहीं सकता। इस प्रकार के अध्ययन के फलस्वरूप लेखक का व्यक्तित्व, उसकी प्रेरणाएं तथा मौलिकता उपेक्षित हो जाती हैं।

तथ्यानुपरक संपर्कों (प्रमाणों) के आधार पर तुलनात्मक साहित्य के अध्ययन का अर्थ है – उसकी परिधि से साहित्यालोचन को हटा कर मात्र विषयसंग्रह को तुलनात्मक साहित्य मान लेना। वस्तुत: तुलनात्मक साहित्य के फ्रांसिसी विद्वानों की पहली पीढ़ी साहित्य सुरक्षा के आधार पर अभिनव परिवर्तन तथा पद्धति को नकारते हुए तथ्यात्मक संपर्कों तथा दस्तावेजों के विश्लेषण पर ज्यादा बल देती है। यूरोपीय साहित्य के विस्तृत संश्लेषण का उन्होंने विरोध किया और अनुरूपता या वैषम्य के आधार पर मात्र तुलना की उपेक्षा की। यहाँ तक कि प्रभाव विश्लेषण को भी अनिश्चित तथा अस्पष्ट कहा फ्रांसिसी विद्वानों की आधुनिक पीढ़ी के आलोचक पीशवाज तथा रूसो ने इसके विपरीत अपनी मतधारा को प्रस्तुत करते हुए फ्रांसिसी दृष्टिभंगिमा का नए ढंग से प्रसार किया। ऐसे भी विस्तृत संश्लेषण के बिना तुलनात्मक साहित्य के अध्ययन का अनंत विखंडनों तथा विविक्ति में समाप्त होने की संभावना रहती है।

यह सौभाग्य की बात है कि बाद के फ्रांसिसी विद्वानों ने व्यावहारिक ठोस आलोचनात्मक दृष्टि की सहायता से तुलनात्मक साहित्य के क्षेत्र में साम्य या वैषम्य मूलक तुलना तथा प्रभाव के सूत्रों के अध्ययन का प्रसार करते हुए संश्लेषणात्मक दृष्टि को स्वीकार किया और सूक्ष्म साहित्यिक मूल्यों की पहचान कराने वाली अपनी टिप्पणियों को अध्ययन के नए प्रतिमानों के रूप में विकसित किया। एतियमब्ल (Etiemnle) ज्यँन (Jeune) तथा पीशवाज और रूसो का योगदान इस दृष्टि से सबसे महत्त्वपूर्ण है, जिन्होंने तुलनात्मक साहित्य के संदर्भ में प्रभावशाली संश्लेषणात्मक अध्ययन का प्रसार किया।

मगर संश्लेषणात्मक अध्ययन का अर्थ यह नहीं कि तुलनात्मक आलोचक के लिए साहित्य के संदर्भ में द्विआधारी (Binary)अध्ययन का कोई मूल्य नहीं है। रेने वेलेक तुलनात्मक साहित्य के संदर्भ में द्विआधारी अध्ययन का विरोध करते हुए कहते हैं। कि द्विआधारी अध्ययन का मतलब है कि हमें तुलनात्मक साहित्य को साहित्य के विदेश वाणिज्य के रूप में ही स्वीकार करना होगा। और परिमाणत: साहित्यिक उत्पादन का आंशिक अध्ययन ही संभव होगा जिनका कोई विदेशी

द्विआधारी संबंध है, और इस तरह कृति विशेष का स्वतंत्र विश्लेषण संभव नहीं होगा। रेने वेलेक ने द्विआधारी अध्ययन का तुलनात्मक साहित्य के लिए संकीर्ण होने पर भी वह एक साहित्य का ही विश्लेषण है, मगर द्विआधारी अध्ययन भले ही राष्ट्र की सरहदों को पार न करता हो फिर भी भारतीय या स्वीट्जरलैण्ड जैसे बहुभाषिक देशों के लिए इस प्रकार का अध्ययन तुलनात्मक साहित्य के लिए फलदायक सिद्ध होगा।

यद्यपि पैरिस जर्मन स्कूल साहित्य तथा ज्ञान के दूसरे क्षेत्रों के आपसी संबंध को कोई महत्त्व नहीं देता है, मगर टिगहेम ने द्विआधारी अध्ययन को ही तुलनात्मक साहित्य मानते हुए उसे सामान्य साहित्य से अलग बताया। जहाँ नाना साहित्यों में पाए जाने वाले सामान्य तत्त्वों का अध्ययन किया जाएगा। यहाँ मात्र यही कहना है कि पैरिस जर्मन स्कूल के विद्वानों की दृष्टि वैज्ञानिक है। उनके मूल प्रतिपादन के अनुसार तुलनात्मक साहित्य काव्यशास्त्रीय सौंदर्यात्मक कलापरक अनुशासन नहीं वरन् एक ऐतिहासिक अनुशासन है। इसका संबंध ठोस यथार्थ से है, तथा साथ ही विभिन्न राष्ट्रों के कृतिकारों, कृतियों, पाठकों तथा दर्शकों के तथ्यात्मक, सचेतन निश्चेय संपर्कों से भी है।

फ्रांसिसी तुलनात्मक साहित्य पारम्परिक ढंग से स्थानान्तरण की प्रणाली, अभिग्रहण, सफलता तथा प्रभाव और आधार सूत्रों की खोज करता है, तथा साहित्य वस्तु कैसे एक देश से दूसरे देश की यात्रा करती है, अथवा एक देश का बिंब कैसे दूसरे देश के साहित्य में उजागर होता है, इसका भी पता लगाता है। पैरिस जर्मन स्कूल ने वस्तुतः विभिन्न साहित्यों के आपसी संबंधों, प्रभाव सूत्रों, आदान-प्रदान, रूपांतरणों का कारण संबंधी अध्ययन किया है। और इस दृष्टि से पैरिस जर्मन स्कूल के अनुसार तुलनात्मक साहित्य विविध साहित्यों के पारस्परिक संबंधों का अध्ययन है, अथवा अंतरराष्ट्रीय साहित्यिक संबंधों का इतिहास है। या फिर वह साहित्येतिहास की एक शाखा है। 8. नहीं तो विभिन्न साहित्यों के पारस्परिक प्रभाव-सूत्रों का अध्ययन करने वाला आधुनिक विज्ञान है।

अमरीकी स्कूल (तुलनात्मक साहित्य का अमरीकी संप्रदाय)

तुलनात्मक साहित्य का अमरीकी स्कूल साहित्येतिहास की सामान्य संरचना के अंतर्गत तुलनात्मक साहित्य के स्थान को निर्धारित करता हुआ एक ओर ज्ञान के दूसरे क्षेत्रों के साथ साहित्य के संबंध का अध्ययन करता है, और दूसरी ओर साहित्यालोचन को तुलनात्मक अध्ययन के एक महत्त्वपूर्ण अंग के रूप में स्वीकारता है। रेने वेलेक, हैरी लेविन, डेविड मेलोन आदि विद्वानों ने सादृश्यता, मोटिफ शैली पक्ष, विधा,

साहित्यिक आंदोलन तथा परम्परा की तुलनात्मक छानबीन के द्वारा साहित्यिक कृतियों के कलात्मक स्वरूप को उद्घाटित किया है। इनके लिए कृतियों, आंदोलनों तथा मोटिफों के उत्पत्तिमूलक संपर्कों को कोई महत्त्व नहीं है। उदाहरण के रूप में प्राच्य तथा पाश्चात्य साहित्य में पाए जाने वाले हिप्पोलिटस ट्रायगल का विश्लेषण करते हुए डोनाल्ड कीन के लिए यह बात महत्त्वपूर्ण नहीं रही कि इस विषयवस्तु की पश्चिम से पूर्व की ओर यात्रा अथवा पूर्व से पश्चिम की ओर यात्रा से संबंधित कोई तथ्य उपलब्ध नहीं हैं।

तुलनात्मक साहित्य के अंतर्गत ज्ञान के क्षेत्रों तथा प्रतीतियों की छानबीन साहित्यिक तथ्यों को प्रकाश में लाने के लिए महत्त्वपूर्ण है। मगर परिभाषा के अंतर्गत, जैसा कि रेमाक का कहना है कि उसे स्थान नहीं दिया जा सकता क्योंकि परिभाषा का काम दूसरे साहित्यिक आलोचकों की तुलना में तुलनात्मक आलोचक के क्षेत्र को स्पष्ट करना है। नगेन्द्र भी इस मामले में एक दूसरे विद्वान् प्रावर के अनुरूप अपना मत प्रकट करते हैं। कि प्रतीति और ज्ञान के दूसरे क्षेत्रों के साथ साहित्य के संबंध का अध्ययन तुलनात्मक साहित्य नहीं है। इस प्रकार के अध्ययन को ज्ञान के दूसरे क्षेत्रों तथा साहित्य में पाए जाने वाले तुलनात्मक या तुलनीय तत्त्वों का अध्ययन कहा जा सकता है, जिनके आश्रय से साहित्य का प्रसार होता है। मगर सवाल उठाया जा सकता है कि तुलनात्मक साहित्य के अध्ययन के अंतर्विधावर्ती होने से नुकसान कहाँ है?

वस्तुतः जर्मन भाषा में तुलनात्मक साहित्य के लिए literature wise enchaft पद का प्रयोग होता है, जिसका अर्थ है साहित्य का तुलनात्मक विज्ञान और इसमें साहित्येतिहास के साथ-साथ साहित्य की सैद्धान्तिक आलोचना अथवा सिद्धान्ताभिमुखी काव्यशास्त्र एवं साहित्यालोचन अथवा पाठाभिमुखी आलोचना अंतर्भुक्त है। तुलनात्मक साहित्य साहित्येतिहास का विश्लेषण है, जिसमें विभिन्न साहित्यों के पारस्परिक यथार्थ संबंधों ;तंचचवतजेकम पिजद्ध की छान-बीन की जाती है, और गंभीर अध्ययन के द्वारा सारे तथ्यों को उभारते हुए साहित्य को एक जैवीय प्रक्रिया और अविच्छिन्न संचित संपूर्ण इकाई के रूप में देखा जा सकता है। तुलनात्मक साहित्य साहित्य के सिद्धान्तों का अध्ययन होता है। या फिर यह साहित्यालोचन का विश्लेषण है। उदाहरण के रूप में, विभिन्न भाषाओं में रचित महत्त्वपूर्ण पाँच त्रासद नाटकों का अध्ययन करते हुए विभिन्न तथ्यों के आश्रय से त्रासदी के स्वरूप या त्रासद पैटर्नों अथवा त्रासदी की किसी महत्त्वपूर्ण परिभाषा का उद्घाटन करना साहित्यालोचन का विश्लेषण है।

तुलनात्मक साहित्य के प्रारम्भिक विद्वानों ने आलोचना को इसके क्षेत्र से बाहर रखा था क्योंकि उनके अनुसार आलोचना मूल्यांकन के लिए बाध्य करती है और साहित्य के तुलनात्मक ऐतिहासिक तथ्यों के निष्पक्ष विवेचन में बाधा उपस्थित होती है। मगर साहित्येतिहास का कोई भी विवेचन आलोचना से कट कर नहीं हो सकता क्योंकि साहित्य में कोई अनाविष्ट अथवा निरपेक्ष तथ्य नहीं होता, सभी प्रासंगिक होता है। रेने वेलेक का कहना है कि साहित्य के इतिहास के लिए तथ्यों का चयन भी अपने आप में एक आलोचनात्मक क्रिया है, और वह मूल्यांकनपरक भी है। (1970:20) दर्शन की एक शाखा मानकर सौंदर्यशास्त्र को इस अध्ययन में स्थान नहीं दिया गया है। मगर साहित्य को आधार बनाकर निगमनिक (Priori) सिद्धान्तों को स्पष्ट किया गया है। वस्तुतः जहाँ सैद्धान्तिक आलोचना की बात होगी वहाँ अंतर्विद्यावर्ती स्तर पर सौंदर्यशास्त्र का समावेश स्वाभाविक है। और फिर कोई भी चिंतनहीन अभिव्यक्ति एक दार्शनिक असंभाव्यता है, और इसीलिए ज्ञान के दूसरे क्षेत्रों के साथ साहित्य का संबंध जुड़ता है।

हमारी चिंतनधारा के पीछे एक परम्परा रहती है, जिसे हम सामाजिक संदर्भ कहते हैं। जो एक सामाजिक परिवेश ;उपससपमनद्ध से संबंधित संस्कृति का एक हिस्सा होता है, इसीलिए साहित्य को उसके सामाजिक या सांस्कृतिक एवं दार्शनिक आधार तथा ऐतिहासिक संदर्भ से काटना असंभव है। इसीलिए साहित्य का अध्ययन अनायास ही अंतर्विधावर्ती बन जाता है। साहित्य की तुलना ज्ञान के दूसरे क्षेत्रों के साथ संभव है, और इसीलिए वह तुलनात्मक साहित्य का विषय भी है, मगर ज्ञान के इन क्षेत्रों के सुसंगत होने पर ही और साहित्य से भिन्न एक स्वतंत्र तथा निश्चित अनुशासन के रूप में प्रतिष्ठित रहने पर ही इस प्रकार का अध्ययन संभव हो पाता है।

अंदाल, मीराबाई तथा लालदे की धार्मिक विचारधाराओं का विश्लेषण करते हुए जब अद्वैत रहस्यवाद के स्वतंत्र विवेचन के साथ इनके साहित्य की तुलना की जाती है, तब निश्चय ही यह अध्ययन तुलनात्मक साहित्य के अंतर्गत स्थान पा जाता है। दरअस्ल इस प्रकार का अंतर्विधावर्ती तुलनात्मक अध्ययन प्रारंभ में काफी प्रभावित करता है। मगर इस प्रकार के अध्ययन से एक स्वतंत्र विधानुशासन के रूप में तुलनात्मक साहित्य के विकास में बाधा पहुँच सकती है। तुलनात्मक साहित्य का अध्ययन खास तौर पर साहित्य को एक संस्था के रूप में प्रकाश में लाना है, और इसलिए साहित्येतर विषयों के साथ जोड़कर इसके अध्ययन की बहुत अधिक सार्थकता नहीं है, मगर साथ ही एक स्वतंत्र अकादमिक प्रतिष्ठान के रूप में अपनी साख जमाने के लिए ज्ञान के दूसरे क्षेत्रों की अवहेलना भी ठीक नहीं। आखिरकार

अंतर्राष्ट्रीयवाद की वैचारिकी से संबद्ध तुलनात्मक साहित्य का अध्ययन ऐसे भी वियुक्त होकर संभव नहीं है। इसलिए अंतर्विधावर्ती सौंदर्यशास्त्र समन्वित काव्यशास्त्रीय दृष्टि ही ठीक बैठती है, मगर ऊपर वर्णित चेतावनी को ध्यान में रखते हुए ही अमरीकी स्कूल की इस दृष्टि को स्वीकारना है। निष्कर्षत: रेमाक की परिभाषा को आधार बनाकर तुलनात्मक साहित्य की निम्नलिखित परिभाषा प्रस्तुत की जा सकती है :

तुलनात्मक साहित्य एक स्वतंत्र विषय है, जिससे विभिन्न भाषाओं में रचित साहित्यों की एक संपूर्ण इकाई के रूप में व्यापक पहचान की और अधिक संभावना बनती है। यह काम केवल विभिन्न भाषाओं में रचित साहित्यों की तुलना से ही नहीं वरन् मानवीय ज्ञान तथा प्रतीतियों, विशेष रूप से कलात्मक तथा वैचारिक क्षेत्रों के साथ तुलना से ही संभव हो सकता है। तात्पर्य है कि तुलनात्मक साहित्य के अध्ययन में क्षेत्रीयता अथवा भौगोलिकता (Georgraphicaly) तथा वैचारिक जातिगतता (Generically) के आश्रय से साहित्य के विश्लेषण का प्रसार होता है।

तुलनात्मक साहित्य का स्वरूप

तुलनात्मक साहित्य के मुख्य दो संप्रदायों – फ्रांसिसी जर्मन स्कूल तथा अमरीकी स्कूल ने तुलनात्मक साहित्य के स्वरूप को व्याख्यायित करते हुए उसकी नाना विशेषताओं का उल्लेख किया है। दोनों संप्रदायों के विद्वान् इस बात से सहमत हैं। कि तुलनात्मक साहित्य साहित्यिक समस्याओं का अध्ययन है, जहाँ एक से अधिक साहित्यों का उपयोग किया जाता है। तुलनात्मक साहित्य के अध्ययन के लिए सचेतन तुलनात्मक पद्धति इसकी मौलिक पद्धति है, परन्तु नरेश गुहा का कहना है कि तुलना इसकी मुख्य पद्धति नहीं है। वस्तुत: तुलनात्मक साहित्य के अन्तर्गत जहाँ विधा, मोटिफ और कथावस्तु के स्थानान्तरण या किसी विदेशी लेखक के प्रभाव या स्वीकृति या साहित्य में किसी दूर की तस्वीर के अध्ययन की बात होती है, वहाँ तुलना गौण हो जाती है। और ऐसे भी रेमाक के शब्दों को उद्‌घृत करते हुए कहा जा सकता है कि तुलनात्मक साहित्य के अध्ययन को प्रत्येक अध्याय या पृष्ठ में तुलनात्मक होने की आवश्यकता नहीं वरन् उसकी दृष्टि, उद्देश्य तथा कार्यान्वयन को तुलनात्मक होना चाहिए।

ऑगस्ट विलेहम वॉन श्लेगल के लेक्चर्स **ऑन ड्रैमेटिक आर्ट एंड लिटरेचर** को उदाहरण के रूप में ग्रहण किया जा सकता है। पहले भाषण में वे न केवल यूनानी तथा लैटिन नाटकों की तुलना करते हैं। वरन् क्लासिकी तथा रोमानी नाटकों

की तुलना करते हुए स्पेनी, पुर्तगाली तथा जर्मन नाटकों को भी अध्ययन की परिधि में ले आते हैं। इतालीय तथा फ्रांसिसी साहित्य की बात करते हुए वे बार-बार क्लासिकी साहित्य का हवाला देते हैं। और अवसर मिलते ही वे यूरोप के विभिन्न नाट्य साहित्य की सामान्य तुलना करते हैं। और इस तरह नाटकों के सामान्य ध्रुवत्वों को भी अपने ध्यान में रखते हैं। अपने अध्ययन में वे ललित कलाओं की ओर भी अपनी दृष्टि डालते हैं। इन सब तथ्यों से संबद्ध उनका यह अध्ययन निश्चय ही तुलनात्मक है, परन्तु उनके प्रत्येक अध्याय को तुलनात्मक करार नहीं दिया जा सकता और कदाचित् उसकी जरूरत भी नहीं है।

सैद्धान्तिक दृष्टि से तुलना या तो आंतरभाषिक परिप्रेक्ष्य से जुड़ी हो सकती है, जहाँ तुलनीय विभिन्न साहित्यिक कृतियां साहित्यानुशासन से संबंद्ध होती है। नहीं तो यह तुलना अंत:भाषिक परिप्रेक्ष्य से संबद्ध होती है, जहाँ तुलना एकक साहित्यानुशासन की परिधि को पार कर दूसरी भाषाओं में लिखित साहित्यों को अपने में समेट लेती है। तुलनात्मक साहित्य मूलत: अंत:भाषिक परिप्रेक्ष्य से जुड़ा हुआ तुलनात्मक अध्ययन है।

आलोचना के साथ तुलनात्मक अध्ययन की सगोत्रता पर सामान्यत: बल देना बहुत ही आवश्यक है, क्योंकि तुलनात्मक साहित्य के कई आलोचक अपनी गतिविधियों के द्वारा तुलनात्मक साहित्य को एक स्वतंत्र तथा अस्वाभाविक विशिष्टतायुक्त विधानुशासन बनाए रखना चाहते हैं। इस प्रकार की वैशिष्ट्मयस्वकीयता को स्थापित करने की इच्छा से तुलनात्मक साहित्य से संबंधित कई निष्फल और अमूर्त अध्ययन हुए है। जिनका कोई महत्त्व नहीं। दूसरी ओर एक और खतरा है कि तुलनात्मक साहित्य के प्रतिपक्षी विद्वान् इसे मात्र विभिन्न साहित्यों की सादृश्यता या एक का दूसरे पर प्रभाव का अध्ययन मानते हुए यही प्रमाणित करते हैं। कि यह कोई आलोचनात्मक क्रिया है ही नहीं। इसका संबंध तो साहित्येतिहास की संवर्गी (Caegorizing) चेतना से है।

मगर इस संबंध में पहले भी विवेचन किया गया है कि साहित्येतिहास का कोई भी विवेचन आलोचना की सहायता के बिना संभव नहीं है, क्योंकि साहित्य में केवल मृत तथ्य नहीं होते, प्रासंगिक तथ्य होते हैं। और फिर साहित्येतिहास को मात्र संवर्गों में बांटना भी एक आलोचनात्मक क्रिया है, जिसके साथ मूल्यांकन जुड़ा रहता है। इसलिए तुलनात्मक साहित्य के अध्ययन में तुलनात्मक आलोचना का योग स्वाभाविक है, और आवश्यक भी। इलियट का तो यहाँ तक कहना है कि तुलना तथा विश्लेषण किसी भी आलोचक के महत्त्वपूर्ण औजार हैं। मगर तुलनात्मक

साहित्य सुस्पष्ट ढंग से तुलनात्मक होता है। यह सारसंग्रही हुए बिना क्रमबद्ध ढंग से अध्ययन को आगे बढ़ाता है, और इसकी यह एकनिष्ठ दृष्टि इसकी एक पद्धति का संकेत देती है। हालांकि बुद्धदेव बोस का कहना है कि यह विभिन्न दर्शनग्राही अध्ययन होता है । (1973:92)

तुलनात्मक साहित्य राष्ट्रीय साहित्य के इतिहासों के झूठे अलगाव के खिलाफ लड़ता है। इसका अर्थ यह भी नहीं कि इस तुलनात्मक प्रक्रिया का उद्देश्य तारतम्यता का विवेचन है, यानी एक दूसरे को प्रतिद्वंद्वी के रूप में विश्लेषित करना है।

वस्तुतः तुलनात्मक साहित्य एक और जहाँ एकक साहित्याध्ययन को एक ऐसी पद्धति प्रदान करता है, जिससे परिप्रेक्ष्य का विस्तार हो सके, वहीं दूसरी ओर राष्ट्रीय परिधि की संकीर्णता को तोड़ता हुआ विभिन्न राष्ट्रीय संस्कृतियों में प्रमाणित प्रवृत्तियों और आंदोलनों की खोज करता है, एवं मनुष्य की दूसरी ज्ञानात्मक क्रियाओं के साथ साहित्य के संबंधों को तोलता है। तुलनात्मक साहित्य का प्रारंभिक अध्ययन सन् 1800 में मॉडम द स्तयाल (Mmedestale) ने शुरू किया। इन्होंने मूलतः साहित्येतिहास और साहित्य तथा समाज के संबंध सूत्रों का अध्ययन किया। इससे दो साल पहले फ्रेडरिक श्लेगल ने यूनिवर्सल पोयजी (1798) की आवधारणा में तुलनात्मक साहित्य की सार्वदेशीयता को जोड़कर सौंदर्यबोधक काव्यशास्त्रीय दृष्टि का प्रसार किया था। उनके शब्दों में स्वच्छंदतावादी काव्य प्रगतिशील विश्वजनीन काव्य है। मगर विश्वजनीनता का अर्थ प्रत्येक लेखक के द्वारा एक ही प्रकार के समतुल्य दृष्टिकोण का अनुभव नहीं है, बल्कि ऐसा विस्तृत विषय जिसमें मानवानुभव के लगभग सभी अंग सम्मिलित हुए हों।

उसके उपरांत गोयते ने विश्व साहित्य (Welt literature) की बात कही जिसका अर्थ था एक ऐसी सामान्य विरासत जिसकी अभिव्यक्ति श्रेष्ठ कवियों (फिट्जस्ट्राइच: 1946:13-27) और सौंदर्यबोध के लेखकों द्वारा होती है, और जो मानवता में निहित सार्वजनीनता को प्रकाश में लाती है। दरअस्ल तुलनात्मक साहित्य साहित्यिक अध्ययन की ऐसी शाखा है, जो प्रत्येक देश और काल की साहित्यिक अभिव्यक्ति की मूलभूत संरचना से संबद्ध है। इसीलिए किसी भी साहित्यिक घटना की सार्वजनीनता से इसका सरोकार है। यही कारण है कि रवीन्द्रनाथ ठाकुर ने भी इसको विश्व साहित्य कहा था। (बुद्धदेव बोस : 1973:92)

विभिन्न साहित्यिक अध्ययन में तुलना का प्रयोग मूलतः सादृश्य संबंध, परम्परा विवेचन तथा प्रभाव साम्य की खोज के लिए किया जाता है। सादृश्य संबंधी विवेचन में दो कृतियों का शैलीगत, संरचनागत, मूड या विचारगत विश्लेषण किया

जाता है। साम्यमूलक इस विवेचन में किसी प्रकार की तथ्यपरक सादृश्यता की खोज नहीं होती है। (आलड्रिय 1969:3) उदाहरण के रूप में हेमलेट के साथ रूसी नावल आवलोमोव की सादृश्यपरक तुलना को ले सकते हैं। इन दोनों में ही मानव चरित्र की अनिश्चयता और दीर्घसूत्रता का चित्रण मिल जाता है। परंपरा या रीति से तात्पर्य है, ऐतिहासिकता की दृष्टि से अथवा कालानुसार या कालगत दृष्टि से संबद्ध एक ही वर्ग की समतुल्य कृतियों की साम्यमूलक तुलना। उदाहरण के रूप में गोयते के डाइ लाइडेन देस जुनगेन वेदर की रिचर्डसन या रूसो के पत्रात्मक नॉवेल के साथ तुलना करते हुए तीनों में ही प्रथम पुरुष परिप्रेक्ष्य तथा भावावेग की निःसंकोच अभिव्यक्ति का विश्लेषण परम्परा विवेचन कहा जाएगा।

रामायण की सीता के साथ कौड़ियों से खरीदा की गई नायिका की तुलना अथवा उपनिषद् की दार्शनिक अभिव्यक्ति के साथ रवीन्द्रनाथ के पूजा विषयक गीतों की तुलना क्रमशः सादृश्य संबंधी अथवा परंपरा विवेचन का तुलनात्मक अध्ययन स्वीकार किया जाएगा। इसी तरह प्रभाव सूत्रों का विवेचन भी तुलनात्मक होता है। निराला पर रवीन्द्र का प्रभाव अथवा रवीन्द्र पर शेली, उपनिषद् तथा कबीर का प्रभाव तुलनात्मक प्रभाव विवेचन है। अथवा इतालीय नॉवेल आइ प्रॉमी स्पासी पर अंग्रेजी उपन्यासकार वाल्टर स्कॉट के शोध प्रभाव विवेचन को तुलनात्मक अध्ययन स्वीकार किया जाएगा। कभी-कभी वैषम्यमूलक तुलना को भी इसके अंतर्गत स्थान दिया जाता है।

तुलनात्मक साहित्य के अध्ययन को मूल रूप से ऐतिहासिक अथवा कालक्रमिक (Diachromic) न मानकर एक कालिक (Sunchromic) अथवा कलात्मक दृष्टि से एक स्वतंत्र सम्पूर्ण प्रणाली (Gestalteinheit) ही माना जाता है, और तभी तुलनात्मकतावादी आलोचक तुलनात्मक साहित्य को जाति, परिवेश तथा काल के उत्पाद के स्थान पर एक संस्था के रूप में प्रकाशित कर पाता है। इसका तात्पर्य यह नहीं कि तुलनात्मक साहित्य साहित्येतर आयामों यानी साहित्य के ऐतिहासिक, सांस्कृतिक, राजनीतिक तथा आर्थिक पक्षों को नकारता है, वरन् इसके लिए विशुद्ध कलागत (aesthetic) आयामों का ही महत्त्व अधिक है। वस्तुतः किसी भी तुलनात्मक साहित्य के लिए मध्यम मार्ग को अपनाना ही ज्यादा उपादेय है। अर्थात् रूढ़ कलावादिता अथवा चौंधियाने वाली इतिहासवादिता के बीच से अपना मार्ग तय करते हुए विशुद्ध साहित्यिकता के आश्रय से जब तुलनात्मक साहित्य का प्रसार होता है, तभी एक स्वतंत्र विधा शाखा के रूप में इसकी प्रामाणिकता स्वीकृत होती है।

तुलनात्मक साहित्य के विरोधी आलोचक तुलनात्मकतावादी आलोचक से यह

सुनने के लिए तैयार बैठे हैं। कि साहित्य के संदर्भ में तुलनात्मक साहित्य की भूमिका अप्रधान है। उदाहरण के तौर पर रेमाक ने एक स्थान पर यह कहा था कि तुलनात्मक साहित्य को हम एक स्वतंत्र विषय की अपेक्षा पूरक विषय के रूप में अधिक स्वीकार करते हैं। जिसे अपने दृढ़ नियम अवश्य स्थिर कर लेने चाहिए। मगर जब यह विभिन्न राष्ट्रीय साहित्यों में एक संबंधसूत्र की स्थापना करता है, तथा मौलिक रूप से संबद्ध एवं भौतिक दृष्टि से असंबद्ध मानस की नाना सृजनशीलताओं के बीच सेतुबंधन का काम करता है, तब वह निश्चय ही साहित्य को एक संपूर्ण इकाई के रूप में प्रस्तुत करता है। और साथ ही एक स्वतंत्र विधाशाखा के रूप में भी अपने को प्रतिष्ठित कर पाता है।

रेमाक की तरह दूसरी और नरेश गुहा ने यह कहा था कि साहित्य अध्ययन की तुलनात्मक दृष्टि मौजूदा अनुशासनों को हटाकर अपना स्थान नहीं बनाना चाहती मगर वह विभिन्न साहित्यानुशासनों के बीच संपूरक का काम करना चाहती है। दरअस्ल तुलनात्मक साहित्य का काम चालाकी से अपना स्थान बनाना नहीं है, मगर साथ ही पूरक विषय के रूप में संपूरक होकर रहना भी उसका उद्देश्य नहीं है। एक विस्तृत अनुशासन के लिए तुलनात्मकतावाद भले ही एक दृष्टिकोण के रूप में स्वीकृत हो मगर अपने बूते पर एक स्वतंत्र विधाशाखा बनने का अधिकार वह रखता है, इस बात से इनकार नहीं किया जा सकता।

तुलनात्मक साहित्य की स्वतंत्र और सम्मानित स्थिति का उल्लेख करते हुए डेविड एच. मेलोन कहते हैं। कि तुलनात्मकतावादी आलोचक इसलिए तुलनात्मकतावादी आलोचक नहीं है, क्योंकि वह एक के स्थान पर दो-तीन साहित्यों को लेकर काम करना चाहता है, बल्कि वह एक के स्थान पर दो तीन साहित्यों को लेकर इसलिए काम करना चाहता है, क्योंकि वह तुलनात्मकतावादी आलोचक है।

संकल्पनात्मक शब्द

तुलनात्मक साहित्य, ऐतिहासिक अर्थविज्ञान, तुलनात्मकता, बहुभाषिक साहित्य, साहित्येतिहास, काव्यशास्त्रीय सौंदर्यमूलक, तथ्यानुपरक संपर्क, साहित्यिक सुरक्षा, द्विआधारी, एक साहित्य, संश्लेषणात्मक अध्ययन, सिद्धान्ताभिमुखी काव्यशास्त्र, पाठाभिमुखी आलोचना, निगमनिक सिद्धान्त, क्षेत्रीयता, जातिगतता, आंतरभाषिक परिप्रेक्ष्य, अंतःभाषिक परिप्रेक्ष्य, संवर्गी चेतना, विभिन्न दर्शनग्राही, कालक्रमिक, एककालिक, तुलनात्मकतावाद।

संदर्भ

1. In 1906 Tagore used the term for like; for comparative literature, his words were "I have been called upon to discuss a subject to which you have given the English name Comparative Literature. Let me call it worldlLiterature in Bengali. Just as this earth is not sum of patches of land belonging to different people. And to know the earth is sheer rusticity, so literature is not mere total of works composed by different hands...We must strive to see the work of each and other as a whole that whole as a part of man's universal creativity. And that universal spirit in its manifestations through world literature. Now it is time to do so.......
2. Literature is literary production in general or the body of writings in a period country or region. Jesus oust Discriminatomns.(1970).p.3
3. Italian of Considerable Literature, Life of Samuel Johnson. lath-ch-fly raft justices एल.एफ.पावेल छठा भाग, 1934, p.302
4. The Criticism of Comparison Contemporary Criticism (सं. मेलकॉम बैडब तथा डेविड पामर) [1970] p.107
5. The practice of defining one artist of work by another is fundamental to it. क्लाइव स्कूट Modern Langauage Review. July, 1969
6. Comparative Literature is the study of literature beyond the confines of one particular country, and the study of the relationships between literature on the one hand and other areas of knowledge and belief, such as the arts (e.g.painting, sculpture, architecture, music). philosophy, history, the social sciences (e.g. politics, economics, sociology), the sciences, religion etc. on the other hand. Comparative Literature. Its Definitions Funciotn Comparative Literatures : Method and Perspective la.न्यूटनपी.स्टौकनेक्ट तथा हॉर्स फेज p.1
7. The French desire of Se curite is detrimental to the unfolding of innovative topics and methods. रेमाक p.2
8. The Object of Comparative Literature is essentially the study of diverse literatures in their relations with one another or the history of international relations or a branch of literally history वॉ टिगहेम, Literature Compare (1931) p. 57.7.5
9. A modern science which centres on research into the problems connected with the influences exercised reciprocally by various literature- नास, problem ed orientamenti : Notizie Introductory (1949), p. 430.

साहित्य और अन्य विधाएँ

अज्ञेय

मैं नहीं जानता कि साहित्य के निर्माण में अन्य विषयों या विद्याओं की भूमिका क्या होती है या हो सकती है– किसी भी साहित्य के निर्माण में मैं तो यही जानता हूँ कि साहित्य के निर्माण में किसी विद्या की कोई भूमिका नहीं होती। और अगर किसी साहित्य में नहीं होती या हो सकती तो हिन्दी साहित्य में ही क्यों होगी? निःसन्देह साहित्यकार की दीक्षा में साहित्य शास्त्र के अलावा अन्य शास्त्रों और विद्याओं का महत्त्वपूर्ण स्थान हो सकता है और होना चाहिए। और अगर हम साहित्य के निर्माण की बजाय साहित्यकार के मानस की चर्चा करने वाले होते तो बहुत कुछ कहा जा सकता था।

यह भी हो सकता है कि साहित्य से आशय केवल रचनात्मक साहित्य का न हो। कोई कारण नहीं है कि साहित्य को हम इसी सीमित अर्थ में ग्रहण करें – और रचनाकार के नाते यह मेरा पूर्वग्रह भी हो सकता है कि मैं उसे इस विशेष अर्थ में ले रहा होऊं। यानी अपनी पहली बात का थोड़ा संशोधन करते हुए मुझे यह कहना चाहिए कि साहित्य रचना में दूसरे विषयों और दूसरी विद्याओं की कोई भूमिका नहीं हो सकती। अगर हम इस प्रकार साहित्य का दूसरा अर्थ ले लें, और ज्ञान विज्ञान के साहित्य पर ही अपना ध्यान केन्द्रित करें, तब कदाचित् साहित्य के निर्माण की बात अधिक संगत होगी। क्योंकि ऐसे साहित्य का तो निर्माण ही होता है और रचना उसकी प्रक्रिया के लिए उपयुक्त शब्द नहीं है। लेकिन तब साहित्य के निर्माण में अन्य विषयों की भूमिका की चर्चा क्यों की जाए ? क्या यह एक तरह का द्रविड-प्राणायाम ही नहीं है, क्यों नहीं हम हिन्दी में ज्ञान का साहित्य के निर्माण की आवश्यकता की ओर ध्यान आकृष्ट कर सकते थे ?

तो विषय प्रवर्तन के चक्र का पहला आरा यही है – इसी को ठेल कर मैं उस चक्र को घुमाना शुरू करता हूँ। मैं विभिन्न विद्याओं में से किसी का भी विशेषज्ञ या

पंडित नहीं हूँ। और रचना साहित्य के पक्ष में मेरा एक सहज और स्वाभाविक और प्रबल पूर्वग्रह है। शास्त्रविदों के समाज में उस पूर्वग्रह का समर्थन और भी आवश्यक हो जाता है क्योंकि उसके सहारे शास्त्रों के महारथियों का ध्यान इस बात की ओर भी दिलाया जा सकता है कि उन में से प्रत्येक का उतना ही प्रबल पूर्वग्रह अपने-अपने शास्त्र के पक्ष में होता है। यह इन्हीं पूर्वग्रहों का परिणाम होता है कि साहित्यकार से तो सभी अपने-अपने शास्त्र से परिचय की अपेक्षा रखते हैं। और सभी सहज भाव से अपने को साहित्यकार के परीक्षक मंडल का सदस्य मान लेने को तत्पर रहते हैं, लेकिन इस बात को सर्वथा भूल जाते हैं। कि उनकी विद्या के और तत्संबंधी साहित्य के निर्माण में रचना साहित्य की और रचनाकार की भी उतनी ही महत्त्वपूर्ण भूमिका होती है। क्या साहित्यकार का – साहित्य के रचनाकार का – तो भी पलट कर यह पूछने का अधिकार नहीं है कि अलग-अलग विद्याओं के पंडित कहाँ तक उस सर्जनात्मक कल्पना और अन्तर्दृष्टि का उपयोग करते हैं, उस से लाभ उठाते हैं, और उस का ऋण स्वीकार करते हैं, जो साहित्यकार से उन्हें मिलती है ?

कृतिकार की सर्जनात्मक कल्पना वैज्ञानिक को भी दृष्टि देती है और संसार के अनेक महान् विज्ञानवेत्ताओं ने इस ऋण को स्वीकार किया है। ऋण स्वीकार की बात, खैर छोड़ दें, पर शास्त्रों और विद्याओं के विकास में साहित्य की भूमिका भी ध्यान में रखे बिना क्या उस विषय की चर्चा सार्थक रूप से की जा सकती है, जो यहाँ प्रस्तावित है?

इतना ही नहीं, प्रश्न का एक और भी आयाम है, जो ऐसी चर्चा में सामने रहना चाहिए। वह यह है कि कोई कारण नहीं है कि ऐसी चर्चा में साहित्य को एक तरफ और अन्य सभी विषयों को प्रतिपक्ष में मान कर चला जाए। सभी विद्याओं में एक परस्पर निर्भरता होती है, अर्थात् प्रत्येक के विकास में, उसे समृद्ध करने वाले ग्रंथों के निर्माण में, दूसरे विषयों और अन्य विद्याओं की एक भूमिका होती है। विज्ञान और धर्म, विज्ञान और दर्शन, इतिहास और राजनीति, राजनीति और अर्थशास्त्र, समाजशास्त्र और मनोविज्ञान, समाजशास्त्र और कला, अर्थशास्त्र और समाजशास्त्र- इस तरह के जोड़ तो रूढ़ ही हो गए हैं। और उनकी परस्पर निर्भरता तो प्रतिज्ञात ही समझी जाती है। लेकिन आप विद्याओं के नाम लिख कर उन्हें ताश के पत्तों की तरह फेंट कर नए जोड़ मिला लीजिए – तो भी क्या कम सार्थक होंगे – धर्म और कलाएं, संगीत और गणित, राजनीति और चित्रकला, नृत्य और दर्शन, इन्हें भी साथ रख कर उनकी परस्पर निर्भरता और परस्पर प्रभाविता पर उतना ही सार्थक विचार किया जा सकता है, लेकिन क्या आज विश्वविद्यालयों में इन विषयों के पंडित अध्यापकों में इसकी

व्यापक सजग चेतना है?

क्या वे इस के लिए भी तैयार होंगे कि साहित्यकार - साहित्य - सर्जन भी वैसे ही सजग भाव से परीक्षक के पद पर बैठ कर उनसे पूछे कि कहाँ तक आप का ज्ञान इस चेतना से अनुप्राणित है? कहाँ तक आप अपने विद्यार्थी में ऐसी चेतना जगा सकते हैं, और उसे जगाने के अपने उत्तरदायित्व के प्रति सचेत हैं। ? कहाँ तक आप ने अपने को अपनी अपनी विद्या के अलग अलग पिंजरे में बन्द कर लिया है, जिस पिंजरे के भीतर से आप अपनी एकमात्र रटी हुई पुकार पुकारते चले जा रहे हैं? कहाँ तक आप को इस बात का दीप्त बोध है, और उस बोध की सुलगन आप अपने विद्यार्थी की चेतना में भी जगा पाते हैं या जगाना चाहते हैं कि विद्या एक पिंजरे में बन्द पक्षी की अकेली चाहे अद्वितीय पुकार नहीं है, बल्कि ज्ञान का एक विशाल वृक्ष होता है जिस पर विद्या रूपी नाना पक्षी पलते और बोलते हैं। निःसंदेह पंडितों और अध्यापकों में अपवाद भी हैं, और वे मेरे प्रणम्य हैं, पर बात अपवादों की नहीं है, व्यापक साधारण स्थिति की है।

मैंने अपनी बात कहने के लिए आक्रामक नहीं तो अभियोक्ता मुद्रा अपनायी है। यह मुद्रा मेरी अभ्यस्त नहीं है, और मेरे लिए सुखकारक भी नहीं है। लेकिन समकालीन भारतीय शिक्षा जगत् के सन्दर्भ में कभी-कभी इस की आवश्यकता जान पड़ती है - क्योंकि अध्यापन जगत् में विद्या के सम्बन्ध में एक खेदजनक आत्मतुष्टि का भाव लक्षित होता है। और यह आत्मतुष्टि इस बात से नहीं छिपती कि इसके साथ-साथ शिक्षा जगत् में शैक्षणिक परिस्थितियों के बारे में एक व्यापक खीझ पायी जाती है। एक ओर यह व्यापक आत्मतुष्टि और दूसरी ओर उतनी ही व्यापक और कुंठाभरी खीझ - ये दोनों मिलकर एक मारक योग प्रस्तुत करती हैं, जिस के हम सब शिकार हैं, क्या पंडित और क्या सर्जक। इस व्यामोह के कुहरे को काट कर हम रचना साहित्य और ज्ञान साहित्य को प्रतिभा और विद्या से मुक्त कर सकें, इसके लिए एक झकझोर शायद आवश्यक है।

सभी विद्याएं एक-दूसरे को प्रभावित करती हैं, और प्रत्येक विद्या में जो भी सर्जनात्मक चिन्तन होता है वह केवल अपनी विद्या के अथवा शास्त्र के अनुशासन के भीतर बँधा न रह कर सभी विद्याओं के इस सर्जनात्मक स्रोत से प्रेरणा लेता है। यह प्रक्रिया समझने और ध्यान देने की बात है। क्योंकि शास्त्रविद् और एकेडेमिक ढर्रे का चिन्तक इसी के प्रति उदासीन हो जाता है। रचनात्मक चिन्तन का एक स्वायत्त संसार है, जो किसी विद्या अथवा शास्त्र से बँधा नहीं है। वास्तव में वह एक सरोवर है जिस में से सभी विद्याएं अपनी अपनी डोलची भर कर लेती रहती हैं;

और यह सरोवर अन्तःस्रोतों द्वारा पूरित है, इसलिए यह कभी रीतता नहीं। एकेडेमिक दीक्षा उसके प्रति उदासीन हो कर अपना ही अहित करती है। अपनी सीमा के भीतर प्यास से घुटने लगती है। इसलिए मेरा तो एक बार फिर यही कहना होगा कि साहित्य के निर्माण में अन्य विषयों की भूमिका जैसे दिग्भ्रम पैदा करने वाले शीर्षक की ओर ध्यान न देकर सभी विद्याओं के लिए समान रूप से मूल्यवान सर्जना स्रोतों की ओर ध्यान दिया जाए। यानी इस बात पर विचार किया जाए कि आज सर्जनात्मक चिन्तन की उपलब्धियाँ कहाँ तक मानव मात्र के संवेदन को प्रभावित और रूपान्तरित करती हैं। कहाँ तक सभी विद्याओं में आधारभूत दृष्टि परिवर्तन हुआ है, परिदृश्य रूपान्तरित हुए हैं ; और कहाँ इस से साहित्य भी प्रभावित होता है। और अगर साहित्य प्रभावित नहीं हुआ है, तो कहाँ उस का संवेदन भोथरा रह गया है, कहाँ उसे उकसाने या सान चढ़ाने की जरूरत है।

इस दृष्टि से विचार करने से चिन्तन की चुनौतियां और जिम्मेदारियां सभी विद्याओं के समक्ष समान रूप से रहेंगी और तभी वे एक दूसरे के विकास में और विशेष रूप से साहित्य के विकास में प्रेरणा देने वाली भूमिका निबाह सकेंगी। नहीं तो किसी भी विद्या के लिए किसी भी दूसरी विद्या पर अंगुली उठाना, उस पर संकीर्णता अथवा पिछड़ेपन का आरोप लगाना बहुत आसान है। और इस मामले में साहित्य तो सबसे अधिक वैध्य होता ही है - रचनात्मक साहित्य शास्त्रीय परम्पराओं से लाभ उठाता हुआ भी उन को कभी ओट नहीं बनाता - अपनी लौकिकता अथवा सर्जनशीलता के कारण ही अपने को वैध्य बनाता रहता है और वास्तव में यही उसकी प्राणवत्ता है।

कुछ वर्ष पहले अमेरिका में एक भूगोल विशेषज्ञ का व्याख्यान सुनने का सुयोग हुआ। वह सज्जन सामाजिक भूगोल के विशेषज्ञ माने जाते थे और वक्ता भी बहुत अच्छे थे (थे क्यों अभी हैं।) अमेरिकी विश्वविद्यालयों में उनकी बड़ी धाक थी। नगर रचना विषय पर व्याख्यान देते हुए उन्हीं ने कहा कि ऐसा सुना जाता है कि प्राचीन पूर्वी संस्कृतियों में और विशेष रूप से भारत में, नगर की स्थापना करते समय स्थपति इस बात का भी विचार करते थे कि इस दिशा में कौन- से देवता का वास है, और इसी के आधार पर नगर के आयाम और उन का दिग्विभाजन निर्धारित करते थे और ये उन्हीं के शब्दों का अनुवाद है - इसी तरह की और भी बहुत-सी बकवास भारतीय स्थपतियों के सिद्धान्तों में शामिल थी।

व्यंग और उपहास- भरे स्वर में वह एक स्थापत्य शास्त्र की खिल्ली उड़ा रहे थे जिसे पढ़ने और समझने की कोई आवश्यकता उन्होंने नहीं समझी थी। बल्कि यह

खिल्ली उड़ाना एक तरह से उस विषय के अपने अज्ञान को ढकने का प्रतिरक्षात्मक आयोजन ही था। सभा भी उनके साथ हँस दी थी और वह अपनी वाग्मिता की सफलता पर प्रसन्न थे। व्याख्यान के बाद उनके सम्मान में चाय थी, जिसमें मैं भी सम्मिलित था। मैंने उनसे पूछा – कि अगर यह मान भी लिया जाए कि देवताओं और दिक्पालों की चर्चा सब बकवास ही थी, तो भी इस तर्क का आप क्या करेंगे कि सैकड़ों वर्ष तक नगर इसी आधार पर बनते और बसते रहे, ऐसे बनाए गए नगरों में समृद्धि आयी, उनकी सत्ता बढ़ी और कालान्तर में वे लुप्त हुए। बकवास से ही अनुशासित मनुष्य जाति के सैकड़ों वर्षों के इतिहास का आप क्या करेंगे ?

सामाजिक भूगोल भी कैसे इस बात की उपेक्षा कर सकता है कि समाज लगातार बुद्धि निरपेक्ष और कभी-कभी बुद्धि विरोधी तर्कों से अनुशासित होता है। आज भी होता है ? स्पष्ट ही वह मेरे प्रश्नों को टालना चाह रहे थे। और चाय का वातावरण इसमें उन का सहायक ही था। वह कहने ही वाले थे कि मेरी दृष्टि तो परम्परावादी विचारक की दृष्टि है, लेकिन इस बीच मैंने उदाहरण के तौर पर यह भी पूछ लिया था कि क्या आप के विश्वविद्यालय के ही शहर में आज भी यह सच नहीं है कि वासियों की चमड़ी की रंगत से नगर का निर्माण और विकास और खंड विभाजन प्रभावित हो रहा है, यहाँ तक कि नवीकरण की तथाकथित वैज्ञानिक और बुद्धिसंगत योजनाएं भी इसी तरह की बकवास पर आधारित हैं ? मेरे इस सवाल का जवाब सुनने के लिए कई लोगों ने उत्सुक हो कर हमें घेर लिया था। इसी बीच उन पंडित के एक सहयोगी यह कहते हुए उन्हें उबार ले गए कि बहस के लिए तो समय अनन्त होता है जबकि चाय अनन्तकाल तक गरम नहीं रहती।

यह स्मरण अपने आप में रोचक है, लेकिन मैं केवल इसे एक चुटकुला सुनाने के लिए नहीं सुना रहा हूँ। सामाजिक भूगोल का यह पंडित यों तो अपने विषय के एक अंग की उपेक्षा कर रहा था, पर उस उपेक्षा का समर्थन वह इस आधार पर भी कर सकता था कि आधुनिक भूगोलशास्त्र के लिए इन प्राचीन कल्पनाओं की कोई प्रासंगिकता नहीं रही है। लेकिन क्या आधुनिक इतिहास के लिए भी नगर स्थापत्य के प्राचीन सिद्धान्तों का कोई महत्त्व नहीं होगा ? और क्या राजनीति के पंडित को राजनीतिशास्त्र समझने में उनकी जानकारी से कुछ सहायता मिलेगी, या कि उसके लिए भी यह केवल बकवास ही है ? इस से भी अधिक संगत प्रश्न यह है कि क्या आज के राजनीतिशास्त्री को प्राचीन स्थापत्य के इन सिद्धान्तों का पता भी रहता है ? बल्कि स्थापत्य के ये सिद्धान्त तो स्वयं विश्व-ब्रह्मांड संबंधी प्राचीन अवधारणाओं के परिणाम थे – यानी उनके मूल में प्राचीन धर्म और दर्शनशास्त्र भी था – क्या

आज का राजनीतिशास्त्र भी इस चेतना के प्रामाणिक ज्ञान को अपना कर्तव्य समझता है ?

भौतिक विज्ञान के क्षेत्र में काल संबंधी नई परिकल्पनाओं और नए चिंतन ने अठारहवीं शती में पश्चिमी जगत् की चेतना पर गहरा प्रभाव डाला। इस प्रभाव की सर्जनात्मक प्रतिक्रिया सब से पहले विलक्षण रूप में उस समय के साहित्य में प्रकट हुई। पश्चिमी उपन्यास का आधार ही अभिन्न रूप से उस प्रतिक्रिया से जुड़ा हुआ है और लारेंस स्टर्न का उपन्यास ट्रिस्ट्रम शेंडी उस का एक ऐसा उदाहरण है जो आज भी अपना अद्वितीय महत्त्व रखता है। काल सम्बन्धी नये चिंतन और नयी अवधारणाओं ने मनोविज्ञान को भी प्रभावित किया : मन, स्मृति, मानवीय व्यक्तित्व और आत्मबोध के सम्बन्ध में बहुत-सी नयी अवधारणाएं हुई।

मनोविज्ञान ने साहित्य को और साहित्य ने पलट कर मनोविज्ञान को बहुत गहराई तक प्रभावित किया। मूलतः यह सारा प्रभाव भौतिक विज्ञान के क्षेत्र से आरंभ हुआ था - यह दूसरी बात है कि उस विज्ञान के पंडितों की कल्पना स्वयं समकालीन साहित्य से सर्जनात्मक प्रेरणा ग्रहण कर रही थी। लेकिन विज्ञान, मनःशास्त्र और साहित्य के इस परस्परभेदी प्रभाव को इतिहास का पंडित कहाँ तक जानता है ? कहाँ तक उसके लिए यह एक मार्मिक और प्रासंगिक प्रश्न है कि इतिहास की प्रक्रिया में भी इसका प्रतिबिम्ब खोजे ? किसी नयी खोज, आविष्कार अथवा अवधारणा से मानव मात्र का संवेदन अगर बदल जाता है, तो यह कैसे हो सकता है कि एक या कुछ विद्वानों के लिए उसकी चुनौती अनिवार्य हो, और दूसरी विद्याओं के लिए वह संगत भी न हो ?

इसी प्रकार दिक् अथवा आकाश के सम्बन्ध में विज्ञान की नयी परिकल्पनाओं और अवधारणाओं ने दार्शनिक चिन्तन के जगत् में हलचल पैदा की और फिर दार्शनिक चिन्तन की प्रतिक्रिया विज्ञान के क्षेत्र में हुई। लेकिन क्या हम सकते हैं। कि विज्ञान दर्शन के संसार के परिवर्तनों ने हमारे समाजशास्त्री को भी उसी तरह उद्वेलित किया? विश्वविद्यालयों में जो समाज शास्त्र जिन समाजशास्त्रियों द्वारा पढ़ाया जा रहा है उनकी ओर ध्यान दें तो इस सवाल के जवाब को शब्दबद्ध करने की आवश्यकता नहीं होगी।

सगीत और गणित के अन्योन्य संबंध की चर्चा मैं सूत्ररूप से कर चुका हूँ। विद्याओं के परस्पर साक्षात्कार में इस अन्तःसंबंध की चर्चा प्रायः छूट जाती है। बल्कि यह भी कहा जा सकता है कि ये दोनों ही विषय प्रायः एक ओर रख दिए जाते हैं। इसका कारण शायद यही है कि दोनों अपने अपने क्षेत्र में अपेक्षया शुद्ध

विषय माने जाते हैं। कलाओं में संगीत शुद्ध और प्रभावातीत है, तो विज्ञानों में गणित शुद्ध और प्रभावातीत। दूसरी ओर साहित्य सब से कम शुद्ध और सबसे अधिक प्रभाववैध्य माना जाता है। साहित्य के संबंध में यह बात एक हद तक समझ भी आती है क्योंकि उस का माध्यम भाषा है, जो इतर प्रभावों के प्रति अत्यन्त ग्रहणशील है - बल्कि उसकी ग्रहणशीलता में ही उसकी शक्ति है। लेकिन उस विषय में न जाकर मैं संगीत और साहित्य के संबंधों के एक पक्ष की ओर ध्यान दिलाना चाहता हूँ। साहित्य के क्षेत्र में तो यह जानी हुई बात है कि संगीत ने उसे बहुत गहरे प्रभावित किया है - आधुनिक साहित्य पर संगीत का उतना ही गहरा प्रभाव पड़ा है जितना प्राचीन संगीत पर साहित्य का रहा।

आधुनिक उपन्यास की कई अत्यन्त महत्त्वपूर्ण कृतियों की संरचना का आधार ही संगीत है और बिना सांगीतिक संरचना की ओर ध्यान दिए हुए इन उपन्यासों का मूल्यांकन ही नहीं हो सकता। पर क्या दूसरी विद्याओं के पंडितों को उदाहरण के लिए राजनीतिशास्त्री को इस बात की जानकारी है ? जानकारी हो, क्या ऐसा उत्तरदायित्व वह स्वीकार करता है ? आज कोई भी राजनीतिशास्त्री अपनी विद्या के आधार पर साहित्य की आलोचना करने को तैयार होगा, स्वयं साहित्य के बहुत से आलोचक केवल राजनीति के आधार पर सब कुछ देखने को तैयार हो जाएंगे और साहित्यकार की - सर्जन साहित्यकार की - परीक्षा राजनीति के आधार पर करने में कोई दोष नहीं देखेंगे। लेकिन क्या यह निरा पूर्वग्रह ही नहीं, हद दर्जे का दुराग्रह न होगा ? क्या अपने अज्ञान का या ज्ञान के प्रति अवरुद्ध स्वयं अपने मानस का आरोप साहित्यकार पर करना भी वैसी ही प्रतिक्रिया नहीं है जो अमेरिकी भूगोलशास्त्री की थी जिस के लिए अपनी विद्या तो ज्ञान है और दूसरों का ज्ञान केवल बकवास है ? पंजाबी की लोकोक्ति है कि दुनिया में कुल डेढ़ अक्ल होती है - एक मेरी और आधी बाकी सारी दुनिया की।

अब संगीत और साहित्य की चर्चा आ ही गयी है तो एक बात और कहना चाहता हूँ। विषय संयोजन में संगीत को साहित्य के सन्दर्भ में अन्य विषय माना गया है, लेकिन जहाँ इतने सब विषयों को सम्मिलित किया गया है, वहां इस अन्यता के स्वरूप पर भी थोड़ा विचार होना चाहिए। जहाँ सर्जनात्मक कलाओं और अन्य विद्याओं की बात हो वहाँ साहित्य और संगीत अनन्य हो जाते हैं। जहाँ कलाओं का और उनके आपसी संबंधों का ही विचार हो वहीं संगीत और साहित्य को अन्योन्य माना जा सकता है। इस सापेक्षता को ध्यान में रखते हुए भारत और पश्चिम के मनोजगत् के विकास का एक अन्तर विशेष अर्थवान हो जाता है। भारतीय परम्परा में

प्राचीनकाल से ही साहित्य को – या यहाँ पर उसे उसका सही नाम दें तो काव्य को, अन्य सभी कलाओं पर वरीयता दी जाती रही – क्योंकि वही वाक्रूपी देवता का पहला और सर्वोच्च प्रतिष्ठान था। कला-चिन्तन के मूल में काव्य-चिन्तन था। कला संबंधी सभी अवधारणाएं और सिद्धान्त काव्य सिद्धान्तों के ही विस्तार अथवा अनुकूल होते थे। इसी का एक असर यह भी था कि कलाओं के अभिप्राय और समय भी मूल काव्याभिप्राय और कविसमय होते थे, अन्य कलाएं वैसी हो जाती थी जिसे आज का चित्रकार और कलाविद् अवज्ञापूर्वक चित्रणात्मक (इलस्टेटिव) कहता है।

जहाँ प्रतिमा चित्रण या अंकन होता है वहाँ भी – देवता का ध्यान और रूपायन करने में भी! – चित्रकार या मूर्तिकार काव्य से ही प्रेरणा लेता था – ध्यान का आधार कोई न कोई स्तोत्र और विषय का आधार कोई पौराणिक आख्यान या प्रसंग उसकी कल्पना, उसकी भावयित्री प्रतिभा, इन्हीं से प्रेरित होती थी, उसकी रचना, उसकी कारयित्री प्रतिभा उसके शिल्पशास्त्रों से अनुशासित भी थी। कदाचित् पश्चिम में भी उत्तर मध्यकाल तक यही स्थिति थी पर, अठारहवीं शती में कला की पश्चिमी दुनिया एकाएक उलट गयी। पश्चिम के सारे कला चिन्तन की धारा प्रतिकूल दिशा में बहने लगी और तब से बहती रही है। क्या इस दिशा-पलट को हम केवल साहित्य या केवल कला के सन्दर्भ में समझ सकते हैं? या निरूपित भी कर सकते है? नहीं कर सकते। क्या उसे इन दोनों के सम्बन्ध में परिवर्तन के आधार पर – प्राथमिकता या वरीयता के परिवर्तन के आधार पर-भी समझ सकते है? नहीं सकते। एक ही मार्मिक तुलना में समस्या का निचोड़ आपके सामने आ जाएगा।

एक ओर संगीत में ध्रुपद की या हाँ खयाल की भी पारम्परिक गायकी है जिस की भित्ति काव्य के एक पद पर आधारित होती है, दूसरी ओर साहित्य में सिम्फ्नी अथवा फ्यूग के आधार पर संरचित आधुनिक उपन्यास है। यानी एक तरफ साहित्य पर खड़ी संगीत की इमारत, दूसरी तरफ संगीत पर टिकी साहित्य की इमारतें। लेकिन क्या यह बात केवल संगीत की या साहित्य की दुनिया की बात है या केवल दो समयों की तुलना की बात है? समग्र ज्ञान- विज्ञान के विकास का सन्दर्भ रखे बिना इस उलट-पलट को समझ ही नहीं सकते, और यदि यह व्यापकतर सन्दर्भ उजागर किए बिना इसे समझते-समझाते हैं, तो संगीत और साहित्य के साथ ही अन्याय नहीं करते बल्कि दुनिया के साथ ही अनर्थ करते हैं। क्योंकि इतना नहीं है कि संगीत की दुनिया बदली है या कि साहित्य की दुनिया बदली है, दुनिया बदली है वास्तविकता बदली है, अपनी समझ के साथ हम बदले हैं।

नयी वास्तविकता ने हमें नया दर्शन दिया है, और नये दर्शन ने एक नयी वास्तविकता। कोई भी संस्कृति, कोई भी सभ्यता, कोई भी विज्ञान, जो आइडिया को, प्रत्यय को, प्राथमिकता देता है, अनिवार्यतया वाक् को लोगोस को प्राथमिकता देता है। क्योंकि उसी में सत् का पहला अवतरण होता है। इस के विपरीत कोई भी विज्ञान, कोई भी दर्शन, कोई भी सभ्यता, जो भौतिक तत्त्व को प्राथमिकता देती है, वाक् के लिए सर्वोच्च आसन दे ही नहीं सकती – शब्द को वह एक व्युत्पन्न और आनुषंगिक महत्त्व ही दे सकती है।

तो संगीत और साहित्य के इस बदले हुए रिश्ते की बात यथार्थ से सम्बन्ध रखने वाली सभी विद्याओं से जुड़ जाती है और कौन-सी ऐसी विद्या है जो यथार्थ से जुड़ी नहीं है ? पर राजनीति या अर्थशास्त्र का पंडित जब साहित्य के निर्माण में अपनी विद्या की भूमिका की बात करता है, तो क्या अपने से भी पूछता है कि उसे संगीत, साहित्य और चित्रकला के आपसी संबंधों और उनकी क्रांतियों की कितनी समझ है? और नहीं है तो क्यों नहीं है ? या जब विज्ञान का पंडित विज्ञान के साथ भी आधुनिक का विशेषण जोड़ कर पारम्परिक या क्लासिकल विज्ञान से भी अपने को ऊपर उठाता हुआ इस पर आश्चर्य करता है कि कैसे शास्त्रीय संगीत और नृत्य अभी तक पारम्परिक काव्याभिप्रायों से जुड़ा रह सका है और उन में अर्थवत्ता पा सका है, तो क्या उसका ध्यान इस बात की ओर भी जाता है कि उनका भी एक स्वायत्त जगत् है, जिसने अभी अपनी सत्ता नहीं खोयी है, पर जिसकी जानकारी खो कर वैज्ञानिक ही दरिद्र हुआ है ? और क्या आज का समाजशास्त्र का पंडित अपनी विद्या के सामने यह चुनौती रखता है कि जिस देश, जिस समाज, जिस संस्कृति में इस जगत् की सत्ता अभी है, उस का विचार क्या केवल उस शास्त्र के आधार पर हो सकता है जिस के लिए सत्ता केवल भौतिक सत्ता है ?

शायद विषय के इतने लम्बे प्रवर्तन का अन्देशा आपने नहीं किया था। मैं क्षमा चाहता हूँ। सफाई में इतना ही कह सकता हूँ कि विभिन्न विद्याओं की जितनी बातें उठती हैं, उनकी भूमि तैयार करने के लिए कुछ तो विस्तार अनिवार्य था ही। ऐसा भी मुझे लगता है कि पिछले तीस चालीस वर्षों से हम एक ही दिशा में घिसटते चले जाने के आदी हुए जा रहे हैं, सभी प्रश्नों का एक ही समान हर डिनोमिनेटर मान लेते हैं। चिन्तन-अंग के इस अपक्षय के सुधार के लिए कुछ व्यायाम आवश्यक है।

अनावश्यक विस्तार मेरे स्वभाव के भी और मेरी दीक्षा के भी प्रतिकूल है। साहित्यकार होने के नाते मैं वाक्शक्ति के मितव्यय को सहज और आत्यन्तिक धर्म मानता हूँ। उसी नाते यह भी कहूं कि साहित्यकार के ज्ञान, उसकी दीक्षा, उसके

मन:संगठन, उसके चरित्र और व्यक्तित्व के निर्माण में सभी शास्त्रों और विद्याओं की बड़ी महत्त्वपूर्ण भूमिका है। साहित्यकार ने उनके प्रति कोई उदासीनता दिखाई हो तो अवश्य उसे ललकारिए, झकझोरिए, उसे फटकार भी दीजिए तो कोई बुराई नहीं, पर एक तो साहित्यकार के संस्कार और साहित्य के निर्माण में जो भेद है उसे न भूलिए। और दूसरे यह भी न भूलिए कि जितना साहित्य सत् के देखने और सर्जनात्मक ढंग से प्रस्तुत करने का एक माध्यम है, उतनी ही और सब विद्याएँ भी हैं, साहित्य का संवेदन जितना सार्वभौम, उदार और विशद्-दर्शी होना चाहिए, उतना ही अन्य सब विद्याओं का भी।

ऐसा नहीं है कि साहित्य एक निर्मिति है और अन्य सब विद्याएँ उसके निर्माण में अपनी अपनी भूमिका निबाहने वाली शक्तियाँ। और सब विद्याएँ भी निमितियां हैं, व्यवस्थाएं हैं, सत् को पहचानने और संप्रेष्य बनाने की परस्पर निर्भर प्रस्तावनाएं हैं। एकं सद् विप्रा बहुधा वदन्ति – एक ही सत् है जिसे विद्वज्जन तरह तरह से कहते हैं। और ध्यान रहे कि यह प्रतिज्ञा चाहे दार्शनिक या वैज्ञानिक की ही क्यों न रही हो, इस भावना को इस प्रकार आप्त कर के, निर्वचनीय बना कर, कहा तो कवि ने ही – साहित्यकार ने ही।

साहित्य-अध्ययन के अन्तर अनुशासनिक तुलनात्मक आयाम

प्रो. नन्दकिशोर आचार्य

तुलनात्मक साहित्य पद का आशय साहित्य के तुलनात्मक अध्ययन से है, साहित्य सर्जना से नहीं। सर्जन की प्रक्रिया अपने में तुलनात्मक नहीं होती, उसका अध्ययन तुलनात्मक किया जा सकता है। तुलनात्मक अध्ययन, दरअस्ल, एक ज्ञान-प्रविधि है, जिसका प्रयोजन एकाधिक कृतियों या ज्ञान-स्रोतों का तुलनात्मक विश्लेषण- और मूल्यांकन भी- करते हुए किसी ज्ञानात्मक निष्कर्ष तक पहुँचना होता है।

साहित्य संस्कृति का सर्जनात्मक घटक है और उसकी अनुभूति-प्रक्रिया भी। सभी ज्ञानानुशासन या विद्याएँ मनुष्य की सांस्कृतिक यात्रा की प्रक्रियाएँ हैं- और साहित्य भी, वस्तुत: इन्हीं अर्थों में सौन्दर्यात्मक ज्ञान-प्रक्रिया है। हाइडेगर ने चिन्तन को दो कोटियों में वर्गीकृत करते हुए उन्हें **कैलकुलेटिव** *थिंकिंग और* **मेडीटेटिव थिंकिंग** *की संज्ञा दी है। विज्ञान और विश्लेषण प्रधान विद्याओं को कैलकुलेटिव थिंकिंग के अन्तर्गत लिया जा सकता है, जो तथ्यात्मकता का तार्किक विश्लेषण करती हैं, लेकिन, ध्यान या मनन-केन्द्रित अनुभूति-केन्द्रित विद्याओं को मेडीटेटिव थिंकिंग के अन्तर्गत लिया जाता है। साहित्य भी मेडीटेटिव थिंकिंग या अनुभूति-केन्द्रित ज्ञान-प्रक्रिया का ही एक प्रकार है अर्थात् अनुभूतिपरक ज्ञान की मेटाफॉरिक या रूपकात्मक-लक्षणात्मक प्रक्रिया। साहित्य भी सत्य को जानने की एक अनुभूतिपरक स्वायत्त प्रक्रिया है, इसलिए उसके अध्ययन को भी केवल सौन्दर्यशास्त्रीय अनुषंगों पर केन्द्रित अध्ययन अथवा अलंकारशास्त्रीय अध्ययन तक सीमित नहीं किया जा सकता। एक स्वायत्त ज्ञान-प्रक्रिया के रूप में ही उसका अध्ययन वांछनीय है। यहाँ यह स्मरण करना भी अस्थाने नहीं होगा कि भारतीय परम्परा में भी काव्य को विद्या माना गया है।*

इस दृष्टि से विचार करने पर स्पष्ट है कि साहित्य के तुलनात्मक अध्ययन का तात्पर्य ज्ञानानुशासन से संबंधित कृतित्व का तुलनात्मक अध्ययन है, इसलिए इस अध्ययन के अन्तरअनुशासनिक या डॉ. इन्दुनाथ चौधुरी द्वारा प्रदत्त पद का प्रयोग करें तो अन्तरविद्यावर्ती होने की आवश्यकता से इन्कार किया जाना सम्भव ही नहीं है। मानविकी तथा तकनीकी शब्दावली आयोग कोश इसे अन्त:शास्त्रीय उपागम कहता है। सवाल यह है कि इस अध्ययन की प्रक्रिया में अन्य ज्ञानानुशासनों को कैसे सम्मिलित किया जाए? क्या किन्हीं दो कृतियों का ऐतिहासिक प्रामाणिकता, दर्शनशास्त्रीय प्रभाव, समाजशास्त्रीय या राजनीतिक प्रासंगिकता अथवा मनोविश्लेषणात्मक अवधारणाओं आदि के आधार पर अध्ययन किया जाना इस दृष्टि से तुलनात्मक अध्ययन का विषय है? यह माना जाता है कि साहित्य किसी शून्य में नहीं, समाज में रचा जाता है, इसलिए उसे अपने समय और समाज की ऐतिहासिक परिस्थिति और वैचारिक प्रक्रियाओं से रूबरू होना ही पड़ता है और स्वाभाविक है कि वह इनसे प्रभावित भी होता है। सामान्यत:, साहित्यिक कृतियों को दार्शनिक-धार्मिक सम्प्रदायों और राजनीतिक विचारधाराओं तथा आन्दोलनों आदि से जोड़कर देखने की प्रवृत्ति रही है। एलियट जैसा कवि भी साहित्य को जब दर्शन का भावात्मक समकक्ष कहता है तो आशय यही है कि असत्य चीज़ तो दर्शन है, जिसकी भावात्मक प्रस्तुति साहित्य में होती है। रोलां बार्थ ने आलोचना अर्थात् साहित्य के अध्ययन के प्रचलित तार्किक साधनों में, सभी प्रमुख समकालीन दर्शनों मार्क्सवाद, अस्तित्ववाद, मनोविश्लेषणवाद तथा संरचनावाद का ज़िक्र किया है, जिनके साथ नवइतिहासवाद, उत्तरसंरचनावाद, उत्तर-आधुनिकता, नारीवाद, उपाश्रितवाद आदि दृष्टियों को भी जोड़ दे सकते हैं, तो स्पष्ट है कि साहित्य पर इन जैसे, इनमें से किसी एक या एकाधिक सिद्धान्तों का प्रभाव पड़ता ही है और उन सिद्धान्तों का जायजा लिए बिना उसे ठीक तरह से नहीं समझा जा सकता। हमारे यहाँ भी मध्यकालीन साहित्य को भक्ति-आन्दोलन के विभिन्न सम्प्रदायों से प्रसूत मानते हुए उसे निर्गुण-सगुण, रामभक्ति- कृष्ण भक्ति अथवा शुद्धाद्वैत-विशिष्टाद्वैत आदि दर्शन-पद्धतियों या सख्य, दास्य, मधुरा आदि भक्ति की भिन्न प्रक्रियाओं के आधार पर विश्लेषित करने की सुदीर्घ परम्परा रही है तथा कृतिकारों को उसी आधार पर वर्गीकृत किया जाता रहा है। हमारे अपने समय में मार्क्सवाद, गाँधीवाद, लोहियावाद, मनोविश्लेषणवाद, नव-मानववाद आदि के संदर्भ से साहित्यिक प्रवृत्तियों या रचनाओं की व्याख्या और विश्लेषण के प्रयास हुए हैं। आजकल उत्तर-संरचनावाद, उत्तर-आधुनिकतावाद, उपाश्रयवाद, नारीवाद आदि का बोलबाला है।

लेकिन, सवाल यह उठता है कि ये सब विचारधाराएँ या ज्ञान-दृष्टियाँ साहित्य का अध्ययन सम्भव बनाती हैं या उसका तुलनात्मक अध्ययन। यह तो सम्भव है कि कोई दो या दो से अधिक कृतियाँ इनमें से किसी एक या एकाधिक दृष्टि से प्रभावित हों और तब उनका उस दृष्टि विशेष के आधार पर अध्ययन किया जा सकना भी सम्भव है। लेकिन तब इस तुलना का तात्त्विक स्वरूप क्या होगा? एक ही दृष्टि से प्रभावित दो रचनाओं का विश्लेषण या मूल्यांकन इस दृष्टि से तो किया जा सकता है कि किस कृति ने अपनी निर्मिति में विचार-दृष्टि विशेष को किस प्रक्रिया और कितने प्रभावी ढंग से विन्यस्त किया या उसका भावात्मक समकक्ष गढ़ा है; लेकिन, यह अध्ययन तब, वस्तुतः, ज्ञानानुशासनिक या विद्यावर्ती आयाम का नहीं, बल्कि उन कृतियों का सौन्दर्यशास्त्रीय तुलनात्मक अध्ययन होगा और तुलनात्मक सौन्दर्यशास्त्र तुलनात्मक तो है, पर उस तरह अन्तरविद्यावर्ती नहीं, जो सामान्यतः इस पद का आशय माना जाता है अर्थात् इस अध्ययन का निष्कर्ष अन्य ज्ञानानुशासनों की ओर न ले जाकर साहित्य की अपनी प्रक्रिया की ओर ही ले जायेगा और वही संबंधित कृतियों के तुलनात्मक मुल्यांकन का आधार बनेगी। यह अध्ययन कितना औपचारिक होता है या कितना तात्त्विक, यह अध्येता की अपनी संवेदना और सामर्थ्य पर निर्भर करता है।

दरअस्ल, इस तरह की समस्या तब उठती है, जब हम विभिन्न विचार-दृष्टियों या ज्ञानानुशासनों की अपनी प्रक्रियाओं से प्रसूत ज्ञान को साहित्य के लिए अनिवार्य मानकर उस पर आरोपित करने का प्रयास करते तथा इस आरोपण में सफलता-असफलता के आधार पर कृति का मूल्याकंन करने लग जाते हैं। यह तो ठीक है कि साहित्य समाज में व्याप्त सभी दृष्टियों और परिवेश से प्रतिकृत होता है; लेकिन, वह जो सत्य या ज्ञान बरामद करता है, वह अपने में विशिष्ट होता है, किसी अन्य प्रक्रिया से प्रसूत ज्ञान का अनुयायी नहीं। ऐसा होने पर तो साहित्य की अपनी प्रक्रिया के किसी जैविक-नैतिक औचित्य या वैधता की सम्भावना ही लोप हो जाती है और तब साहित्य ज्ञान की एक स्वायत्त प्रक्रिया न रहकर केवल कारीगरी रह जाता है कि वह किस प्रकार किसी अन्य प्रक्रिया से जाने गये सत्य को सुन्दर या सच कहे तो लुभावना बनाकर अपने ग्रहीता के गले उतार सके। तब उस तत्व-चिन्तन की प्रक्रिया नहीं, किसी अन्य अनुशासन का अनुचर हो जाता है- वह अनुशासन वेदान्त हो, मार्क्सवाद हो, अस्तित्ववाद या गाँधीवाद, इससे साहित्य की अपनी हैसियत में कोई फर्क नहीं पड़ता।

इसलिए तुलनात्मक अध्ययन की प्रविधि को साहित्य पर केन्द्रित करने का

सही प्रस्थान-बिन्दु केवल यह जानना हो सकता है कि किसी भी परिस्थिति, परिवेश, घटना या चरित्र विशेष से अन्त:क्रिया करते हुए दो कृतियाँ अपना-अपना विशिष्ट सत्य किस तरह बरामद करती हैं। इतिहास की दृष्टि से साहित्य के तुलनात्मक अध्ययन की एक विधि यह हो सकती है किसी एक ही ऐतिहासिक परिस्थिति, युग या चरित्र आदि से दो लेखक या कृतियाँ किस प्रकार के भाव- जगत् से हमें गुज़ारती तथा किस सत्य की अनुभूति सम्भव करती हैं। किसी घटना का वर्णन करते हुए या उसका विश्लेषण करते हुए इतिहास या तो केवल वर्णनात्मक होकर रह जायेगा या कुछ तर्काश्रित सामान्यीकरणों की ओर उन्मुख होगा। नेपोलियन और रूस के युद्ध का कोई भी ऐतिहासिक अध्ययन उस अनुभूतिप्रसूत सत्य की ओर नहीं ले जाता, जहाँ **तॉलस्तॉय** का '**वार एंड पीस**' ले जाता है। धर्मशास्त्र का शास्त्रीय अध्ययन सीता या द्रौपदी की पीड़ा की जटिलता से अनुभूत्यात्मक साक्षात्कार नहीं करवाता, जो '**उत्तर-रामचरित**' या '**महाभारत**' के कृतिकार करवा पाते हैं।

इसलिए, साहित्य के तुलनात्मक अध्ययन की अन्तरविद्यावर्ती पद्धतियों को यह देखना होगा कि वे अपनी अध्ययन-प्रक्रिया में साहित्य की अपनी ज्ञान-प्रक्रिया और उससे प्रसूत सत्य को द्वितीयक न मानकर प्राथमिक माने। यह आवश्यक नहीं है कि मानव-चरित्र के अपने अध्ययन में साहित्यकार अनिवार्यत: किसी मनोविश्लेषणात्मक सिद्धान्त से प्रभावित होकर रचनारत हो। जब मनोविश्लेषण-विज्ञान के ये विभिन्न सिद्धान्त विकसित नहीं थे, उनका कोई नाम तक नहीं था, तब भी साहित्य की अपनी प्रक्रिया में ऐसे जटिल चरित्रों की रचना हुई है, जिनका मनोविश्लेषणात्मक सिद्धान्तों की रोशनी में विश्लेषण तो किया जा सकता है, लेकिन उन्हें इनमें से किसी सिद्धान्त के प्रभावान्तर्गत रचा गया नहीं माना जा सकता, क्योंकि कई मनोविश्लेषणात्मक अवधारणाओं का तो नामकरण ही उन चरित्रों के आधार पर किया गया है। इसका सीधा तात्पर्य यह है कि साहित्य की अपनी प्रक्रिया और दृष्टि है, जो अन्य प्रक्रियाओं और दृष्टियों से अन्त:क्रिया तो कर सकती और करती है, लेकिन उससे प्रसूत ज्ञान दृष्टि उसकी अपनी होती है। साहित्यिक कृतियों या कृतिकारों के तुलनात्मक अध्ययन की उचित प्रविधि तब यह देखना हो जाती है कि एक ही स्रोत-सामग्री के आधार पर दो कृति-प्रक्रियाओं ने उन्हें किस तरह देखा और अनुभूत किया है। कैसे दो कृतियाँ एक ही परिस्थिति से दो भिन्न या अपने में विशिष्ट निष्कर्षों तक पहुँचती हैं, जो साहित्य के प्रक्रियागत वैविध्य को भी दर्शाती है तथा, साथ ही, यह भी बताती है कि अन्य ज्ञानानुशासनों से प्राप्त ज्ञान और साहित्य प्रक्रिया से प्राप्त ज्ञान में कितना साम्य और वैषम्य है। यह अध्ययन इस ओर भी

संकेत करता है कि अनुभूतिपरक और तथ्यात्मक तर्काश्रित ज्ञान में कितना फर्क है–चाहे दोनों किसी एक मूल्य की ओर ही इंगित क्यों न करते हों।

इसलिए साहित्य के तुलनात्मक अध्ययन का अन्तरअनुशासनिक आयाम केवल यह नहीं है कि हम विभिन्न अनुशासनों से प्राप्त ज्ञान के आलोक में साहित्य का अध्ययन करें, बल्कि यह भी जरूरी–साहित्य की दृष्टि से तो ज़्यादा ज़रूरी–है कि हम यह देख सकें कि स्वायत्त ज्ञान–प्रक्रिया के रूप में दो या अधिक साहित्यिक कृतियाँ या कृतिकार अपने से भिन्न अनुशासनों से संबंधित ज्ञान से कैसे अन्त:क्रिया करती हुई अपना–अपना विशिष्ट ज्ञान बरामद करती हैं। इस अध्ययन का एक आयाम यह भी है कि किसी साहित्यिक कृति और समाजशास्त्रीय या अन्य ज्ञानानुशासनों से संबंधित कृति को आमने–सामने रखकर अध्ययन किया जाय। भारत की किसान–समस्या के ऐतिहासिक अध्ययन के लिए प्रेमचन्द की कृतियों और तत्कालीन कृषि–अध्ययनों का तुलनात्मक अध्ययन किया जा सकता है। मुझे एक संगोष्ठी में प्रसिद्ध **कृषि–अर्थशास्त्री प्रो. विजयशंकर व्यास** की यह आत्मस्वीकृति स्मरण हो आती है, जिसमें उन्होंने यह स्वीकार किया था कि भूमि–समस्या को लेकर कई बातों की ओर उनका ध्यान अर्थशास्त्रीय अध्ययन के बजाय रेणु के **'मैला आँचल'** ने आकर्षित किया। इसी तरह इतिहास को समझने की एक दृष्टि हमें इतिहासकारों के अध्ययनों या इतिहास–दर्शन के विभिन्न सम्प्रदायों से मिलती है, तो एक भिन्न दृष्टि तॉलस्तॉय के **'वार एंड पीस'**, इवो आन्द्रिच के **'ब्रिज आन द्रीना'** और पास्तरनाक के **'डॉ. जिवागो'** कृतियों से भी। तुलनात्मक अध्ययन के लिए केवल यह पर्याप्त नहीं समझा जाना चाहिए कि हम विभिन्न ज्ञानानुशासनों के आलोक में साहित्यिक कृतियों का तुलनात्मक अध्ययन कर सन्तुष्ट हो जाएं, यह भी उतना ही वांछनीय है कि हम विभिन्न समाजवैज्ञानिक सर्वेक्षणों और अध्ययनों और तत्सम्बन्धी साहित्यिक कृतियों का भी तुलनात्मक अध्ययन कर सांस्कृतिक सर्जना की प्रक्रिया में साहित्य और अन्य विद्याओं के तुलनात्मक योगदान को समझ सकें। तभी ज्ञानान्वेषण और ज्ञानानुभूति की समग्र प्रक्रिया के रूप में संस्कृति अध्ययन में तुलनात्मक अध्ययन का वास्तविक महत्त्वपूर्ण योगदान सम्भव हो सकेगा।

पाठविज्ञान में पारिभाषिक शब्द और उनका विश्लेषणात्मक अध्ययन

डॉ. हरिशंकर शर्मा 'हरीश'

पाठालोचन एक ऐसा विषय है कि इसे विद्वान् पहले विज्ञान नहीं मानते थे परन्तु कुछ विद्वानों ने सम्यक् अध्ययन तथा विभिन्न असाधारण कृतियों के पाठाकों के उद्धार के लिए इस विषय के अर्थ-विस्तार, उद्देश्य तथा सामग्री का संकलन कर इसकी वैज्ञानिकता पर प्रकाश डाला है। पाठ की आलोचना करते हुए भी यह विषयकृति का वैज्ञानिक वर्गीकरण कर, उसकी लिपि, वर्ण तथा परम्परा पर पूर्ण प्रकाश डालता है। पाठालोचन निश्चित रूप में एक विज्ञान है। वह कृति का मूल्यांकन विधिवत् एवं शास्त्रीय दृष्टि से करता है। प्राचीनकाल से लेकर अब तक पाठ के पुनरुद्धार हेतु जितने प्रयास हुए हैं उन सबको हम वैज्ञानिक नहीं कह सकते हैं। पाठालोचक भविष्य वक्ता भी नहीं होता। उसको किसी निश्चित कसौटी के बन्धन में रहना पड़ता है। वह सीमाबद्ध है। उसकी इन्हीं सीमाओं ने पाठालोचन को एक स्वतंत्र विज्ञान कह सकने में योग दिया है। यह सही है कि यह विषय पाठ की आलोचना करता है और अब तक विद्वानों ने इसे आलोचना के क्षेत्र में ही उलझाए रखा परन्तु अब यह स्वीकार कर लेने में कोई सन्देह नहीं रहा कि पाठालोचन आलोचना ही नहीं एक स्वतंत्र विज्ञान है।

विज्ञान के कुछ निश्चित सिद्धान्त होते हैं। उसकी एक निश्चित रूपरेखा होती है। वह ध्रुव सत्य-सा होता है और यथार्थ भी। विज्ञान का रूप कुछ गम्भीर पारिभाषिक शब्दों से बनता है। उसमें अनेक विधियां होती हैं, सुलझे विवेचन होते हैं। उसकी सबसे बड़ी प्रधानता होती है कि वह विषय विशेष के मूल उद्‌गम तक पहुँच कर उसकी परीक्षा के लिए ध्रुव सिद्धान्तों तथा घोष वाक्यों का चयन करता है। शास्त्रीय नियमों की विधिवत् स्थापना भी विज्ञान का ही विषय है। दूसरे शब्दों में यों कहा जा

सकता है कि पाठ विज्ञान एक राजपथ है, जो पाठ सम्बन्धी अनेक दुरूह पगडण्डियों को पार कर

उन्हें संकीर्ण कंटकों से मुक्त करता है। पुरातन रूढियों को खण्डित कर नूतन सिद्धान्तों का प्रतिपादन करता है। मंजिल की निकटतम पहुँच ही उसका लक्ष्य है। अन्तिम सम्भाव्य स्थिति ही उसका लक्ष्य होता है। अतः पाठविज्ञान को समझने के लिए उसके नूतन सिद्धान्तों तथा शास्त्रीय पद्धतियों को समझना आवश्यक है। ये पद्धतियाँ कुछ निश्चित सिद्धान्तों की शृंखलाओं में बँधी हैं। एक पाठालोचक को किसी कृति के जन्मकाल, उस पर पड़े प्रभाव, उसकी प्रतिलिपि-परम्परा से लेकर उसकी अब तक की अवस्था दुरूह घाटियां हैं, कठिन मंजिलें हैं, जिन पर चल कर, वह संदिग्ध नहीं रह सकता, यथार्थ का निराकरण नहीं कर सकता, उसकी ओर से आँखें नहीं बन्द कर सकता। विज्ञान की सही सबल कसौटियां उसे पाठ के साथ न्याय करने में सहायता करती हैं। इन पर प्रकाश डालने वाले जो शब्द हैं उन पर इस प्रस्तुत विज्ञान में प्रवेश करने के पूर्व ही यदि सम्यक् विवेचन कर दिया जाए तो विषय की दुरूहता बहुत कुछ कम हो जाएगी। साथ ही तद्विषयक मूल सिद्धान्त स्पष्ट हो जाएंगे तथा उन पर पारिभाषिक शब्दों के अर्थ स्पष्ट होने से विषय के प्रतिपादन में सरलता होगी , ऐसा हमारा अनुमान है।

पाठालोचन पर कार्य करने वाले विभिन्न विद्वानों में समयूलन, सुकथांकर पिरोल, स्टैनकोनोव एर्जटन, पोस्टवोट, एस.एम.कवे, मूलराज जैन, हरिनारायण पुरोहित, डॉ. बड्थ्वाल, डॉ. माताप्रसाद गुप्त, उमाकान्त शुक्ल आदि ने इस विज्ञान के स्वरूप को स्पष्ट किया है। भारतीय साहित्य में पाठविज्ञान के हुए अब तक के वैज्ञानिक कार्य पर हम प्रकाश डालेंगे। प्रस्तुत लेख में हम पाठविज्ञान के स्वरूप को समझने, विषय में सरलता से प्रवेश पाने तथा सम्पादकों में वैज्ञानिक कार्यों को समझने वाले जो पारिभाषिक शब्द हैं उन पर प्रकाश डाल रहे हैं। एतदर्थ प्रयुक्त पारिभाषिक शब्द, जो इस विज्ञान के मापदण्ड हैं, उनकी नामावली इस प्रकार है–

1. पाठ
2. मूल पाठ
3. पाठविज्ञान
4. पाठालोचन
5. प्रति
6. मूलप्रति
7. प्रथम प्रति
8. प्रतिलिपि
9. आदर्श प्रति
10. पुष्पिका
11. सारग्रन्थ
12. समान पाठ
13. प्रतिलिपिकार
14. पोथी या पुस्तक

15. सूत्र
16. हाशिया
17. विशिष्ट चिह्न
18. अनुमानित या कल्पित पाठ
19. अलंकृत पाठ
20. कठिनतर पाठ
21. भ्रष्ट पाठ
22. सामग्री संकलन
23. मिलान
24. पाठ मिश्रण
25. पाठ व्यत्यय
26. सूची साहित्य
27. लेखन सामग्री
28. पुनर्निर्माण क्रिया
29. उपपुनर्निर्माण
30. पाठान्तर
31. शोध या शुद्धिपत्र
32. वंशवृक्ष
33. परम्परित प्रति
34. काल्पनिक मूलादर्श
35. पाठ वृद्धि
36. विद्यमान प्रति
37. असंगतियां या असम्भावनाएं
38. विषयानुसंगति और लेखानुसंगति

(1) पाठ–पाठ से हमारा तात्पर्य किसी कृति के लेखन से है। किसी लेखक की कोई भी कृति किसी भी अवस्था में हमें मिल जाए, उसकी प्रतिलिपि प्राप्त हो जाए या अन्य हस्तलिखित कोई भी पुरातन रचना हाथ लग जाए या रचना की प्रतिलिपि या प्रतिलिपि की प्रतिलिपि मिल जाए, शिलालेख, प्रतिलेख आदि सबके मूल लेखन को हम पाठ (Text) कहेंगे।

(2) मूल पाठ–जो पाठ मूल लेखक का होता है जिस पर आलोचन अन्तिम रूप से पहुंचता है, यही पाठ प्राप्त करना सम्पादक का अभीष्ट कार्य होता है। यह सर्वोत्तम होता है और अनेक वैज्ञानिक सिद्धान्तों से संवारा, संजोया तथा प्रतिपादित किया जाता है। इसको अंग्रेजी भाषा में Original Text कहते हैं। यही मूल लेखक का अभीष्ट पाठ होता है। यह सम्पादक को अपनी सब क्रियाओं के बाद में प्राप्त होता है। इस पाठ की प्राप्ति के लिए सम्पादक को सारे वैज्ञानिक सिद्धान्त, जिन पर क्रमशः आगे प्रकाश डाला जाएगा, अपनाने पड़ते हैं। यह पाठ विज्ञान का अभीष्ट विषय होता है। यथा महाभारत का आदि पर्व, सुकथांकर का रामचरित मानस का सम्पादन।

(3) पाठ विज्ञान–पाठ सम्बन्धी सम्पूर्ण समस्याओं का सम्यक् विवेचन करने वाले विधिवत् शास्त्रीय ज्ञान को कहेंगे। इस विज्ञान में मूलपाठ के अनुर्निर्माण की क्रिया होती है जो अनेक विकल्पों तथा विकृतियों से पाठ को मुक्त कर शुद्ध पाठ की ओर अग्रसर करती है। पाठ सम्बन्धी अनेक वैज्ञानिक क्रियाओं का इसमें समावेश होता होता है। इसके अतिरिक्त देश, काल और पात्र के अधार पर हुई पाठ–

विकृतियों का पूर्ण विवेचन होता है। लिपिज्ञान भी इसमें आ जाता है। काव्य के अनेक रूप से इसका सम्बन्ध है तथा विशेष रूप से उन दिवंगत विद्वान् कवियों की रचनाओं के मूल पाठ की वैज्ञानिक गवेषणा कर यह उनके मूल पाठ का पुनरुद्धार करता है। अत: इसे हम विज्ञान कह सकते हैं।

(4) पाठालोचन–पाठविज्ञान के स्थान पर पहले इसी शब्द का प्रयोग होता था। इसमें पाठ की आलोचना भी समाविष्ट थी। पहले यह शब्द पाठविज्ञान के लिए रूढ था। इसमें भी पाठ के सम्पादन करने के सिद्धान्तों का आलेखन होता था। डॉ. एस. एम.कत्रे, पोस्टगेट आदि विद्वानों ने अपने ग्रंथों का नाम Textual criticism ही रखा है। जो हो पाठविज्ञान और पाठालोचन दो अन्योन्याश्रित शब्द हें। यों पाठालोचन शब्द के अर्थ से यह स्पष्ट होता है कि पाठ सम्बन्धी सम्पूर्ण समस्याओं पर प्रकाश डालने वाले इस शास्त्र को पाठालोचन कहते हैं। पाठविज्ञान पाठालोचन ही है। पाठ के आगे जड़े विज्ञान शब्द ने यह और भी स्पष्ट कर दिया है कि यह पाठ समस्याओं पर वैज्ञानिक रूप से प्रकाश डाल कर विधिवत् वर्गीकरण करने वाला शास्त्र है। साहित्यालोचन की तरह कला, कल्पनाभाव आदि की दृष्टि से पाठ पर विचार नहीं करता अपितु उसके विकल्पों के आधार पर उसके मूल पाठ को निकालता है। संक्षेप में दोनों–पाठालोचन और पाठविज्ञान एक ही शब्द के पर्यायवाची हैं। उदाहरणार्थ–Postgate की on textual criticism तथा एस.एम.कत्रे की Introduction to indian Textua Criticism पुस्तकें विशेष रूप से पठनीय हैं।

(5) प्रति–प्रति से तात्पर्य किसी रचना से है। वह चाहे प्राचीन हो चाहे नवीन। कुछ प्रतियाँ बहुत पुरानी होती हैं। वही प्रति सम्पादन के उपयुक्त होती है। प्राचीन कवियों की जितनी रचनाएँ हमें मिलती हैं, उनको ग्रन्थ, पोथी, पुस्तक आदि नामों से विभूषित किया जाता था। ये प्रतियां कागज, लकड़ी, ताड़पत्र, भोजपत्र आदि पर मिलती हैं।

(6) मूल प्रति–इस प्रति से अर्थ लेखक की मूल प्रति से है जो स्वयं लेखक द्वारा लिखी अथवा लिखाई गई हो। यदि लेखक अपनी ही अध्यक्षता में किसी रचना को लिखता है तो वह भी मूल प्रति ही होगी या उपलब्ध प्रतियों के पारस्परिक मिलान के द्वारा, जहां तक अभिप्राय प्रति के उस रूप से है जो लेखक को अभीष्ट था। अत: रचयिता द्वारा लिपिबद्ध की हुई इसी प्रति के लिए सम्पादक प्रयत्नशील रहते हैं। इसको अंग्रेजी में autorgraph कहते हैं। सम्पादक इसी प्रति के लिए सम्पादन के अनन्यतम सिद्धान्तों का प्रयोग करता है। यही उसका मूल लक्ष्य होता है। यह स्वयं लेखक की हस्तलिखित प्रति होती है।

(7) प्रथम प्रति–Immediate copy यह वह प्रति है जो कि मूल लेखक की मूल प्रति द्वारा तैयार की जाती है। यह प्रति बड़े महत्त्व की है। यदि किसी मूल प्रति से कई प्रतियां की जाए तो उन सभी को प्रथम प्रति की संज्ञा ही दी जाएगी। मूल प्रति से जो पहली बार लिखी जाए। जिसको लिपिबद्ध या तो कोई लेखक करे या प्रतिलिपिकार करे अथवा स्वयं लेखक भी कभी–कभी अपने समय में उसे तैयार कराए तो वे सब प्रथम प्रतियां ही कही जायेंगी। हमारे देश में पुस्तकों की प्रथम प्रतियां बहुधा मिल जाती हैं। वेद, महाभारत से लेकर मानस तक के पाठों के पुनरुद्धार में प्रथम प्रतियां मिली हैं। देशकाल पात्र तथा अन्य कारणों से उनमें टूट–फूट या त्रुटियों का होना सम्भव है। यह प्रति मूल पाठ की प्रति कराने में बड़ी महत्वपूर्ण है। इसको अंग्रेजी में Immediate Copy भी कहते हैं। एक ही साथ एक ही मूल प्रति होने वाली चाहे अनेकों प्रतियां भी हों वे सब प्रथम प्रतियां ही कहलाएंगी। उदाहरणार्थ पाषाणों तथा शिलाओं पर उत्कीर्ण लेख तथा ताम्रपत्र आदि प्रथम प्रति में समाविष्ट किये जा सकते हैं–पिप्रावा के बौद्ध शिलालेख, बडली ग्राम (अजमेर) के शिलालेख तथा चौहान राजा विग्रहराज चतुर्थ और उसके राजकवि सोमेश्वर द्वारा लिखित नाटकों के अंश जो बीजोल्या के शिलालेख में हैं, उनकी जो प्रतिलिपि की जाएगी वह प्रथम प्रति होगी।

(8) प्रतिलिपि–वह है जो प्रथम प्रति की नकल हो और इसी परम्परा में हुई अनेकानेक प्रतिलिपियां सभी प्रतिलिपियां कहलाएङ्गी। भारत में प्रतिलिपि–परम्परा अनेक वर्षों से रही है। इस देश को अनेक विद्वानों और महाकवियों को जन्म देने का श्रेय प्राप्त है। अत: उन ग्रंथों की प्रतिलिपियों द्वारा आज भी कई व्यक्ति अपना जीवनयापन तक कर रहे हैं। उदाहरणार्थ तुलसी की राजापुर वाली प्रति। अत: ये मूल तन्तु हैं जो हमें मूल पाठ की ओर पहुंचाते हैं। इसमें अनेक विकल्प रहते हैं, उन्हीं विकल्पों को दृष्टि में रखकर पाठालोचन आगे बढ़ता है। वस्तुत: यह अपने आदर्श की साकार प्रतिमा होती है तथा इसमें किसी भी प्रकार का अन्तर नहीं आने पाता। परन्तु अनुभव से यह सिद्ध है कि प्रतियाँ आदर्शों से अधिक अशुद्ध होती हैं अत: कम विश्वसनीय हो जाती हैं। सच्ची प्रतिलिपि अक्षर–अक्षर, वर्ण–वर्ण तथा मात्रा–मात्रा तक की होती हैं और प्रतिलिपिकार को मक्षिका स्थाने मक्षिका का सिद्धान्त मानना पड़ता है। अंग्रेजी में इसे True copy या copy कहते हैं। हमारे देशमें शुद्ध प्रतिलिपियां बहुत कम पाई जाती हैं। अत: सम्पादक उस परम्परा की प्रतिलिपियों की प्रतिलिपियां ही प्राप्त कर पाते है। उदाहरणार्थ भारत में मानस, सूरसागर आदि की अनेक प्रतिलिपियां मिलती हैं। यह सही है कि प्रतिलिपि आदर्श

का सही रूप होता है पर ज्यों-ज्यों प्रतिलिपि मूल या प्रथम प्रति से दूर होती जाती है वैसे उसमें अनेक अशुद्धियां बढ़ती जाती हैं क्योंकि मूल की त्रुटियां तो लिपिकार को यथावत् उतारनी ही पड़ती हैं पर साथ ही प्रतिलिपिकार द्वारा लेखनभ्रम, दृष्टिभ्रम तथा देशकाल की परिस्थिति आदि से अनेक सचेष्ट-निश्चेष्ट अशुद्धियां हो जाती हैं। कभी कभी तो प्रतिलिपियों में स्वयं प्रतिलिपिकार भी अपनी ओर से प्रक्षेप आदि कर देता है, रिक्त स्थान की पूर्ति कर देता है तथा कुछ अपना दे देता है। यह लोभ वह संवरण नहीं कर सकता। लिखते समय भी उसके हाथ से अनेक त्रुटियां होना स्वाभाविक है। अत: प्रतिलिपियां इस तरह दुहरी अशुद्धियां प्राप्त कर लेती हैं। और तब हमारे लिए उनकी परम्परा निश्चित करना थोड़ा कठिन हो जाता है। यथा- रामचरित मानस की सं. 1721 की प्रतिलिपी संवत् 1762 वाली प्रति है। इस तरह यह निष्कर्ष निकला कि प्रतिलिपी में दो प्रकार की अशुद्धियां होती हैं- निजी अशुद्धियाँ तथा परम्परागत अशुद्धियां, इनको एक काल्पनिक उदाहरण द्वारा हम इस प्रकार स्पष्ट कर सकते हैं।

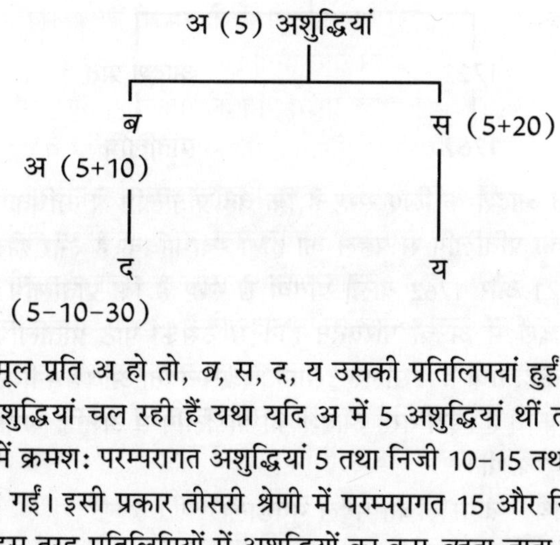

अर्थात् मूल प्रति अ हो तो, ब, स, द, य उसकी प्रतिलिपयां हुईं। इनमें दोनों प्रकार की अशुद्धियां चल रही हैं यथा यदि अ में 5 अशुद्धियां थीं तो ब और स प्रतिलिपियों में क्रमश: परम्परागत अशुद्धियां 5 तथा निजी 10-15 तथा 5-20-25 अशुद्धियां हो गईं। इसी प्रकार तीसरी श्रेणी में परम्परागत 15 और निजी 30-45 त्रुटियां हुई। इस तरह प्रतिलिपियों में अशुद्धियों का क्रम बढ़ता जाता है।

(9) आदर्श प्रति-किसी भी प्रति को देखकर उसकी जो प्रतिलिपि की जाती है तो वह प्रति उस प्रतिलिपि का आदर्श कहलाती है। यह आवश्यक नहीं है कि वह प्रति मूल प्रति हो या प्रथम प्रति। मूल और प्रथम प्रति के पश्चात् होने वाली अनेक प्रतिलिपियों की प्रतिलिपियां की जाएं तो वे प्रतिलिपियां अपनी अलग-

अलग की गई प्रतिलिपियों की क्रमशः आदर्श बनने वाली प्रति को सीमाओं में नहीं बांध सकती। आदर्श का सीधा सम्बन्ध उसकी होने वाली प्रति या प्रतियों से है। जैसा कि ऊपर स्पष्ट किया गया है कि आदर्श अपनी प्रतिलिपियों से अधिक विश्वसनीय होती है।

वस्तुतः मुद्रण-कला के अभाव में भी प्रतिलिपियां होती थीं। लेखन-कला हमारे देश की प्रसिद्ध कलाओं में से है। आदर्शों का महत्त्व उस समय भी उतना ही अधिक था जितना आज है। यद्यपि उस समय पाठविज्ञान या पाठ की आलोचना करने के सिद्धान्त नहीं बने थे। आदर्श की सुरक्षा के लिए ही बड़े विद्वान् या पंडित अपनी प्रतिलिपि की प्रतिलिपि कराते थे ताकि आदर्श प्रतियों की रक्षा हो सके। मुद्रण-यंत्रों की सुविधा होने से आज एक ही आदर्श की अनेकों प्रतिलिपियां एक ही साथ सहज ही में की जा सकती हैं जबकि उस समय यह सुविधा नहीं थी तो भी आदर्श का मूल्य करना पुरातन लेखक जानते थे।

उदाहरणार्थ मानस की सं. 1721 वाली प्रति का आदर्श कहलायेगी।

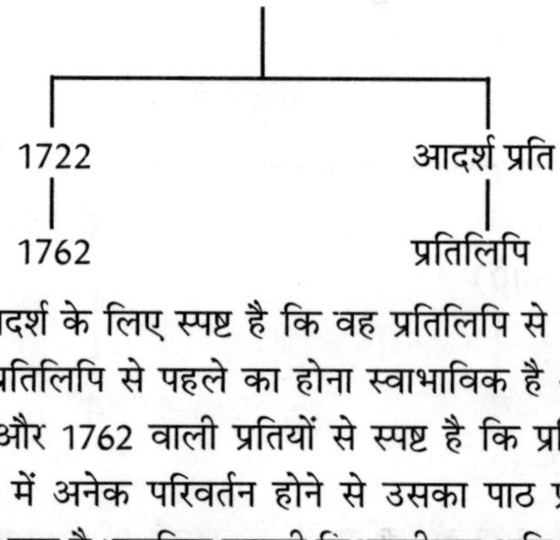

जैसा कि आदर्श के लिए स्पष्ट है कि वह प्रतिलिपि से अधिक शुद्ध होता है इसलिए उसका प्रतिलिपि से पहले का होना स्वाभाविक है और होता भी है, पर जैसा कि 1721 और 1762 वाली प्रतियों से स्पष्ट है कि प्रतिलिपि होने के बाद 1721 के आदर्श में अनेक परिवर्तन होने से उसका पाठ प्रतिलिपि की अपेक्षा अधिक विकृत हो गया है।इसलिए इसकी विश्वसनीयता अविश्वसनीयता में अपवाद स्वरूप काम करते हैं। इस तरह आदर्श की प्रतिलिपि में अशुद्धि समायी भी हुई है और शुद्धि वैषम्य भी।

उदाहरणर्थ – तापर रुचित मृदुल मृगछाला

सं. 1721 आदर्श– रुचिर मृदुल के स्थान पर रुचि मृदुरल लिख गया है, और 1762 में भी ऐसा ही हुआ है। तो यह दोनों का अशुद्धि साम्य हुआ। अतः इस अशुद्धि साम्य से यह स्पष्ट होता है कि 1721 वाली प्रति निश्चित ही 1762 का आदर्श है। आदर्श का तात्पर्य प्रतिलिपि सम्बन्ध होता है। पर 1762 की प्रतिलिपि होने के बाद आदर्श 1721 में कितना परिवर्तन हुआ है उसको हम निम्नांकित

उदाहरणों से स्पष्ट कर सकते हैं–

(1) यहां भानुकुल कमल दिवाहर–दोनों में पूर्व का पाठ था। कपिन्ह देखावत नगर मनोहर, पर पीछे से 1721 में मनोहर के स्थान पर–पाठ सुधाकर–कर दिया गया। नगर के साथ सुधाकर एकदम असंगत है।

(2) तृष्णा केहि न कीन्ह बौराहा–सामान्य पाठ–वौराहा तथा दाहा के स्थान पर 1721 में क्रमश: बौरहा तथा दहा कर दिया गया है। इस प्रकार प्रतिलिपि होने के बाद आदर्श के पाठ विकृत होने के सबल प्रमाण स्पष्ट है।

निष्कर्षत: शुद्धि वैषम्य और अशुद्धि साम्य के अनुसार आदर्श या प्रतिलिपि-सम्बन्ध में दो बातें रहती हैं–

(1) काल–(1721–1762)

(2) स्थल–(पाठ)

अस्तु, आदर्श का विश्लेषण स्पष्ट है।

(10) पुष्पिका–भारतीय हस्तलिखित ग्रन्थों, पुस्तकों तथा पोथियों में यह परम्परा रही है कि ग्रन्थ की समाप्ति पर तिथि, संवत्, दिन, प्रतिलिपिकार का नाम, स्थान तथा अन्य विवेचन का परिचय दिया जाये। इस विवेचन का नाम ही पुष्पिका है। यह बड़ी महत्त्वपूर्ण होती है। इसी के आधार पर पोथी का जन्मकाल तथा लेखक या रचयिता निर्धारण किया जा सकता है। पुष्पिकाएं दो प्रकार की हो सकती हैं –

(अ) समपूर्ण ग्रन्थ के अन्त में विस्तार सहित दी गई हो अथवा संक्षेप में हो–यथा बीसलदेव रास के पण्डिम्त समूह की पहली प्रति के अन्त में दिया हुआ यह विवेचन पुष्पिका है–

॥246 ॥ *इति श्री बीसलदेव रास समाप्त* ॥1 ॥

सं. 1933 वर्षे वैशाख बदि 11 दिने। आदित्य वारे। लिषतं आगरा मधे पं. सीहा लिषतं // संपूर्ण //छ //1 //

(ब) ग्रन्थ के प्रत्येक सर्ग या काण्ड या खण्ड के अन्त में विस्तृत या अविस्तृत दी गई हो – यथा–रामचरित मानस में आरण्य तथा किष्किन्धा काण्डों की पुष्पिकाएं क्रमश: इस प्रकार हैं :

1– // संवत् 1704 सए पउष सुदी अष्टमी लिखितं रघु तीवारी कास्यां //

2– // संवत् 1704 समय पउश सुदी द्वादसी लिखितं रघु तीवारी कास्यां //

इन पुष्पिकाओं को क्रमश: पूर्ण तथा अपूर्ण भी कह सकते हैं।

जाली पुष्पिका–कहीं कहीं प्रतिलिपिकार प्रक्षेप की दृष्टि से अथवा स्वयं का महत्त्व सिद्ध करने की कोशिश से या प्रति को प्राचीनतम या मूल लेखक के समीप सिद्ध करने की इच्छा से पुष्पिका को बदल भी देते हैं। ऐसी पुष्पिका एकदम जाली या अविश्वसनीय कही जाती है। जाली पुष्पिका एकदम पकड़ी जा सकती है। इसमें नाम भी बदला जा सकता है और अंक भी। जाली पुष्पिका का उदाहरण देखिए–

॥ *संवत् 1665 समए अग्रहन सुदि प्रतिपदा लिखित तुलसी दाशेन*॥

किन्तु बाद में 1665 के ऊपर कुछ हलकी सी स्याही से 1704 तथा तुलसी दाशेन के ऊपर उसी प्रकार–रघु तीवारी– कर दिया गया है। पर यह क्रियाएं भद्दे प्रकार से होने से सहज ही पकड़ी जा सकती हैं और लिखावट अब भी प्रयास करने से पढ़ी जा सकती है।

(11) सार ग्रन्थ–ये ग्रन्थ वे होते हैं जिनमें बड़े-बड़े ग्रन्थों का सार भाग होता है। इनको मूल ग्रन्थ भी कहते हैं। इनमें सूत्र पद्धति है और ये समासात्मता तथा संक्षिप्तता लिए रहते हैं। पाठालोचक को इन ग्रन्थों के देखने में मूल से सार और सार से मूल की ओर आना पड़ता है, यह उसके बड़े सहायक हैं। सम्पादन कार्य में ये ग्रन्थ बड़े उपयोगी हैं।

यह ग्रन्थ तत्कालीन स्थिति पर सार रूप से प्रकाश डालते हैं तथा बड़े-बड़े ग्रन्थों का सार भाग इनमें सुरक्षित कर दिया जाता है। बड़े ग्रन्थों के खो जाने, नष्ट हो जाने तथा अन्य कारणों से न मिलने पर ये ग्रन्थ पाठ विज्ञान की सहायक सामग्री के लिए बड़े ही उपयोगी सिद्ध होते हैं।

उदाहरणार्थ–काश्मीर के कवि क्षेमेन्द्र की भारत मंजरी–महाभारत की काश्मीरी धारा का सार मात्र है। इसमें हमें कश्मीर की तत्कालीन परिस्थिति ज्ञात होती है। इसी प्रकार–

(1) रामायण मंजरी
(2) अभिनंद का कादम्बरी कथासार आदि अनेक सार ग्रंथ हैं। हिन्दी साहित्य में सार ग्रन्थों की परम्परा कम मिलती है।

(12) समान पाठ–यह पाठ सम्पादन में बड़ी सहायता करता है। एक समान परम्परा में जो प्रतियां मिलती हैं उनमें पाठ मिलता है, मिलान करते समय उनमें जो साम्य मिलता है, वही ग्राह्य होता है। उदाहरणार्थ हमारे पुराण तथा अन्य धार्मिक ग्रन्थ एक ही ग्रन्थ से नहीं एक ही वंश से नहीं, एक ही परम्परा से नहीं, विभिन्न ग्रन्थों, विभिन्न वंशों तथा विभिन्न परम्पराओं से निर्मित हुए हैं। ऐसा होने से उनमें अनेक विकल्पों का होना स्वाभाविक है। जिन प्रतियों में इस प्रकार के

विकल्पों का समावेश होता है उनमें भी जो पाठ साम्य या समानवृत्त या प्रकरण-साम्य है वही समान-पाठ कहलाता है। अनेक पाठ व्यत्यय होने पर भी यह समानता सुरक्षित रहती है। समान पाठ की एक परम्परा विशेष होती है। विद्यमान तथा अविद्यमान प्रतियों का पाठ-निर्माण इसी साम्य के आधार पर आलोचक को करना पड़ता है। पाठ के पुनर्निर्माण में यह वस्तुतः पाठालोचन का एक मूलभूत सिद्धान्त मान लिया गया है। जो पाठ बहुधा सब प्रतियों में या एक ही परम्परा की विभिन्न प्रतियों या विभिन्न परम्पराओं, श्रेणियों, वर्गों या वंशों में समान रूप से पाया जाए वह ग्राह्य होता है। उदाहरणार्थ- रामचरित मानस के पाठ में भी 1721, 1762, 1681, 1704 आदि प्रतियों में जो पाठ समान रूप से पाया गया है उसे डॉ. गुप्त ने वैज्ञानिक समझ कर ग्रहण किया है। इस काल्पनिक उदाहरण से यह पाठ स्पष्ट हो जाएगा।

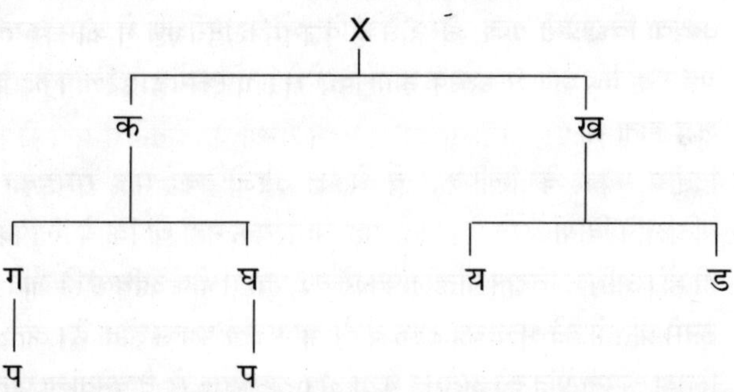

इसमें यदि क,ग,प में पाठ-साम्य हुआ तो वह समान रूप से ग्राह्य होगा और यदि घ, य, ड भी विभिन्नता होने पर भी जो साम्य होगा वह ग्राह्य होगा। अतः समान पाठ इसी पाठसाम्य के हेतु रूढ है।

(13) प्रतिलिपिकार–प्रतियों की प्रतिलिपियां करने वाले को प्रतिलिपिकार कहते हैं। प्रतिलिपिकार का कार्य हमारे देश में आदिकाल से होता चला आ रहा है। ज्ञात रूप से वि. पू. 4 शताब्दी में इन्हें लिपिकार अथवा लिपिकार लिबिकर के नाम से सम्बोधित किया जाता था–इतना ही नहीं यह परम्परा आगे भी चलती रही और वि. की 7-8वीं शताब्दी में इनको दिविरपति अथवा फारसी दबीर कहते थे। आगे चलकर 11वीं शताब्दी में प्रतिलिपिकारों की एक जाति ही हो गई जिसे कायस्थ नाम दिया गया, जो आज सम्पूर्ण भारत में शिक्षित तथा एक विशिष्ट जाति है।

केवल प्रतियों के प्रतिलिपि करने वाले ही प्रतिलिपिकार नहीं कहलाये अपितु शिलालेखों और ताम्रपत्रों के उत्कीर्णकों को भी प्रतिलिपिकार की ही दृष्टि से देखा जाता था। हां, उनका अन्तर स्पष्ट करने के लिए नामों में विभिन्नता कर दी गई और

ये करण, करणक, करणिन, शासनिक तथा धर्म लेखिन आदि नामों की संज्ञा से विभूषित थे।

यदि देखा जाए तो इस परम्परा की उत्तरोत्तर वृद्धि जैन भिक्षुओं और यतियों से बहुत हुई है। उन्होंने न केवल जैन साहित्य को ही लिपिबद्ध किया अपितु जैनेतर साहित्य को भी अपने कठिन परिश्रम से जीवित रखा। भारतीय लौकिक और धार्मिक साहित्य को जीवित रखने का बहुत कुछ श्रेय इन मुनियों को ही है क्योंकि इन्होंने भारतीय साहित्य के सृजन, रक्षण और प्रचार-प्रसार में पर्याप्त योग दिया है। इन प्रतिलिपकारों का आदर्श इनके गुरुओं की प्रतियाँ होती थीं। मोटे रूप में लिपिकार दो प्रकार के होते थे-

(1) वे जो स्वयं रचयिता के निरीक्षक अथवा किसी विद्वान् प्रतिनिधि के निरीक्षण में अथवा विद्याप्रेमी राजा और उसके विद्वानों के निरीक्षण में काम करते थे- यहां यह स्पष्ट कर देना आवश्यक होगा कि ऐसे लिपिकारों द्वारा लिपिकृत कार्य पर्याप्त शुद्ध होता था।

(2) द्वितीय प्रकार के लिपिकार वे थे जो आजीविका मात्र समझकर अर्जनार्थ प्रतिलिपि किया करते थे। अत: यह आवश्यक नहीं था कि ये लिपिकार विद्वान् ही हों। अधिक विद्वान् प्रतिलिपिकारों की प्रति में दोष अधिक हो जाते हैं क्योंकि उनमें प्रतियों की भूलों को ठीक करने का प्रबल प्रयास होता है। अत: कम पढ़ा लिखा अपनी प्रति को अत्यन्त श्रद्धा और अंधभक्ति से देखनेवाला प्रतिलिपिकार लगभग अच्छा समझा जाता है। इनके गुण दोषों के आधार पर ही उनका नामकरण भी किया जा सकता है। आदर्श प्रतिलिपिकार के गुणों पर हम आगे प्रकाश डालेंगे। हमारे अनेक प्राचीन ग्रन्थों में भी इनके गुणों और प्रतिलिपिकार के कार्य पर प्रकाश डाला गया है।

इस प्रकार भारतीय साहित्य की आज तक रक्षा मुद्रण यंत्र के अभाव में इन्हीं प्रतिलिपिकारों द्वारा हुई है।

(14) पोथी या पुस्तक-पुराने हस्तलिखित ग्रन्थों को पुस्तक या पोथी कहते हैं। हमारे देश में अनेक कारणों से इन पोथियों का अभाव है परन्तु फिर भी जो मिलती हैं वे अत्यन्त पुरानी हैं। इन पोथियों के विकास की भी एक मजेदार कहानी है क्योंकि इनका उद्धार देशी, विदेशी विद्वानों द्वारा पंसारियों की दुकानों से पुराने खंडहरों, भांडागारों आदि से किया गया है। जिनसे तालपत्र, भोजपत्र, चर्म, लकड़ी, ताम्र, चांदी, कपड़ा, कागज आदि हैं।

ये पोथिया अनेक प्रकार की पाई जाती हैं। इनकी बनावट भी विभिन्न कालों में

बड़ी विलक्षण होती थी। यही हस्तलिखित ग्रन्थ हमारे पाठविज्ञान की निधि हैं। डॉ.हजारीप्रसाद द्विवेदी ने इन पोथियों के जन्म तथा जीर्णोद्धार पर बड़ा सुन्दर प्रकाश डाला है। इन पोथियों के माध्यम से भारतीय प्राचीन लेखनकला तथा भारतीय लिपियों का विकास स्पष्ट देखा जा सकता है।

(15) सूत्र (string)–पाठ विज्ञान में यह शब्द बहुधा बहुत ही प्राचीनकाल से प्रयुक्त होता था। ताड़पत्र तथा भोजपत्र की पुरानी पोथियों को संलग्र रखने तथा परस्पर जोड़ने के लिए उनमें छेद करके जो सूत्र (धागा) पिरोया जाता था उसे सूत्र या सार–यंत्रक कहते थे। ये सूत्र प्राय: मध्य में पिरोये जाते थे पर कुछ परम्परा विशेषत: काशगर के आदर्शों पर बाईं ओर या बाईं तथा दाईं ओर एक एक छिद्र किया जाता था जिसमें से होकर धागा (सूत्र या सार यंत्रक) पत्रों को एक साथ बांध कर पिरोया जाता था।

साहित्य की मौलिक परम्परा के अनुसार विद्या के पुस्तकालय मस्तिष्क और स्मृति ही आगे चलकर इस साहित्य की एक सूत्र–शैली भी प्रचलित हो गई, जो सूत्र या संक्षिप्त मात्र कहलाई। यह न केवल साहित्य में थी अपितु ज्योतिष, वैद्यक, अंकगणित, बीजगणित आदि सब विषयों में थी। अत: सूत्र शब्द से एक पाठालोचन को दोनों अर्थों में परिचित होना आवश्यक है।

(16) हाशिया (Margin)–पाठालोचन में हाशिए का विशिष्ट महत्त्व है। यह ग्रन्थ या पोथी के दायें और बायें कभी कभी ऊपर–नीचे कुछ खाली स्थान रखकर रखा जाता है, जिसमें विशिष्ट बातों, सूचनाओं, विशेष चिह्नों आदि का समावेश हो सके।

यदि देखा जाए तो प्रक्षेप परम्परा में हाशिए का भी महत्त्वपूर्ण स्थान रहता आया है। उसमें अनेक प्रक्षेप प्रतिलिपिकार हाशिए में लिख देते थे। अन्य त्रुटियां तथा विकल्प और पाठ के लिए विशेष संकेत इसमें दिए रहते हैं। अर्थों, विशेष स्याही आदि के चिह्न भी इसमें स्पष्ट किए जा सकते हैं–

उदाहरणार्थ

	हाशिया	
हाशिया	ग्रंथ	हाशिया
	हाशिया	

(17) विशिष्ट चिह्न (Different Sighs)–पाठ–विज्ञान में पाठ–निर्धारण

करते समय आलोचक अपने कुछ विशेष मन्तव्यों का स्पष्टीकरण करने के लिए कुछ विशेष चिह्नों का निर्धारण कर लेते थे। ये चिह्न अब भी प्रचलित हैं। इनका विशेष महत्त्व तथा परिचय इस प्रकार है–

(1) पाल मास[1] (Paul Mass) द्वारा निर्धारित कुछ विशिष्ट चिह्न–

(अ) < > — कल्पना या अनुमान से किया हुआ कार्य इस चिह्न द्वारा स्पष्ट होता है और अनुमान से जोड़ा हुआ अंश इनके मध्य में रखा जाता है।

(ब) {[-]} — काट कर निकाले जाने या आगे जाने वाला अंश इन चिह्नों द्वारा दिखाया जायेगा। इसका प्रयोग उस समय होता है जबकि पाठ मिश्रण हो और उसका समाधान संभावना द्वारा भी स्पष्ट नहीं हो पाता हो।

(स) [ ]* — ये मशीनों तथा यंत्रों से हुई हानि और असत्य विकृतियों के स्थिरीकरण हेतु दिखाये जाते थे। वर्ग कोष्टक यंत्र से हुई हानि के लिए तथा स्टार असत्य विकृति निर्धारण के हेतु।

(द) 〰 — – लहराती रेखा – way line– का चिह्न सुकथांकार ने अपने आदिपर्व में उस पाठ के लिए किया है जो निश्चित नहीं है। अर्थात् अनिश्चित है।

(य) * * — (तारक चिह्न) काल्पनिक पाठ–सुधार के लिए या आनुमानिक प्रयोग के लिए किया जाता है।

(फ) Italics — घुमाये अक्षर (Italics)– एजर्टन ने अपने पंचतंत्र रिकन्स–ट्रक्टेड में तिरछे अक्षरों (दाहिने और झुके हुए) का प्रयोग उन पाठों के लिए किया है जिनका मौखिक रूप अनिश्चित है।

(ज) — डॉ. एस.एम. कत्रे ने लिखा है कि–अविद्यमान प्रतियां, या वे जिनका कि अब अस्तित्व नहीं मिलता पर माना अवश्य जाएगा, का विश्लेषण करने के लिए, जिसमें कि विद्यमान प्रतियां परस्पर मिलती हैं या तो ग्रीक वर्णों a* B* Y* या तारक अक्षरों * b* C* a* b* को प्रयुक्त किया गया है। ये चिह्न अनेक भाषाओं के समान शब्दों या पदों के सम्बन्ध को स्पष्ट करने के लिए प्रयुक्त किये जा सकते हैं।

(18) अनुमानित या कल्पित पाठ (Conjectural Text)–मूल पाठ

के निर्माण के लिए पाठालोचक स्थिति विशेष में अनुमान कल्पना तर्क के सहारे कुछ पाठों काअनुमान कर लेता है। ऐसे पाठों को कल्पित पाठ कहते हैं। ऐसी स्थिति में, जबकि प्रतियों का कोई प्रमाण उपलब्ध न हो, वह व्यावहारिक ज्ञान से अनुमान लगाता है। इस पद्धति के द्वारा प्रति के पाठ में पहुँचने के लिए मानवीय युक्तियों का प्रयोग किया जाता है और उसमें कल्पना-शक्ति कार्य करती है। इस प्रकार विभिन्न विकल्पों में फंसे हुए पाठ को अनुमानित पाठसुधार द्वारा सामान्य धरातल पर लाया जाता है।

इसकी स्थिति ठीक वैसी ही होती है जैसी कि गणित में किसी राशि को मानकर मूल हल तक पहुंचा जाए। यद्यपि बाद में, जबकि वास्तविक मूल प्राप्त कर लिया जाता है, तब इसको छोड़ दिया जाता है। पर इसका इस प्रकार विकल्पों से पाठ को निकालने में बड़ा महत्त्व है।

देश, काल, परिस्थिति, लिपि, लेखक आदि की विशिष्ट प्रवृत्तियों को सही सांचे में ढालने के लिए तथा प्रसंगगत संगति मिलाने के लिए इस अनुमानित पाठ से सही प्रक्रिया तक पहुँचने का प्रयास किया जाता है। इस प्रकार पाठ कल्पना से सत्य तक पहुंचा जा सकता है। उदाहरणार्थ डॉ.माताप्रसाद गुप्त ने अपने ग्रन्थ 'रामचरित मानस का पाठ' में 'हंसहि बक दादुर चातकहि- को प्रसंग संगति के आधार पर दादुर- के स्थान पर गादुर- कर लिया है क्योंकि हंस की तुलना में पक्षी वर्ग से जिस प्रकार-बक-अनुमानित किया है उसी प्रकार चातक की तुलना में पक्षी वर्ग के गादुर-अर्थात् चमगादर का लिया जाना समीचीन जान पड़ता है। चातक और गादुर परस्पर विपरीत रहन-सहन और आचरण प्रसिद्ध हैं ही। इसलिए सम्पादक ने अनुमान (ड्डठ्ठश्चद्यश्चद्द4) को समक्ष रखते हुए विकल्पों में से निकालकर गादुर ही ठीक समझा है। यह पाठ संदिग्ध भी होता है।

(19) अलंकृत पाठ—यह पाठ सुरक्षित पाठ होता हैं। वे पाठान्तर, जो कि टूटे-फूटे नहीं होते, कटे-छंटे नहीं होते, और उनकी आकृतियां पूर्णतया सुरक्षित होती हैं। ऐसे पाठरूपों को अलंकृत पाठ कहते हैं।

जहां किसी कृति का सम्पूर्ण पाठ रक्षित मिलता है वह अलंकृत पाठ होता है। यह पाठ आद्योपान्त पूर्ण होता है चाहे वह शुद्ध हो चाहे अशुद्ध। पर वह सम्पूर्णतया पूर्ण होना चाहिए। इससे भी प्रति के पाठ-मिलान में बड़ा उपयोग होता है।

(20) कठिनतर पाठ (Harder Texst)—कठिनतर पाठ से तात्पर्य उस पाठ से है जो भाषा, शैली और विषय आदि सभी स्थूल सूक्ष्म तत्त्वों की दृष्टि से कठिन होते हैं। ये पाठ मूल पाठ की प्रवृत्तियों को सुरक्षित रखते हैं क्योंकि इनकी अपनी

विशिष्टता निम्न प्रकार से प्रभाव डाल सकती है–

1. इनकी कठिनाई तथा जटिलता को देखकर सामान्य प्रतिलिपिकार यह साहस ही नहीं कर सकेगा कि उसकी प्रतिलिपि की जाए। कठिन से तात्पर्य प्रतिलिपिकार के लिए कठिन से है।
2. इन पाठों की प्रतिलिपि विद्वान् ही करेगा, जिससे मूल पाठ की अधिक रक्षा हो सकती है।
3. यह स्वाभाविक है और विज्ञान का मूल सिद्धान्त हो गया है कि विभिन्न विद्वानों ने इसको सर्वग्राह्य बताया है। कठिन पाठ प्राय: आसान पाठों से अच्छे होते हैं।
4. कठिनतर पाठ मूल के अधिक निकट होता है। क्योंकि उसकी पुरातनता पाठ की प्रामाणिकता लिए रहती है। इसलिए एस.एम.कत्रे ने भी इस सम्बन्ध में ऐसी ही सम्मति दी है।

(21) भ्रष्ट पाठ--यह बिल्कुल दूषित होता है इसके शिल्प के विषय में निम्नांकित बातें होती हैं–

1. जिस पाठ में किसी प्रकार का अर्थ न हो तथा निरर्थकता सिद्ध करता हो।
2. उसकी पूर्वगत पाठों से संगति न बैठती हो।
3. जिसमें पाठगत प्रसंग न हो।
4. भाषागत अशुद्धियां हों या व्याकरण के नियमों से परिचालित न हो।
5. लेखक या कवि की शैली से वह बिल्कुल असंगत या विपरीत हो।
6. बार बार आवृत्ति होती हो।
7. कवि के छन्द–विधान से मेल नहीं खाता हो और निर्बंध हो गया हो। (उदाहरणार्थ जायसी ग्रंथावली के दोहे चौपाइयां)
8. अव्यावहारिक हो।
9. विचारों में दुरूहता और अड़चनों का समावेश करता हो, तथा
10. प्रासंगिक न हो तथा सुधार करने के अंतर्बाह्य संभावनाओं से भी हल प्रदान नहीं करता हो तो उस पाठ को अति दूषित या भ्रष्ट पाठ कहते हैं।

(22) सामग्री संकलन–पाठ विज्ञान की यह प्रमुख प्रक्रिया है और पाठ की आलोचना करने वाले के लिए यह पहला कार्य होता है कि वह विभिन्न प्रकार की कृतियां तथा सामग्री को एकत्र करे। यह सामग्री भी दो प्रकार की होती है।

1. मुख्य सामग्री
2. सहायक सामग्री

इन दोनों प्रकार की सामग्रियों का संकलन पाठालोचक को करना पड़ता है।

इसके बिना कृतियों का पाठ निर्धारण अत्यन्त कठिन है। इस क्रिया का मूलाधार सूची-साहित्य होता है जिसके द्वारा सारी सामग्री का पता लगाया जाता है। इसके अतिरिक्त विभिन्न विशिष्ट स्थानों का निरीक्षण, अनुश्रुतियां तथा किंवदन्तियां आदि भी अपने पूरक अंग होते हैं। इस सामग्री का शिल्प विकल्पों से युक्त होता है पर यह पाठालोचन के भवन की नींव है।

(23) मिलान (Collation)–जब संपादक विभिन्न स्रोतों से सामग्री इकट्ठी कर लेता है तब वह विभिन्न प्रतियों का सूक्ष्म अवलोकन करता है। उन प्रतियों की निजी व परम्परित विशेषताओं की जानकारी प्राप्त करता है, पुष्पिका में अंकित स्थान, समय आदि के अनुसार उनका वर्गीकरण करता है तथा अन्त एवं बाह्य सम्भावनाओं आदि क्रियाओं के माध्यम से उपयोगी और अनुपयोगी सामग्री को पृथक् कर उनकी संगति बिठाता है उसी सह क्रिया-प्रक्रिया को मिलाना या ष्थ्द्यद्यड्डह्लद्बश्ठ्ठ कहते हैं। इसमें छन्द से छन्द प्रकरण चैप्टर से चैप्टर सभी का पूर्वापर सम्बन्ध का औचित्य स्थापित किया जाता है तथा विकल्पों को छांटता है।

(24) पाठ मिश्रण–जिस प्रति में एक से अधिक आदर्शों का उपयोग किया जाता है तब उनसे निर्मित उस पाठमिश्रित पाठ को मिश्रपाठ कहते हैं। वस्तुत: मिश्रपाठ एक प्रकार से वर्गशंकर होता है जिसकी शुद्धता की समाप्त नहीं होती अपितु अनेक विकल्पिों का आगमन भी शोधक या सम्पादक की स्वेच्छा से हो जाता है।

यह मिश्रण शब्द, वर्ण, वाक्य, पंक्ति, प्रकरण, छन्द, अध्याय आदि सभी में सम्भव है। यदि देखा जाए तो हिन्दी जगत् में डॉ. गुप्त के अलावा लगभग संशोधन के नाम पर पाठ मिश्रण ही होता है।

	1.
	2.
पाठ की सही स्थिति	3.
	4.
	5.
	6.
	7.

(25) पाठव्यत्यय (Transposition)–प्रतियों में–1. अक्षर, 2. शब्द, 3. स्थान, 4. प्रसंग, 5. पंक्ति, 6. खंड, 7. पृष्ठ, 8. प्रकरण, 9. प्रघट्टक, 10. छन्द

आदि में हुए किसी भी प्रकार के स्थानान्तर और उलट फेर Transposition को पाठ–व्यत्यय कहते हैं।

हमारे ग्रन्थों में शब्द व्यत्यय की अधिकता होती है। यह तरह तरह के प्रक्षेपों में घटित होता है। यह दो प्रकार का होता है–1. सचेष्ट, या 2. निश्चेष्ट– दोनों प्रकार का मिलता है। हमारे प्रतिलिपिकार अक्षर या वर्ण न पढ़कर पूरी अर्द्धाली पढ़ते थे। अतः ये व्यत्यय स्मृति दोष से होते हैं। यह पाठविज्ञान में हुई एक प्रकार की भूल है। एक उदाहरण देखिए–रामचरितमानस के पाठ में–तापर रुचिर मृदुल मृगछाला के स्थान पर–तापर रुचि मृदु रल मृग छाला हो गया–यह स्थान व्यत्यय या अक्षर व्यत्यय हुआ है। निम्नांकित रेखाचित्र एतदर्थ पर्याप्त होगा–

	1
	2
पाठ की व्यत्यात्मक स्थिति	3
	4
	5
	6
	7 हाशिया से ग्रहण किया (नया योग)

उक्त उदाहरण से यह स्पष्ट होता है कि इनमें स्थान व्यत्यय के विलक्षण उदाहरण हैं। नं. 2 के स्थान पर नं. 7 तथा नं. 5 के स्थान पर 6ठी पंक्ति का व्यत्यय विचित्र है। ७वीं पंक्ति का व्यत्यय हाशिया से ग्रहण किया माना जा सकता है। यह एक नवीन निर्मिति है।

(26) सूची साहित्य–पाठ सामग्री के संकलन में सूची साहित्य का बृहुत बड़ा योग होता है। यह वह साहित्य है जिसमें देश में विभिन्न स्थानों पर पाई जाने वाली पुस्तकों, शोधपत्रों, अनुसंधान के विवरणों, सूचियों आदि का विवरण रहता है। यह विवरण दो प्रकार का हो सकता है–

1. साधारण–इसमें केवल लेखक का नाम, स्थान, संवत् आदि रहता है।
2. बृहत्–इसमें लेखक के स्थान आदि के नाम के साथ ही पुस्तकगत शैली तथा विषय सम्बन्धी वस्तुओं का सार रूप में परिचय दिया रहता है।

पुरातन हस्तलिखित पोथियों और खोज रिपोर्टों का नाम ही सूची साहित्य है। उदाहरणार्थ–नागरी प्रचारिणी सभा द्वारा निकली खोज रिपोर्ट तथा प्रयाग विश्वविद्यालय से निकलने वाला–हिन्दी अनुशीलन–तथा अन्य शोधपत्रिकाएँ, जिनमें विभिन्न

हस्तलिखित ग्रन्थों, अनुवाद-ग्रन्थों, भाष्यों तथा टिप्पणियों आदि का समावेश रहता है। संस्कृत में सूची-साहित्य का प्रकाशन अंग्रेजी जागृति के साथ हुआ। कई अंग्रेज विद्वानों ने संस्कृत के हस्तलिखित ग्रन्थों का पुनरुद्धार करके विभिन्न साहित्य की सूचियां तैयार की। आज सूची साहित्य की अत्यन्त अधिक आवश्यकता है क्योंकि राजस्थान तथा भारत के कई भागों में अनेक हस्तलिखित ग्रन्थ तथा साहित्य दिनोंदिन विलुप्त होते जा रहे हैं। यह साहित्य बड़ा महत्त्वपूर्ण है।

(27) लेखन सामग्री (Writing material)–भारत में लेखन-कला अत्यन्त प्राचीन काल से रही है। हमारे यहां दूसरी शताब्दी से आज तक निरन्तर तथा अव्याहत है। इसके उपकरण हैं ताड़पत्र, भूर्जत्वचा, लकड़ी के पाअे, चांदी, स्वर्ण तथा ताम्रपत्र, कपड़ा, चर्म, पाषाण, ईंटे और कागज आदि।

स्याही (मसि भी) उल्लेखनीय है। जितनी उत्तम तथा सुन्दर स्याही होगी उतनी ही अधिक टिकाऊ तथा पुरानी रहेगी। ये सब लेखन सामग्री में आ जाते हैं। लेखनी के रूप में बांस की लेखनी आती थी। चित्रकला में बारीक बालों की कूचिका, वर्तिका या नलिका काम में आती थी। दक्षिण में ताड़पत्रों पर तीखे गोल मुख वाली धातुशलाका के अलावा गोलाकार आदि वृत्तों के लिए परकार भी काम में लिए जाते थे। रेखापाटी, सूत्र आदि भी लेखन सामग्री के उपकरण थे।

(28) पुनर्निमाण प्रक्रिया–प्रतियों की पाठ विकृति, प्रतिलिपि, सम्बन्ध, प्रक्षेप, पाठान्तर सम्बन्ध आदि के मुख्य और गौण सम्बन्धों द्वारा वंशावली निर्धारित करके विभिन्न विकल्पों से विभिन्न पाठों को काल्पनिक मूलादर्श तक पहुंचा कर विशुद्ध पाठ प्राप्त करने की प्रक्रिया को पुन: निर्माण क्रिया कहते हैं। इस क्रिया में सबसे अधिक महत्त्वपूर्ण प्रतियां हैं। एक ही प्रति समान पाठ-परम्परा की अनेक प्रतियां तथा विभिन्न पाठ परम्पराओं की अनेक प्रतियों के अनेक पाठ विकल्पों के वैज्ञानिक सिद्धान्तों का प्रयोग करके निरीक्षण करके मूलपाठ के निकटतम स्थिति तक पहुंचने का प्रयास किया जाता है। यह पाठ जितनी भी प्रतियां उपलब्ध होती हैं उनके पाठों से सबसे प्राचीन होगा। पुनर्निर्माण पाठविज्ञान का लक्ष्य है।

(29) उपपुनर्निर्माण–जब पुनर्निमार्ण मूलपाठ की प्रति के लिए अनेक पाठान्तरों तथा पाठ-कार्य के विभिन्न रूपों में विभक्त होता है, जो कि पाठान्तरों के स्रोत हैं, तो पाठालोचक किसी निश्चित आधार पर पहुंचता है। वह इन्हीं के आधार पर किसी काल्पनिक आदर्श तक पहुंच जाता है। इन्हीं स्रोतों को पाठविज्ञान उपपुनर्निमाण संज्ञा देता है। यह पुनर्निर्माण का एक अंग मात्र है।

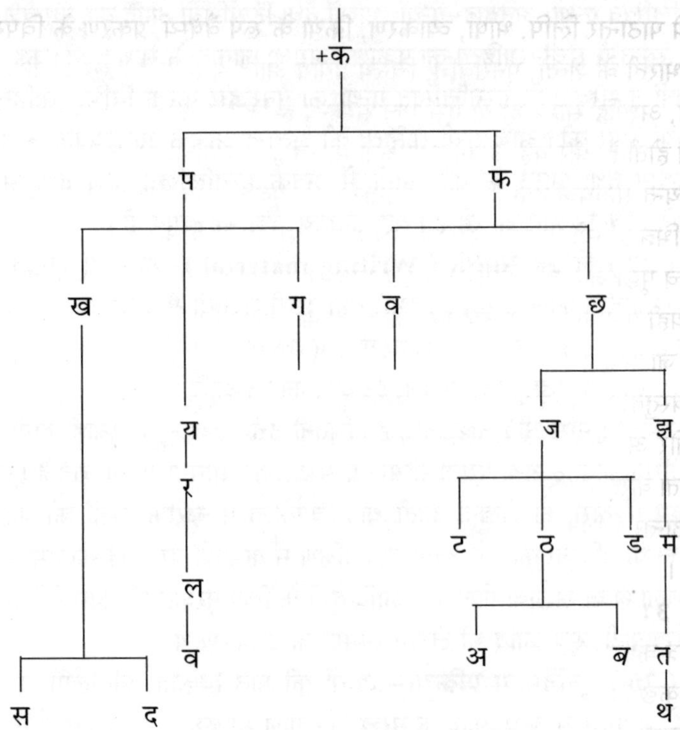

उक्त उदाहरण में स द के पाठों की सारी समता विषमता की संगतियां मिलाते हुए उसका ख उसका उपपुनर्निर्माण होगा। इसी तरह ट ठ ड का ज उपपुनर्निर्माण हागा। और सभी प्रकार के उपपुनर्निर्माण होगा। इसी तरह ट ठ ड का ज उपपुनर्निमाण होगा। और सभी प्रकार के उपपुनर्निर्माण को मिलाकर के काल्पनिक मूलादर्श की उपलब्धि हो सकेगी। इस प्रकार उपपुनर्निर्माण की प्रथम अवस्था है।

(30) पाठान्तर–अनेक प्रतियों में मिलने वाले पाठभेद की पाठान्तर कहा जाता है। यह पाठान्तर प्रतियों के प्रतिलिपि–सम्बन्ध स्थापित करने में महत्त्वपूर्ण कार्य करता है। पाठों में विकल्पों तथा भेदों का होना स्वाभाविक है। विभिन्न पाठान्तर की दशा में उनके आधार पर प्रतियों का पाठ–सम्बन्ध तभी माना जा सकता है जब अशुद्धि–साम्य के बहुत से स्थल हों। यह पाठान्तर दो प्रकार से सम्भव हैं–

1. कवि द्वारा हुए स्वयं के संशोधन से
2. विभिन्न प्रक्षेपकारों द्वारा ।

ये पाठान्तर लिपि, भाषा, व्याकरण, क्रिया के रूप वैषम्य, प्रकरण के विपरीत, कथा भारती के शब्दों, पुनरावृत्ति, चिन्त्य प्रयोग आदि से होता है। इस प्रकार शुद्धि वैषम्य, अशुद्धि साम्य ही दो ऐसे मूल सम्बन्ध हैं जिनके सहारे पाठान्तर की क्रिया सम्पन्न होती है और यह अपने सापेक्षिक महत्त्व द्वारा प्रतिलिपि सम्बन्ध के निर्धारण में अत्यन्त सहायक होते हैं। उप पाठान्तर इनके पूर्व की अवस्था होती है। पाठान्तर ही विभिन्न प्रतियों के पाठ संरक्षण अथवा पाठ सुरक्षा के निर्धारण की कसौटी होता है। सच पूछा जाए तो प्रतियों के मुख्य सम्बन्ध और गौण सम्बन्ध को स्थापित करने वाले यही पाठान्तर हैं। काल्पनिक आदर्श के पाठ के पुनर्निर्माण होने पर इनका त्याग किया जा सकता है।

वस्तुतः पाठान्तर भूमिका या प्रस्तावना है जो पाठालोचक को पुनर्निर्माण क्रिया की ओर अग्रवार करने में गति प्रदान करती है और यह सम्बन्ध पाठ निर्धारण में सहायता करते हैं। अनेक विकल्प ही सही मूलपाठ के जन्मदाता होते हैं। जिस प्रति में पाठान्तर जितने ज्यादा होगे वह मूलपाठ के समीप उतनी ही सुगमता से पहुंच सकेंगे।

(31) शोध या शुद्धि पत्र–किसी प्रति में लगे हुए एक अतिरिक्त पत्र को शोधपत्र कहते हैं। गवेषणा के पश्चात् स्थिति को सुधारने के लिए तथा स्पष्ट करने के लिए, कुछ निश्चित भ्रमों का निराकरण करने के लिए पाठालोचक पूर्ण ब्योरे के सहित पत्र तैयार करता है। यही शोध-पत्र है। इसमें अधिकांश पाठांश या तो प्रमुख प्रतिलिपिकार द्वारा जानबूझ कर छोड़े हुए होते हैं या दूसरी प्रतियों में पाये जाने वाले पाठ के रूपों का सही विश्लेषण होता है। ये सूचनाएँ वे होती हैं जो उसकी प्रति में दूसरे प्रतिलिपिकार, सम्पादक, स्वामी या अधिकारी द्वारा जोड़े गए होते हैं। अतः इन पत्रों का अत्यन्त महत्त्व है।

(32) वंशवृक्ष या वंशक्रम–पाठ के पुनर्निर्माण को प्राप्त करने के लिए प्रतियों के वंशवृक्ष का निर्माण करना बहुत आवश्यक है। बिना श्रेणी, वर्ग तथा वंश निर्धारण के यह कार्य अत्यन्त कठिन है। यह क्रिया ऐसी वैज्ञानिक क्रिया है कि जो पाठालोचक को प्रतियों की सरलता से काट-छाँट (Scrutiny) करने में बड़ा योग देती है। इस क्रिया में उलटी क्रिया विशेष रूप से कार्य करती है। प्रतियों को नीचे से रखा जाता है और धीमे धीमे यह ऊपर तक के काल्पनिक आदर्श तक पहुँचती है।

यह क्रिया पुनर्निर्माण क्रिया का सिद्धान्त है, इसमें प्रतिलिपियों से लेकर काल्पनिक मूलादर्श तक पहुँचने की विभिन्न सम्भाव्य सीढ़ियों का निर्माण किया जाता है। इस निर्माण का मूल विभिन्न विकल्प होते हैं जो विकृतियों पर निर्भर होते

है। ज्यों-ज्यों विभिन्न प्रतिलिपियाँ होती जाएंगी और मूलादर्श दूर हटता जाएगा त्यों-त्यों मूलादर्श काल्पनिक मूलादर्श से विकृतियों के माध्यम से नीचे की प्रतियाँ दूर होती जाएंगी और इन्हीं और इन्हीं विकृतियों की अधिकाधिक वृद्धि पर समय व परिस्थितियों के अनुसार उनकी श्रेणियां निर्धारित होंगी। ऐसी स्थिति में सबसे बड़ी समस्या मूल पाठ तक पहुंचने की हो जाती है। इन्हीं विकल्पों को सामने रखकर इस समस्या से मुक्ति पाने के लिए उस पाठ का पुनः लेखन Retrace करना पड़ता है। अतः इस सारी प्रक्रिया को वंशवृक्ष या वंश कहते हैं। निर्धारण की क्रिया में यह प्रयास करना आवश्यक हो जाता है कि कौन-सी प्रति का किसके साथ सम्बन्ध है और वे किस वंश या गण के अन्तर्गत रखी जा सकती है। प्राप्त पाठ कहां से आया, विकृतियां कैसे बढ़ी, प्रक्षेप कैसे हुए आदि बाते स्पष्ट होती हैं। एक काल्पनिक रेखाचित्र एतदर्थ पर्याप्त होगा-

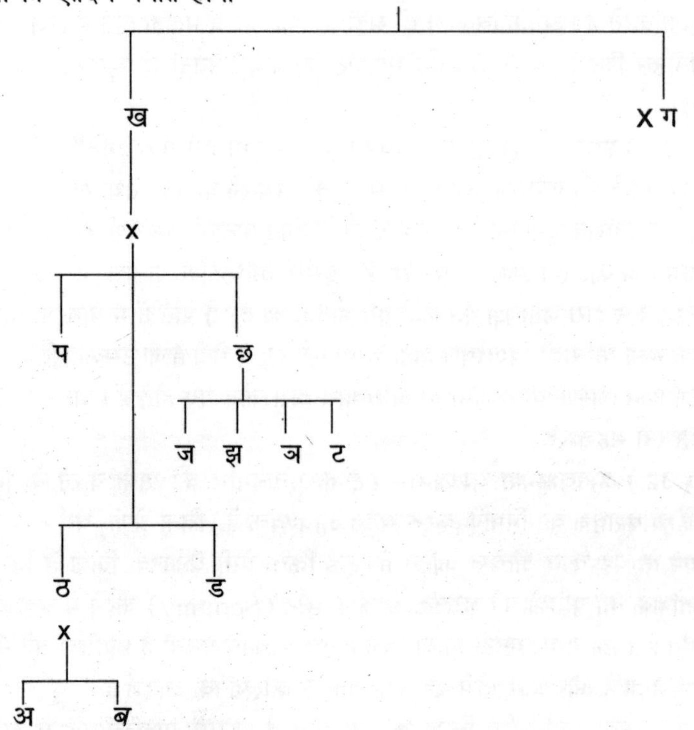

इस तरह से प्रारम्भ होकर यह क्रिया क तक पहुँचती है।

यही वंश निर्धारण क्रिया है जो पाठालोचक के लिए अत्यन्त आवश्यक है।

(33) परंपरित प्रति–जिन प्रतियों के द्वारा मूल पाठ की परम्परा आगे बढ़ती है उन्हें परंपरित प्रति कहते हैं। इसके दो प्रकार होते हैं।

ये प्रतियां एक स्थान से दूसरे स्थान पर मूलपाठ की परम्परा को सुरक्षित रखती हैं। लोक प्रचलन के आधिक्य पर प्रतियों का आधिक्य स्वाभाविकत: निर्भर होता है। प्रतिकूल इसके कम प्रचलन पर कम प्रतिलिपियां हो। प्रथम के उदाहरण में चन्दकृत पृथ्वीराज रासो और द्वितीय के उदाहरण गुरु ग्रन्थ साहब के लिए जा सकते हैं। (पर यह कोई अनिवार्य सिद्धान्त नहीं)। परम्परित प्रति और प्रथम प्रति में यही अन्तर है कि प्रथम पाठ की परम्परा को रखते हुए भी अधिक विकृत निश्चेष्ट हो जाती है। प्रथम में सचेष्ट निश्चेष्ट दोनों प्रकार की भूलें आती हैं जबकि द्वितीय में प्राय: भूलें ही होती हैं।

परम्परित प्रतियों की शुद्धता देश,काल तथा परिस्थिति पर निर्भर रहती है।

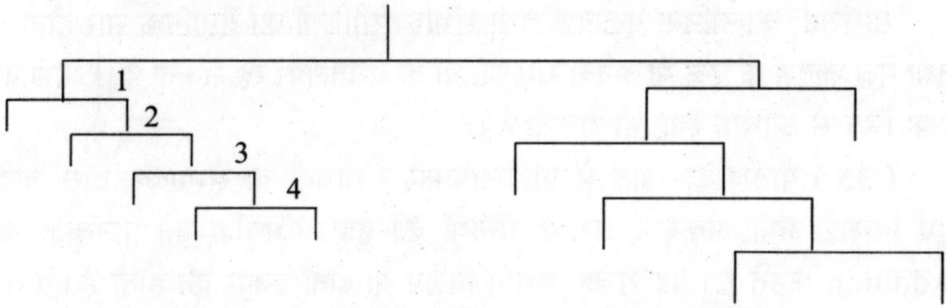

उक्त कल्पित उदाहरण में संस्यामूलक अंक परम्परित प्रतियां है।

(34) काल्पनिक मूलादर्श– प्रतिलिपि परम्परा प्रक्षेप परम्परा आदि द्वारा निर्मित वंशवृक्ष के गणों–उपगणों और उपउपगणों में प्रस्तुत सभी प्रतियों के विकल्पों को शुद्धि वैषम्य और अशुद्धि–साम्य के माध्यम से दूर कर जिस मूल केन्द्र–बिन्दु पर पाठशुद्धि को पहुंचाया जाता है वह काल्पनिक मूलादर्श कहलाता है। यह आवश्यक नहीं कि काल्पनिक मूलादर्श समान हो। दोनों के मध्य एक या अनेक प्रतियों का अन्तर हो सकता है पर इतना निश्चित है कि यह ऐसा शुद्ध केन्द्र–बिन्दु बन जाता है जो अपने वंश–क्रम परिगणित गणों उपगणों की सभी प्रतियों में अधिक शुद्ध होता है। वैज्ञानिक रीति से विभिन्न संभाव्य सीढ़ियों को पार कर काल्पनिक मूलादर्श की मंजिल तक पहुंच जाता है और जब काल्पनिक मूलादर्श निर्माण हो जाता है तब उससे नीचे की सभी परम्परित प्रतियों का मूल्य नहीं के बराबर हो जाता है।

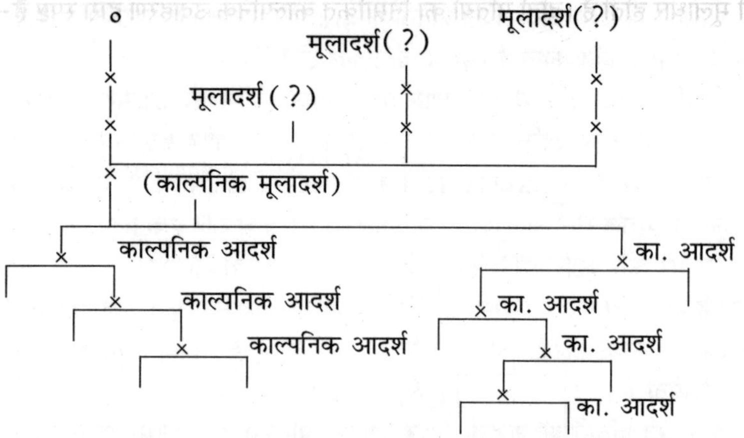

सारांशत: काल्पनिक मूलादर्श सभी संभाव्य सीढ़ियों का वैज्ञानिक सार होता है तथा मूल जादर्श के एक या अनेक सम प्रतियों के धरातलपर रह सकता है। (पीछे के रेखा चित्र से अधिक स्पष्ट हो सकता है)

(35) पाठवृद्धि–पाठ में प्रतिलिपिकार संशोधक या सम्पादक द्वारा जोड़े हुए विशिष्ट अंगों, प्रकरणों अथवा पंक्तियों की हुई अभिवृद्धि को पाठवृद्धि या Addition कहते हैं। यह सचेष्ट अथवा निश्चेष्ट या दोनों प्रकार की होती है। प्राय: इसके सादृश्य Analogy काम किया करता है। यह उदाहरण एतदर्श पर्याप्त होगा–

सामान्य पाठ है–***मज्जन करि सर, सखिन्ह समेता, गई मुदित मन गोरि निकेता।***
पूजा कीन्ह अधिक अनुरागा, निज अनुरूप भुभ बर मांगा॥

सं. वि. 1721 तथा 1762 वाली रामचरित मानस की प्रतियों में अन्तिम तीन चरण दुबारा उसी स्थान पर लिख लिये गये हैं और अंतिम प्रथम चरण की शब्दावली के भ्रम से निज अनुरूप समेता-लिख लिया गया है। यदि इस पर ध्यान दिया जाय तो इसके मूल में दृष्टिभ्रम तथा साद्दश्यता ही है। आगे चलकर विभिन्न परिस्थितियों में ऐसे स्थल प्रक्षेप बन जाते हैं। इस प्रकार पाइवृद्धि प्रक्षेप का ही एक उपान मात्र है।

(36) विद्यमान प्रति–प्रतिलिपि परम्परा के अनुसार जब विभिन्न संभाव्य सीढ़ियों के द्वारा वंश-क्रम निर्धारित कर लिया जाता है तो जितनी भी मिलने वाली प्रतियां है वे सब विद्यमान Extant Mss/ कहलाती हैं। और जो प्रतियां एक गण या उपगण में होंगी उनको साम्य असाम्य द्वारा निर्मित पाठ (जो कि आदर्श कहलाता है) अविद्यमान प्रति होगी। दूसरे शब्दों में विद्यमान प्रतियों ही अविद्यमान प्रतियों

की मूलाधार होती हैं। दोनों प्रतियों का निम्नांकित काल्पनिक उदाहरण द्वारा स्पष्ट है –

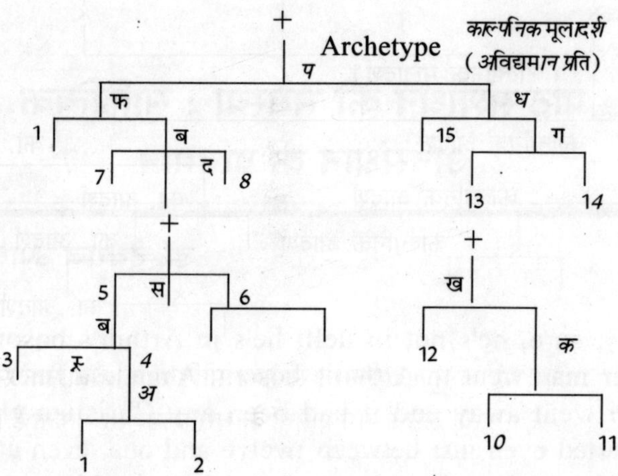

पाठ संशोधन की समस्या : साहित्यिक अनुसंधान के प्रतिमान

डॉ. देवराज उपाध्याय

Nay, sure, he's not in hell; he's in Arthur's bosom if ever man went to Arthur's bosom. A'made a finer end and went away and it had been any Christian child; a'parted even just between twelve and one, even at the turning o' the tide; for after I saw him fumble with the sheets and play with flowers and smile upon his finger's ends. I knew there was but one way; for his nose was as sharp as a pen and a Table of green field; [King Henry the Fifth (Act II Sc. III)],

इन पंक्तियों के द्वारा नाटक की परिचारिका फाल्स्टाफ की मृत्यु का वर्णन कर रही है। परन्तु जो लोग पाठानुसंधान के प्रेमी हैं और जो यह समझते हैं कि जब तक यह निश्चित न हो जाए कि लेखक के सही शब्द क्या थे तब तक सारा साहित्यालोचन व्यापार निरर्थक है, उनका ध्यान and aa table of green fields की ओर गया। प्रश्न यह है कि इन शब्दों का क्या अर्थ है ? साधारणतः इन शब्दों से जो अर्थ निकलता है उसकी संगति प्रसंग से नही बैठती। टेबिल और हरे-भरे मैदान की बातों की यहां कौन सी तुक है? इसी प्रश्न को लेकर पाठलोचकों में, शेक्सपियर साहित्याधेताओं में एक ऐसी पादविवाद परम्परा छिड़ गई है जिससे पाठालोचन की समस्याओं पर पर्याप्त प्रकाश पड़ता है।

शुद्ध पाठ की चर्चा तो बहुत दिनों से थी। विद्वान् लोग सदा से शुद्ध पाठ के महत्त्व को समझते रहे हैं-

दुष्टः शब्दः स्वरतो वर्णतो वा
मिथ्या प्रयुक्तो न तमर्थमाहु।

स वाग्वज्रो यजमानं हिनस्ति
यथेन्द्रशुः स्त्रतोपराधात् //

जिन प्राचीन मनीषियों ने ये शब्द कहे थे वे शुद्ध पाठ के कितने समर्थक रहे होंगे। सरस्वती जब वेद मंत्रों के रूप में प्रकट हुई तब से किसी ने मंत्रों के साथ छेड़छाड़ करने का साहस न किया। कवि के शब्दों की भी रक्षा उसी तत्परता से की जाती है। पर यह कार्य शुद्ध पाठ की खोज नामक एक पृथक् व्यापार के नाम से पुकारा नहीं जाता था। अब साहित्य में शुद्धता का आन्दोलन विकसित हो रहा है। शुद्ध कार्यों की चर्चा आज खूब जोरों पर है। मेरी कल्पना है कि शुद्ध आलोचना, शुद्ध उपन्यास, शुद्ध कहानी, शुद्ध पाठ का आन्दोलन भी प्रबल रूप धारण करने वाला ही है।

अस्तु, ये शब्द सन् 1623 वाले संस्करण में पाये जाते हैं। कहा जाता है कि इसी साल शेक्सपीयर के सब नाटकों का सम्पूर्ण संग्रह तैयार कर प्रकाशित किया गया, और इस नाटक का प्रामाणिक पाठ्य यही है – The first collected edition of shakespeare's plays, and the only real authority for the text of play - David Daiches in Critical Approaches to Literature _ Ch.16)

परन्तु 1600 या 1608 के प्राचीन संस्करणों में ये शब्द नहीं पाए जाते। लेविस थियोबोल्ड ने 1733 अर्थात् 110 वर्षों के उपरान्त स्वसम्पादित संस्करण का प्रकाशन करवाया जिसमें उन्होंने इन शब्दों को बदलकर and a babbled of green field कर दिया। तब से और भी अनेक परिवर्तन तथा संशोधन उपस्थित किये जा रहे हैं।

अतः इन शब्दों के केन्द्र बिन्दु से जो शास्त्रार्थ का झमेला उठ खड़ा हुआ है उसके स्वरूप को भी संक्षेप में जरा समझ लेना चाहिए। इससे हिन्दी के ग्रंथों के प्रामाणिक संस्करण तैयार करने में सहायता मिलेगी। सूर, तुलसी, जायसी इत्यादि के शुद्ध पाठ निर्धारण में बहुत सी संस्थाएं संलग्न हैं। स्पष्ट है कि जहां तक इन शब्दों की स्थिति का प्रश्न है तीन बातें हो सकती हैं–1. ये शब्द ठीक हैं, शेक्सपीयर के ही हैं। तब इस प्रश्न का उत्तर देना होगा कि यदि ये शब्द शेक्सपीयर के ही हैं तो 1600 या 1608 वाले संस्करण में क्यों नहीं पाए जाते ? उस समय शेक्सपीयर जीवित ही थे। यदि उनकी रचना में कहीं कोइ्र भूल भी होती तो वह उसका सुधार मजे में कर सकते थे। यह अवश्य है कि उनकी तत्पर देखरेख में उनके नाटक प्रकाशित हुए ही नहीं थे। पर ऐसी बड़ी भूल, जिसके कारण प्रसंग का सारा अर्थ ही उलट पुलट हो

जाए, हंसुये का विवाह और खुरपे का गीत वाली लोकोक्ति चरितार्थ होती है, वह शेक्सपीयर के कानों में अवश्य पड़ी होती और उन्होंने भूल का सुधार अवश्य किया होता चाहे वह वउपेपवद की हो अथवा ब्वउउपेपपेवद की हो। पर इन संस्करणों में अर्थात् 1600 या 1608 वालों में कोई भी ऐसा प्रयत्न परिलक्षित नहीं होता। माना कि 1600 वाले संस्करण में ये शब्द भूल से छूट गए हों, और यह भी मान लें कि उस समय मुद्रण कला इतनी विकसित नहीं थी कि छूटे हुए शब्दों को यथास्थान जोड़ना सम्भव हो सके। पर इस भूल का परिमार्जन 1608 वाले संस्करण में तो हो सकता था। इसमें क्या बाधा थी ? पर यह हुई नहीं। तब इन शब्दों का बीच में आ जाने का रहस्य क्या है ? निष्कर्ष यही निकलता है कि ये शब्द शेक्सपीयर के नहीं है। शेक्सपियरोक्त होने के लिए हमें तीन प्रश्नों का समाधानकारक उत्तर देना होगा – (क) शेक्सपीयर के जीवनकाल के संस्करण में ये शब्द क्यों स्थान पा नहीं सके ? (ख) यदि ये शेक्सपीयर के ही शब्द हैं तो प्रसंगानुकूल सार्थकता की मात्रा इनमें कितनी है ? (ग) यदि शेक्सपीयर के शब्द नहीं हैं तो 1623 वाले प्रामाणिक संस्करण में आ कैसे गए ?

पोप इन्हें शेक्सपीयर के शब्द नहीं मानते। पर वे इस बात का सन्तोषजनक उत्तर देते हैं कि ये शब्द वहां किस तरह स्थान पा गए और लोगों ने उन्हें सही मान लिया। इसी भूल की इतनी पुनरावृत्ति होती रही कि वही सत्य बन गई है और उसका निराकरण कठिन हो रहा है। हम पोप की तर्क पद्धति को देखें। शेक्सपियर के पाठ में स्थान मिल गया वह नाटक के सम्पादकों की एक मजेदार भूल के कारण। बात यह हुई कि शेक्सपियर के नाटक रंगमंच पर खेले जाते थे, इसमें तो कोई सन्देह नहीं नाटक के अभिनय के लिए जो स्क्रिप्ट तैयार की जाती थी उसमें यत्र तत्र नाट्योपयोगी निर्देशन भी दिए रहते होंगे। यहां पर जिस दृश्य का वर्णन किया जा रहा है वह एक आपानक गृह का है जहां पर एक टेबिल लाने की जरूरत थी। यही बात निर्देशक ने स्टेज सजाने के लिए, स्क्रिप्ट में नोट कर रखी थी। ग्रीनफील्ड शायद उस व्यक्ति या कम्पनी का नाम था जो नाटकगृहों के लिए टेबिल इत्यादि की व्यवस्था करता था। नाटक के सम्पादकों ने भूल से इन शब्दों को अभिलेख का ही अंश मान लिया है और उन्हें ज्यों का त्यों प्रकाशित करा दिया। आधुनिक युग में मुद्रण का थोड़ा-सा भी अनुभव रखने वाले व्यक्ति को बतलाने की आवश्यकता नहीं कि प्रूफ-संशोधन के लिए हाशिए में बतलाएं गए निर्देश किस तरह मूल पाठ में भी, कम्पोजिटरों की भूल से स्थान पा जाते हैं।

यह कथन बहुत तर्कसंगत, विश्वासोत्पादक तथा सन्तोप्रद मालूम पड़ता है।

बहुत-से विद्वान् इसको स्वीकार करते हैं। व्यक्तिगत रूप में मुझे यह व्याख्या बहुत ही युक्तियुक्त मालूम पड़ती है क्योंकि आए दिन मुझे इसका कटु-मृदु अनुभव होता ही रहता है। आप जानते हैं कि मैं बधिर व्यक्ति हूँ। संगोष्ठियों में दुभाषियों के माध्यम से मेरा कार्य चलता है। दूसरे लोग जो विचार प्रकट करते हैं उन्हें मेरे दुभाषिये महोदय लिखकर उनसे मुझे अवगत कराते हैं। एक सभा हो रही थी। एक प्रश्न पर कोई सज्जन बोल रहे थे। मेरे दुभाषिये महोदय ने लिखा कि ये सज्जन अपनी सत्ता की दृढ़ रक्षा-पंक्ति बनाए हुए हैं। कभी भी इस प्रस्ताव को पारित नहीं होने देंगे क्योंकि इससे उनके अधिकारों का हनन होता है। वास्तव में वक्ता महोदय के ये शब्द नहीं थे। यह दुभाषिये महोदय की अपनी राय थी जो वे मुझे बता रहे थे ताकि मैं पूरे वातावरण से अवगत रह सकूं। पर मैंने यह समझ लिया कि प्रस्ताव पर बोलने वाले वक्ता महोदय की ही यह उक्ति थी। उसी तरह इस बात की संभावना यहां भी है कि नाटक के निर्देशक ने अपनी सुविधा के लिए हाशिये में लिख रखा हो कि यहां पर ग्रीनफिल्ड्स के टेबिल रखे जाए (and a table of reen field) पुस्तक के प्रकाशन के अवसर पर सम्पादक ने इसे वास्तविक पाठ का ही अंश समझ लिया हो और ये शब्द ज्यों के त्यों छप गए हों।

परन्तु समस्या यहीं पर हल नहीं हो जाती। मानव स्वभाव का सच्चा स्वरूप क्या है, कहा नहीं जा सकता। वह नवीनता का प्रेमी होता है अथवा प्राचीन से ही चिपका रहना चाहता है, कहना कठिन है। यही मानना ठीक है कि वह सब कुछ होता है। उसमें तरह-तरह की विचारधाराओं का संघर्ष होता रहता है और उसके परिणामस्वरूप मानवता आग्रसर होती रहती है। अतः कुछ विद्वान् ऐसे भी सामने आए जिन्हें पोप की इस व्याख्या से सन्तोष नहीं हुआ और वे यह मानने को तैयार नहीं थे कि ये शब्द शेक्सपीयर के नहीं हैं और सम्पादक की महज असावधानी से वहां स्थान पा गए हैं। नहीं, ये शब्द शेक्सपीयर की उक्ति के ही अंश हैं।

यह मत मि. थियोबोल्ड का था। उन्होंने इस बात को प्रमाणित करने की चेष्टा की और अपने पक्ष के समर्थन के लिए अनेक तर्क दिए कि नाटक में जिस तरह के प्रसंग का वर्णन है उसके लिए टेबिल की कोई सार्थकता नहीं है। तब वहां टेबिल स्थापना करने की बात सोच लेना क्लिष्ट कल्पना ही है। वास्तव में ये शब्द शेक्सपीयर के ही हैं। बात इतनी सी है कि लिखावट की विचित्रता के कारण इन लोगों ने भूल से कुछ का कुछ पढ़ लिया है। वास्तव में शब्द हैं–He babbled of green fields (वह ज्वरावेश में हरेभरे खेतों के बारे में बर्रा रहा था।) इसी को a table of green fiedls, पढ़ लिया गया है।

मैं यहां पर अपनी बात कहूंगा। मैंने मि. थियोबोल्ड की मौलिक पुस्तक नहीं देखी है कि विश्वास के साथ कह सकूं कि उन्होंने इस बात के प्रमाण में अन्य स्थानों पर हस्तलिपि की विचित्रता के कारण उत्पन्न भूलों के उदाहरण दिए हैं या नहीं। इस तरह की भूल शेक्सपीयर साहित्य में अन्य स्थानों पर भी कहीं हुई है या यह पाठालोचन क्षेत्र का अकेला अद्वितीय उदाहरण है। पर मेरे सामने तो हिन्दी या अंग्रेजी साहित्य से अनेक उदाहरण उपस्थित हो रहे हैं। बड़े मजे की बात यह है कि पोप ने भी अपनी सम्पादित पुस्तक के दूसरे संस्करण में थियोबोल्ड के पाठ संशोधन को स्वीकार कर लिया है। पर पुस्तक के प्रथम संस्करण में कही हुई बात में कुछ ऐसी स्पष्टता है, स्वाभाविकता है, विश्वसनीयता है कि उसके प्रति अविश्वास करने का जी नहीं चाहता। यदि पोप ने पहले से ही एक बात कहकर पाठक के मस्तिष्क को पूर्वग्रहानुविद्ध नहीं कर दिया होता तो थियोबोल्ड की बात को स्वीकृत कर लेने में सुविधा होती।

नाशे की एक पुस्तक है – Perce Penilesse उसके प्रथम संस्करण में ये पंक्तियां मिलती हैं–if he be challenged to fight, for his delaterie dye case he objects that it is not the custom of the Spaniards or the Germane to liik back to every dog that barks.

इस वाक्य में एक शब्द आता है कलम बेंम। इस शब्द में इस वाक्य में बैठने की न तो योग्यता है, न आकांक्षा। यहां पर मग बनेम होना चाहिए। स्वाभाविक प्रेरणा होती है कि नाशे की हस्तलिपि की परीक्षा की जाए और देखा जाए कहीं वे मग को कल की तरह तथा न को ं की तरह तो नहीं लिखा करते थे? खैर, यहां तो विशेष शंका का अवसर कम है क्योंकि पुस्तक के दूसरे संस्करण में कलम बेंम के स्थान पर मग बनेम ही मिलता है।

यदि हिन्दी साहित्य में हस्तलिपि की विचित्रताओं के कारण उत्पन्न भ्रमों का उदाहरण ले तो जायसी का पद्मावत अच्छा उदाहरण है। जायसी के पद्मावत का सम्पादन अनेक हस्तलिखित प्रतियों के आधार पर किया गया है। पद्मावत के रचनाकाल का उल्लेख करते हुए कहा गया है कि–

सन् नौ सै सैंतालिस अहै।
कथा आरम्भ-बैन कवि कहै।

अर्थात् 947 में कवि ने इस ग्रंथ की रचना प्रारम्भ की। यहाँ तक तो ठीक पर मतभेद 947 पर है। कुछ लोग कहते हैं कि 947 नहीं है, 927 है। क्योकि 947 मानने से पुस्तक में उल्लेखित बहुत-सी घटनाओं की संगति नहीं बैठाई जा सकती।

फारसी लिपि में जरा-सी कलम के हिलने-डुलने मात्र से सत्ताइस का सैंतालिस पढ़ लिया जाना कठिन नहीं है।

यहाँ पर प्रसंगवशात् हस्तलिपि की विचित्रता तथा तज्जन्य अनुसन्धान जटिलता की चर्चा चल पड़ी है। अत: मुझे कुछ ऐसे प्रसंग याद आ रहे हैं जहां पर हस्तलिपि की समता या विषमता के कारण बड़ी जटिल समस्या खड़ी हो गई थी। अंग्रेजी साहित्य के अध्येताओं को विलियम हेनरी आयरलैण्ड (1717-1838) की कथा भूली न होगी। वह की हस्तलिपि की ऐसी सटीक नकल कर लेता था कि बड़े-बड़े विद्वान जेम्स बॉसवेल, हेनरी पाई राजकवि तथा प्रिन्स ऑफवेल्स भी भ्रम में पड़ जाते थे। उसने की अनेक दस्तावेज, अनुबंध, समेंमेए धर्मविश्वासों तथा एन हॉथवे के पास लिखे एक पत्र (जिसमें उसके केशकनाप का एक गुच्छा भी था) का ऐसा जाली रूप तैयार किया था कि बहुत से लोगों ने उन्हें भ्रम में सच्चा मान लिया था। बॉसवेल की प्रसन्नता की तो बात न पूछिए। वे तो भावावेश में आकर टेहुने टेककर उस relic को चूमने लगे। इतना ही नहीं, आयरलैण्ड का उत्साह यहां तक बढ़ा कि उसने के नाम से ही उनकी ही हस्तलिपि में लिखा हुआ एक वॉटिंगेन नामक नाटक का ही एक जाली रूप उपस्थित किया। यह नाटक ड्रुअरी लेन में खेला भी गया था जिसमें केम्बले ने नायक की भूमिका अदा की थी। यह भ्रम बहुत दिनों तक चलता रहा। अन्त में चलकर आयरलैण्ड ने स्वयं अपने अपराध को स्वीकार किया और इसके सम्बन्ध में एक पुस्तक लिखी।

कहने का अर्थ है कि हस्तलिपि की विचित्रता के कारण बहुत ही समस्याएं खड़ी हो गई हैं और शे के विषय में यही बात हो, यह कोई असम्भाव्य नहीं है।

डॉ. वारबर्टन भी थियोबोल्ड के पाठानुसंधान से सहमत नहीं हैं। उनका तर्क है कि फाल्स्टाफजिस रोग से पीड़ित था वह burnign quotediantertaian था, एक तरह का तिजरा ज्वर। इस रोग के रोगी, ज्वरावेश में आकर बक-झक नहीं करते, अंट शंट नहीं बोलते। फाल्स्टाफ के प्राण पखेरू उड़ रहे थे, दम निकलने ही वाला था, वह कुछ बोल सकने की परिस्थिति में नहीं था। यदि वह बोलता भी तो हरे मैदानों में शीतलता करने की बात कहता क्योंकि उसके पैर स्वयं ठंडे हो रहे थे। इस बात को भी नहीं भूलना चाहिए कि babbled के स्थान पर, Table, जिसमें Captical है, पढ़ा जाना कठिन है।

स्मिथ ने इस पाठ संशोधन की समस्या पर दूसरे ढंग से ही विचार किया है। उन्होंने कहा कि सम्पादकों का ध्यान एक बात की ओर नहीं गया कि शे की शब्दावली में टेबिल का अर्थ टेबिल नहीं पाकेट बुक है। बस समझ लीजिए डायरी।

यदि सम्पादकों के ध्यान में यह बात आई होती तो वे जरा सा परिवर्तन करके इस वाक्यांश को इस रूप में रहने देते। for his nos w sa sa sa ha pen इसमें कम से कम परिवर्तन की आवश्यकता पड़ती है। केवल and के स्थान पर upon तथा fileds के स्थान पर fells पढ़ने की आवश्यकता है। आज भी यह बात देखने में आती है कि डायरियों में (प्रायः हर रंग के चमड़े की जिल्द से बंधी) नुकीली कलम या पेंसिल रखी जाती है। मरणोन्मुख व्यक्ति की नाक पतली तथा नुकीली भी हो जाती है। अतः फाल्स्टाफ की नाक की पतली तथा नुकीली कलम से तुलना करना उचित भी मालूम पड़ता है। बात सीधी सी है कि होस्टेस कहना तो चाहती थी on a table book it as h a green cover or sa fgreen table परन्तु अपने गलत अभ्यास के कारण table of green fells मिससे कहती है। इसी को प्रतिलिपिकार ने भूल से green fiedls लिख दिया है। इस तरह से के साहित्य में एक बड़ी मनोरंजक भूल को प्रवेश करने का अवसर मिल गया और इसी को लेकर मुण्डे- मुण्डे मतिर्भिन्ना वाली प्रवृत्ति ने एक विचित्र वितण्डावाद उपस्थित कर दिया।

इस विवादग्रस्त वाक्यांश के बारे में एक और भी अनुमान किया गया है। कदाचित जंइसम शब्द ठीक है और विकृत शब्द दक है जो पद के स्थान पर भूल से छप गया है। शे के अन्य नाटकों में इस तरह की भूल (अर्थात् दक के स्थान पर पद का छप जाना) दृष्टिगोचर होता है। अतः इस वाक्यांश का संशोधित रूप यह होगा, and his nosew s sa sa harpsa संभव है कि pen शब्द का प्रयोग pinfold ; pen fo a nimals) के अर्थ में किया गया हो और टेबिल का प्रयोग चित्र के अर्थ में। इस प्रसंग में मैलोन ने कहा है कि The pointed s tatkes of which pinfoldsa res ometinmes.

यह कहना कठिन है कि संशोधन के लिए प्रस्तावित इन प्रस्तावों में कौन सा सवोत्तम तथा ग्रहणीय है। सर्वो ने अपने पक्ष के समर्थन में अपने-अपने तर्क दिए हैं जिन्हें झट से टाला नहीं जा सकता। इतना ही कहा जा सकता है कि and he babbled of green fields ही मानने के पक्ष में अधिकांश विद्वानों की सम्मति है और शायद यह ठीक भी हो। पाठ संशोधन के लिए कोई वैज्ञानिक नियम नहीं बनाया जा सकता। यह एक तरह की आन्तरिक प्रज्ञा है, अन्दर से उठने वाली हिलोर है जो किसी रहस्यमयी गति से सत्य के छोर को छू लेती है। वास्तव में यह कला है। इसी को देखकर ए.ई ,हाउसमैन ने कहा है कि पाठालोचक का कार्य वैसा नहीं मानो जैसे न्यूटन ग्रहों की गति का अनुसंधान करता हो। यह मक्खियों को पकड़ने वाले कुत्ते के अधिक समीप है। यदि कुत्ता मक्खियों का शिकार गणित के नियमों के

आधार पर करने लगे, अपने क्षेत्र के आंकड़ों तथा वहां की जनसंख्या का अध्ययन करे तो वह कर चुका शिकार। शायद ही भाग्य से एक-दो शिकार हाथ लगे। । textual critic engaged upon his bunisnees in not at all kikeNweton investigating the motion of planets, he is much more like a dog hunting for flies, If a dog hunted for lies on mathematical principles, having his researches on statistics of areaand population he would never catcha a flea except by accident.

हाउसमैन का कथन सिद्धान्ततः ठीक हो सकता है। यह सही है कि महान् प्रतिभा नियमाधीन नहीं होती। रचनात्मक या अनुसंधानात्मक प्रतिभा नियतिकृत नियम रहिता, अनन्य परतंत्रा होती है, वह किसी नियम का ताव नहीं मानती, वह उन्हें रौंदकर चलती है। पर सब प्रतिभाएं महान् नहीं होती। सब साहित्यिक या शोधकर्ता महान् प्रतिभा के धनी नहीं होते। मतलब साधारण प्रतिभा वाले ही सब क्षेत्रों में काम करते हैं। बल्कि उनकी ही संख्या अधिक होती है। नियम इत्यादि उन्हीं के पथ प्रदर्शन के लिए होते हैं ताकि कहीं उनसे भयंकर भूल न हो जाए।

अतः पाठानुसंधायक शोध छात्र पाठों में संशोधन करें, इसमें कोई आपत्तिजनक बात नहीं। परन्तु जो संशोधन किया जाए उसमें दो गुणों का होना आवश्यक है - 1. प्रसंगानुकूलता : मौलिक पाठ प्रसंग से सर्वथा असंगत हो, उनकी संगति जरा सी भी न बैठती हो पर संशोधन प्रसंग के साथ अनुकूल हो। ऐसा लगे कि प्रसंग की वह नैसर्गिक मांग है। 2. विकार हेतु स्पष्टता : अर्थात् संशोधन में ऐसी शक्ति होनी चाहिए कि वह बतला सके कि पाठ में विकारोत्पन्न होने के क्या कारण हैं। उन कारणों में विकारोत्पत्ति की पूर्ण शक्ति होनी चाहिए। कुछ हेतु ऐसे प्रबल होते हैं कि धीरों में विकृति उत्पन्न कर देते हैं। शिव बड़े धीर थे, समाधि में लीन थे। उन्हें अपने ऊपर पूरा विश्वास था। जब पार्वती पूजा करने आई तो उसे आने दिया। कालिदास कहते हैं -

प्रत्यर्थीभूतामपि तां समाधेः शुश्रूषमाणां गिरिशो नुमेने
विकारहेतौ सति विक्रयन्ते येषां न चेतांसि त एव *धीराः*।

पर सब कुछ होते हुए भी वे परिलुप्तधैर्य हो ही गए। पर हर में इस परिलुप्तधैर्यत्व की स्थापना करने के लिए कवि को क्या-क्या करना पड़ा है वह तो कालिदास ही जानते हैं, दूसरा कौन जान सकता है ?

इन दोनों शर्तों की पूर्ति Zand ballled of green filed के द्वारा हो जाती है। जिस तरह के प्रसंग का वर्णन हो रहा है उसमें अर्थात् फाल्स्टाफ की प्राणघातक

ज्वराक्रांत दशा में उसकी बर्राहट, असंगत प्रलाप अप्रासंगिक नहीं है। अतः प्रथम शर्त की पूर्ति तो हो ही जाती है। दूसरी शर्त की पूर्ति में भी सन्देह का कम अवसर है। डॉ. ग्रेग ने कहा है कि babbled शायद tableलिखा गया होगा और एलिजाबेथ युग की हस्तलिपि में इ और ज तथा क और म में साम्य हो जाना सहज है।

कभी-कभी तो प्रस्तावित पाठ संशोधन इतने सटीक तथा उपयुक्त होते हैं कि उनको स्वीकार कर लेने में किसी को भी आपत्ति नहीं हो सकती। उनको देखते ही सारा वातावरण प्रोत्साहित हो जाता है मानो प्रसंग में उसकी ही नैसर्गिक मांग है। और कृतिकार रूपी विधाता का आन्तरिक प्राणावेग उस प्रस्तावित शब्द को छोड़कर दूसरा ग्रहण ही न कर सका होगा। परन्तु दूसरी और बड़े- बड़े विद्वानों के द्वारा भी ऐसे प्रस्ताव उपस्थित किए जाते हैं, जो उनके सारे पांडित्य तथा तर्कजाल के बावजूद भी उसमें अप्रतिहतगति विश्वास उत्पन्न नहीं होता। विद्वानों का पूर्वग्रह तथा अपने बौद्धिक विलास के प्रदर्शन की प्रमुखता सामने आ जाती है। प्रथम में विश्वास कर लेना सहज है और ऐसे पाठ संशोधनों का स्वागत होना चाहिए। परन्तु दूसरे प्रकार के संशोधन के प्रति सतर्क, सावधान तथा सशंक रहना चाहिए। एक अच्छे शोधकर्ता के लिए पूर्णरूपेण शंकालु होना चाहिए। मानव मात्र के सत्योपलब्धि क्षमत्व तथा तथ्य संरक्षण क्षमत्व के बारे में - यहां तक अपने सम्बन्ध में भी उसे तुच्छ सम्मति लेकर ही चलना चाहिए। ऐसा सोचना चाहिए कि मनुष्य में सत्य से दूर हो जाने की सहज प्रवृत्ति है। दूसरों के साथ पारस्परिक व्यवहार में, दैनिक मानवीय आचार विचार में भले ही वह अधिक से अधिक विश्वासी हो, लोगों की बातों में विश्वास करे पर, शोध क्षेत्र में आते ही उसे अपना पुराना चोला उतारकर नया रूप धारण करना पड़ेगा। अपनी पुरानी छवि त्यागकर संशय का धनुषबाण हाथ मे लेना पड़ेगा। उसे थोड़ा परम्परावादी भी होना चाहिए। किसी ग्रंथ तथा ग्रंथ लेखन सम्बन्धी परम्परागत मान्यताओं में परिवर्तन को स्वीकार करने के पूर्व हजारों बार सोचना चाहिए।

उपर हमने पाठ संशोधन के दो रूप किए हैं तथा एक के प्रति स्वीकारात्मक दृष्टिकोण अपनाया है, दूसरे के प्रति निषेधात्मक रहा हूं। मेरा मन्तव्य उदाहरण से स्पष्ट होगा। मैक कैरो ने नाशे ग्रंथावली का सम्पादन किया है। (Nashe, Works ed. Mc. Kerrow), वहां पर एक वाक्य है-It fareth with the as, as it did with Çalchas that runnning soothsayer. यहां पर सम्पादक महोदय ने runing के स्थान पर cunning कर दिया है जो स्वीकरणीयता की सारी कसौटी पर सही उतरता है। Runnings शब्द की यहां पर कोई सार्थकता नहीं, भविष्य की

बातें कहने वाले ऐन्द्रजालिक दौड़ने में तेज नहीं होते। हां, वे चतुर, धोखेबाज लोगों को घपले में रखने वाले अवश्य होते हैं। अतः उन्हें cunning कहना सर्वथा उपयुक्त है। लेखक ने यही लिखा भी होगा। इस तरह के संशोधन से लेखक के प्रति न्याय भी होता है और प्रासंगिक सार्थकता व्यर्थता में परिणत हो जाती है। अतः इसे स्वीकार कर लेने में किसी को क्या आपत्ति हो सकती है ? रही e और r में भ्रम होने की बात। इस तरह के भ्रम का हो जाना नितान्त सहज तथा स्वाभाविक है।

दूसरी तरफ एक हिंसात्मक खींचातानीपूर्ण तथा अनर्गल सुधार का भी उदाहरण लीजिए। यह Shakespeare, Hamlet ed. W.G.Clark and W. Aldiswright I, ii, *129* से लिखा गया है। हैमलेट में शे की एक उक्ति आती है O' that this too too solid flesh would metl. डॉ. ग्रेग तथा अन्य विद्वानों ने अनेक तर्कों के आधार पर यह कहा है कि यहां पर solid के स्थान पर sullied होना चाहिए। यह बात सही है कि हस्तलिपि के वैचिय के नाम पर यह प्रमाणित किया जा सकता है कि sulled के स्थान पर solid पढ़ लिया गया होगा। पर यह तो उस विपरीत तर्क का उदाहरण हो गया जिसे अंग्रेजी में putting the cart before the horse अर्थात् साध्यमान वस्तु को सिद्ध मानकर चला जाए। साध्य को सिद्ध मान लो और उसके अनुसार ही तर्क एकत्र करो। हितोपदेश का प्रथम श्लोक है–

सिद्धिः साध्ये सतामस्तु प्रासादातस्य धूर्जटेः।
जाह्नवीफेनलेखेव यन्मूधिं शशिनः कला।।

साध्य में सिद्धि हो जाती है क्योंकि शिव की जटा में जाह्नवी फेनलेखेव शशिनः कला वर्तमान जो रहती है। यदि शिव के प्रसाद प्राप्त हो तो मनोवांछित फल प्राप्ति सुलभ है। पर शोध छात्र को इस तरह का प्रसाद प्राप्त नहीं है।

यहां पर प्रश्न यह नहीं है कि solid गलत हो और sullied ठीक। यह भी प्रश्न नहीं है कि sulled को ही हस्तलिपि की विचित्रता के कारण solid पढ़ लिया गया। पर प्रश्न है कि यदि वहां पर solid ही रहने दिया जाता है तो कौन सी भयंकर आपत्तिजनक स्थिति पैदा हो जाती है ? क्या अर्थ का अनर्थ हो जाता है ? क्या solid में किसी तरह की प्रसंग सहिष्णुता नहीं है ? यदि है तो व्यर्थ मे solid के स्थान पर sullied क्यों किया जाए ? अधिक से अधिक यही किया जा सकता है कि पाद टिप्पणियों में इस ओर पाठकों का ध्यान आकर्षित कर दिया जाए। पर ललकार कर solde के स्थान sulled कर देना शोध की सीमा का अतिक्रमण करना है।

शोध : नई सृष्टि नया सच

डॉ. ब्रजरतन जोशी

शोध ज्ञान के नए क्षितिज का उद्घाटन है। इस प्रक्रिया में शोधार्थी ज्ञान के नए तथ्यों का अनुसंधान करता हुआ सत्य की एक ओर नवीन व्याख्या भी करता है। कई बार तो इस प्रक्रिया में पुराने या ज्ञात तथ्यों से नवीन जानकारियाँ भी निकाली जाती हैं। यानी शोध अज्ञात को ज्ञात करने की प्रविधि भी है। भारतीय परम्परा में **उपनिषद्कार** कहता है–

हिरण्यमयेन पात्रेण सत्यस्य अपिहितं मुखम्

यहाँ हिरण्यमय पात्र प्रतीक है। **उपनिषद्कार** कहना चाहता है कि सत्य आवरण सहित है। हमें इस आवरण की पहचान करते हुए उस पात्र को यानी सत्य को अनावृत्त करना होगा। यह कार्य 'अन्वेषी' का है। यह प्रक्रिया शाश्वत है। यह नवीन आरम्भ के साथ चलने वाली अन्तहीन प्रक्रिया है। शोध विषय विशेष के चयनोपरान्त उस विषय का मौलिक दृष्टि से किया गया अध्ययन है जिसमें शोधार्थी को नए और वैध परिणामों की प्राप्ति होती है। तर्क की उपस्थिति इसकी वैज्ञानिकता का आधार है।

शोध की प्रक्रिया में ज्ञान का महत्त्व निर्विवाद है। यह ज्ञान के उस रूप का विधान है कि जिसमें एक ही चीज को अनेक प्रकार से विचारित एवं विश्लेषित किया जा सकता है। यही नहीं ज्ञान के नए क्षेत्रों में एक ही विभाग के कितने ही प्रभाग, अनुभाग खुले हैं कि विश्लेषण की यह प्रक्रिया सूक्ष्म से सूक्ष्मतम तक चलती जाती है।

सिद्धान्त और शोध – अक्सर यह प्रश्न उठता है कि शोध और सिद्धान्त का आपसी रिश्ता क्या है ? क्या नए–नए सिद्धान्त 'रिसर्च' के साथ कोई रिश्ता बना पाते हैं या नहीं ? या इसे यो भी देखें कि किसी नई सैद्धान्तिकी के प्रभाव में शोध की पद्धति पर कोई असर आता है ? अगर आता है तो वह कैसे व किस तरह से ?

दुर्भाग्य से हिन्दी में अब तक की छपी अधिकांश पुस्तकों में इस विषय को स्पर्श ही नहीं किया गया है। उदाहरण के लिए जो तीन शोध पद्धतियाँ प्रत्यक्षवादी, व्याख्यात्मक एवं आलोचनात्मक प्रविधि प्रचलन में हैं उनमें किए शोधों में परस्पर क्या अंतर हो सकता है। क्या तीनों के रास्ते, उपकरण प्रविधि एक हैं ? अगर नहीं तो क्यों ? क्यों प्रत्यक्षवादी शोधार्थी **वस्तुनिष्ठता** को तरजीह देता है जबकि व्याख्यात्मक प्रविधि वाला **विषयनिष्ठता** को और आलोचनात्मक में **वातावरण** पर जोर होता है।

दरअस्ल इन प्रश्नों के केन्द्र में जाकर इनसे नाभिनालबद्ध होकर इनके उत्तर तलाशने की प्रक्रिया की ओर हमारे शोध जगत का खासकर मानविकी के अनुशासनों का समाजशास्त्र को छोड़कर ध्यान नहीं जा पा रहा है। यह भविष्य के लिए अशुभ संकेत है।

सर्वप्रथम तो हम यह ही विचारे कि सिद्धान्त क्यों ? क्या सिद्धान्त जीवन के लिए अनिवार्य है ? अगर है तो क्यों ? 1990 में अपने एक उद्बोधन में प्रख्यात चिंतक टेरी इगलटन ने The Significance of theory पर अपने विचार रखते हुए इसका उत्तर देने की सार्थक कोशिश की। उन्होंने कहा था कि क्योंकि इस समय मानविकी संकट में है और सिद्धान्त संकट का निदान रूपी विकल्प होता है। अतः हमें यह भ्रम दूर कर ही लेना चाहिए की जीवन और सिद्धान्त दो भिन्न चीजे हैं। प्रायः 'थ्योरी 'शब्द आते ही हम जीवन से इतर कुछ कल्पना से भर उठते हैं। अतः यह ध्यान रखना नितान्त अनिवार्य है कि जहाँ जीवन है वहाँ सिद्धान्त है। जब यह तय है कि जहाँ जीवन है वहाँ सिद्धान्त है, तो यह भी तय है कि जहाँ जीवन है वहाँ तलाश भी है। तलाश अपने होने की, होते जाने की, हो जाने की ओर जीवन से जुड़ी अनंत संभावनाओं की। कोई सिद्धान्त हवा में तो जन्म नहीं लेता। उसका संबंध जीवन व्यापार से होता है। इसीलिए सिद्धान्त में जीवन के बारे चिन्तन, मनन और मंथन होता है। यह परस्पर द्वन्द्वात्मक रिश्ता है।

हम कह सकते हैं कि सिद्धान्त हमारे सामाजिक संसार के संगठित एवं एकीकृत ज्ञान को देखने समझने की वैचारिक प्रक्रिया है। सामाजिक संसार को समझने की एक दृष्टि, एक निश्चित मार्ग है। सिद्धान्त के विकास में शोध की भूमिका वाहन की होती है। वह आँकड़े एकत्र करता है। सिद्धान्त का भी परीक्षण इसी के द्वारा होता है। सारतः विचारों की बारिश में सिद्धान्त एक छाते की तरह है।

शोध पद्धतियाँ

शोध संसार में दो पद्धतियां प्रचलन में हैं। एक– मात्रात्मक शोध पद्धति दूसरी–

गुणात्मक शोध पद्धति। ये दो पद्धतियां दो मार्ग हैं, जिनके माध्यम से हमें शोध के निष्कर्ष प्राप्त होते हैं। दोनों ही पद्धतियाँ सामाजिक यथार्थ के अलग-अलग संस्करणों को अपनाती हैं। पहली पद्धति के मानने वालों का कहना है कि सामाजिक यथार्थ स्थायी/स्थिर है। इस वस्तुनिष्ठ अस्तित्व को प्राकृतिक विज्ञान की पद्धतियों यथा-अवलोकन, तुलना, प्रयोग आदि के द्वारा ज्ञात किया जा सकता है। क्योंकि सामाजिक यथार्थ का अस्तित्व वस्तुनिष्ठ है। सामाजिक यथार्थ का अस्तित्व व्यक्तिगत चेतना के स्तर से बाहर, ऊपर, श्रेष्ठ और स्वतंत्र है। वहीं गुणात्मक पद्धति की दृष्टि वाले विद्वानों का कहना है कि सामाजिक जीवन या अस्तित्व के संबंध में चेतना से परे किसी भी वस्तु का अस्तित्व नहीं है। सब मिथ्या है। यथार्थ व्यक्तिगत अनुभव या चेतना के द्वारा जो ज्ञात होता है वहीं वास्तविक है। वे कहते हैं कि वस्तुनिष्ठ यथार्थ का कोई अस्तित्व ही नहीं है। यथार्थ बहुवचनीय है। वे कहते हैं कि यथार्थ निरन्तर गतिमान, प्रवाहशील बनता-बिगड़ता रहता है। **जब वस्तुओं को यथार्थ के रूप में परिभाषित किया जाता है, तो उनके परिणामों में यथार्थ सिद्ध होता है**। जहाँ मात्रात्मक पद्धति वाले तथ्यों के समूह के आधार पर वस्तुनिष्ठता की तलाश, पैरवी करते हैं। वहीं गुणात्मक पद्धति वाले व्यक्तिगत चेतना के स्तर पर यह तलाश करते हैं। यह इनके बीच का दृष्टि भेद है।

शोधन इतिहास का सारा संसार तीन प्रमुख दृष्टियों पर खड़ा है।

1. प्रत्यक्षवादी 2. निर्वचनात्मक या व्याख्यात्मक 3. आलोचनात्मक

सारा का सारा शोध इन्हीं तीन राजमार्गों से अपनी यात्रा तय करता है और हमें नए-नए इलाके, उनकी खूबसूरती और नवीन जानकारियों के नए स्रोत भी देता है। बल्कि कुछ विद्वानों का तो कहना है कि समूचा शोध इतिहास दो ध्रुवों के बीच ही पसरा है। प्रत्यक्षवादी और उत्तर-प्रत्यक्षवादी।

यहाँ ध्यान दिए जाने योग्य है कि समूची मानवीय संस्कृति में मानवीय चिन्तन तीन अवस्थाओं से गुजरता है। कौंत ने इन तीन अवधारणाओं की व्याख्या हमारे सम्मुख रखी। उनके अनुसार इसके माध्यम से हम चिन्तन के विकास को आसानी से समझ सकते हैं।

(1) धर्मशास्त्रीय–मानव विकास की इस अवस्था में तर्क नहीं था। घटनाओं के पीछे पारलौकिक प्रभाव को देखा-माना जाता था। घटनाएँ क्यों घटीं ? क्या कारण रहे ? क्या प्रभाव होंगे ? इस पर ध्यान नहीं था। घटनाओं के केवल आदि (घटना का होना) और अंत (ईश्वरीय इच्छा) पर ध्यान था। इसमें **कैसे** की दृष्टि का अभाव था।

(2) तात्विक अवस्था–इस अवस्था में पारलौकिता के पीछे तर्क की तलाश की गई। अवलोकनीय तथ्यों पर भी ध्यान दिया गया। लेकिन प्रामाणिकता पर यहाँ भी ध्यान नहीं दिया गया। इसी अवस्था में दर्शन या कहें सामाजिक दर्शनों को जन्म दिया।

(3) प्रत्यक्षवादी–*ये पूर्णतः वैज्ञानिक दृष्टि की अवस्था थी। जिसमें क्या, क्यों और कैसे पर बल दिया गया। इसमें पूर्णतः वैज्ञानिक दृष्टि एवं पद्धति को ही महत्त्व प्राप्त है।* **इसी अवस्था में सामाजिक अनुसंधान का जन्म-विकास हुआ।** *यानी इस समय हम ज्ञान की प्रत्यक्षवादी अवस्था के आधुनिक चेतना सम्पन्न एवं वैज्ञानिक दृष्टि के विकास की ओर उन्मुख हैं। प्रत्यक्षवादी शोधार्थी अपनी पद्धति के जरीये सामाजिक घटनाओं के पीछे छिपे नियमों की तलाश करता है। और यह काम सामाजिक अभियांत्रिकी साधनों के द्वारा सामाजिक जिसके आधार पर पुनः निर्माण व पुनः संगठन का प्रयास करता है ताकि मानवता का अधिकतम कल्याण हो सके* **कौन्त** *के प्रत्यक्षवादी चिन्तन का सार यही है।*

क्योंकि प्राकृतिक घटनाओं एवं सामाजिक दुनिया की घटनाओं में आधारभूत अन्तर है। इसी के चलते नई-नई दृष्टियाँ हमारे सामने आईं। जिनके माध्यम से हमने नए समय की नई समस्याओं को नए समाधानों के ज़रीये निपटने की पहल की है।

(1) प्रत्यक्षवाद–*यह किसी भी परिघटना को सामान्यीकृत रूप में ग्रहण करता है अर्थात् सर्वव्यापी नियमों के अन्तर्गत ग्रहण करता है। यह चीजों को वस्तुनिष्ठ दृष्टि से देखता है। प्रत्यक्षवादी शोधार्थी का ध्यान इस ओर होगा कि चीजे, तथ्य आदि क्या हैं? क्यों हैं? और कैसी हैं?, पर रहेगा। वह तार्किकता को अपना आधार बनाकर अनुभव का संयोजन करेगा। यह दर्शन उच्च संरचनात्मक प्रविधियों पर आधारित है जिससे प्राप्त परिणामों का सांख्यकीय विधियों से मूल्यांकन किया जाता है। इसमें शोधार्थी की भूमिका वस्तुनिष्ठ विश्लेषक की होती है। इसलिए इसमें शोधार्थी तकनीकी ज्ञान को भी महत्त्व देते हैं।*

(2) व्याख्यात्मक या निर्विचनात्मक–*यह शोध सरणी केवल वैज्ञानिक नियमों को महत्त्व नहीं देती वरन् यह तो इस पर भी विचार करती है कि सभ्यताओं में उनका इतिहास और उपस्थिति क्या रही है। इस दर्शन पद्धति में शोधार्थी न केवल वातावरण के साथ न केवल अन्तःक्रिया करता है बल्कि उस अन्तःक्रिया के अर्थ को भी खोजता है। उदाहरण के लिए कई बार हम देखते हैं कि कई खोजों का महत्त्व वहाँ इतना नहीं रहा जहाँ उनकी खोज हुई, पर बाहर वे बहुलोकप्रिय रही है। जैसे घड़ी की खोज चीन के सांग वंश ने की, पर घड़ी चीन के बजाय पश्चिम में*

अधिक प्रचलन व लोकप्रियता में रही।

(3) आलोचनात्मक–इस दृष्टि का एक नाम विवेचनात्मक शोध परम्परा भी है। प्रत्यक्षवाद यानी यह विज्ञान से एक कदम आगे चलकर सुझाव भी देता है। इसलिए सामाजिक चिन्तन की प्रत्यक्षवादी परम्परा जो स्वयं को दर्शन से बिलकुल मुक्त करना चाहती थी, उसी ने दर्शन को एक बार पुनः अपना लिया। इस शोध विन्यास में शोधार्थी 'क्यो' से आरम्भ होकर '**क्या**' तक की यात्रा करता है। यानी यहाँ शोधार्थी वातावरण या समाज से जो अन्तःक्रियाएं हैं, वे क्यों हैं ? और क्या होनी चाहिए ? पर अधिक सजग होकर विचारता है। यही तत्त्व इसे व्यवहारिक चिन्तन परम्परा का प्रतिनिधि विचार बना देता। यह विन्यास हमें मैक्स बेबर के टमतेजमदम 'समझ' व दृष्टि की ओर ले जाता है। इसका एक नाम 'मिश्रित शोध' भी है। इसमें परिवेश या वातावरण से सीधी अंतःक्रिया करते हुए वातावरण के प्रति 'समझ' का विकास किया जाता है। इसमें एक ही घटना को लोग अलग-अलग तरह से अभिव्यक्त करते हैं। यह स्वयं को प्रस्तुत करने की, अपने का प्रमाणित करने की आक्रामक विधि है। इसमें सारा जोर 'आत्म' पर होता है।

शोध दर्शन

सामान्यतः हम शोध को बहुत ही अमूर्त और जटिल मानकर उसमें प्रवेश के लिए तैयार होते हैं। ऐसा नहीं है कि यह पूरी तरह सच है या कि गलत। लेकिन जब भी हम किसी अनुशासन के अन्तर्लोक में प्रविष्ट होते हैं, तो पाते हैं कि हर अनुशासन का अपना विश्व, अपनी सृष्टि, अपने तारे, अपने नक्षत्र यानी अपना ब्रह्माण्ड है। यह दर्शनशास्त्र की दी हुई दृष्टि है कि जिसके दम पर हम अपने इर्द-गिर्द फैले संसार को कैसे देखते हैं और कैसे देखें का विकास करता है। यह हमें एक दार्शनिक आधार प्रदान करता है। क्योंकि समस्त शोध पूर्वानुमान पर आधारित होते हैं। सारतः ज्ञान की प्रकृत्ति और ज्ञान के विकास के लिए जो दृष्टि है, वही शोध दर्शन है। यह मतों का आधारभूत संग्रह है, जो शोधार्थी का मार्गदर्शन करता है।

साहित्य के विद्यार्थी के लिए भी यह आवश्यक है कि वह अपने शोध विश्व में प्रवेश करते समय इन तथ्यों पर ठीक उसी प्रकार ध्यान दें, जैसे मानविकी के अन्य अनुशासनों में दिया जाता है। वह यह देखें कि साहित्य, कविता या विचार अपने लोक चिन्तन में किन विधियों, किन दर्शनों की राह से मुझ तक आ रहा है। क्या उसकी साहित्य की रचना प्रक्रिया में वह साहित्य या अनुभव या तलाश घट मिल रही है? घट मिल रहा है तो कैसे? किस तरह से ? यानी वह **कैसे** से **क्यों** तक

की यात्रा के समस्त पड़ावों से गुजरे । इस यात्रा के दौरान अर्जित अनुभव उसके अपने संवेदना संसार की उपज होंगे जो कि बाकी सामाजिक साहित्यिक विश्व से भी कहीं न कहीं सम्बद्ध होंगे। यह संबंध किसी रचनाकार की रचना का जो सम्बन्ध बाकी विश्व से बनता है ठीक वैसा ही होगा।

शोध के इतिहास से गुजरने पर मालूम होता है इसलिए दार्शनिक जिसे शोध कहते रहे हैं वह तार्किक विवेचन है। इसलिए जब तर्क की महत्ता स्थापित हुई, तो उसे शोध की प्रामाणिकता के आधार में प्रमुख माना गया। यह तर्क तंत्र के विमर्श का परिणाम था कि हमारे सामने दो प्रमुख पद्धतियां आईं–आगमनात्मक और निगमनात्मक।

यहाँ ध्यान दिये जाने योग्य तथ्य यह भी है कि विभिन्न शोध मतों का भी शोध के साथ गहरा सम्बन्ध है। जॉनसन एवं क्रिसटेंशन (2005) कहते हैं कि कोई भी शोधमत हमारे बँटे हुए पूर्वग्रहों, मूल्यों, तथ्यों व प्रक्रियाओं का संग्रह है। यह इसका भी प्रमाण है कि शोधार्थी ज्ञान के विकास के लिए किस तरह चिन्तनरत है। यह विचारों एक ऐसा संयोग भी है कि जिसमें प्रकृति और शोधार्थी के कार्य का परस्पर संबंध है। शोध में यह संयोग शोधार्थी के लिए यह इस रूप में भी लाभप्रद है कि वह अपने शोध विषय में बोध व ज्ञान का उत्तरोतर विकास करता है। इससे शोधार्थी में आत्मविश्वास का विकास होता है। फलस्वरूप वह गुणात्मकता का आग्रही होकर वैधता की ओर बढ़ता है। और वह इससे भी संतुष्ट होता है कि क्यों हम कुछ चीजों को क्रम में रखकर (एक विशेषक्रम प्रत्येक दर्शन का अपना क्रम है) देखते हैं। इसके विकास के कारण शोधार्थी रटी-रटाई सीखी-सिखाई तथाकथित स्तरीय प्रक्रियाओं से चिपका नहीं रहेगा बल्कि उसका शोध व उसकी तकनीक आगामी पीढ़ी को उत्साहित एवं संस्कारित करने में भरपूर मदद देगी।

इस समय समूचा पाश्चात्य दर्शन मुख्यत: पाँच शाखाओं में बँटा है। वही भारतीय दर्शन जहाँ तीन शाखाओं में।

(1) आदर्शवाद (2) यथार्थवाद (3) नव-थॉमसवाद
(4) अस्तित्ववाद (5) उत्तर-आधुनिक चिन्तन

शोधमत अभिलक्षण

(1) ज्ञान मीमांसा–ज्ञान की प्रकृति, ग्रहणशीलता, ज्ञान का स्वरूप के साथ शोधार्थी और ज्ञान के परस्पर संबंध की पड़ताल भी इसमें शामिल है।

(2) तत्त्व मीमांसा–इसके अन्तर्गत शोधार्थी प्रकृति की वास्तविकता का दर्शन करता है, पूर्वाग्रहों का अध्ययन करता है।

(3) मूल्य मीमांसा– *इसके अन्तर्गत शोधार्थी द्वारा शोध प्रविधि में इस्तेमाल मूल्यों एवं नैतिकता की भूमिका का दिग्दर्शन किया जाता है। भारतीय शोध दर्शन के अनुसार तो ये तीनों सरणियां एक–दूसरे जुड़ी है। इससिए इनकी परस्पर संबद्धता आवश्यक है।*

शोध दर्शन के अनुसार चयनित पद्धतियों में मान्यताओं अन्वेषक और विधियों में कितना व क्या अंतर आता है, को हम प्रत्यक्षवादी और दृश्य–प्रपंचवादी की दर्शयी तालिया से समझ सकते है । जिससे ऊपर जो हमने कहाँ कि ज्ञान के क्षेत्र में आए विविध विचारों का शोध पद्धतियों का क्या प्रभाव पड़ा है का सम्यक् बोध हो जाए।

प्रत्यक्षवादी	**दृश्यप्रपंवादी**
आधारभूत विश्वास व मान्यताएं	
(1) विश्व का बाह्य रूप एवं वस्तुनिष्ठा ही सत्य है।	(1) विश्व सामाजिक रूप से निर्मित एवं विषयनिष्ठ है।
(2) अन्वेषक स्वतंत्र है।	(2) यहाँ शोधार्थी शोध का एक हिस्सा है।
(3) विज्ञान मूल्य निरपेक्ष है।	(3) विज्ञान मानव रूचि से व्युत्पन्न है।
शोधार्थी या अन्वेषक	
(1) शोधार्थी या अन्वेषक का तथ्यों पर ध्यान पर केन्द्रित होता है।	(1) यहाँ उसका सारा ध्यान अर्थ केन्द्रित होता है।
(2) इसमें शोधार्थी परिवर्तनशील तथ्यों का है उपागम के कारण अध्यापन करता है	(2) इसमें शोधार्थी क्या घट रहा उसे समझना और निरूपण व निर्वचनात्मक पद्धति से कार्य सिद्धान्त को स्थापित करता है।
सिद्धान्त निर्माण करना तथा प्राप्त आंकड़ों के प्रतिमान विकसित करता है।	
विधियाँ	
(1) अवधारणाओं का संचालन जिससे कि किसी परिघटना उनका मापन किया जा सके।	(1) विभिन्न विधियों का उपयोग के लिए करता है।
(2) मात्रात्मक प्रविधि अपनाता है।	(2) विभिन्न दृष्टिकोणों को अपनाते स्थापित करते हुए **गुणात्मक प्रविधि** को अपनाता है।

शोधः वैज्ञानिक चिन्तन का इतिहास बनाम प्रत्यक्षवाद और उत्तर प्रत्यक्षवाद

19वीं शती से पहले स्वयं विज्ञान दर्शन की एक शाखा माना जाता था। यह

तार्किकता, तत्त्वमीमांसा, नीति व आस्तिकता के समान ही दर्शन की एक शाखा थी। प्रारम्भ में श्रद्धा पर आधारित ब्रह्मविषयक परिप्रेक्ष्यों के शब्दों में 'ज्ञान' के स्रोत के रूप मे देखता है। इसके अनुसार ज्ञान की कसौटी संवेदना नहीं, बौद्धिकता व निगमनात्मकता थी।

16वीं शती में फ्रांसिस बेकन से एक महत्त्वपूर्ण मोड़ इस दिशा में आता है। वह कहता है कि वास्तविकता का ज्ञान जगत् परीक्षण से ही हो सकता है। अत: ज्ञान ही प्राप्ति एक अनुभववादी सक्रियता है। उसी ने अनुभववाद या प्रत्यक्षवाद को दर्शन की एक प्रभावी शाखा के रूप में विकसित किया। उसके द्वारा सम्पन्न कार्यों ने वैज्ञानिक अनवेषण की आगमनात्मक विधियों को लोकप्रिय बनाया। वैज्ञानिक विधियों का विकास, व्यवस्थित परीक्षण, मापन व प्रयोगों में सन्निहित है। इससे ब्रह्मवादी सोच निरस्त हुआ, जो परीक्षण पर आधारित नहीं था।

मध्ययुग में अनुभववाद बुद्धिवाद से निरन्तर संघर्ष करता रहा। गैलिलियों एवं न्यूटन ने इन दोनों वादों को प्राकृतिक दर्शन में मिलाने का प्रयास किया। 18वीं शती में कांट ने अपनी चर्चित पुस्तक '**क्रिटीक ऑफ प्योर रिजन** के माध्यम से दोनों के संघर्ष का हल निकालने की कवायद की। उसने तर्क दिया कि अनुभव आत्मनिष्ठ है तथा अनुभवों की आत्मनिष्ठता प्रकृति में खोजे बिना शुद्ध कारणों का प्रयोग करते हुए सैद्धान्तिक मतिभ्रम होता है। उसके इन्हीं तर्कों के प्रभाव से **जर्मन आदर्शवाद** निकलकर आया। लेकिन आगस्ट कौन्टे ने बुद्धिवाद व प्रत्यक्षवाद को मिलाकर अनुभववाद पर बल दिया। उसके अनुसार सिद्धान्त व निरीक्षण दोनों ही एक-दूसरे पर निर्भर है। सिद्धान्तों का सृजन विवेचना द्वारा किया जा सकता है। अत: वे तभी विश्वसनीय हैं जब उनका परीक्षण संभव हो। जर्मन आदर्शवाद वर्ग के विचारकों ने प्रत्यक्षवाद को निरस्त किया।

इस अर्थ में प्रति-प्रत्यक्षवाद विचार सामने आए प्रत्यक्षवाद-प्रति प्रत्यक्षवादी मात्रात्मक शोध विधियों, जो प्रयोग व सर्वेक्षण पर आधारित को अपनाया जबकि 20वीं शती के मध्य से अंतिम दौर तक दोनों ही यानी च्वेपजपअपेज . ।दजप च्वेपजपअपेजल की वैचारिक सरणियाँ आलोचनावाद व परिवर्तनों पर आधारित हो गई। अंग्रेज दार्शनिक कार्ल पोपर ने सुझाव दिया कि मानवीय ज्ञान न केवल ठोस आधारशिलाओं पर ही आधारित है बल्कि प्रायोगिक अटकलों के समूह पर भी आधारित है। जिन्हें कभी भी निर्णायक रूप से सिद्ध नहीं किया जा सकता। इन अटकलों/सिद्धान्तों को खंडित करने का आधार आनुभाविक साक्ष्य है। यह परा सैद्धान्तिक अवस्थिति (Meta-Thcoritical) उत्तर-प्रत्यक्षवाद कहलाती है। यह

सुझाव देती है कि प्रत्यक्षवाद में संशोधन करते हुए सत्य को सत्यापित करना असंभव है। हालांकि असत्य विश्वासों को निरस्त किया जा सकता है। कालान्तर में उत्तर-प्रत्यक्षवादियों की इस बात के लिए आलोचना की गई कि उनकी कोशिश भले ही समाज को समझने की रही पर उसमें यानी समाज में परिवर्तन की कोई कोशिश नहीं हुई है। इस चिन्तन की जड़े कार्लमार्क्स के '**दास कैपिटल**' में निहित है। जिसमें पूँजीवादी समाज की आलोचना की गई है। जो सामाजिक रूप में अक्षम व असमानता से युक्त है तथा सर्वहारा क्रांति के द्वारा ही इसका समाधान प्राप्त कर सकता है।

आलोचनात्मक शोध, जिसका प्रतिपादन मैक्स हारखैमर व जुरगैन हैबरमॉस ने किया, में भी सामाजिक असमानता के समाधान के विचारों को सहेजा गया है। उत्तर-प्रत्यक्षवाद में प्रत्यक्षवाद के केन्द्रीय सिद्धान्तों की अस्वीकृति है। यह आलोचनात्मक यथार्थ का दर्शन है। आलोचनात्मक यथार्थवादी विश्वास करता है कि एक यथार्थ है, जो यथार्थ उसके प्रति हमारी सोच से भिन्न है। जिसका अध्ययन विज्ञान कर सकता है। यथार्थवादी तो अनुभववादी भी है, अन्तर केवल इतना है कि जहाँ उत्तर-प्रत्यक्षवादी यह पहचानते हैं कि सभी परीक्षणों में त्रुटि है तथा सभी सिद्धान्त उत्क्रमणीय हैं, वही प्रत्यक्षवाद सोचता है कि विज्ञान का लक्ष्य सत्य को अनावृत्त करना है।

उत्तर-प्रत्यक्षवाद आलोचनात्मक यथार्थवादी यह विश्वास करते हैं कि विज्ञान का लक्ष्य यथार्थ के बारे में सही रूप से जानने के लक्ष्य पर दृढ़ रहना है। भले ही हम उस लक्ष्य पर कभी न पहुँच पाए। अधिकांश उत्तर-प्रत्यक्षवाद बहुआयामिता है जो ये विश्वास करते हैं कि हम सभी विश्व को जिस तरह बोध करते हैं उसी तरीके से उसे देखते हैं। चूंकि बोध व परीक्षण अविश्वसनीय हैं और हमारे निर्माण भी अपूर्ण है। इसके अतिरिक्त प्रत्यक्षवाद यह मानते हैं कि वस्तुनिष्ठता एक अकेले वैज्ञानिक में प्राप्त होने वाला अभिलक्षण है जबकि उत्तर-प्रत्यक्षवाद इसे अस्वीकार करते हैं। वे कहते हैं कि अकेला व्यक्ति भी विश्व को उसी तरह ही देखेगा जैसा कि वास्तव में विश्व है। हम सभी पक्षपाती हैं। तथा हमारे सभी परीक्षण कहीं न कहीं इससे प्रभावित होते हैं। अतः वस्तुनिष्ठता व्यक्तिगत नहीं। यह एक सामाजिक परिघटना है। असल में यह वह है जिसे बहुत से व्यक्ति प्राप्त करने के लिए प्रयत्नरत रहते हैं। पूर्ण वस्तुनिष्ठ की अवस्था काल्पनिक है। जब वे एक-दूसरे के कार्यों की अलोचना करते हैं। हम पूर्ण रूप से वस्तुनिष्ठता को प्राप्त नहीं कर सकते परन्तु हम इस तक पहुँच सकते हैं।

शोध नीति–जिस प्रकार हम जीवन में नीति का उपयोग कर एक निश्चित

प्रक्रिया के जरीये प्रगति के पथ पर पथारूढ़ होते हैं ठीक उसी प्रकार हमें शोध, जो कि हमारे जीवन का अतिमहत्त्वपूर्ण भाग है। एक नीति के तहत ही सम्पन्न करने चाहिए। प्रश्न उठ सकता है कि शोध और जीवन दो अलग-अलग चीजें नहीं है। फिर शोध व जीवन के लिए क्या भिन्न नीतियों की आवश्यकता हैं? इसके उत्तर में कहा जा सकता है कि यह ठीक है कि शोध जीवन का ही एक हिस्सा है। पर जीवन अनन्त व्यापारों का विराट केन्द्र है। हर केन्द्र की अपनी नीति है जो उस केन्द्र के अनुकूल होती है। यही सही व गलत की पहचान का एक नजरिया है। नीति के जरीये ही हम सही व गलत का चुनाव कर पाने में सक्षम होते हैं। सारतः नीति किसी भी समूह के आचरणों के स्तर की सादृश्यता है। शोध के सम्बन्ध में भी इसका महत्त्व है। क्योंकि अक्सर देखा यह गया है कि निजी हितों पर शोध हित कुर्बान किए जाते हैं। जिसके चलते शोध स्तर में, गुणवत्ता में और मात्रा में भी फर्क आता है। किसी भी आदर्श वैज्ञानिक शोध के लिए निम्न नीतियों की पालना आवश्यक है।

(1) सर्वप्रथम यह देखें कि शोधार्थी ने जिस शोध विषय का चयन किया है। वह उसकी स्वेच्छा का ही परिणाम है न कि किसी दबाव का यानी शोधार्थी के विषयचयन की स्वतंत्रता की रक्षा हर हाल में होनी चाहिए। वैचारिक स्वतंत्रता भी इसी में शामिल है।

(2) शोधार्थी सदैव ही इस तथ्य पर आवश्यक रूप से ध्यान दे कि उसके शोध निष्कर्ष जब तक शोध पूरा न हो सार्वनजनिक नहीं किए जाए। वैज्ञानिक प्रक्रिया एवं भली-भांति पर्यवेक्षण के पश्चात् जब शोध परियोजना पूर्ण हो तो उसे अपने निष्कर्षों का उद्घाटन करना चाहिए।

(3) शोधार्थी ने जो आँकड़े, तथ्य, सूचनाएँ संगृहीत की हैं। उनमें इमानदारी होना अनिवार्य है। इसके अभाव में शोध परिणाम व स्तर नीचे गिरेंगे। उदाहरण के लिए मानविकी विषयों में खासकर हिन्दी साहित्य नभ का गगन या आकाश कर शोध सम्पन्न कराने की दृष्टि। अच्छे शोधार्थी को इससे बचकर पूरी मेहनत, लगन, निष्ठा के साथ अपने विषय, समय और समाज के साथ न्याय करना चाहिए।

(4) शोध कार्यों की गुणवत्ता को बरकरार रखने के लिए अमेरिका की तरह संस्थाएं अपने स्तर पर संस्थागत पुनरावलोकन समितियों (आई.आर.बी.) का गठन करें ताकि किए गए शोध व उससे प्राप्त निष्कर्षों की महत्ता, उपादेयता पर विशेषज्ञ विद्वानों की राय सामने आ सके।

(5) शोध निष्ठा एवं शोध जागरूकता से सम्बन्धित वातावरण निर्माण का काम भी राज व समाज के माध्यम से किया जाना जरूरी है। ताकि भविष्य का पथ प्रशस्त हो।

उत्तर आधुनिकता और शोध

उत्तर आधुनिकता इस समय ज्ञान का सबसे लोकप्रिय विवादास्पद एवं संक्रमणशील विमर्श है। ज्ञान के अनुशासनों में तेजी से बढ़ती इस परिस्थिति का प्रभाव शोध पर भी पड़ा है। इसके अनुसार साहित्य केवल ज्ञान नहीं है। वरन् एक वाक् परम्परा है। इस परिस्थिति में शोधार्थी जासूसी कथा नायक की तरह से है जिसे यह परिकल्पना स्वयं ही तय करनी कि उसे हल क्या करना है। इस नई परिस्थिति के चलते उत्तर-फोर्डवाद उत्तर-औद्योगिकीवाद के कारण समाज व आर्थिक क्षेत्र के रिश्तों में परिवर्तन आया है। स्थानीय एवं अन्तर्राष्ट्रीय के मध्य विरोधाभासों की स्थापना हुई है। हालांकि शोध का आधार मजबूत हुआ, है पर सूचनाएँ बाढ़ की तरह ज्ञान को लील रही है। ऐसे में शोधार्थी के सामने कठिनाई यह है कि सूचनाओं का संग्रही न होकर उन सूचनाओं के माध्यम से ज्ञान के नए क्षितिज या दृष्टि की ओर बढ़े। सूचना पर ठहरना उसके लिए श्रेयस्कर नहीं होगा।

उत्तर-आधुनिक परिस्थिति का शोधार्थी अब स्वयं एक बौद्धिक अभिकर्त्ता है। संस्कृति भी अब तकनीक एवं अर्थ से चलित होती जा रही है। इन सबके अतिरिक्त इस परिस्थिति में टीकाकार की भूमिका लेखक से ज्यादा हो गई। उत्तर-संरचनावदी तो यह बताते है कि शोधार्थी अब एक प्रतिवेदक नहीं है वरन् अपने क्षेत्र की निर्माता है। वे शोध के अन्तर्लोक में एक नवीन शोध विश्व की दृष्टि की स्थापना कर रहे होते हैं न कि उसका लेखा-जोखा प्रस्तुत कर रहे हो। इस प्रविधि में सम्पन्न शोध का प्रत्येक खण्ड एक नई कहानी बताता है। हलांकि यह स्थापना की ओर अग्रसर वैचारिक पद्धति है।

इस उत्तर आधुनिक परिस्थिति ने नए विमर्शों को जन्म दिया। मसलन-स्त्री, दलित, आदिवासी, वंचित वर्ग का विमर्श आदि। इसी के कारण शोध विश्व में हाशिये के समाज को स्थान मिला। इसके साथ ही स्थानीय या क्षेत्रीयता का (नव स्थानीयतावाद)आग्रह बढ़ा। इस परिस्थिति का राजनीतिक एवं आर्थिक प्रभाव यह पड़ कि अब या तो कोई **लोकल** या **ग्लोबल** है या तो कई **क्लास** या या **मॉस** है। इसी कारण पश्चिम में Micro Macro Study की ओर रूख बढ़ा है। Macro की व्यापकता में Micro को खण्ड-खण्ड कर बाँटा गया है। चिन्तन के केन्द्र बदले हैं।

आधुनिकता के केन्द्र में विवेक था उत्तर-आधुनिकता के केन्द्र **डिजायर** *यानी इच्छा। इस परिस्थितिं ने निश्चित सामाजिक व्यवस्था पर भी प्रहार हुआ है। पूर्व में* **नारी-पुरूष, भगवान-शैतान** *इन* **जोड़ों का** *ही महत्त्व था। अब इनमें जो दमित है उसे उठाने की वकालत ही देरिका का विखण्डनवाद कर रहा है।*

यह परिस्थिति ज्ञान के नए क्षितिजों का अन्वेषणात्मक दृष्टि से तीव्र प्रसार है ही साथ ही इसमें काल, स्थल और पात्र महत्त्व दिया गया है। इस परिस्थिति के चलते विश्लेषण के तरीके बदले। रचना के अर्थ पर लगे पहरे हटे और अर्थ को आजादी मिली।

अन्तर्राष्ट्रीय पूंजीवाद के प्रसा के फ्लस्वरूप राष्ट्र की अवधारणा भी बदली है। आधुनिकता ने राष्ट्रीयता को महत्त्व दिया जबकि राष्ट्र की सीमाएं टूट रही है। सब कुछ ग्लोबल है यानी उत्तर-आधुनिक परिस्थित में इतिहास की जगह वर्तमान व राष्ट्र की जगह विश्व ले रहा है। शोध की दिशाएं क्रमशः वर्णनात्मक, ऐतिहासिक व तुलनात्मक की ओर बढ़ी है।

सारतः हम कह सकते हैं कि एक प्रत्यक्षवादी बाह्य वस्तुनिष्ठ विश्व में विश्वास करता है वहीं दृश्य-प्रपंचवादी आन्तरिक विषयनिष्ठता में वहीं उत्तर आधुनिक विभिन्न विमर्शों में विश्वास करता है। अस्तुः हर ज्ञात अनुशासन का विश्व विराट है। अनंत ब्रह्माण्ड है, संभावनाओं के द्वार सीमाएँ अपनी जगह है, पर संभावनाओं के द्वार खुलें हैं।

सन्दर्भ-ग्रन्थ

1. Social Theory Claisial Statements By David ashley david Michali Orenstin Peason 2012
2. Post Industrial to post modern sociely : New theory of the contempary world, By Kumar (1995) Oxford blachwell
3. Basic of social research : oualitative and ouantative approaches By W. Lawrence neumen Allyh & bacon
4. New approaches in socials research By carol grlrich sage publication
5. Study matirial of research methodology of I G N U Delhi

□□